Landesrecht
Nordrhein-Westfalen

Polizei- und Ordnungsrecht Nordrhein-Westfalen

Studienbuch mit Fällen

von

Dr. Hans-Michael Wolffgang
Universitätsprofessor an der
Westfälischen Wilhelms-Universität Münster

Dr. Michael Hendricks
Rechtsanwalt in Bonn,
Lehrbeauftragter der Universität Passau

Matthias Merz
Geschäftsführer der
AWA AUSSENWIRTSCHAFTS-AKADEMIE GmbH
Münster

3., überarbeitete Auflage

Verlag C. H. Beck München 2011

Zitiervorschlag:
Wolffgang/Hendricks/Merz, Polizei- und Ordnungsrecht NRW, Rn. ...

Verlag C. H. Beck im Internet:
beck.de

ISBN 978 3 406 61578 8

© 2011 Verlag C. H. Beck oHG
Wilhelmstraße 9, 80801 München
Druck: Nomos Verlagsgesellschaft
In den Lissen 12, 76547 Sinzheim

Satz: Druckerei C. H. Beck, Nördlingen
(Adresse wie Verlag)

Gedruckt auf säurefreiem, alterungsbeständigem Papier
(hergestellt aus chlorfrei gebleichtem Zellstoff)

Vorwort zur dritten Auflage

Das Polizei- und Ordnungsrecht zählt zu den klassischen Bereichen des besonderen Verwaltungsrechts, das dementsprechend im Studium einen hohen Stellenwert hat. Es gibt kaum einen Klausurensatz in juristischen Prüfungen, in dem Problemkreise des Polizei- und Ordnungsrechts keine Rolle spielten. Die große Bedeutung ist gerechtfertigt, da das Polizei- und Ordnungsrecht als umfassendes Beispiel für das Handeln der Eingriffsverwaltung dienen kann. Wenngleich die hoheitliche Verwaltung mit Verwaltungsakt und Zwangsmaßnahmen heute in vielen Bereichen durch andere, kooperative Formen abgelöst worden ist, verbleiben der Eingriffsverwaltung zahlreiche Betätigungsfelder, insbesondere wenn es darum geht, Gefahren von Schutzgütern zur Sicherheit des Einzelnen und der Allgemeinheit abzuwehren. Solide Kenntnisse des Polizei- und Ordnungsrechts sind also unabdingbare Voraussetzung für ein erfolgreiches Examen.

Das Polizei- und Ordnungsrecht steht in der Gesetzgebungskompetenz der Länder. Trotz bundesweiter Harmonisierungsbestrebungen bestehen landesspezifische Unterschiede, deren Relevanz dem Studierenden auf den ersten Blick nicht deutlich wird. Daher haben wir uns in der Darstellung auf das Landesrecht von Nordrhein-Westfalen beschränkt; an geeigneten Stellen aber auch auf die Rechtslage in den anderen Bundesländern verwiesen.

Das vorliegende Studienbuch enthält drei große Abschnitte. Im ersten Teil werden die aus unserer Sicht wichtigsten theoretischen Grundlagen des Polizei- und Ordnungsrechts von Nordrhein-Westfalen unter Berücksichtigung der einschlägigen Studienliteratur und der maßgeblichen Rechtsprechung dargestellt. Daran folgen im zweiten Teil einige klausurmäßig aufbereitete Fälle, um Möglichkeiten zur Wiederholung und Vertiefung des ersten Teils zu bieten, gleichzeitig aber auch den Klausuraufbau für die verschiedenen klassischen Problemfälle zu vermitteln. Den dritten Teil machen zahlreiche Übersichten aus, in denen in kurzer und prägnanter Form die wichtigsten Themen graphisch vermittelt werden.

Die Überarbeitung des Textes und die Aufbereitung der dritten Auflage dieses Werkes gelang nur mit Hilfe von Frau Ass. jur. Kathrin Bünnigmann, der wir dafür besonders danken.

Wir hoffen, allen Lesern ein brauchbares Arbeitsmittel an die Hand zu geben. Anregungen und Verbesserungsvorschläge zur ersten Auflage haben wir gerne diskutiert und aufgenommen. Wir möchten die Leserschaft hierzu gerne weiter ermutigen.

Münster, im April 2011   Hans-Michael Wolffgang
Michael Hendricks
Matthias Merz

Inhaltsverzeichnis

	Rn.	Seite
Vorwort		V
Abkürzungsverzeichnis		XVII
Literaturverzeichnis		XXVII

1. Teil – Struktur und Systematik des Polizei- und allgemeinen Ordnungsrechts

Kapitel A. Einleitung

	Rn.	Seite
I. Stellung im öffentlichen Recht	1	1
II. Funktion der Polizei	2	2
III. Gesetzliche Grundlagen des Polizei- und Ordnungsrechts in Nordrhein-Westfalen	5	4

Kapitel B. Der Polizeibegriff im geschichtlichen Wandel

	Rn.	Seite
I. Die Herleitung des heutigen Polizeibegriffs und die vorabsolutistische Zeit	11	6
II. Zeitalter des Absolutismus (17./18. Jahrhundert)	13	7
III. Zeitalter der Aufklärung	14	8
IV. Rechtsstaatliches Polizeirecht im 19. Jahrhundert	16	8
V. Die Polizei im Dritten Reich	19	10
VI. Die Entwicklung der Polizei nach 1945	21	11
VII. Aktueller Polizeibegriff	25	13
1. Materieller Begriff	26	14
2. Institutioneller (organisatorischer) Begriff	27	14
3. Formeller Begriff	29	15

Kapitel C. Polizei- und allgemeines Ordnungsrecht im föderativen Rechtsstaat

	Rn.	Seite
I. Gesetzgebungs- und Verwaltungskompetenzen	31	16
II. Rechtsstaatliche Anforderungen an Gefahrenabwehrmaßnahmen	33	17

Kapitel D. Gefahrenabwehr durch die Polizei- und Ordnungsbehörden

	Rn.	Seite
I. Abgrenzung repressiven Handelns von präventivem Handeln	41	18
II. Eingriffsermächtigungen für präventives Handeln	46	21
1. Generalklauseln	47	22
2. Standardermächtigungen	49	23
3. Spezialgesetzliche Ermächtigungen	50	23

Kapitel E. Generalklauseln

	Rn.	Seite
I. Schutzgüter	53	26
1. Öffentliche Sicherheit	54	26
a) Rechte und Rechtsgüter des Einzelnen	55	27
b) Kollektive Rechtsgüter	59	28
c) Rechtsnormen (objektive Rechtsordnung)	60	28
d) Bestand und Funktionsfähigkeit des Staates	63	29

	Rn.	Seite
2. Öffentliche Ordnung	67	30
a) Ungeschriebene Wertvorstellungen	69	30
b) Herrschende Anschauungen in einem bestimmten Gebiet	70	31
c) Unerlässliche Anforderung an gedeihliches Zusammenleben	71	31
d) Relevanz des Schutzgutes	72	31
e) Prüfungselemente	76	36
II. Gefahrenbegriff	77	36
1. Schadensbegriff	78	36
2. Hinreichende Wahrscheinlichkeit	81	37
a) Wahrscheinlichkeit	82	38
b) Prognose des Schadens	83	39
aa) Subjektiver Begriff	84	39
bb) Objektiver Begriff	85	39
cc) Kombinierter Begriff	86	40
3. Störung	89	41
4. Kein Beurteilungsspielraum der Behörde	92	41

Kapitel F. Standardermächtigungen

	Rn.	Seite
I. Einführung	101	43
II. Abgrenzung zu Strafverfolgungsmaßnahmen	104	44
III. Verhältnis der Standardermächtigungen zur Generalklausel	111	46
IV. Rechtsnatur der Standardmaßnahmen	115	47
V. Einzelne Standardmaßnahmen	131	48
1. Maßnahmen der Datenverarbeitung	132	48
a) Vorladung gem. § 10 PolG NRW	133	49
b) Identitätsfeststellung gem. § 12 PolG NRW	135	49
c) Erkennungsdienstliche Maßnahmen gem. § 14, § 14 a PolG NRW	139	50
d) Datenerhebung durch den offenen Einsatz optisch-technischer Mittel gem. § 15 a PolG NRW	140	51
e) Schutz des Kernbereichs gem. § 16 PolG NRW	145a	55
f) Rasterfahndung gem. § 31 PolG NRW	146	58
2. Maßnahmen zur Einschränkung der räumlichen Bewegungsfreiheit	151	59
a) Platzverweisung gem. § 34 PolG NRW	152	59
b) Wohnungsverweisung und Rückkehrverbot zum Schutz vor häuslicher Gewalt gem. § 34 a PolG NRW	153	59
c) Gewahrsam von Personen gem. § 35 PolG NRW	154	61
3. Maßnahmen zur Durchsuchung von Personen, Sachen und Wohnungen	166	61
a) Durchsuchung von Personen gem. § 39 PolG NRW	167	61
b) Durchsuchung von Sachen gem. § 40 PolG NRW	168	62
c) Betreten und Durchsuchen von Wohnungen gem. § 41 PolG NRW	169	62
4. Sicherstellung von Sachen	181	63
VI. Durchsetzung von Standardmaßnahmen	191	64
1. Auf den Erlass eines Verwaltungsakts gerichtete Standardermächtigungen	192	64
2. Auf die Anwendung von unmittelbarem Zwang gerichtete Standardermächtigungen	193	64
3. Sonstige auf Realakte gerichtete Standardermächtigungen	194	65

	Rn.	Seite
VII. Rechtsschutz bei Standardmaßnahmen	201	66
1. Rechtsschutz bei Vorliegen eines Verwaltungsaktes	202	66
2. Rechtsschutz bei Vorliegen eines Realaktes	203	67

Kapitel G. Gefahrenarten

	Rn.	Seite
I. Differenzierung nach der richtigen Handlungsform	232	68
1. Konkrete Gefahr	233	69
2. Abstrakte Gefahr	235	69
II. Differenzierung nach Gefahrenlagen	239	70
1. Tatsächliche Gefahrensituation	240	70
2. Anscheinsgefahr	241	71
3. Putativgefahr (Scheingefahr)	244	72
4. Gefahrenverdacht	247	72
a) Zulässigkeit von Gefahrenabwehrmaßnahmen	248	73
b) Zulässigkeit von Gefahrerforschungsmaßnahmen	253	75
aa) Gefahrerforschungsmaßnahmen bei Gefahrwahrscheinlichkeit	254	75
bb) Gefahrerforschungsmaßnahmen bei fehlender Gefahrenwahrscheinlichkeit	255	75
(1) Keine Beeinträchtigung von Rechtspositionen	256	75
(2) Beeinträchtigung von Rechtspositionen	257	76
c) Der Umfang der zulässigen Maßnahmen	264	78
5. Latente Gefahr	265	78
III. Differenzierung nach Gefahrenstufen	270	80
1. Gegenwärtige Gefahr	271	80
2. Gefahr im Verzug	274	82
3. Erhebliche Gefahr	275	82
4. Gefahr für Leib oder Leben	276	83
5. Dringende Gefahr	277	83
a) Bedeutung des bedrohten Rechtsgutes	278	84
b) Zeit und Wahrscheinlichkeit des Schadenseintritts	280	84
c) Diskussion	281	85
6. Gemeine Gefahr	283	85

Kapitel H. Opportunitätsprinzip

	Rn.	Seite
I. Opportunitätsprinzip und Legalitätsprinzip	301	87
II. Ermessen bei der Gefahrenabwehr	302	88
1. Ermessensfehler	303	88
a) Ermessensnichtgebrauch	304	88
b) Ermessensfehlgebrauch	305	89
c) Ermessensüberschreitung	306	89
2. Gerichtliche Überprüfung von Ermessensentscheidungen	310	90
3. Arten des Ermessens	312	91
a) Entschließungsermessen	313	91
b) Auswahlermessen	318	93
III. Anspruch auf polizei- und ordnungsbehördliches Einschreiten	323	94

	Rn.	Seite
Kapitel I. Adressaten von Gefahrenabwehrmaßnahmen		
I. Rechtsdogmatische Einordnung	332	98
II. Mögliche Adressaten	333	99
1. Verhaltensstörer und Zustandsstörer	333	99
2. Nichtstörer	336	100
III. Mögliche Subjekte der Pflichtigkeit	337	100
1. Personen des Privatrechts	338	101
2. Hoheitsträger	339	101
a) Materielle Pflichtigkeit von Hoheitsträgern	341	102
b) Formelle Pflichtigkeit von Hoheitsträgern	343	103
IV. Verhaltensverantwortlichkeit	348	105
1. Relevantes Verhalten	349	105
2. Verursachung	352	106
a) Theorie der rechtswidrigen Verursachung	355	107
b) Lehre von der Sozialadäquanz	358	108
c) Kausalitätsmerkmale der Unmittelbarkeitslehre	359	108
aa) Grundsatz der unmittelbaren Verursachung	360	109
bb) Berücksichtigung mittelbarer Bedingungen	363	110
3. Besonderheiten	367	111
V. Zustandsverantwortlichkeit	375	113
1. Gefahrverursachender Zustand	376	113
2. Zustandsverantwortliche Rechtssubjekte	378	113
a) Inhaber der tatsächlichen Gewalt	379	114
b) Eigentümer	380	114
c) Anderer Berechtigter	383	115
3. Besonderheiten	384	116
4. Grenze der Zustandsverantwortlichkeit	391	117
a) Tatsächliche oder rechtliche Unmöglichkeit der Gefahrenabwehr	392	117
aa) Tatsächliche Unmöglichkeit	393	117
bb) Rechtliche Unmöglichkeit	394	117
b) Begrenzung der Inanspruchnahme durch Art. 14 GG	396	118
VI. Inanspruchnahme des Rechtsnachfolgers	400	119
1. Allgemeine Grundsätze	404	121
a) Nachfolgetatbestand	405	121
b) Nachfolgefähigkeit der Position	409	123
c) Einzel- und Gesamtrechtsnachfolge	415	125
2. Rechtsnachfolge bei Verhaltensverantwortlichkeit	416	125
a) Übergang konkretisierter Verhaltensverantwortlichkeit	417	125
b) Übergang abstrakter Verhaltensverantwortlichkeit	418	126
3. Rechtsnachfolge bei Zustandsverantwortlichkeit	420	126
a) Übergang konkretisierter Zustandsverantwortlichkeit	421	127
b) Übergang abstrakter Zustandsverantwortlichkeit	425	129
VII. Inanspruchnahme von Nichtstörern	431	130
1. Einordnung	432	130
2. Tatbestandsvoraussetzungen der Inanspruchnahme	435	131
a) Kein Verhaltens- oder Zustandsstörer	437	131
b) Gegenwärtige erhebliche Gefahr	440	132
c) Aussichtslosigkeit der Heranziehung Verantwortlicher	441	133
d) Aussichtslosigkeit behördlicher Gefahrenbekämpfung	442	133
e) Wahrung der Opfergrenze	443	133
3. Rechtsfolge der Notstandspflicht	444	133

	Rn.	Seite
4. Folgen einer Inspruchnahme als Nichtstörer	446	134
a) Entschädigungsanspruch	447	134
b) Folgenbeseitigungsanspruch	448	134
VIII. Nichtanwendbarkeit der Vorschriften bei Sonderregelungen	450	135
IX. Völkerrechtliche Grenzen der Pflichtigkeit	455	136

Kapitel J. Gefahrenabwehrrechtliche Handlungsformen

	Rn.	Seite
I. Überblick	462	137
II. Gefahrenabwehr durch Verwaltungsakt	464	138
III. Gefahrenabwehr durch Verwaltungsrealakt	465	138
1. Rechtmäßigkeit belastender Realakte	469	139
2. Rechtmäßigkeit nicht belastender Realakte	470	139
3. Rechtsschutz bei Realakten	471	140
IV. Gefahrenabwehr durch Rechtsverordnung	472	140
1. Rechtmäßigkeitsanforderungen	476	141
a) Ermächtigungsgrundlage	477	141
b) Formelle Rechtmäßigkeit	479	142
c) Materielle Rechtmäßigkeit	480	142
2. Folgen von Rechtsverstößen	486	144
3. Rechtsschutzmöglichkeiten	487	144

Kapitel K. Vollstreckung

	Rn.	Seite
I. Einführung	501	146
II. Vollstreckbare Verwaltungsakte	503	146
III. Zwangsmittel	504	147
1. Ersatzvornahme	505	147
2. Zwangsgeld	508	148
3. Unmittelbarer Zwang	512	149
IV. Rechtmäßigkeit der Vollstreckung	520	156
1. Vollstreckung im gestreckten Verfahren	521	156
a) Ermächtigungsgrundlage	523	157
b) Formelle Rechtmäßigkeit	524	157
c) Materielle Rechtmäßigkeit	525	157
aa) Zulässigkeit der Vollstreckung	526	157
(1) Materiell vollstreckbarer, wirksamer Verwaltungsakt	527	157
(2) Unanfechtbarkeit/Kein Suspensiveffekt eines Rechtsmittels	528	158
(3) Rechtmäßigkeit des durchzusetzenden Verwaltungsaktes	531	158
bb) Ordnungsgemäße Art und Weise der Vollstreckung	533	159
2. Vollstreckung im Sofortvollzug	535	160
a) Ermächtigungsgrundlage	538	161
b) Formelle Rechtmäßigkeit	539	161
c) Materielle Rechtmäßigkeit	540	161
aa) Zulässigkeit der Vollstreckung durch Sofortvollzug	541	161
(1) Handeln innerhalb der Befugnisse	542	161
(2) Vorliegen einer gegenwärtigen Gefahr	543	162
(3) Notwendigkeit des sofortigen Vollzuges	544	162
bb) Ordnungsgemäße Art und Weise der Vollstreckung	545	162

	Rn.	Seite
V. Besondere Rechtmäßigkeitsanforderungen	547	163
VI. Rechtsschutz gegen Vollstreckungsmaßnahmen	548	163

Kapitel L. Staatshaftung

	Rn.	Seite
I. Einführung	561	165
II. Ansprüche bei rechtswidrigen Maßnahmen	562	165
1. Verschuldensunabhängige Staatshaftung	563	166
a) Allgemeines staatliches Recht der Ersatzleistungen	564	166
aa) Institut des enteignungsgleichen Eingriffs	565	166
(1) Herleitung und Begriff	566	166
(2) Voraussetzung und Umfang der Leistung	567	166
bb) Institut des aufopferungsgleichen Eingriffs	568	167
(1) Herleitung und Begriff	569	167
(2) Voraussetzung und Umfang der Leistung	570	167
b) Gefahrenabwehrrechtliche Besonderheit: § 39 I lit. b OBG NRW	571	167
aa) Herleitung und Anwendungsbereich	572	168
bb) Tatbestandliche Haftungsvoraussetzungen	573	168
(1) Handeln einer Gefahrenabwehrbehörde	574	168
(2) Rechtswidrige Maßnahme	575	168
(3) Kausaler Schaden	577	169
(4) Einwendung des § 39 II OBG NRW	578	169
(a) Subsidiarität	579	169
(b) Vorteilsanrechnung	580	170
cc) Inhalt und Umfang des Anspruchs	584	171
(1) Unmittelbarer Vermögensschaden	585	171
(2) Entgangener Gewinn	586	172
dd) Mitverschulden	587	172
ee) Aktiv- und Passivlegitimation	588	172
ff) Verjährung	589	172
gg) Konkurrenzen	590	172
2. Verschuldensabhängige Staatshaftung	591	173
a) Allg. staatshaftungsrechtlicher Amtshaftungsanspruch	592	173
aa) „Jemand" in Ausübung eines öffentlichen Amtes	593	173
bb) Verletzung einer drittschützenden Amtspflicht	594	173
cc) Verschulden	596	174
dd) Kausaler Schaden	597	174
ee) Keine Einwendungen	598	174
ff) Rechtsfolge	599	175
b) Besonderheiten des Gefahrenabwehrrechts in Nordrhein-Westfalen	600	175
III. Ansprüche bei rechtmäßigen Maßnahmen	601	175
1. Allgemeines staatshaftungsrechtliches Institut des enteignenden Eingriffs	602	175
a) Herleitung und Begriff	603	175
b) Voraussetzung und Umfang	604	176
2. Besonderheiten des Gefahrenabwehrrechts in Nordrhein-Westfalen	621	176
a) Anspruch aus § 39 I lit. a OBG NRW	622	176
aa) Herleitung und Begriff	623	176
bb) Tatbestandliche Haftungsvoraussetzungen	624	176
(1) Handeln einer Gefahrenabwehrbehörde	625	177

Inhaltsverzeichnis XIII

	Rn.	Seite
(2) Rechtmäßige Inanspruchnahme als Nichtstörer	626	177
(3) Sonstige Voraussetzungen und Einwendungen	628	178
cc) Inhalt, Umfang des Anspruchs	629	178
dd) Aktiv- und Passivlegitimation	630	178
ee) Verjährung	631	178
ff) Konkurrenzen	632	178
gg) Rückgriff der Behörde bei Inanspruchnahme eines Nichtstörers (§ 67 PolG NRW i. V. m. § 42 II i. V. m. § 39 I lit. a OBG NRW)	633	178
b) Anspruch aus § 39 I lit. a OBG NRW analog	634	179
aa) Entschädigungsanspruch des Anscheinsstörers	635	179
bb) Entschädigungsanspruch des Gefahrenverdachtsstörers	640	180
cc) Entschädigungsanspruch des unbeteiligten Dritten	642	181
dd) Entschädigungsanspruch des Polizeihelfers und des freiwilligen Nothelfers	644	182

Kapitel M. Kostenrecht

I. Einführung	661	183
II. Voraussetzungen eines Kostenanspruchs der Verwaltung	663	184
1. Entstehung von Verwaltungskosten	664	184
2. Vorliegen einer kostenpflichtigen Handlung	665	185
a) Ausdrücklich kostenpflichtige Handlungen	666	185
b) Ersatzfähigkeit der Kosten bei unmittelbarem Zwang durch die Polizei	667	186
3. Rechtmäßigkeit der Handlung	671	187
4. Passivlegitimation des Pflichtigen	674	188
III. Anspruch auf Kostenersatz als Rechtsfolge	677	190
IV. Durchsetzung des Kostenerstattungsanspruchs	678	190

2. Teil – Beispielsfälle

Seite

Fall 1: Waschtag
(Schutzgut der öffentlichen Sicherheit, Sonn- und Feiertagsarbeit) ... 193

Fall 2: Berberfall
(Öffentliche Sicherheit oder Ordnung, Individualgüter Leib und Leben, Schutzpflicht des Staates) ... 200

Fall 3: Bombenstimmung in der Disco
(Anscheinsgefahr, Gefahrenverdacht, Störereigenschaft, Entschädigung für polizeiliches Handeln) ... 204

Fall 4: Parken schwer gemacht
(Öffentlich-rechtlicher Erstattungsanspruch; Rechtmäßigkeit eines Kostenbescheides; Rechtmäßigkeit einer Ersatzvornahme im Sofortvollzug; Verhältnismäßigkeit einer Abschleppmaßnahme) ... 218

Fall 5: Big brother
(Videoüberwachung in Innenstädten; Verfassungsmäßigkeit der Ermächtigungsgrundlage; Verhältnismäßigkeit; Zitiergebot; Bestimmtheitsgebot) ... 231

Seite

Fall 6: Der aufmerksame Vermieter
(Betreten einer Wohnung; Anscheinsgefahr; Inanspruchnahme eines
Nichtstörers; Entschädigungsanspruch) 244

3. Teil – Übersichten

Übersichten 259

Stichwortverzeichnis 277

Abkürzungsverzeichnis

a. A.	anderer Ansicht, Auffassung
aaO	am angegebenen Ort
abgedr.	abgedruckt
abh.	Abhandlungen
Abk.	Abkommen
ABL	Amtsblatt
abl.	ablehnend
Abs.	Absatz
abw.	abweichend
AE	Alternativentwurf
a. E.	am Ende
a. F.	alte Fassung
AG	Amtsgericht, Aktiengesellschaft
AG	Ausführungsgesetz
AG VwGO NRW	Ausführungsgesetz zur Verwaltungsgerichtsordnung Nordrhein-Westfalen (siehe seit 1. 1. 2011: JustG NRW)
AK	Alternativkommentar
AktG	Aktiengesetz
allg.	allgemein
allg. Begr.	allgemeine Begründung
allg. M.	allgemeine Meinung
ALR	Allgemeines Landrecht für die Preußischen Staaten
Alt.	Alternative
a. M.	andere Meinung
amtl.	amtlich
Amtl. Begr.	Amtliche Begründung
Amtl. Slg.	Amtliche Sammlung
Änd.	Änderung
ÄndG	Änderungsgesetz
Angkl.	Angeklagte(r)
Anh.	Anhang
Anm.	Anmerkung
AnwBl.	Anwaltsblatt
AO	Abgabenordnung
AöR	Archiv des öffentlichen Rechts
Arch	Archiv
arg.	argumentum
Art.	Artikel
ASOG	Allgemeines Gesetz zum Schutz der öffentlichen Sicherheit und Ordnung
AT	Allgemeiner Teil
AtG	Atomgesetz
Aufl.	Auflage
ausf.	ausführlich
ausl.	ausländisch
Az.	Aktenzeichen

BadWürtt., bad.-württ.	Baden-Württemberg, baden-württembergisch
BauGB	Baugesetzbuch
BauO NRW	Bauordnung Nordrhein-Westfalen
Bay., bay.	Bayern, bayerisch
BayObLG	Bayerisches Oberstes Landesgericht
BayPAG	Bayerisches Polizeiaufgabengesetz
BayVBl.	Bayerische Verwaltungsblätter
BayVerfGH	Bayerischer Verfassungsgerichtshof
BayVGH	Bayerischer Verwaltungsgerichtshof
BB	Betriebs-Berater
BBG	Bundesbeamtengesetz
Bd.	Band
BDSG	Bundesdatenschutzgesetz
bearb.	bearbeitet
Bearb.	Bearbeitung
Begr.	Begründung
Beil.	Beilage
Berl.	Berlin
bes.	besonders
Beschl.	Beschluss
Beschw.	Beschwerde
bestr.	bestritten
Bet.	Beteiligte(r)
betr.	betreffend
Bf.	Beschwerdeführer(in)
BGB	Bürgerliches Gesetzbuch
BGBl	Bundesgesetzblatt
BGH	Bundesgerichtshof
BGHSt(Z)	Amtliche Sammlung der Entscheidungen des BGH in Strafsachen (Zivilsachen)
BImSchG	Bundesimmissionsschutzgesetz
bish.	bisher(ig)
BKA	Bundeskriminalamt
BKAG	Gesetz über die Errichtung eines Bundeskriminalpolizeiamtes
BNatSchG	Bundesnaturschutzgesetz
BNDG	Gesetz über den Bundesnachrichtendienst
BPolG	Bundespolizeigesetz
BR	Bundesrat
Brbg	Brandenburg
BR-Dr.	Bundesratsdrucksache
BReg.	Bundesregierung
Brem., brem.	Bremen, bremisch
BremPolG	Bremisches Polizeigesetz
BSeuchG	Bundesseuchengesetz
BT	Bundestag
BT-Dr.	Bundestagsdrucksache
BtMG	Gesetz über den Verkehr mit Betäubungsmitteln
Buchholz	Sammel- und Nachschlagewerk der Rspr. des BVerwG, hrsg. v. Buchholz
BVerfG	Bundesverfassungsgericht
BVerfGE	Amtliche Sammlung der Entscheidungen des BVerfG

Abkürzungsverzeichnis XVII

BVerwG	Bundesverwaltungsgericht
BVerwGE	Amtliche Sammlung der Entscheidungen des BVerwG
BW PolG	Baden-Württembergisches Polizeigesetz
BZR	Bundeszentralregister
BZRG	Bundeszentralregistergesetz
bzw.	beziehungsweise
CR	Computer und Recht
DDR	Deutsche Demokratische Republik
ders.	derselbe
dgl.	dergleichen
d. h.	das heißt
dies.	dieselben
Diss.	Dissertation
DJ	Deutsche Justiz
DJT	Deutscher Juristentag
DJZ	Deutsche Juristenzeitung
DöD	Der öffentliche Dienst
DÖV	Die öffentliche Verwaltung
DRiG	Deutsches Richtergesetz
DRiZ	Deutsche Richterzeitung
Drucks	Drucksache
DSG NRW	Datenschutzgesetz Nordrhein-Westfalen
dt.	deutsch
DVBl.	Deutsches Verwaltungsblatt
DVO	Durchführungsverordnung
E	Amtliche Sammlung der Entscheidungen des jeweils angesprochenen Gerichts
ebda.	ebenda
EDV	Elektronische Datenverarbeitung
EG	Einführungsgesetz
EGMR	Europäischer Gerichtshof für Menschenrechte
Einf.	Einführung
einh.	einhellig
einh. M.	einhellige Meinung
Einl.	Einleitung
einschl.	einschließlich
einschr.	einschränkend
EKMR	Europäische Kommission für Menschenrechte
Entsch.	Entscheidung
entspr.	entsprechend
Erg.	Ergebnis
Erg.-Bd.	Ergänzungsband
Erl.	Erläuterung
etc.	et cetera
EuGH	Europäischer Gerichtshof
EuGHE	Amtl. Sammlung der Rechtsprechung des EuGH
EuGRZ	Europäische Grundrechte – Zeitschrift
EuR	Europarecht
europ.	europäisch
f.	folgende, für
Festg.	Festgabe

Festschr., FS	Festschrift
ff.	fortfolgende
Fußn., Fn.	Fußnote
G	Gesetz
GaststG	Gaststättengesetz
GBl	Gesetzblatt
geänd.	geändert
GebG NRW	Gebührengesetz Nordrhein-Westfalen
GebO	Gebührenordnung
gem.	gemäß
ges.	gesamt
Ges.	Gesetz
Ges. z.	Gesetz zur
GeschO	Geschäftsordnung
GewO	Gewerbeordnung
GG	Grundgesetz
ggf.	gegebenenfalls
GmbH	Gesellschaft mit beschränkter Haftung
GmbHG	GmbH-Gesetz
GoA	Geschäftsführung ohne Auftrag
GO NRW	Gemeindeordnung Nordrhein-Westfalen
grdl.	grundlegend
grds.	grundsätzlich
GS	Großer Senat
GVBl, GV	Gesetz- und Verordnungsblatt
GVG	Gerichtsverfassungsgesetz
GV. NRW.	Gesetz- und Verordnungsblatt des Landes Nordrhein-Westfalen
H	Heft
h. A.	herrschende Ansicht
Halbs.	Halbsatz
HambOVG	Hamburgisches Oberverwaltungsgericht
HandwO	Handwerksordnung
Hbd.	Halbband
HbgSOG	Hamburger Gesetz über die Sicherheit und Ordnung
Hdb	Handbuch
HessVGH	Hessischer Verwaltungsgerichtshof
HGB	Handelsgesetzbuch
histor.	historisch
h. L.	herrschende Lehre
h. M.	herrschende Meinung
Hrsg., hrsg.	Herausgeber, herausgegeben
i. d. F.	in der Fassung
i. d. R.	in der Regel
i. E.	im Ergebnis
i. e. S.	im engeren Sinne
IMK	Innenministerkonferenz
inkl.	inklusive
INPOL	Informationssystem der Polizei
insb.	insbesondere
InsO	Insolvenzordnung

int.	international
INTERPOL	Internationale Kriminalpolizeiliche Organisation
i. S. des (von)	im Sinne des (von)
i. V. mit/i. V. m.	in Verbindung mit
i. w. S.	im weiteren Sinne
JA	Juristische Arbeitsblätter
JArbschG	Jugendarbeitsschutzgesetz
Jb.	Jahrbuch
JGG	Jugendgerichtsgesetz
Jhdt.	Jahrhundert
JMBl NRW	Justizministerialblatt für Nordrhein-Westfalen
JMStV	Jugendmedienschutz-Staatsvertrag
JöR	Jahrbuch für öffentliches Recht
JR	Juristische Rundschau
JSchG	Jugendschutzgesetz
JÖSchG	Gesetz zum Schutze der Jugend in der Öffentlichkeit (siehe seit 1. 4. 2003: JSchG und JMStV)
JuS	Juristische Sammlung
JustG NRW	Justizgesetz Nordrhein-Westfalen
Justiz	Die Justiz
JW	Juristische Wochenschrift
JZ	Juristenzeitung
KAG	Kommunalabgabengesetz
Kap.	Kapitel
KatSchG	Katastrophenschutzgesetz
Kfz	Kraftfahrzeug
KG	Kommanditgesellschaft
KGaA	Kommanditgesellschaft auf Aktien
Kl.	Kläger(in)
KO	Konkursordnung (siehe seit 1. 1. 1999: InsO)
Komm.	Kommentar
KostO NRW	Kostenordnung Nordrhein-Westfalen (siehe seit 17. 12. 2009: VO VwVG NRW)
KreisO NRW	Kreisordnung Nordrhein-Westfalen
krit.	kritisch
Lehrb.	Lehrbuch
Lfg.	Lieferung
LG	Landgericht
lit.	Buchstabe
Lit.	Literatur
LKA	Landeskriminalamt
LMBG	Lebensmittel- und Bedarfsgegenständegesetz
LReg.	Landesregierung
LT	Landtag
LT-Dr., -Drucks.	Landtagsdrucksache
LuftVG	Luftverkehrsgesetz
m	Meter
MABl	Ministerial- und Amtsblatt
MADG	Gesetz über den Militärischen Abschirmdienst
masch.schr.	maschinenschriftlich

Mat.	Materialien
m. a. W.	mit anderen Worten
MBl	Ministerialblatt
MDR	Monatsschrift für Deutsches Recht
m. E.	meines Erachtens
MEPolG	Musterentwurf eines einheitlichen Polizeigesetzes
MRK	Europäische Menschenrechtskonvention
MV	Mecklenburg-Vorpommern
m. w. Nachw.	mit weiteren Nachweisen
Nachw.	Nachweis(e, en)
Nds., nds.	Niedersachsen, niedersächsisch
n. F.	neue Fassung, neue Folge
NJ	Neue Justiz
NJW	Neue Juristische Wochenschrift
NordÖR	Zeitschrift für öffentliches Recht in Norddeutschland
NRW	Nordrhein-Westfalen, nordrhein-westfälisch
NStZ	Neue Zeitung für Strafrecht
NVwZ	Neue Zeitschrift für Verwaltungsrecht
NVwZ-RR	Neue Zeitschrift für Verwaltungsrecht-Rechtssprechungsreport
NWVBl.	Nordrhein-Westfälische Verwaltungsblätter
o.	oben
o. ä.	oder ähnliches
OBG NRW	Ordnungsbehördengesetz Nordrhein-Westfalen
OHG	Offene Handelsgesellschaft
OLG	Oberlandesgericht
OLGE	Rechtsprechung der Oberlandesgerichte
OLGZ	Entscheidungen der OLGe in Zivilsachen
OVG	Oberverwaltungsgericht
OVGE	Amtl. Sammlung der Entscheidungen der OVGe Lüneburg und Münster
OWiG	Ordnungswidrigkeitengesetz
Pkw	Personenkraftwagen
POG NRW	Polizeiorganisationsgesetz Nordrhein-Westfalen
PolG NRW	Polizeigesetz Nordrhein-Westfalen
pr., Pr.	preußisch, Preußen
PrALR	Preußisches allgemeines Landrecht
PresseG	Pressegesetz
PrLVG	Preußisches Landesverwaltungsgesetz
PrOVG	Preußisches Oberverwaltungsgericht
PrOVGE	Amtl. Sammlung der Entscheidungen des PrOVG
PrPVG	Preußisches Polizeiverwaltungsgesetz
PrVerf	Preußische Verfassung
RA	Rechtsanwalt
RdErl.	Runderlass
Rdn., Rn., Rn	Randnummer(n)
RdSchr.	Rundschreiben
rechtskr.	rechtskräftig
RefE	Referentenentwurf
Reg.	Regierung

Abkürzungsverzeichnis XXI

RegE	Regierungsentwurf
RevGer	Revisionsgericht
RG	Reichsgericht
RGBl	Reichsgesetzblatt
RhPf., rhpf., RP	Rheinland-Pfalz, rheinland-pfälzisch
Richtl	Richtlinie
Rpfleger	Der Deutsche Rechtspfleger
RPflG, RPflegerG	Rechtspflegergesetz
Rspr.	Rechtsprechung
RuStG	Reichs- und Staatsangehörigkeitsgesetz
RVO	Reichsversicherungsordnung
s.	siehe
S.	Seite, Satz (bei Rechtsnormen)
Saarl., saarl.	Saarland, saarländisch
SchlH, SH	Schleswig-Holstein
SEK	Spezial-Einsatz-Kommando
SGB	Sozialgesetzbuch
SGV. NRW	Sammlung des fortlaufend bereinigten Gesetz- und Verordnungsblattes für das Land Nordrhein-Westfalen
Slg.	Sammlung von Entscheidungen, Gesetzen etc.
s. o.	siehe oben
sog.	so genannte(r)
SOG	Gesetz über die öffentliche Sicherheit und Ordnung
Sp.	Spalte
SprenstG	Sprengstoffgesetz
st.	ständig
StA	Staatsanwalt, Staatsanwaltschaft
StGB	Strafgesetzbuch
StGH	Staatsgerichtshof
StHG	Staatshaftungsgesetz
StIG	Ständiger Internationaler Gerichtshof
StPO	Strafprozessordnung
str.	streitig
StrK	Strafkammer
st. Rspr.	ständige Rechtsprechung
StrVert	Strafverteidiger
StrWG	Straßen- und Wegegesetz
StS	Strafsenat
StVG	Straßenverkehrsgesetz
StVO	Straßenverkehrsordnung
StVollStrO	Strafvollstreckungsordnung
StVollzG	Gesetz über den Vollzug der Freiheitsstrafe und der freiheitsentziehenden Maßregeln der Besserung und Sicherung
StVZO	Straßenverkehrszulassungsordnung
s. u.	siehe unten
südd.	süddeutsch
s. vor. Bem.	siehe vorherige Bemerkung
teilw.	teilweise
TierschutzG	Tierschutzgesetz
Tz.	Textziffer

XXII Abkürzungsverzeichnis

u.	unten
u. a.	unter anderen(m), und andere
u. ä.	und ähnliche(s)
umstr.	umstritten
unstr.	unstreitig
unveröff.	unveröffentlicht
u. ö.	und öfter
UrhRG	Urheberrechtsgesetz
Urt.	Urteil
usw.	uns so weiter
u. U.	unter Umständen
UZwG	Gesetz über die Anwendung unmittelbaren Zwanges
v.	vom, von
VA(e)	Verwaltungsakt(e)
Var.	Variante
VBlBW	Verwaltungsblätter für Baden-Württemberg
VE/ME	Vorentwurf zur Änderung des Musterentwurfs eines einheitlichen Polizeigesetzes
VereinsG	Vereinsgesetz
Verf.	Verfasser, Verfassung
VerfGH	Verfassungsgerichtshof
Verh.	Verhandlungen
Veröff.	Veröffentlichungen
Vers.	Versicherung
VersammlG	Versammlungsgesetz
VerwArch	Verwaltungsarchiv
VerwProzR	Verwaltungsprozessrecht
VerwR	Verwaltungsrecht
VerwRspr	Verwaltungsrechtsprechung
VG	Verwaltungsgericht
VGH	Verwaltungsgerichtshof
VGHBW	Verwaltungsgerichtshof Baden-Württemberg
VGHE	Entscheidungen des VGH
vgl.	vergleiche
v. H.	vom Hundert
VO	Verordnung
VO VwVG NRW	Ausführungsverordnung VwVG
Vorb.	Vorbemerkung
vorl.	vorliegend
VPr	Verwaltungspraxis
VVDStRL	Veröffentlichungen der Vereinigung der Deutschen Staatsrechtslehrer
VVG	Versicherungsvertragsgesetz
VwGO	Verwaltungsgerichtsordnung
VwGOKostO	Verwaltungsgerichtskostenordnung (siehe seit 1. 1. 2011: JustG NRW)
VwKG	Verwaltungskostengesetz
VwVfG NRW	Verwaltungsverfahrensgesetz Nordrhein-Westfalen
VwVG NRW	Verwaltungsvollstreckungsgesetz Nordrhein-Westfalen
VWVVO	Verwaltungsvorschriften
VwZG	Verwaltungszustellungsgesetz
VwZVG	Verwaltungszustellungs- und Vollstreckungsgesetz
VZR	Verkehrszentralregister

Abkürzungsverzeichnis

w.	weitere
WaffG	Waffengesetz
WaStrG	Wasserstraßengesetz
WHG	Wasserhaushaltsgesetz
wiss.	wissenschaftlich
WRV	Weimarer Reichsverfassung
ZaöRV	Zeitschrift für ausländisches Recht und Völkerrecht
ZAR	Zeitschrift für Ausländerrecht und Ausländerpolitik
z. B.	zum Beispiel
zit.	zitiert
ZöR	Zeitschrift für öffentliches Recht
ZPO	Zivilprozessordnung
ZRP	Zeitschrift für Rechtspolitik
z. T.	zum Teil
Ztschr.	Zeitschrift
zul.	zuletzt
zust.	zustimmend
zutr.	zutreffend
ZVG	Gesetz über die Zwangsversteigerung und Zwangsverwaltung
z. Z.	zur Zeit

Literaturverzeichnis

Literatur zum Polizeirecht und allgemeinen Ordnungsrecht (Auswahl):

Achterberg, Norbert/Püttner, Günter (Hrsg.), Besonderes Verwaltungsrecht Bd. II, „Kapitel 7, § 21: Polizei- und Ordnungsrecht", (bearbeitet von *Thomas Würtenberger*), 2. Aufl., Heidelberg 2000
Dietlein, Johannes/Burgi, Martin/Hellermann, Johannes, Öffentliches Recht in Nordrhein-Westfalen, darin der Teil: „Polizei- und Ordnungsrecht", 3. Aufl., München 2009
Drews, Bill/Wacke, Gerhard/Vogel, Klaus/Martens, Wolfgang, Gefahrenabwehr, 9. Aufl., Köln, Berlin, Bonn, München 1986
Götz, Volkmar Allgemeines Polizei- und Ordnungsrecht, 14. Aufl., Göttingen 2008
Gornig, Gilbert-Hanno/Jahn, Ralf, Fälle zum Polizei- und Ordnungsrecht, 3. Aufl., München 2006
Grimm, Dieter/Papier, Hans-Jürgen, Nordrhein-westfälisches Staats- und Verwaltungsrecht, darin der Teil: „Polizeirecht", (bearbeitet von *Martin Oldiges*), Heidelberg 1986
Gusy, Christoph Polizeirecht, 7. Aufl., Tübingen 2009
Habermehl, Kai Polizei- und Ordnungsrecht, 2. Aufl., Baden-Baden 1993
Kay, Wolfgang/Böcking, Reinold Polizeirecht Nordrhein-Westfalen, München 1992
Knemeyer, Franz-Ludwig Polizei- und Ordnungsrecht, 11. Aufl., München 2007
Lisken, Hans/Denninger, Erhard (Hrsg.), Handbuch des Polizeirechts, 4. Aufl., München 2007
Möller, Manfred/Wilhelm, Jürgen, Allgemeines Polizei- und Ordnungsrecht, 5. Aufl., Köln 2003
Pieroth, Bodo/Schlink, Bernhard/Kniesel, Michael, Polizei- und Ordnungsrecht, 5. Aufl., München 2008
Schenke, Wolf-Rüdiger, Verwaltungsprozeßrecht, 12. Aufl., Heidelberg 2009
Schmidt-Aßmann, Eberhard/Schoch, Friedrich (Hrsg.), Besonderes Verwaltungsrecht, 2. Abschnitt: „Polizei- und Ordnungsrecht" (bearbeitet von *Karl Heinrich Friauf*), 14. Aufl., Berlin, New York 2008
Schoch, Friedrich, „Grundfälle zum Polizei- und Ordnungsrecht" (Fortsetzungsaufsatz), JuS 1994 S. 391 ff., S. 479 ff., S. 570 ff., S. 667 ff., JuS 1994 S. 754 ff., S. 849 ff., S. 932 ff., S. 1026 ff. und JuS 1995 30 ff., 215 ff., 307 ff., 504 ff.
ders., Die Schutzgüter der polizei- und ordnungsrechtlichen Generalklausel, Jura 2003, 177 ff.
ders., Das verwaltungsbehördliche Ermessen, Jura 2004, 462 ff.
ders., Grundlagen und System des allgemeinen Polizei- und Ordnungsrechts, Jura 2006, 664 ff.
ders., Die Notstandspflicht im Polizei- und Ordnungsrecht, Jura 2007, 676 ff.
ders., Der Zweckveranlasser im Gefahrenabwehrrecht, Jura 2009, 360.
Scholler, Heinrich/Schloer, Bernhard, Grundzüge des Polizei- und Ordnungsrechts in der Bundesrepublik Deutschland, 4. Aufl., Heidelberg 1993
Steiner, Udo (Hrsg.), Besonderes Verwaltungsrecht, Abschnitt II „Polizei- und Ordnungsrecht" (bearbeitet von *Wolf-Rüdiger Schenke*), 8. Aufl., Heidelberg 2006
Tegtmeyer, Henning/Vahle, Jürgen Polizeigesetz, Nordrhein-Westfalen, Kommentar, 9. Aufl., München, Hannover 2004

Tettinger, Peter J./Erbguth, Wilfried/Mann, Thomas, Besonderes Verwaltungsrecht, 10. Aufl., Heidelberg 2009
Wagner, Heinz, Polizeigesetz Nordrhein-Westfalen, Kommentar, Neuwied 1987
Wittreck, Fabian, Altlasten-Rechtsprechung oder Rechtsprechungs-Altlasten? – Das Urteil des BVerwG zur Sanierungspflicht des Gesamtrechtsnachfolgers nach dem Bundes-Bodenschutzgesetz (BVerwGE 125, 325) –, Jura 2008, 534 ff.

Sonstige Literatur (Auswahl):

Erichsen, Hans-Uwe/Ehlers, Dirk (Hrsg.), Allgemeines Verwaltungsrecht, 13. Aufl., Berlin, New York 2006
Hufen, Friedhelm, Verwaltungsprozeßrecht, 7. Aufl., München 2008
Maurer, Hartmut, Allgemeines Verwaltungsrecht, 17. Aufl., München 2008
Peine, Franz-Joseph, Allgemeines Verwaltungsrecht, 9. Aufl., Heidelberg 2008
Schoch/Schmidt-Aßmann/Pietzner, VwGO, Loseblattkommentar, 18. Aufl., München 2009

1. Teil – Struktur und Systematik des Polizei- und allgemeinen Ordnungsrechts

Kapitel A. Einleitung

Literatur: *Bärenfänger,* Die erfolgreiche Polizeirechtsklausur, Ad legendum 2009, 121; *Beaucamp,* Grundfälle zum Allgemeinen Polizei- und Ordnungsrecht, JA 2009, 279; *Beljin/Micker,* Besonderes Verwaltungsrecht im ersten Staatsexamen, JuS 2003, 556 ff.; *Dietlein/Burgi/Hellermann,* § 3 Rn. 1 ff.; *Drews/Wacke/Vogel/Martens,* Gefahrenabwehr, S. 1 ff.; *Gerke,* Assessorexamensklausur – Öffentliches Recht: Polizeirecht – Der akademische Ghostwriter, JuS 2009, 940; *Götz,* § 1 Rn. 1 ff., § 3 Rn. 1 ff.; *Jahn,* Ausgewählte Grundprobleme des Polizeirechts, JA 2000, 79 ff.; *Kretschmer,* BKA, BND und BfV – was ist das und was dürfen sie?, Jura 2006, 336 ff.; *Lindner,* Die gemeinschaftsrechtliche Dimension des Polizeirechts, – Eine dogmatische Analyse, JuS 2005, 302 ff.; *Lisken/Denninger,* in: Lisken/Denninger, C Rn. 1 ff.; *Meierkord/ Müller,* Die Entwicklung des öffentlichen Rechts – Das allgemeine Ordnungsrecht in den neuen Bundesländern im System des deutschen Gefahrenabwehrrechts, DVBl. 1993, 985; *Möller/Wilhelm,* 1. Abschnitt 2.; *Muckel/Ogorek,* Referendarexamensklausur – Öffentliches Recht: Polizeirecht – Viel Lärm um nichts, JuS 2010, 57; *Ossenbühl,* Kernenergie im Spiegel des Verfassungsrechts, DÖV 1981, 4 f.; *Pitschas,* Polizeirecht im kooperativen Staat – Innere Sicherheit zwischen Gefahrenabwehr und kriminalpräventiver Risikovorsorge –, DÖV 2002, 221 ff.; *Riedel,* Examensklausur Öffentliches Recht – Die Polizei in der Versammlung, Jura 2010, 144; *Rott,* 100 Jahre „Kreuzberg-Urteil" des PrOVG, NVwZ 1982, 363; *Schmehl,* Klausur Öffentliches Recht „Flatrate – All You Can Drink", JA 2010, 128; *Schmidt,* Examensklausur Schwerpunktbereich Staat und Verwaltung: Flatrate-Partys, Jura 2009, 473; *Schoch,* in: Schmidt-Aßmann/Schoch, BesVerwR, 2. Kapitel, Rn. 1 ff.; *ders.,* JuS 1994, 391 ff.; *ders.,* Grundlagen und System des allgemeinen Polizei- und Ordnungsrechts, Jura 2006, 664 ff.; *Tegtmeyer/Vahle,* PolG NRW, 1. Abschnitt; *Thieme,* Die besonderen Gewaltverhältnisse, DÖV 1956, S. 521; *van der Schoot,* Der Wanderkessel, Jura 2009, 382; *Wagner,* Der Weltwirtschaftsgipfel in Heiligendamm: BAO KAVALA, Bollwerk (nur) der Eingriffsverwaltung?, Die Polizei 2007, 248 ff.; *ders.,* Die Bundespolizei – wer ist das, was darf und was macht die?, Jura 2009, 96.

Rechtsprechung: prOVG 9, 353 (Kreuzberg-Urteil).

I. Stellung im öffentlichen Recht

Das Polizei- und allgemeine Ordnungsrecht gehört zu den klassischen Rechtsgebieten des öffentlichen Rechts, insbesondere des Verwaltungsrechts. Um der organisierten Kriminalität wirksam begegnen zu können, ist gegenwärtig eine verstärkte Zusammenarbeit auf europäischer Ebene erforderlich.[1] Obwohl weite Teile des Verwaltungsrechts heute vor allem vom

---

[1] Vertiefend: *Lindner,* JuS 2005, 202 ff.

2   A. Einleitung

Bild der leistenden Verwaltung geprägt werden (z.B. Bereitstellen von Infrastruktureinrichtungen wie Strom- oder Wasserversorgung und Nahverkehrseinrichtungen, Wirtschaftsförderungsmaßnahmen wie Subventionen, Unterstützung hilfsbedürftiger Bürger durch Sozialhilfeleistungen) oder die planende Verwaltung im Verwaltungsrecht an Bedeutung gewonnen hat (z.B. durch Raumplanung und Bauleitplanung), nimmt das Polizei- und Ordnungsrecht weiterhin als Paradebeispiel der **Eingriffsverwaltung** eine dominante Stellung ein.[2] Im Zuge der Verrechtlichung von Gesellschaft und Wirtschaft kommt dem Polizei- und allgemeinen Ordnungsrecht häufig nur noch eine subsidiäre Funktion zu. Sowohl im Umweltschutzrecht (z.B. Bundesimmissionsschutzgesetz) als auch im Wirtschaftsverwaltungsrecht (z.B. Gewerbeordnung, Gaststättengesetz) finden sich Überwachungs- und Eingriffsbefugnisse, die einen Rückgriff auf das Regelungswerk des Polizei- und Ordnungsrechts verbieten oder allenfalls subsidiär zulassen. Dies gilt sowohl in verwaltungsorganisatorischer Hinsicht für die Zuständigkeit von Spezialbehörden als auch in materiell-rechtlicher Hinsicht für die Frage, auf welche Rechtsgrundlage eine Verwaltungsmaßnahme gestützt wird. Dennoch finden die Grundlagen des Polizei- und Ordnungsrechts dadurch in zahlreichen Fällen Anwendung, dass Spezialgesetze die zuständigen Verwaltungsbehörden zu Sonderordnungsbehörden erklären (z.B. Landeswassergesetz NRW, Landesabfallgesetz NRW) und dadurch den Weg zu den Rechtsvorschriften des Polizei- und Ordnungsrechts eröffnen.

II. Funktion der Polizei

2   Im allgemeinen Sinn des Wortes wird Polizei als die staatliche Tätigkeit verstanden, die darauf gerichtet ist, die öffentliche Sicherheit oder Ordnung zu schützen, Gefahren von ihnen abzuwenden und bereits eingetretene Störungen zu beseitigen.[3] Die grundlegende Funktion der Polizei besteht danach darin, **Gefahren abzuwehren,** die dem Staat oder seinen Bürgern drohen. Die Polizeigewalt wohnt dem Wesen der Staatlichkeit bereits kraft Natur der Sache inne.[4] Wenngleich diese Charakterisierung als Notwendigkeit eines geordneten Gemeinwesens nicht zu bezweifeln ist, ist die Bestim-

---

[2] Klassisch wird behördliches Handeln in Eingriffs- und Leistungsverwaltung unterschieden; *Wagner,* Die Polizei 2007, 248 ff. lehnt hingegen eine diametrale Einteilung ab.
[3] *Schoch,* in: Schmidt-Aßmann/Schoch, BesVerwR, 2. Kap. Rn. 1.; *Pitschas,* DÖV 2002, 221 ff.; guter Einstieg in die Thematik *Jahn,* JA 2000, 79 ff., *Bärenfänger,* Ad legendum 2009, 121; *Beljin/Micker,* JuS 2003, 556 (557 ff.); Grundlagenwissen zum Polizei- und Ordnungsrecht (Übungsfälle), *Beaucamp,* JA 2009, 279; *Gerke,* JuS 2009, 940; *Muckel/Ogorek,* JuS 2010, 57; *Proppe,* JA 2009, 298; *Riedel,* Jura 2010, 144; *Schmehl,* JA 2010, 128; *Schmidt,* Jura 2009, 473; *van der Schoot,* Jura 2009, 382.
[4] W. *Thieme,* DÖV 1956, S. 521 (526); *Schoch,* in: Schmidt-Aßmann/Schoch, BesVerwR, 2. Kap. Rn. 2.

II. Funktion der Polizei

mung der Schutzgüter, deren Beeinträchtigung als polizeilich abzuwehrende Gefahr zu qualifizieren ist, durch die gesellschaftliche Entwicklung und das geltende Verfassungsrecht bestimmt.

Beispiel:
Das Schutzgut „Öffentliche Ordnung" ist dem gesellschaftlichen Wandel in besonderem Maße unterworfen. So wäre in den 50er Jahren die Polizei gegen Jugendliche, die sich in einer öffentlichen Anlage betrunken hätten, eingeschritten. Heute wird ein solches Verhalten als Ausdruck der „Persönlichkeitsentfaltung" angesehen.

Gefahren**abwehr** ist allerdings nicht mehr die zentrale Staatsaufgabe. Im Zeichen des sozialen Rechtsstaats kommt dem Staat neben seinen leistenden und planenden Aufgaben auch die Pflicht zur Gefahren**vorsorge** zu. Die technische Entwicklung birgt vielfältigste Gefahren für die Allgemeinheit und den Einzelnen, die der Staat durch Gesetze und verwaltungsorganisatorische Maßnahmen begrenzen, steuern oder überwachen muss (z.B. Schutz vor schädlichen Umwelteinflüssen, Gesundheitsschutz). Unabhängig davon behält die Aufgabe der Gefahrenabwehr, wie sie in den Polizei- und Ordnungsrechtsvorschriften vorgesehen ist, ihren Stellenwert für die **konkrete Sicherheitslage** der Allgemeinheit oder des Individuums im Einzelfall. Selbst eine optimale Gefahrenvorsorge kann nicht verhindern, dass im technischen oder gesellschaftlichen Bereich Ereignisse eintreten, die ein konkretes Eingreifen der Sicherheitsorgane erforderlich machen.

Maßnahmen der Behörden zur Wahrung der öffentlichen Sicherheit oder Ordnung sind zwar prinzipiell im Rahmen des Grundgesetzes legitimiert, sie führen aber häufig in ein Spannungsverhältnis zu den verfassungsmäßig verbürgten Grundrechten des Einzelnen. Dieses Spannungsverhältnis ist so aufzuheben, dass sowohl das staatliche Schutzgut als auch das Grundrecht des Einzelnen zur optimalen Geltung kommen. Im Einzelfall ist dieser Grundsatz der **praktischen Konkordanz** natürlich schwierig und nur durch eine Abwägung, die vor allem vom Verhältnismäßigkeitsprinzip bestimmt ist, möglich. Dabei darf nicht übersehen werden, dass der Schutz der öffentlichen Sicherheit oder Ordnung nicht nur der Allgemeinheit, sondern auch dem Einzelnen dient, da er eine grundrechtssichernde und auch -schützende Funktion beinhaltet.[5] Erst in einem Zustand der Sicherheit und Ordnung kann der Bürger von seiner Freiheit wirklich Gebrauch machen und die Gewährleistungen des sozialen Rechtsstaats nutzen.[6] Insofern obliegt dem Staat auch die verfassungsrechtlich begründete Pflicht, die Sicherheit seiner Bürger zu schützen.[7]

---

[5] Vgl. *Ossenbühl*, DÖV 1981, 1 (4f.).
[6] *Schoch*, in: Schmidt-Aßmann/Schoch, BesVerwR, 2. Kap. Rn. 2.
[7] *BVerfGE* 46, 214 (222 f.).

III. Gesetzliche Grundlagen des Polizei- und Ordnungsrechts in Nordrhein-Westfalen

5   Das Polizei- und allgemeine Ordnungsrecht wird in Nordrhein-Westfalen in mehreren Gesetzen geregelt. Auf Grund des in Nordrhein-Westfalen geltenden Trennungsprinzips gibt es kein einheitliches Sicherheitsbehördenrecht, sondern für die Polizeibehörden im institutionellen Sinn andere Rechtsgrundlagen als für die allgemeinen Ordnungsbehörden, die allerdings auch Polizeirecht im materiellen Sinn ausüben.[8]

6   Die Verwaltungsorganisation der Polizeibehörden wird im Polizeiorganisationsgesetz (**POG NRW**) geregelt.[9] Die Aufgaben- und Befugnisnormen für die Polizeibehörden ergeben sich aus dem Polizeigesetz (**PolG NRW**), das neben der Aufgabenzuweisung zahlreiche Befugnisnormen enthält (so § 8 Generalklausel, §§ 9–33 Datenverarbeitung, §§ 34–46 Standardmaßnahmen, §§ 50–66 Vollstreckungsregeln).[10] Die Vorschriften, die das allgemeine Ordnungsrecht betreffen, finden sich im Ordnungsbehördengesetz (**OBG NRW**), das ebenfalls Aufgaben- und Befugnisnormen enthält.[11] Neben der allgemeinen Aufgabenzuweisung in § 1 ist die Verbindungsnorm zu den Sonderordnungsbehörden in § 12 besonders hervorzuheben. Danach gelten die Vorschriften des OBG NRW auch für die Sonderordnungsbehörden. Bei den Befugnisnormen ist zum einen die Generalklausel (§ 14 OBG NRW) besonders zu erwähnen, dann aber auch auf die Standardmaßnahmen nach dem Polizeigesetz zu verweisen, die nach § 24 OBG NRW ebenfalls von den Ordnungsbehörden durchgesetzt werden können. Das OBG NRW zeichnet sich dadurch aus, dass es auch ordnungsbehördliche Verordnungen zulässt, also den Ordnungsbehörden die Möglichkeit einräumt, generell-abstrakte Regelungen zur Abwehr von Gefahren für die öffentliche Sicherheit oder Ordnung zu erlassen (§§ 25–38 OBG NRW). Das OBG NRW enthält darüber hinaus Entschädigungsregelungen zugunsten des Bürgers für den Fall rechtmäßiger bzw. rechtswidriger Inanspruchnahme durch die Ordnungsbehörden (§§ 39–43 OBG NRW), die auch für das Handeln der Polizeibehörden Anwendung finden (§ 67 PolG NRW).[12]

---

[8] Zu dieser Terminologie vgl. unten Rn. 25 f.
[9] In der Fassung der Bekanntmachung vom 5. 7. 2002 (GV. NRW. S. 309), zuletzt geändert durch Art. 2 Gesetz vom 29. 3. 2007 (GV. NRW. S. 140).
[10] In der Fassung der Bekanntmachung vom 25. 7. 2003 (GV. NRW. S. 441), zuletzt geändert durch Art. 1 Gesetz vom 9. 2. 2010 (GV. NRW. S. 132).
[11] In der Fassung der Bekanntmachung vom 19. 2. 2003 (GV. NRW. S. 156), zuletzt geändert durch Art. 1 Gesetz vom 9. 10. 2007 (GV. NRW. S. 379).
[12] Die Geltungsdauer des OBG NRW war bisher gem. § 52, 2 OBG NRW a. F. bis zum 31. 12. 2009 befristet. Der Landesgesetzgeber hat nach Art. 9 Nr. 21 des Zweiten Gesetzes zur Änderung der gesetzlichen Befristungen die Geltungsdauer des OBG verlängert. Das Gesetz zur Änderung der Befristungen wurde am 2. 12. 2009 vom Landtag verabschiedet. Die Befristungsklausel nach § 52, 2 OBG NRW wurde durch

III. Gesetzliche Grundlagen

Für Vollstreckungsmaßnahmen der Ordnungsbehörden gilt das Verwaltungsvollstreckungsgesetz (VwVG NRW).[13] Während für Vollstreckungsmaßnahmen der Polizeibehörden Ermächtigungsgrundlagen bereits im Polizeigesetz enthalten sind, müssen die allgemeinen Ordnungsbehörden dafür das Verwaltungsvollstreckungsgesetz heranziehen.

Soweit auf dem Gebiet des Landes Nordrhein-Westfalen Bundespolizeibehörden im Rahmen ihrer eigenen Zuständigkeit tätig werden (Bundespolizei,[14] Bundeskriminalamt[15]), richten sich die Zuständigkeit und Rechtmäßigkeit des Verhaltens nach den für diese Polizeibehörden erlassenen Rechtsvorschriften.[16]

7–10

---

eine „Berichtsklausel" ersetzt. Danach wird die Landesregierung dem Landtag künftig über die Erfahrungen im Umgang mit dem Gesetz zum 31. 12. 2014 und anschließend im 5-Jahres-Rhythmus berichten.

[13] In der Fassung der Bekanntmachung vom 13. 5. 1980 (GV. NRW. S. 510), zuletzt geändert durch Gesetz vom 18. 3. 1997 (GV. NRW. S. 50).

[14] Gesetz über die Bundespolizei: Bundespolizeigesetz vom 19. Oktober 1994 (BGBl. I S. 2978, 2979), das zuletzt durch Artikel 2 des Gesetzes vom 31. Juli 2009 (BGBl. I S. 2507) geändert worden ist; hierzu eingehend, *Wagner*, Jura 2009, 96.

[15] Gesetz über die Einrichtung eines Bundeskriminalamtes, BGBl. III 2190–1; vertiefend zum Bundeskriminalamt, *Kretschmer*, Jura 2006, 336 ff.

[16] Das umstrittene Verhältnis von Länder- und Bundespolizei wird hier nicht weiter vertieft, vgl. dazu umfassend *Lisken/Denninger*, in: Lisken/Denninger, C Rn. 146 ff.

Kapitel B.
Der Polizeibegriff im geschichtlichen Wandel

Literatur: *Boldt/Stolleis,* in: Lisken/Denninger, A Rn. 1 ff.; *Drews/Wacke/Vogel/ Martens,* Gefahrenabwehr, S. 1 ff.; *Götz,* § 2 Rn. 1 ff.; *ders.,* Die Entwicklung des allgemeinen Polizei- und Ordnungsrechts (1994–1997), NVwZ 1998, 679; *Kay/Böcking,* Rn. 1 ff.; *Knemeyer,* Rn. 1 ff.; *Meierkord/Müller,* Die Entwicklung des öffentlichen Rechts – Das allgemeine Ordnungsrecht in den neuen Bundesländern im System des deutschen Gefahrenabwehrrechts, DVBl. 1993, 985; *Möller/Wilhelm,* 1. Abschnitt, 1.; *Rott,* 100 Jahre „Kreuzberg-Urteil" des PrOVG, NVwZ 1982, 363; *Schenke,* in: Steiner, BesVerwR, Rn. 1 ff.; *Schoch,* JuS 1994, 391 ff.; *Schulte,* Die historische Entwicklung der Polizei in der Bundesrepublik Deutschland, Die Polizei 2009, S. 16 ff.; *von Unruh,* Polizei als Tätigkeit der leistenden Verwaltung, DVBl. 1972, 472.
Rechtsprechung: prOVG 9, 353 (Kreuzberg-Urteil).

Zu aktuellen Entwicklungen und Tendenzen:

Literatur: *von Arnauld,* Die Europäisierung des Rechts der inneren Sicherheit, JA 2008, 327 ff.; *Brenneisen/Schwarzer/Wein,* Hilfeleistung durch die Bundeswehr im Innern – Einsatz oder Amtshilfe?, in: Die Polizei 2009, 282 ff.; *Hörnig,* „Neues" Grundrecht, neue Fragen? Zum Urteil des BVerfG zur Online-Durchsuchung, Jura 2009, 207; *Kretschmer,* Europol, Eurojust, OLAF – was ist das und was dürfen die?, Jura 2007, 169 ff.; *Roggan,* Das neue BKA-Gesetz – Zur weiteren Zentralisierung der deutschen Sicherheitsarchitektur –, NJW 2009, 257 ff.; *Sachs/Krings,* Das Gesetz zur Änderung des Polizeigesetzes des Landes Nordrhein-Westfalen, NWVBl. 2010, 165 ff.; *Wagner,* Die Bundespolizeireform 2008: Aufbauorganisation versus Verfassungsrecht, DÖV 2009, 66 ff.; *ders.,* Die Bundespolizei – wer ist das, was darf und was macht sie?, in: Jura 2009, 96 ff.
Rechtsprechung: OVG NRW, NWVBl. 2010, 195 ff.

I. Die Herleitung des heutigen Polizeibegriffs und die vorabsolutistische Zeit

11 Der Polizeibegriff leitet sich nach einer Ansicht aus dem Griechischen her; der damals verwendete Begriff „*politeia*" bezeichnete die Verfassung des Stadtstaates und legte den Status der in diesem Staate lebenden Menschen fest.[17] Nach anderer Meinung liegt der Ursprung des Wortes Polizei eher in dem Begriff „polizein" in der Ilias Homers,[18] dem Begriff einer gemeinschaftlichen Tätigkeit: „miteinander eine Mauer bauen".[19] Der Begriff „politeia" wurde auch von den Römern in ihren Sprachgebrauch übernommen. Politeia beschrieb dabei das städtische Gemeinwesen und die Bürgerschaft

---

[17] *Möller/Wilhelm,* 1. Abschnitt 1.1.; *Schulte,* Die Polizei 2009, S. 16 ff.
[18] *Ilias* 7. Gesang, Vers 453.
[19] Vgl. *von Unruh,* DVBl. 1972, 469.

als Realität, als „*Sein*"; im Gegensatz zur res publica, die als Rechtsordnung dieser Gemeinschaft das „*Sollen*" beschrieb.[20] Die im Lateinischen verwendeten Begriffe „*politia*" und „*ius politiae*" sind schließlich im germanischen Sprachraum unwesentlich abgeändert erhalten geblieben.

Im Jahre 1476 tauchte der Begriff „*Polizey*" zum ersten Mal in Deutschland in einer bischöflichen Verordnung der Stadt Würzburg auf und dem nachfolgend im 16. Jh. in den Reichspolizeiordnungen von 1530, 1548, 1577 sowie in mehreren Landespolizeiordnungen.[21] Die „*gute Polizey*" umschrieb darin einen Zustand guter Ordnung des Gemeinwesens und umfasste mit dem weiten Bereich des rechtlich geordneten Zusammenlebens quasi die gesamte Rechtsordnung, ohne einen Unterschied zwischen öffentlichem und privatem Recht zu machen. Zu den Regelungsgegenständen zählten u. a. Vorschriften über die Berufs- und Religionsausübung, die sittliche Ordnung, die Organisation des Wirtschaftsverkehrs, das Vertragswesen, das Liegenschafts- und Erbrecht sowie das Vormundschaftsrecht.[22]

II. Zeitalter des Absolutismus (17./18. Jahrhundert)

Ein Begriffswandel setzte im 17. Jahrhundert im Zeitalter des Absolutismus ein. Die Polizeigewalt (ius politiae) wurde als gesamte, im Inneren des Staates ausgeübte Staatsgewalt in der Person des jeweiligen Territorialfürsten vereinigt und erwuchs damit als Sinnbild der innenpolitischen Machtausübung zum wichtigsten Bestandteil der **einheitlichen absoluten Staatsgewalt**.

Um kritischen Stimmen der damaligen Zeit eine Rechtfertigung für diese Machtverhältnisse entgegenhalten zu können, stellte die damalige Staatstheorie zwei Aufgaben heraus, die in dem materiellen Polizeibegriff enthalten seien: Zum einen die „Sicherheit", die es zu gewährleisten galt, und zum anderen die „Wohlfahrt". Entgegen dem heutigen Begriffsverständnis der „Wohlfahrt" verstand man damals darunter, dass dem Souverän keine rechtlichen Schranken entgegenstanden und demzufolge auch kein gerichtlicher Rechtsschutz bestand. Ihm oblag es, all die Bereiche (sowohl wirtschaftlicher als auch politischer Natur) zu regeln, die er als regelungsbedürftig erachtete. Eine gerichtliche Kontrolle entfiel durch die Einrichtung der sog. „Kammerjustiz". Diese hatte keine den Gerichten vergleichbare Position, da sie als innerhalb der Verwaltung stehende Behörde den Gerichten die Ausübung der Polizeigewalt entzog. Somit war es dem Monarchen möglich, unbeschränkt in sämtliche Lebensbereiche seiner Untertanen einzugreifen. Er besaß zur Durchsetzung seiner Regelungen die Befugnis zur Zwangs- bzw. Strafgewalt. Die Polizeigewalt erwuchs quasi als Synonym für die ab-

---

[20] Vgl. *von Unruh*, DVBl. 1972, 469.
[21] Vgl. *von Unruh*, DVBl. 1972, 469.
[22] *Götz*, § 2 Rn. 2; *Kay/Böcking*, Rn. 2.

solute Herrschaft über die Untertanen. Mangels einer Gewaltenteilung im absolutistischen Staat umschloss der Polizeibegriff mit der gesamten inneren staatlichen Verwaltung die gesetzgebende, die rechtsprechende und die vollziehende Gewalt. Spätere, kritische Betrachtungen dieser Epoche beurteilten dieses System als das eines „Polizeistaates".[23]

III. Zeitalter der Aufklärung

14 Im Rahmen der gesellschaftskritischen Epoche der Aufklärung im 18. Jahrhundert wurde der Begriff der Polizeiverwaltung inhaltlich auf die Sorge für die Abwehr von Gefahren beschränkt, da die Sorge für die Förderung der Wohlfahrt nicht eigentliche Sache der Polizei sei; der Bürger dürfe zu seinem Glück nicht gezwungen werden.[24] Galt diese Ansicht damals zumindest noch als revolutionär, so prägte sie doch zum ersten Mal wissenschaftlich und in öffentlicher Form den Inhalt der noch heute geltenden Beschreibung polizeilicher Aufgabenerfüllung: die **Gefahrenabwehr**.[25] Diese Tendenz setzte sich auch innerhalb des Preußischen Allgemeinen Landrechts von 1794 (ALR) durch, welches die aufklärerisch restriktive Beschreibung des Polizeibegriffs adaptierte:

§ 10 II. Teil 17. Titel ALR:
„Die nöthigen Anstalten zur Erhaltung der öffentlichen Ruhe, Sicherheit und Ordnung und zur Abwendung der dem Publico, oder einzelnen Mitgliedern desselben bevorstehenden Gefahr zu treffen, ist das Amt der Polizey."

15 Diese Klausel war jedoch zunächst nur programmatischen Charakters und hatte für den Bürger keinerlei praktische Auswirkungen. Dieser Status hatte seine Ursache in verschiedenen Anweisungen für die Ministerien und die nachgeordneten Behörden aus den Jahren 1795 und 1797. In diesen wurde der im ALR kodifizierte Inhalt erweitert, um sich für die weiterhin praktizierten, teilweise weitgehenden Eingriffe zumindest formaljuristisch abzusichern. Eine Selbstbeschränkung auf die ihm gesetzlich zugewiesenen Aufgaben fand damit seitens des absolutistischen Herrschaftsregimes bis zur Revolution von 1848 (Paulskirchenverfassung) nicht statt.[26] Bis zur Mitte des 19. Jahrhunderts herrschte der Polizeistaat trotz liberaler Gesetzgebung weiter vor.

IV. Rechtsstaatliches Polizeirecht im 19. Jahrhundert

16 Den Wendepunkt markierte alsdann das „Kreuzbergurteil" des Preußischen OVG im Jahre 1882. Mit diesem Urteil erfolgte die Beschränkung der

---

[23] *Schoch*, JuS 1994, 391 (392); *Möller/Wilhelm*, 1. Abschnitt 1.1.
[24] *Johann Stephan Pütter:* Institutiones iuris publici Germanici 1770, 6. Auflage 1802, Cap. III § 331.
[25] *Götz*, § 2 Rn. 6, 7; *Möller/Wilhelm*, 1. Abschnitt 1.1.
[26] *Götz*, § 2 Rn. 6, 7; *Möller/Wilhelm*, 1. Abschnitt 1.1.

IV. Rechtsstaatliches Polizeirecht im 19. Jahrhundert

polizeilichen Gewalt auf die Gefahrenabwehr.²⁷ Das Urteil stellte den Ausgangspunkt für die Entwicklung und Durchsetzung rechtsstaatlicher Polizeirechtsgrundsätze dar, wie sie später auch im preußischen Polizeiverwaltungsgesetz von 1931 ihren Niederschlag gefunden haben.²⁸
In dem sog. Kreuzbergurteil erklärte das Preußische OVG eine Polizeiverordnung²⁹ für ungültig, die die Höhe der zulässigen Bebauung bestimmter Grundstücke beschränkte, um auf diese Weise eine Beeinträchtigung der Aussicht auf das „zur Erinnerung an die Siege der Freiheitskriege" errichtete Nationaldenkmal auf dem Kreuzberg in Berlin sowie der Aussicht vom Fuße des Denkmals herunter auf die Stadt, zu verhindern. Auf diese Polizeiverordnung gestützt, versagte das Polizeipräsidium in Berlin eine baupolizeiliche Genehmigung. Das Preußische OVG erklärte die Polizeiverordnung für rechtsungültig, weil „die darin enthaltenen Bauvorschriften diejenigen gesetzlichen Grenzen überhaupt überschreiten, welche bei Übung des polizeilichen Verordnungsrechtes in gegenständlicher Hinsicht einzuhalten sind".³⁰ Da sich die handelnde Behörde somit nicht auf eine spezialgesetzliche Ermächtigungsgrundlage stützen konnte, zog das Gericht die Generalklausel des § 10 II 17 ALR als Ermächtigungsgrundlage zur Überprüfung heran.

Dem Urteil zufolge konnte das von einem betroffenen Bürger angefochtene Bauverbot der Polizeibehörde weder auf die Polizeiverordnung gestützt, noch mit der Generalklausel des § 10 II 17 ALR begründet werden. Die Versagung der Baugenehmigung mit der Begründung, eine Verunstaltung der Aussicht auf das Kreuzberger Kriegerdenkmal sei zu befürchten, diene nicht der Gefahrenabwehr, sondern der Wohlfahrtspflege. Diese sei nicht als Schutzgut von der Generalklausel umfasst. Das erkennende Gericht beurteilte § 10 II 17 ALR mithin als umfassende, zugleich aber abschließende Ermächtigungsgrundlage für hoheitliche Eingriffe. Damit erfuhr die polizeiliche Tätigkeit zum ersten Mal eine höchstrichterliche **Beschränkung auf die Gefahrenabwehr.**³¹ Die Polizei müsse zu einer hierüber hinausgehenden Wahrnehmung wohlfahrtspflegerischer Interessen spezialgesetzlich ermächtigt werden. Ohne sich auf eine spezialgesetzliche Grundlage stützen zu können, sei das Bauverbot damit rechtswidrig.

---

²⁷ Kreuzbergurteil des *Preußischen OVG* vom 14. 6. 1882, PrOVGE 9, 353 (abgedruckt in: DVBl. 1985, 219); zum Kreuzbergurteil vgl. auch: *Rott*, NVwZ 1982, 363; *Schrödter*, DVBl. 1975, 846.
²⁸ *Rott*, NVwZ 1982, 363.
²⁹ Polizeiverordnung zum Schutze des auf dem Kreuzberge bei Berlin zur Erinnerung an die Siege der Freiheitskriege errichteten, im Jahre 1878 erhöhten Nationaldenkmals, vom 10. 3. 1879.
³⁰ DVBl. 1985, 219 (225 a. E.).
³¹ *Möller/Wilhelm*, 1. Abschnitt 1.2.

V. Die Polizei im Dritten Reich

19 Während in der Weimarer Republik noch der liberalrechtsstaatliche Polizeibegriff der Gefahrenabwehr galt und auch in § 14 I des preußischen Polizeiverwaltungsgesetzes[32] kodifiziert war,[33] fiel der Polizeibegriff mit dem Ende des Rechtsstaates 1933 in absolutistische Zeiten zurück. Als mit der nationalsozialistischen „Machtergreifung" auch die Auflösung der rechtsstaatlichen Strukturen der Polizei einherging, wurde die Polizei aus der inneren Verwaltung gelöst und mit der Parteipolizei der NSDAP (Nationalsozialistische Deutsche Arbeiterpartei), der SS (Schutzstaffel), verbunden. Damit wurde sie zu einem von ihrem Chef Heinrich Himmler selbst steuerbaren Instrument des gewaltherrschaftlichen **Machtmissbrauchs**.[34] Im Reichsinnenministerium wurden beim „Reichsführer SS" als „Chef der deutschen Polizei"[35] im Jahre 1936 alle politischen Polizeien der Länder zu einer Geheimen Staatspolizei (Gestapo) zusammengeführt; gleichzeitig traten damit die Landesgesetze außer Kraft.[36] Mit dem Gesetz zum Neuaufbau des Reiches vom 30. 1. 1934 wurden die föderative Struktur Deutschlands aufgehoben und die Hoheitsrechte der Länder auf das Reich übertragen sowie die Landespolizeibehörden dem Reichsinnenminister untergeordnet.[37]

20 Unter dem proklamierten Ziel der Sicherung der Ordnungen der Volksgemeinschaft als „neuem Polizeibegriff" vollzog sich der Rückfall in einen nunmehr totalen Polizeistaat.[38] Durch das Instrument einer politischen Polizei (Gestapo) schufen sich die Machthaber ein Werkzeug totaler Unterdrückung.[39] Die Polizei war im Rahmen des neuen Polizeibegriffs auch bei der zwangsweisen Durchsetzung und Absicherung der politisch proklamierten Ordnungsvorstellungen nicht mehr den rechtsstaatlichen Prinzipien wie z.B. der Gesetzmäßigkeit polizeilichen Handelns unterworfen. Zudem existierten keine Möglichkeiten des Rechtsschutzes gegen Maßnahmen der Gestapo wie z.B. „Schutzhaft" und „Vorbeugehaft".[40] Diese Maßnahmen[41] waren im Rahmen der NS-Diktatur möglich, nachdem die Aufhebung von

---

[32] § 14 I preußisches Polizeiverwaltungsgesetz: „Die Polizeibehörden haben im Rahmen der geltenden Gesetze die nach pflichtgemäßem Ermessen notwendigen Maßnahmen zu treffen, um von der Allgemeinheit oder dem einzelnen Gefahren abzuwehren, durch die die öffentliche Sicherheit oder Ordnung bedroht wird."
[33] Vgl. *von Unruh*, DVBl. 1972, 472.
[34] *Boldt/Stolleis*, in: Lisken/Denninger, A Rn. 61.
[35] Heinrich Himmler wurde durch Führererlass vom 17. 6. 1936 zum „Chef der Deutschen Polizei" im Reichsinnenministerium.
[36] *Möller/Wilhelm*, 1. Abschnitt 1.4.; *Boldt/Stolleis*, in: Lisken/Denninger, A Rn. 62.
[37] *Boldt/Stolleis*, in: Lisken/Denninger, A Rn. 62.
[38] *Kay/Böcking*, Rn. 7; *Götz*, § 2 Rn. 12.
[39] *Götz*, § 2 Rn. 12.
[40] *Kay/Böcking*, Rn. 7; *Götz*, § 2 Rn. 12.
[41] Z.B. Inhaftierungen, Überweisung in Konzentrationslager, Schutz- und (ab 1937) Vorbeugehaft.

Grundrechten mittels einer auf Art. 48 II Weimarer Reichsverfassung (WRV)[42] gestützten Notverordnung vom 28. 2. 1933 vollzogen worden war.[43]

VI. Die Entwicklung der Polizei nach 1945

Im Februar 1945 trafen die Alliierten auf der Konferenz von Jalta die Entscheidungen, die das Bild der Polizeistruktur in Deutschland bis heute entscheidend prägen.[44] Aufgrund der Erfahrungen während der Herrschaft der Nazis standen die Bemühungen im Vordergrund, die Polizeibefugnisse auf Vollzugsaufgaben zu beschränken und eine neue Organisationsstruktur zu schaffen. In den meisten Bundesländern wurden die allgemeinen Aufgaben der Gefahrenabwehr von der Polizei getrennt. Die Polizeistruktur sollte damit eine Entnazifizierung, Dezentralisierung und Entmilitarisierung erfahren.[45] In Nordrhein-Westfalen und in einigen anderen Bundesländern wurden[46] im Rahmen dieser sog. „Entpolizeilichung" Unterscheidungen gemacht bzw. kam es zur Trennung von Polizeibehörden und Ordnungs- und Sicherheitsbehörden; in anderen Bundesländern[47] wurde die einheitliche Organisationsstruktur der Polizeiverwaltung beibehalten.[48]

Um eine bundesweit einheitliche Struktur zu schaffen und das Polizeirecht zu harmonisieren, beschloss die Konferenz der Innenminister und Innensenatoren (IMK) am 25. 11. 1977 einen **Musterentwurf** für ein einheitliches Polizeigesetz (ME PolG).[49] Engagiert geführte Diskussionen über die Befugnisse zur Feststellung der Identität, über die Ausrüstung mit besonderen Waffen und über den finalen „Todes- oder Rettungsschuss" mündeten in einem **Alternativentwurf** (Alternativentwurf einheitlicher Polizeigesetze des Bundes und der Länder – sog. AE PolG).[50] Hierin wurde die Befugnis zur Identitätsfeststellung beschränkt, die Ausrüstung mit Waffen wie Handgranaten und Maschinengewehren sowie die Befugnis zum gezielten Todesschuss gestrichen.[51] Ein neuer Abschnitt zur Informationsverarbeitung wurde mit den §§ 37–46 AE PolG eingefügt.[52]

---

[42] Art. 48 II WRV erlaubte dem Reichspräsidenten (Reichsregierung) die vorübergehende Suspension von Grundrechten im Ausnahmefall.
[43] *Boldt/Stolleis*, in: Lisken/Denninger, A Rn. 62.
[44] Nicht weiter vertieft werden hier die politischen, wirtschaftlichen und gesellschaftlichen Einflüsse, die die Situation im Nachkriegsdeutschland ebenfalls entscheidend beeinflusst haben.
[45] *Kay/Böcking*, Rn. 9.
[46] Bayern, Berlin, Hamburg, Hessen, Niedersachsen, Schleswig-Holstein.
[47] Baden-Württemberg, Rheinland-Pfalz, Saarland (Bremen ab 1960).
[48] Zur Differenzierung in Trennungssystem und Einheitssystem s. u. Rn. 27 f.
[49] Der Musterentwurf ist abgedruckt bei *Knemeyer*, Rn. 549.
[50] *Denninger u. a.*, Alternativentwurf einheitlicher Polizeigesetze des Bundes und der Länder, 1979.
[51] Zur Problematik des polizeilichen Todesschusses: *Witzstrock*, Der polizeiliche Todesschuß, Diss. iur. Bremen 2001.
[52] *Knemeyer*, Rn. 12.

23 Die aus dem Beschluss der IMK resultierende Neugliederung durch Trennung zwischen Aufgaben und Befugnissen und der Einführung von Spezialermächtigungen wurden rasch (wenn auch teilweise mit Einschränkungen) in den Bundesländern umgesetzt und führten zu den heute geltenden Differenzierungen des Polizeibegriffs.[53]

24 Für Nordrhein-Westfalen wurden unter Zugrundelegung des Beschlusses der IMK 1980 das PolG NRW,[54] das OBG NRW[55] und das VwVG NRW[56] angepasst bzw. neu geschaffen. In Abgrenzungen zu den Gesetzen anderer Länder ergaben sich im Wesentlichen die folgenden Regelungsbereiche:
– Das PolG NRW beinhaltet Vorschriften bezüglich der **Aufgaben**, der **Befugnisse** und der **Zwangsmittelanwendung** für den Bereich der Gefahrenabwehr. Für den Bereich der Zwangsmittelanwendung entfiel damit das Erfordernis, als Ermächtigungsgrundlage eine Norm des VwVG NRW heranzuziehen.

Ausgehend von dem Grundsatz, dass die zivil- und strafrechtlichen Vorschriften bezüglich der Notwehr keine taugliche Ermächtigungsgrundlage für ein hoheitliches Handeln der Polizei sein können, wurden besondere Vorschriften eingeführt, mittels derer neuen Gefahrensituationen wirksamer entgegengetreten werden sollte. Hierzu gehören beispielsweise die Vorschriften über die Feststellung der Identität einer Person (§ 12 PolG NRW), die Durchsuchung von Personen (§ 39 PolG NRW) sowie über den Schusswaffengebrauch (§§ 63 ff. PolG NRW). Später[57] wurde das PolG NRW durch spezielle Vorschriften aus dem Bereich des Datenschutzrechtes ergänzt.
– Das POG NRW[58] enthält demgegenüber die Vorschriften über die **Organisation** und **Zuständigkeiten** der Polizei.
– Das OBG NRW regelt den **Aufbau** und die **Befugnisse** der Ordnungsbehörden. Auf dem Gebiet der Gefahrenabwehr erklärt § 24 OBG NRW einen Teil der Vorschriften des PolG NRW als Grundlage für das Handeln der Ordnungsbehörden für anwendbar, soweit dies für die Erfüllung ihrer Aufgaben erforderlich ist. Aus der verschiedenartigen Aufgabenstellung der Behörden ergibt sich damit nur in einem Teilbereich eine gewisse Übereinstimmung der Befugnisnormen.

---

[53] Vgl. Rn. 25 ff.
[54] Polizeigesetz des Landes Nordrhein-Westfalen in der Fassung der Bekanntmachung vom 25. 7. 2003 (GV. NRW. 441), zuletzt geändert durch Art. 1 Gesetz vom 9. 2. 2010 (GV. NRW. S. 132).
[55] Gesetz über Aufbau und Befugnisse der Ordnungsbehörden (Ordnungsbehördengesetz) in der Fassung der Bekanntmachung vom 19. 2. 2003 (GV. NRW. S. 156), zuletzt geändert durch Art. 1 Gesetz vom 9. 10. 2007 (GV. NRW. S. 379).
[56] Verwaltungsvollstreckungsgesetz für das Land Nordrhein-Westfalen in der Fassung der Bekanntmachung vom 13. 5. 1980 (GV. NRW. S. 510), zuletzt geändert durch Gesetz vom 18. 3. 1997 (GV. NRW. S. 50).
[57] Durch das Gesetz zur Fortentwicklung des Datenschutzes im Bereich der Polizei und der Ordnungsbehörden vom 24. 2. 1990 (GVBl. S. 70).
[58] Polizeiorganisationsgesetz in der Fassung der Bekanntmachung vom 5. 7. 2002 (GV. NRW. S. 309), zuletzt geändert durch Art. 2 Gesetz vom 29. 3. 2007 (GV. NRW. S. 140).

– Das VwVG NRW normiert die Tatbestände der **Verwaltungsvollstreckung** sowie die Voraussetzung und Durchführung der **Zwangsmittelanwendung**.

Eine neue Entwicklung wurde durch das sog. Volkszählungsurteil des BVerfG[59] und dem damit verbundenen Ruf nach Verrechtlichung der behördlichen Informationsverarbeitung eingeleitet. Es wurde die Notwendigkeit festgestellt, den für die polizeiliche Tätigkeit immer mehr an Bedeutung gewinnenden Bereich der Erhebung und Verwertung personenbezogener Daten gesetzlich zu regeln. Infolgedessen wurden die gesetzlichen Grundlagen in Nordrhein-Westfalen durch das „Gesetz zur Fortentwicklung des Datenschutzes im Bereich der Polizei und der Ordnungsbehörden" vom 7. 2. 1990 novelliert. Es entstanden die §§ 9 ff. PolG NRW, die die Informationsverarbeitung und den Umgang mit Daten für präventive Zwecke regeln.

Hinsichtlich der aktuellen Entwicklungen im Polizei- und Ordnungsrecht ist insbesondere auf die Änderung des PolG im Jahr 2010 hinzuweisen.[60] Kernpunkte der Reform waren die Einführung der öffentlichen Ordnung als Schutzgut des Polizeirechts, die Normierung des polizeilichen Todesschusses und die Neufassung des Rechts der Datenerhebung.

Fragen gesetzlicher Änderungen stehen generell seit dem 11. 9. 2001 unter dem Eindruck eines erhöhten Sicherheitsbedürfnisses in einigen Teilen der Bevölkerung.[61] Besondere Aufmerksamkeit verdient zudem die aktuelle Verlagerung der Kompetenz des Versammlungsrechts im Rahmen der Förderalismusreform auf die Länderebene. In diesem Kontext ist auch auf die Einführung des Art. 73 Abs. 1 Nr. 9a GG hinzuweisen, die eine Stärkung der Bundespolizei beinhaltet.

Die Tendenzen der Europäisierung (Europol, Eurojust, Interpol etc.), der Verlagerung polizeilicher Tätigkeit in den Vorfeldbereich[62] und der Privatisierung von öffentlichen Aufgaben sind hinsichtlich Prüfungs- und Praxisrelevanz ebenfalls zu verfolgen.

VII. Aktueller Polizeibegriff

Der Begriff „Polizei" kann in unterschiedlichen Ausprägungen bestimmt werden. Dabei ist eine Unterscheidung hinsichtlich des **materiellen, formellen** und **institutionellen** Polizeibegriffs angezeigt.

---

[59] *BVerfGE* 65, 1.; zu Entwicklungstendenzen: *Götz*, NVwZ 1998, 679.
[60] Zu aktuellen Entwicklungen und Tendenzen, OVG NRW, NWVBl. 2010, 195 ff.; *von Arnauld*, JA 2008, 327 ff.; *Brenneisen/Schwarzer/Wein*, Die Polizei 2009, 282 ff.; *Hörnig*, Jura 2009, 207; *Kretschmer*, Jura 2007, 169 ff.; *Roggan*, NJW 2009, 257 ff.; *Sachs/Krings*, NWVBl. 2010, 165 ff.; *Wagner*, DÖV 2009, 66 ff.; *ders.*, Jura 2009, 96 ff.
[61] Vgl. Besondere Brisanz kam bisher beispielsweise Fragen um das Luftsicherheitsgesetz und die Online-Durchsuchung zu.
[62] Hier stellt sich darüber hinaus die Frage, ob die Gefahrenvorsorge als „dritte" Säule im polizeilichen Aufgabenbereich anzuerkennen ist.

1. Materieller Begriff

26 Der materielle Polizeibegriff beinhaltet die mit Zwangsgewalt verbundene Staatstätigkeit, die darauf abzielt, von der Allgemeinheit oder dem Einzelnen Gefahren abzuwehren, durch die die öffentliche Sicherheit oder Ordnung bedroht wird (**Gefahrenabwehr**). Die Einheit des Polizei- und (Sicherheits-)Ordnungsrechts wird damit unter dem Gesichtspunkt der Gefahrenabwehr zusammengefasst[63] und stellt das Ergebnis des geschichtlichen Entwicklungsprozesses dar.[64] Polizeitätigkeit im materiellen Sinne wird also wesentlich durch den Gefahrenabwehraspekt bestimmt und ist nicht abhängig von der Ausübung durch Polizeibehörden im institutionellen Sinne. Welche Verwaltungsorganisation diese Aufgaben wahrnimmt, ist für den materiellen Polizeibegriff nicht von Bedeutung.[65]

Merke:
Materieller Polizeibegriff:
Staatliche Tätigkeit zur Gefahrenabwehr, unabhängig von der Verwaltungsorganisation.

---

2. Institutioneller (organisatorischer) Begriff

27 Der Polizeibegriff im institutionellen oder organisatorischen Sinne orientiert sich an der Zugehörigkeit zu einer bestimmten Gruppe von Behörden, nämlich den Polizeibehörden. Dabei handelt es sich um die Stellen der öffentlichen Verwaltung, die dem **Organisationsbereich der Polizei** zuzurechnen sind. Dieser Bereich ist entsprechend der geschichtlichen Entwicklung in den einzelnen Bundesländern unterschiedlich ausgestaltet. Zu unterscheiden ist zwischen dem **Trennungssystem** (Bayern, Berlin, Brandenburg, Hamburg, Hessen, Mecklenburg-Vorpommern, Niedersachsen, Nordrhein-Westfalen, Rheinland-Pfalz, Sachsen-Anhalt, Schleswig-Holstein, Thüringen) und dem **Einheitssystem** (Baden-Württemberg, Bremen, Saarland, Sachsen).[66]

28 Im **Trennungssystem** (auch Ordnungsbehördensystem genannt) werden die Aufgaben der Gefahrenabwehr überwiegend von den Behörden der allgemeinen Verwaltung wahrgenommen. Die Zuständigkeit der Polizei ist (§ 1 I 2, 3 PolG NRW) grundsätzlich auf die Gefahrenabwehr in Eilfällen,[67] die vorbeugende Bekämpfung von Straftaten und die Vollzugshilfe be-

---

[63] *Knemeyer*, Rn. 24.
[64] *Schenke*, in: Steiner, BesVerwR, Rn. 2.
[65] *Schoch*, JuS 1994, 391 (393).
[66] Hierzu ausführlich *Schenke*, in: Steiner, BesVerwR, Rn. 10, 11.
[67] Vgl. § 1 I 3 PolG NRW.

schränkt.[68] Darüber hinaus fällt der Polizei eine wichtige Rolle bei der „Erforschung" (§ 163 I StPO) und Verfolgung von Straftaten zu. Dagegen zählen zu den Polizeibehörden im **Einheitssystem** sämtliche Stellen öffentlicher Verwaltung, die polizeiliche Aufgaben im Sinne des materiellen Polizeibegriffs wahrnehmen. In **Nordrhein-Westfalen** gilt das Trennungs- bzw. Ordnungsbehördensystem.

Merke:
Institutioneller (organisatorischer) Begriff:
Die dem Organisationsbereich der Polizei zuzurechnenden Verwaltungsbehörden.

---

3. Formeller Begriff

Der formelle Polizeibegriff beschreibt die staatlichen Funktionen, die von den Polizeibehörden ausgeübt werden. Unter den formellen Aspekt wird damit das gefasst, was als **Summe polizeilicher Aufgaben und Zuständigkeiten** von den institutionell (organisatorisch) als Polizei bestimmten Stellen öffentlicher Verwaltung wahrgenommen wird.[69] Auf die Unterscheidung zwischen präventivem oder repressivem Charakter einer Maßnahme wird im Rahmen dieser Begriffsbestimmung nicht abgestellt.[70] Umfasst der materielle Polizeibegriff lediglich die Gefahrenabwehr, so ist der formelle Begriff um die Einbeziehung anderer Verwaltungstätigkeiten wie z.B. Straftaten und Ordnungswidrigkeiten verfolgende Aufgaben erweitert.[71]

Merke:
Formeller Polizeibegriff:
Alle Aufgaben, die die Polizei im institutionellen Sinne wahrnimmt.

---

[68] Vgl. § 1 III i. V. m. §§ 47–49 PolG NRW.
[69] *Götz*, § 2 Rn. 14; *Schenke*, in: Steiner, BesVerwR, Rn. 12.
[70] *Götz*, § 2 Rn. 14; *Schenke*, in: Steiner, BesVerwR, Rn. 12.
[71] *Knemeyer*, Rn. 25.

Kapitel C. Polizei- und allgemeines Ordnungsrecht im föderativen Rechtsstaat

Literatur: *Dietlein/Burgi/Hellermann*, § 3 Rn. 6 ff.; *Fisahn*, Probleme der Umsetzung von EU-Richtlinien im Bundesstaat, DÖV 2002, 239; *Götz*, § 3 Rn. 1 ff.; *Huber*, Das Verbot der Mischverwaltung – de constitutione lata et ferenda, DÖV 2008, 844; *Knemeyer*, Rn. 27 ff.; *Mokros*, in: Lisken/Denninger, B Rn. 1 ff.; *Möller/Wilhelm*, 1. Abschnitt 3.; *Schoch*, JuS 1994, 394 ff.; *Schenke*, in: Steiner, BesVerwR, Rn. 16 ff.; *Schoch*, in: Schmidt-Aßmann/Schoch, BesVerwR, 2. Kapitel Rn. 31 ff.; *Scholler/Schloer*, Grundzüge des Polizei- und Ordnungsrechts, S. 32 ff.; *Tams*, Die Zuständigkeit des Bundes für die Abwehr terroristischer Gefahren, DÖV 2007, 367; *Trapp*, Die Kontinuität der bundesverfassungsgerichtlichen Rechtsprechung zur sog. Mischverwaltung, DÖV 2008, 277; *Wagner*, Die Bundespolizeireform 2008: Aufbauorganisation versus Verfassungsrecht, DÖV 2009, 66.

Rechtsprechung: *BVerfGE* 3, 407 (Annexkompetenz des Bundes); *BVerfGE* 8, 143 (Zuständigkeit der Länder).

I. Gesetzgebungs- und Verwaltungskompetenzen

31 Die Gesetzgebungskompetenz im Bereich des Polizei- und Ordnungsrechts ist zwischen dem Bund und den Ländern aufgeteilt. Das Grundgesetz enthält in den Art. 73, 74 GG keine umfassende und generelle Gesetzgebungskompetenz für die Sachbereiche „öffentliche Sicherheit und Ordnung" und die „allgemeine Gefahrenabwehr"; dem Bund fehlt damit die Kompetenz zur Schaffung eines einheitlichen Polizei- und Ordnungsrechts.[72] Daher liegt die allgemeine **Gesetzgebungszuständigkeit** auf diesem Gebiet gem. Art. 70 GG bei den Ländern. Dem Bund ist hingegen für bestimmte Sachbereiche des Gefahrenabwehrrechts die Gesetzgebungszuständigkeit zugewiesen. Diese ergeben sich aus ausdrücklichen Zuweisungen,[73] häufig aber auch aus dem Gesichtspunkt des Sachzusammenhangs. Ein solcher wird vom BVerfG anerkannt, „wenn eine dem Bund zugewiesene Materie verständigerweise nicht geregelt werden kann, ohne dass zugleich eine nicht ausdrücklich zugewiesene Materie mit geregelt wird."[74] Aus dieser Rechtsprechung folgt, dass der Bund, wenn ihm ein Sachgebiet zur Regelung zugewiesen ist, auch Vorschriften zur Gefahrenabwehr normieren darf.[75]

---

[72] *Schoch*, JuS 1994, 391 (394).
[73] Z. B. Bundesgrenzschutz, Art. 73 Nr. 5 GG; Luftverkehrsgesetz, Art. 73 Nr. 6 GG; Bundeskriminalamt, Art. 73 Nr. 10 GG; Waffengesetz, Art. 73 I Nr. 12 GG; wirtschaftsrechtliche Regelungen, (GewO, BImschG) Art. 74 I Nr. 11 GG.
[74] *BVerfGE* 3, 407 (421).
[75] Z. B. Luftverkehrspolizeiliche Regelungen (§ 29 LuftVG) in Bezug auf Art. 73 Nr. 6 GG; gewerbeaufsichtsrechtliche Regelungen (§ 35 GewO) in Bezug auf Art. 74 I Nr. 11 GG.

Dass der Bund nach dem Grundgesetz Gesetzgebungskompetenzen im Bereich des Rechts der Gefahrenabwehr hat, besagt allerdings nicht, dass er auch die zum Vollzug der von ihm erlassenen Rechtsvorschriften notwendigen Verwaltungsbehörden bestimmen oder gar einrichten darf. Das **Organisationsrecht** für die Polizei- und Ordnungsbehörden ist nach Art. 30, 84 ff. GG grundsätzlich den Bundesländern vorbehalten. Das Grundgesetz gewährt dem Bund nur ausnahmsweise das Recht, eigene Polizeibehörden zu errichten.[76]

32

II. Rechtsstaatliche Anforderungen an Gefahrenabwehrmaßnahmen

Die Beschreibung der Gefahrenabwehr als die wesentliche den Polizei- und Ordnungsbehörden **zugewiesene Aufgabe** rechtfertigt **allein** noch nicht eine (beliebige) Belastung des Bürgers durch Maßnahmen zur Erfüllung dieser Aufgabenzuweisung. Aus dem grundgesetzlich in Art. 20 III GG festgelegten **Vorbehalt des Gesetzes** (konkretisiert in § 1 V 1 PolG) folgt vielmehr, dass eine Belastung des Bürgers nicht ohne ein Gesetz erfolgen darf. Maßnahmen, die allein auf die Aufgabenzuweisung gestützt sind, können nur dann rechtmäßig sein, wenn sie keinen belastenden Charakter – sog. Eingriffsqualität – haben (z. B. allgemeine Warnungen, Streifenfahrten, Schutzgewahrsam mit Einwilligung des Betroffenen).[77] Es muss somit eine Ermächtigungsgrundlage (Befugnisnorm) bestehen, auf die sich die Behörde bei ihrem Eingreifen stützen kann. Eine solche Norm muss Inhalt, Zweck und Ausmaß der möglichen Eingriffe erkennen lassen, um dem Prinzip des Vorbehalts des Gesetzes aus Art. 20 III GG zu genügen, und kann damit die dem polizeilichen Handeln entgegenstehende Schranke der individuellen Rechte der belasteten Bürger (z. B. Art. 2 I GG) durchbrechen.[78]

33

Selbstverständlich ist beim polizeilichen Handeln auch der aus Art. 20 III GG abgeleitete **Vorrang des Gesetzes** ausnahmslos zu beachten. Jegliche Verwaltungstätigkeit darf demnach nicht gegen Gesetze verstoßen. Zudem muss die Verwaltung, sofern sie in die Rechte des Bürgers eingreift, das **Übermaßverbot** auf der Rechtsfolgenseite bei der Ausübung des ihr zukommenden Ermessens dergestalt beachten, dass die gewählte Maßnahme geeignet, erforderlich und angemessen ist.[79]

34–40

---

[76] Vgl. Rn. 6.
[77] *Schenke*, in: Steiner, BesVerwR, Rn. 20.
[78] *Knemeyer*, Rn. 76.
[79] *Schoch*, JuS 1994, 391 (396).

Kapitel D. Gefahrenabwehr durch die Polizei- und Ordnungsbehörden

Literatur: *Bertrams,* Aus der Rechtsprechung des OVG NRW zum Polizei- und Ordnungsrecht, NWVBl. 2003, 289 ff.; *Breucker,* Präventivmaßnahmen gegen reisende Hooligans, NJW 2004, 1631; *Gusy,* Telekommunikationsüberwachung nach Polizeirecht?, NdsVBl. 2006, 65; *Denninger,* in: Lisken/Denninger, E Rn. 150 ff., 167 f.; *Dietlein/Burgi/Hellermann,* § 3 Rn. 29 ff., 40 ff.; *Götz,* § 8 Rn. 1 ff.; *Gusy,* Rn. 77 ff.; *Haurand,* 2.1; *Knemeyer,* Rn. 70 ff.; *Möller/Wilhelm,* 3. Abschnitt 1. ff.; *Paeffgen,* Art. 30, 70, 101 I GG – vernachlässigbare Normen?, JZ 1991, 437; *Schenke,* in: Steiner, BesVerwR, Rn. 232 ff.; *Schoch,* JuS 1994, 479 ff.; *Stephan,* Verfassungsmäßigkeit der präventiven Telefonüberwachung, VBlBW 2005, 410; *Würtenberger,* in: Achterberg/Püttner, BesVerwR, Rn. 62 ff.

Rechtsprechung: *BVerfG,* NJW 2005, 2603 (Vorbeugende/vorsorgende Telekommunikationsüberwachung gegen Straftaten); *BVerwG,* NJW 2006, 1225 (Strafverfolgungsvorsorge); *BayVGH,* BayVBl. 1986, 337 (Rechtsweg bei repressivem Handeln der Polizei); *OVG NRW,* DVBl. 1991, 1373 (Sicherstellung); *VGH BW,* NVwZ-RR 1989, 412 (Rechtsweg bei Polizeieinsatz); *VGH BW,* VBlBW 1998, 25 (Recht auf Selbstgefährdung), *VGH BW,* VBlBW 2005, 231 (Voraussetzungen für Ausreiseuntersagung), *VG München,* MMR 2010, 65 (Kfz-Scanning).

I. Abgrenzung repressiven Handelns von präventivem Handeln

41 Stellt man allein auf den materiellen Polizeibegriff[80] ab, so beinhaltet dieser die Gefahrenabwehr im Sinne präventiven Handelns durch die Polizei- und Ordnungsbehörden. Den Polizeibehörden sind darüber hinaus überschneidende und ergänzende Tätigkeiten zugeordnet, wie der formelle Polizeibegriff zeigt (§ 1 IV PolG NRW).[81] So bestimmt § 1 III PolG NRW: „Die Polizei leistet anderen Behörden Vollzugshilfe". Damit werden unter anderem Tätigkeiten im Rahmen der Strafverfolgung (z. B. §§ 102 ff., 127, 161, 163 StPO, § 152 GVG) und im Bereich des Ordnungswidrigkeitenrechts (z. B. §§ 35 f., 53 OWiG) beschrieben. Die Tätigkeitsbereiche unterfallen somit einem **präventiven Bereich** (Abwehr von Gefahren – vorbeugend) und einem **repressiven Bereich** (Strafverfolgung, Ahndung von Ordnungswidrigkeiten – nachträglich).[82]

---

[80] Vgl. Rn. 26.
[81] § 1 IV PolG NRW: „Die Polizei hat ferner die Aufgaben zu erfüllen, die ihr durch andere Rechtsvorschriften übertragen sind."; *Denninger,* in: Lisken/Denninger, E Rn. 154.
[82] Abgrenzungsmöglichkeiten zeigen auf: *Dietlein/Burgi/Hellermann,* § 3 Rn. 29 ff.; *Knemeyer,* Rn. 121; *Möller/Wilhelm,* 3. Abschnitt 3.1.2.

Die Polizei war gem. § 1 I 2 Var. 2 PolG NRW a.F. ermächtigt, „für die **41a**
Verfolgung künftiger Straftaten vorzusorgen". Die Verfassungsmäßigkeit
der Regelung war lange Zeit umstritten.

Für die Verfassungsmäßigkeit und damit die Zuständigkeit des Landesgesetzgebers wurde darauf abgestellt, dass der Bund allein zur Regelung des Strafverfahrens zuständig sei. § 1 I 2 Var. 2 PolG NRW betreffe nicht das Strafverfahren. Die landesgesetzliche Regelung der Strafverfolgungsvorsorge i.S.d. § 1 I 2 Var. 2 PolG NRW beziehe sich weder auf einen konkreten Tatverdacht noch auf eine Straftat und damit auch nicht auf das Strafverfahren.[83] Die Vorsorge stehe vielmehr in engem Zusammenhang mit der Verhütung von Straftaten, die ohnehin zur Regelungsmaterie des Landesgesetzgebers gehöre.[84] Nach einer differenzierenden Ansicht ist die Vorschrift des § 1 I 2 Var. 2 PolG NRW dann verfassungsgemäß, wenn die dort umschriebene Strafverfolgungsvorsorge allein als Bereich der landesgesetzlich auszugestaltenden Gefahrenabwehr verstanden werde.[85]

Gegen die Verfassungsmäßigkeit der Regelung spricht hingegen nach einer dritten Auffassung der klare Wortlaut des Art. 74 I Nr. 1 GG.[86] Die dortige Zuständigkeitsbeschreibung für das „Strafrecht" und „das gerichtliche Verfahren" beschränke sich nicht auf die begangene Straftat. Auch Maßnahmen hinsichtlich künftiger Strafverfahren sind nach dieser Ansicht Regelungsgegenstand des Bundes. Die Strafverfolgungsvorsorge sei damit nicht Bestandteil der landesrechtlichen Gefahrenabwehr.[87]

Das BVerfG hat sich der letztgenannten Meinung angeschlossen und entschieden, dass die Vorsorge für die Verfolgung von Straftaten der konkurrierenden Gesetzgebungskompetenz des Bundes für das gerichtliche Verfahren nach Art. 74 I Nr. 1 GG unterfällt.[88] Die Zuständigkeiten sind anhand des Verwendungszwecks abzugrenzen: Eine Maßnahme, die ein Strafverfahren *ermöglichen oder fördern* soll, unterfällt der Vorsorgekompetenz des Bundes, Art. 74 I Nr. 1 GG; ein Vorgehen, das ein Strafverfahren *verhindern* soll, ist Teil der Verhütungskompetenz des Landes.[89] Dem Bund waren seine kompetenzrechtlichen Möglichkeiten, im Vorfeld weitere präventive Regelungen zu treffen, bekannt. Er hat sich bewusst dagegen entschieden.[90] Bei der vorliegenden konkurrierenden Gesetzgebungskompetenz reicht die Zuständigkeit des Landes nur soweit, als der Bund von seiner Kompetenz nicht abschließend i.S.d. Art. 72 I a.E. GG Gebrauch gemacht hat.[91] Der Bund hat im vorliegen-

---

[83] *Paeffgen*, JZ 1991, 437 (443); *Tegtmeyer/Vahle*, PolG NRW, § 1 Rn. 22.
[84] *Tegtmeyer/Vahle*, PolG NRW, § 1 Rn. 23.
[85] *Pieroth/Schlink/Kniesel*, § 5 Rn. 6.
[86] *BVerwG*, NJW 2006, 1225.
[87] *Schenke*, in: Steiner, BesVerwR, Rn. 9.
[88] *BVerfG*, NJW 2005, 2603 ff.
[89] *Gusy*, NdsVBl. 2006, 65 (68).
[90] *BVerfG*, NJW 2005, 2603 (2606).
[91] Abschließende Regelung des Bundes bzgl. der Telekommunikationsüberwachung: *BVerfG*, NJW 2005, 2603 (2606); vertiefend: *Stephan*, VBlBW 2005, 410 (411).

den Fall nach verbreiteter Ansicht die Materie abschließend geregelt.[92] Er hat die Eingriffsbefugnisse der Polizei im Ermittlungsverfahren umfänglich ausgestaltet. Der Landesgesetzgeber war also nicht zuständig. Die Regelung zur Strafverfolgungsvorsorge erfolgte kompetenzwidrig und wurde daher aus dem polizeirechtlichen Aufgabenbereich des § 1 I 2 PolG NRW n. F. gestrichen.[93] Unberührt bleibt die Gesetzgebungskompetenz des Landes nach Art. 70 GG hinsichtlich der Verhütung und vorbeugenden Bekämpfung von Straftaten. Da diese Handlungen darauf gerichtet sind, schädigendes Verhalten gänzlich zu verhindern, gehören sie zum Gefahrenabwehrrecht, das der Landesgesetzgebungskompetenz unterfällt.

42 Die Notwendigkeit der Differenzierung zwischen präventiven und repressiven Handeln ist bedeutsam unter den Aspekten
– der Rechtmäßigkeit der jeweiligen Maßnahme (hängt von den tatbestandlichen Voraussetzungen der konkreten Norm ab);
– den einschlägigen Verfahrensvorschriften (das VwVfG gilt gem. § 2 II Nr. 2 VwVfG nicht für Maßnahmen der Strafverfolgung und der Verfolgung und Ahndung von Ordnungswidrigkeiten);
– des Rechtsschutzes (bei präventiven Maßnahmen ist gem. § 40 I VwGO der Rechtsweg zum VG eröffnet; bei repressiven Maßnahmen ist gem. §§ 23 I, 25 I EGGVG für Justizverwaltungsmaßnahmen ein Strafsenat am OLG zuständig. Ausnahmsweise ist gem. § 23 III EGGVG i. V. m. § 98 II 2 StPO bei Handlungen nach der StPO das Amtsgericht zuständig).

Zu beachten ist, dass in Fällen, in denen ein Maßnahmenbündel vorliegt, jede einzelne Maßnahme herauszuarbeiten und getrennt von den anderen zu untersuchen ist.

Beispiel:
Die Räumung eines besetzten Hauses erfolgt zur Gefahrenabwehr, die nachfolgende Identitätsfeststellung der Hausbesetzer zur Strafverfolgung.

43 **Präventives** polizeiliches Handeln liegt vor, wenn die Polizei zur Gefahrenabwehr oder zur Verhütung von Straftaten und Ordnungswidrigkeiten tätig wird. Repressives Handeln wird hingegen bei der Aufklärung und Verfolgung bereits begangener Straftaten und Ordnungswidrigkeiten bejaht.

44 Besondere Schwierigkeiten bereitet die Zuordnung sog. **„doppelfunktionaler Maßnahmen"**. Hierbei können für ein und dieselbe Maßnahme sowohl repressive als auch präventive Ermächtigungsgrundlagen in Betracht kommen. Überwiegend wird auf das Schwergewicht der Einzelmaßnahme unter besonderer Berücksichtigung des mit ihr verfolgten Zwecks abge-

---

[92] *Denninger,* in: Lisken/Denninger, E Rn. 175 f.
[93] Der Wortlaut des § 1 V 2 PolG NRW wurde entsprechend geändert. In der Praxis ergeben sich allerdings dadurch keine Änderungen, da der Polizei i. S. d. PolG NRW ohnehin keine besonderen Befugnisse hinsichtlich der Strafverfolgungsvorsorge zukommen.

stellt.[94] Wird der Grund des polizeilichen Handelns dem Betroffenen von der Polizei nicht genannt, so ist für die Abgrenzung zwischen Gefahrenabwehr und Strafverfolgung maßgebend, wie sich der konkrete Sachverhalt einem verständigen Bürger bei natürlicher Betrachtungsweise darstellt.[95] Der Sachverhalt ist hierbei nach einem Gesamteindruck[96] zu würdigen, soweit nicht einzelne Teile objektiv abtrennbar sind.

Beispiel:
An einer großen Straße, die zu einem Kundgebungsort für eine Demonstration führt, werden Autos von der Polizei kontrolliert, um festzustellen, ob die Fahrzeuginsassen auf dem Weg zur Demonstration sind und Gegenstände mitführen, die im Rahmen einer Demonstration nicht mitgeführt werden dürfen (z. B. Waffen). Der Gesamteindruck führt hier zu einer Beurteilung als präventive Maßnahme. Es sollen Gefahren abgewehrt werden, die aus dem Einsatz der mitgeführten Waffen resultieren können.

Abweichend von diesen Kriterien ist unseres Erachtens ein anderer Ansatz zu wählen. In allen Fällen der Doppelfunktionalität kann sich die Rechtmäßigkeit des polizeilichen Handelns sowohl aus präventiven als auch repressiven Ermächtigungsgrundlagen ergeben. Dieses Ergebnis folgt bereits aus der Doppelfunktionalität an sich. Denn das Hinzutreten eines weiteren Zwecks zu einer rechtmäßigen, einfachfunktionalen Maßnahme darf letztlich nicht zu ihrer Rechtswidrigkeit führen. Für die Beurteilung der materiellen Rechtmäßigkeit des polizeilichen Handelns ist damit unerheblich, ob auf präventives oder repressives Handeln abgestellt wird. Es reicht aus, dass die Rechtmäßigkeit nach einer Alternative gegeben ist, sog. „**Alternativprüfung**".[97] 45

Beispiel:
Polizeibeamte betreten eine Wohnung, in der sich Einbrecher aufhalten. Es handelt sich um eine präventive Maßnahme, soweit dies dem Schutz des Eigentums dient; gleichzeitig liegt eine repressive Maßnahme vor, weil es auch um die Festnahme der Täter zu Strafverfolgungszwecken geht. Zur Rechtmäßigkeit der Maßnahme insgesamt reicht es aus, wenn entweder die Voraussetzungen der präventiven oder der repressiven Ermächtigungsgrundlage vorliegen.

II. Eingriffsermächtigungen für präventives Handeln

Nach § 1 I PolG NRW hat die Polizei die Aufgabe, Gefahren für die öffentliche Sicherheit oder Ordnung abzuwehren. Für die Ordnungsbehörden 46

---
[94] *Denninger,* in: Lisken/Denninger, E Rn. 192 ff.; *Bertrams,* NWVBl. 2003, 289, (297 f.); *Knemeyer,* Rn. 122; *Gusy,* Rn. 154; *Würtenberger,* in: Achterberg/Püttner, BesVerwR Rn. 101; *BayVGH,* BayVBl 1986, 337; *VGH BW,* NVwZ-RR 1989, 412 (413); unklar insoweit *Möller/Wilhelm,* 2. Abschnitt 2.1.5.
[95] BVerwG DÖV 2001, 1003.
[96] *BayVGH,* BayVBl 1986, 337; *VGH BW,* NVwZ-RR 1989, 412 (413); kritisch hierzu *Schenke,* in: Steiner, BesVerwR, Rn. 232 ff.
[97] Hierzu ausführlich Rn. 105 ff.

ergibt sich dies aus § 1 I OBG NRW. Beide Vorschriften beschreiben nur den Aufgabenbereich (die sachliche Zuständigkeit) der jeweiligen Behörde. Es handelt sich um sog. **Aufgabenzuweisungsnormen.** Unter welchen Voraussetzungen die genannten Behörden berechtigt sind, belastende Gefahrenabwehrmaßnahmen zu treffen, wird hier allerdings nicht geregelt. Denn die Aufgabenzuweisungsnormen sind strikt zu trennen von den **Befugnisnormen** (Ermächtigungsgrundlagen).[98] Diese beschreiben die Voraussetzungen, die vorliegen müssen, damit die Behörde rechtmäßig in die Sphäre des Bürgers eingreifen darf. Im Polizei- und Ordnungsrecht NRW unterteilt man die Befugnisnormen in die Generalklauseln, die Standardermächtigungen und die spezialgesetzlichen Ermächtigungen.

1. Generalklauseln

47 In Nordrhein-Westfalen verfügen die Polizei in § 8 I PolG NRW und die Ordnungsbehörden in § 14 I OBG NRW jeweils über eine Generalklausel als Ermächtigungsgrundlage. Die allgemein gefasste Ermächtigung in Gestalt der Generalklausel lässt Maßnahmen bzw. Eingriffe im Einzelfall **(Verwaltungsakte)** zu, wenn eine **konkrete** Gefahr für die öffentliche Sicherheit oder Ordnung vorliegt. Auf die Generalklauseln kann sich die jeweils zuständige Behörde beim Erlass von Einzelfallmaßnahmen dann stützen, wenn der konkrete Lebenssachverhalt nicht durch eine vom Gesetzgeber normierte Spezialbefugnis geregelt wird.

Es gilt das **Subsidiaritätsprinzip** dergestalt, dass die Befugnis für eine getroffene Standardmaßnahme nur aus einer Spezialnorm, nicht aber aus der Generalklausel entnommen werden kann.[99] Der Generalklausel kommt unter rechtsdogmatischer Betrachtung eine Vorbildfunktion für verschiedene Spezialnormen zu, die ihr der Struktur nach entsprechen. In der Praxis kommt der Generalklausel hohe Bedeutung zu, da es für den Gesetzgeber nicht möglich ist, alle Gefahrentatbestände vorauszusehen oder spezialgesetzlich zu normieren.[100] Damit füllt die Generalermächtigung den Raum aus, der (noch) nicht von vielfältigen spezialgesetzlichen Eingriffsbefugnissen erfasst ist.[101]

48 Liegt eine **abstrakte** Gefahr vor, ermächtigt die Generalklausel in manchen Bundesländern **grundsätzlich** auch zum Erlass von **Rechtsverordnungen,** die ihrerseits Ge- und/oder Verbote enthalten.[102] Unter ordnungsbehördlichen Verordnungen versteht man Rechtsnormen, die zum Zwecke der Gefahrenabwehr erlassen werden. Diese enthalten Gebote und Verbote für eine unbestimmte Anzahl von Sachverhalten (abstrakt) und richten sich

---

[98] *Knemeyer,* Rn. 70 ff.; 76 ff.
[99] *Knemeyer,* Rn. 157 f.; *Götz,* § 8 Rn. 5 ff.
[100] *Schoch,* JuS 1994, 479.
[101] *Götz,* § 8 Rn. 6.
[102] Vgl. *Götz,* § 8 Rn. 2 i. V. m. § 6 Rn. 19.

an eine unbestimmte Vielzahl von Personen (generell).[103] In Nordrhein-Westfalen können ordnungsbehördliche Verordnungen nicht auf die Generalklausel (§ 14 I OBG NRW) gestützt werden. Vielmehr ergeben sich dafür die Befugnisse aus den besonderen Vorschriften in §§ 25–27 OBG NRW.[104]

2. Standardermächtigungen

Typische Gefahrensituationen, die in gewisser Häufigkeit auftreten, werden aus dem Anwendungsbereich der Generalermächtigung herausgenommen und besonderen Ermächtigungsgrundlagen (Befugnisnormen) unterstellt.[105] Diese zeichnen sich durch einen **ambivalenten** Charakter aus, da sie auf der einen Seite über die Generalermächtigung hinausgehen und auf das Erfordernis des Vorliegens einer Gefahr oder der Verantwortlichkeit des Inanspruchgenommenen verzichten,[106] andererseits aber Befugnisse einengen, indem bestimmte Maßnahmen nur bei bestimmten Tatsachen (z.B. gegenwärtige Gefahr,[107] erhebliche Gefahr[108]) zugelassen werden.[109] Es gilt auch in diesem Rahmen die Differenzierung zwischen dem Verwaltungsakt in Gestalt der Grundverfügung und seinem Vollzug.[110]

49

3. Spezialgesetzliche Ermächtigungen

Um den zunehmend differenzierter werdenden Gefahrbereichen gerecht zu werden, die aus der sich weiterentwickelnden, zunehmend technisierten Gesellschaft resultieren (z.B. Immissionsschutz, Strahlenschutz, Datenmissbrauch etc.), hat der Gesetzgeber Spezialmaterien herausgearbeitet, in denen jeweils die Gefahrenabwehr normiert ist. Dieser Rechtsbereich wird auch als **besonderes Gefahrenabwehrrecht** bezeichnet.[111] Im Bereich der sachlichen Zuständigkeit wird hierbei auf der Ebene der Ordnungsverwaltungen eine Unterteilung in die entsprechenden **Sonderordnungsbehörden** vorgenommen (z.B. § 35 LAbfG NRW; § 138 LWG NRW; § 60 I, II BauO NRW). Für die Sonderordnungsbehörden gelten grundsätzlich die Vorschriften des allgemeinen Ordnungsrechts (vgl. § 12 II OBG NRW).
So ist z.B. § 15 LImschG NRW spezieller als § 14 OBG NRW. Nach § 15 LImschG NRW können die nach § 14 OBG NRW zuständigen Behörden anordnen, dass Zustände beseitigt werden, die dem LImschG NRW oder

50

---

[103] *Schenke*, in: Steiner, BesVerwR, Rn. 314 ff.; *Schoch*, in: Schmidt-Aßmann/Schoch, BesVerwR, 2. Kap. Rn. 275.
[104] Vgl. zur Vertiefung Rn. 472 ff.
[105] Ausführlich zu den Standardmaßnahmen Rn. 101 ff.
[106] Vgl. § 6 I PolG NRW.
[107] Z.B. § 19 OBG NRW; §§ 6, 16–20, 34–36 PolG NRW.
[108] Z.B. § 19 OBG NRW; § 6 PolG NRW.
[109] *Götz*, § 8 Rn. 11.
[110] Vgl. *OVG NRW*, DVBl. 1991, 1373 bzgl. Sicherstellung.
[111] So z.B. *Schoch*, JuS 1994, 479; *Schlacke*, JA 2001, 933, 935; vgl. auch oben Rn. 1.

den aufgrund dieses Gesetzes erlassenen Rechtsvorschriften widersprechen. Das heißt, die Grundlage zur Ermächtigung von Maßnahmen der Behörde zur Abwehr von Gefahren auf dem Gebiet des Immissionsschutzes findet sich zwingend im LImschG NRW und nicht im OBG NRW. Zu beachten ist dabei allerdings, dass dies nur für die Zuständigkeit von Ordnungsbehörden gilt und nicht für Polizeibehörden. Diese sind keine Behörden im Sinne des § 14 OBG NRW, wie in § 15 LImschG NRW gefordert. Daher richtet sich ihre Zuständigkeit und damit auch ihre Ermächtigungsgrundlage zum Einschreiten auf dem Gebiet des Immissionsschutzes weiterhin nach § 8 PolG NRW.

Typologie der Befugnisse		
Spezialermächtigungen	Standardermächtigungen	Generalermächtigung
besondere Gesetzesmaterien mit spezifischem Gefahrenabwehrrecht *(bei Anwendbarkeit scheidet ein Rückgriff auf Standardermächtigungen und die Generalermächtigung aus)*	besonders geregelte, sich wiederholende Gefahrenabwehrmaßnahmen, die im Polizei- und Ordnungsrecht erfasst sind *(bei Anwendbarkeit scheidet ein Rückgriff auf die Generalermächtigung aus)*	§ 8 I PolG NRW und § 14 I OBG NRW nur anwendbar, wenn keine Standardermächtigung oder Spezialermächtigung eingreift

Kapitel E. Generalklauseln[112]

Literatur: *Baudewin,* Der Schutz der öffentlichen Ordnung im Versammlungsrecht, Diss. iur. Köln 2007; *Beaucamp,* Das ordnungsbehördliche Verbot von Laserdromen, DVBl. 2005, 1174; *Böttger,* Befugnisse der Bundeswehr nach dem UZwGBw bei Veranstaltungen im öffentlichen Raum, NZWehr 2003, 177 ff.; *Brenneisen/Schwarzer/Wein,* Hilfeleistung durch die Bundeswehr im Innern – Einsatz oder Amtshilfe?, Die Polizei 2009, 282 ff.; *Denninger,* in: Lisken/Denninger, E Rn. 1 ff.; *Discher,* Die Peep-Show-Urteile des BVerwG, JuS 1991, 642; *Drews/Wacke/Vogel/Martens,* Gefahrenabwehr, S. 220 ff.; *Erbel,* Öffentliche Sicherheit und Ordnung, DVBl. 2001, 1714; *Frenz,* Menschenwürde und Dienstleistungsfreiheit, NVwZ 2005, 48 ff.; *ders.,* Polizei- und Versammlungsrecht, JA 2007, 334 ff.; *Gerhard,* Anscheinsgefahr, Gefahrenverdacht und Putativgefahr im Polizei- und Ordnungsrecht, Jura 1987, 521; *Götz,* § 6 Rn. 1 ff.; *ders.,* Die Entwicklung des allgemeinen Polizei- und Ordnungsrechts (1990–1993), NVwZ 1994, 652; *Gromitsaris,* Subjektivierung oder Objektivierung im Recht der Gefahrenabwehr, DVBl. 2005, 535 ff.; *Gusy,* Rn. 77 ff.; *Hebeler,* Das polizeiliche Schutzgut der öffentlichen Ordnung, JA 2002, 521; *Kay/Böcking,* Rn. 38 ff.; *Knemeyer,* Rn. 87 ff.; *Meßmann,* Das Zusammenspiel von Versammlungsgesetz und allgemeinem Polizeirecht, JuS 2007, 524 ff.; *Möller/Wilhelm,* 3. Abschnitt 3; *Oldiges* in: Grimm/Papier, S. 250 ff.; *Schenke,* in: Steiner, BesVerwR, Rn. 25 ff.; *Pieroth/Schlink/Kniesel,* §§ 4, 8; *Schloer,* Der Obdachlose als Störer der öffentlichen Ordnung oder der öffentlichen Sicherheit?, DVBl. 1989, 739; *Schoch,* in: Schmidt-Aßmann/Schoch, BesVerwR, 2. Kapitel Rn. 52 ff.; *ders.,* JuS 1994, 485 ff.; *ders.,* Jura 2003, 177 ff.; *Sporleder-Geb/Stüber,* Öffentliche Einrichtungen, Versammlungen und Gefährderanschreiben, JA 2010, 56; *Störmer,* Renaissance der öffentlichen Ordnung, Die Verwaltung 30 (1997), 233; *Szczekalla,* Laserdrome goes Luxemburg, JA 2002, 992; *Wächter,* Die Schutzgüter des Polizeirechts, NVwZ 1997, 729; *Weides,* Öffentliches Recht: „Gift im Grundwasser", JuS 1988, 472; *Wiefelspütz,* Versammlungsrecht und öffentliche Ordnung, Kritische Vierteljahrsschrift für Gesetzgebung und Rechtswissenschaft, Heft 2/2003, S. 19, 25; *Würtenberger,* in: Achterberg/Püttner, BesVerwR, Rn. 178 ff.

Rechtsprechung: *EuGH,* NVwZ 2004, 1471 (Untersagung eines Laserdrome); *BVerfGE 69, 315, 352 f.* (Brokdorf-Beschluss, Öffentliche Ordnung); *BVerfG,* JA 2009, 746 (Verfassungsmäßigkeit des bayrischen Versammlungsgesetzes); *BVerfG,* NJW 2001, 2069 ff., 2075 ff. (Öffentliche Ordnung); *BVerfG,* DVBl 2001, 558 f.; *BVerwGE 28, 310* (Anwendung der Generalklausel); *BVerwGE 45, 51* (Ingewahrsamnahme von Personen aus präventiv-polizeilichen Gründen); *BVerwGE, 47, 31* (Dringende Gefahr); *BVerwGE 64, 274* („Peep-Show"); *BVerwGE 84, 247* (Öffentlicher Platz als militärischer Sicherheitsbereich)*; BVerwG,* DVBl. 1969, 586 (Ermessen der Ordnungsbehörde); *BVerwG,* DÖV 1974, 207 („Tanklastwagenfall"); *BVerwG,* NJW 1980, 1640; *BVerwG,* NVwZ 2002, 598, 601 f. (Öffentliche Ordnung); *BVerwG,* NVwZ 1990, 668 *(„Peep-Show"); BVerwG,* JA 2009, 472 (§ 130 StGB als allgemeines Gesetz i. S. d. Art. 5 GG); *BayVGH,* BayVBl. 2009, 629 (Verbot einer Musik-/Tanzveranstaltung am Karfreitag); *NdsOVG,* DÖV 2006, 122 (Grundrechtseingriff durch polizeiliches Gefährderanschreiben); *NdsOVG,* NVwZ-RR 2007, 103 (Verstoß gegen Übermaßverbot durch Absperrungen für Castor-Transport); *OVG NRW,* NJW 1997, 1596 (Warnung

---

[112] Zur Prüfung der Rechtmäßigkeit von Ordnungsverfügungen vgl. Übersicht 1 im Anhang.

vor Radarkontrollen); *OVG NRW,* NJW 1997, 1180 (Öffentliche Ordnung); *OVG NRW,* DVBl. 2001, 584ff. (Öffentliche Ordnung); *OVG NRW,* NJW 2001, 2111f.; *OVG NRW,* DVBl. 2008, 1067 (Zulässigkeit einer Notbestattung); *VGH BW,* DVBl. 1970, 504 (Polizeiliche Generalklausel); *VGH BW,* NVwZ-RR 1991, 27 (Auswahlermessen bei Zustands- und Verhaltensstörer); *VGH BW,* NJW 1984, 507 (Verbot, „sich nach Art eines Land- oder Stadtstreichers herumzutreiben"); *VGH BW,* DÖV 1991, 165 (Polizeiliche Maßnahme gegen Anscheinsstörer); *VGH BW,* NVwZ 1990, 781 (Gefahrenbegriff); *VGH BW,* NJW 1998, 2236; *VGH BW,* VBlBW 2003, 192 (Einziehung und Vernichtung eines Radarwarngerätes); *VGH Kassel,* JuS 2009, 561 (Verbot von Pokerturnieren; §§ 4, 12, 13 GlüStV).

52 Soweit für das behördliche Handeln keine Spezialermächtigungen oder Standardermächtigungen einschlägig sind, ist auf die Generalklauseln abzustellen. Für polizeiliche Gefahrenabwehrmaßnahmen ergibt sich die Befugnis aus § 8 I PolG NRW; für ordnungsbehördliches Handeln enthält § 14 I OBG NRW die Generalermächtigung. Von der Aufgabe der „Gefahrenabwehr" ausgehend, bildet zwar die „Gefahr" den zentralen Aspekt beider Befugnisnormen im Bereich des polizeilichen und ordnungsbehördlichen Handelns. Da die Gefahr jedoch immer im Hinblick auf ein bestimmtes Schutzgut zu beurteilen ist, bildet das Schutzgut entgegen der Reihenfolge der Tatbestandsmerkmale der Generalermächtigung den Ausgangspunkt der Prüfung.

Aufbauempfehlung:
1. Vorliegen eines Schutzguts
   a) der öffentlichen Sicherheit
   b) oder der öffentlichen Ordnung
2. Bestehen einer Gefahr oder einer Störung

I. Schutzgüter

53 Zu beachten ist, dass die Generalklauseln des PolG NRW und des OBG NRW die gleichen Schutzgüter normieren; der Schutz der öffentlichen Ordnung ist in das PolG NRW wieder aufgenommen worden.[113]

1. Öffentliche Sicherheit

54 Der Begriff der öffentlichen Sicherheit orientiert sich an der amtlichen Begründung zu § 14 prPVG.[114] Er umfasst die Unverletzlichkeit der objektiven Rechtsordnung, der subjektiven Rechte und Rechtsgüter des Einzelnen

---

[113] Übersicht 2 im Anhang stellt die Schutzgüter im Überblick dar; das Gesetz, das das Schutzgut der öffentlichen Ordnung wiedereinführt, ist am 3. 2. 2010 beschlossen worden.
[114] Vgl. oben Rn. 19.

I. Schutzgüter

sowie des Bestandes der Einrichtungen und Veranstaltungen des Staates und der sonstigen Träger der Hoheitsgewalt.[115] Das Schutzgut der öffentlichen Sicherheit enthält damit eine individualbezogene und eine kollektivbezogene Schutzrichtung.[116]

a) Rechte und Rechtsgüter des Einzelnen

Inhalt dieser Schutzgüter sind in erster Linie das Leben, die Gesundheit, die Freiheit, die Ehre und das Vermögen. Priorität erlangen diese Elemente, da sie bereits von den Schutzbereichen einzelner **Grundrechte** umfasst sind.[117]

Der Schutz privater Rechte ist zudem in der **Subsidiaritätsklausel** (§ 1 II PolG NRW) erwähnt; diese setzt damit die polizei- und ordnungsrechtliche Befugnis voraus. Danach obliegt der Schutz privater Rechte (auch bzgl. einstweiligem Rechtsschutz, §§ 916 ff., 936 ff. ZPO) in erster Linie den ordentlichen Gerichten und den diesen zugehörigen Vollstreckungsorganen. Eine Begrenzung des Subsidiaritätsprinzips beim Schutz privater Rechte und individueller Rechtsgüter muss dort vollzogen werden, wo es nicht mehr ausschließlich um den Schutz allein privater Belange geht. Die Subsidiarität der polizei- und ordnungsbehördlichen Befugnisse endet dort, wo durch Beeinträchtigung eines Schutzgutes gleichzeitig die Allgemeinheit betroffen ist und somit ein Bezug zur Öffentlichkeit hergestellt wird.[118]

Einschränkungen sind erforderlich in Fällen der bewussten **Selbstgefährdung** von Leben und Gesundheit. Grundsätzlich ist der Einzelne gem. Art. 2 I GG aufgrund der allgemeinen Handlungsfreiheit darin frei, Gefährdungen seiner eigenen Rechtsgüter vorzunehmen (str.).[119] Ein Eingreifen ist jedoch nach einhelliger Meinung auch gegen den Willen des Betroffenen dann geboten, wenn der Einzelne die Folgen seines Tuns und damit die Selbstgefährdung nicht zu erkennen vermag.[120] Aus der Pflicht des Staates gem. Art. 2 II 1 GG, das menschliche Leben zu schützen, leitet die h. M.[121] in diesem Zusammenhang her, dass die Unterbindung von Selbstmorden zu den polizeilichen Aufgaben gehört; dies unabhängig davon, ob der Selbstmord „öffentlich" oder „heimlich"[122] geschehen soll.[123]

---

[115] Vgl. die Legaldefinition in § 3 Nr. 1 Sicherheits- und Ordnungsbehördengesetz des Landes Sachsen-Anhalt (SOG LSA); *Erbel*, DVBl. 2001, 1714 ff.
[116] *VGH Bad.-Württ.*, VBlBW 2003, 31, 32; *OVG NRW*, DVBl. 2008, 1067 (Zulässigkeit einer Notbestattung); *Denninger*, in: Lisken/Denninger, E Rn. 6; *Götz*, § 4 Rn. 1.
[117] *Möller/Wilhelm*, 3. Abschnitt 3.1.1. m. w. N. zu den einzelnen Merkmalen.
[118] *Schoch*, JuS 1994, 570, 573; *Möller/Wilhelm*, 3. Abschnitt 3.1.1.
[119] *Götz*, § 4 Rn. 28 fordert für derartige Sachverhalte Spezialvorschriften.
[120] *Möller/Wilhelm*, 3. Abschnitt 3.1.1.; *Götz*, § 4 Rn. 31; *Schoch*, JuS 1994, 570, 573.
[121] *Möller/Wilhelm*, 3. Abschnitt 3.1.1.; *Götz*, § 4 Rn. 32; *Schoch*, JuS 1994, 570, 573.
[122] So explizit: *Möller/Wilhelm*, 3. Abschnitt 3.1.1.

58 Zu diesem Problemkreis gehört auch die Frage, welche Ansprüche der in seinen Rechten oder Rechtsgütern Gefährdete gegenüber der Polizei oder der Ordnungsbehörde hat. Hierzu zählen u.a. die Fälle der Obdachloseneinweisung, der Hausbesetzung sowie des Zuparkens eines Kraftfahrzeugs.[124]

b) Kollektive Rechtsgüter

59 Kollektive Rechtsgüter entstehen, wenn Individualrechtsgüter zu einem Gesamtrechtsgut zusammengefasst werden können.[125] Davon umfasst sind solche Rechtsgüter, deren Schutz mit Rücksicht auf die Allgemeinheit, vornehmlich also auf das Leben in der staatlich organisierten Gemeinschaft, geboten ist.[126] Es muss auf einschlägige Fachgesetze abgestellt werden; aus der Würdigung der materiellen Grundentscheidung dieser Normen muss sich dabei ergeben, dass es sich um ein schutzwürdiges kollektives Rechtsgut handelt (z.B. § 6 WHG).[127] Dabei sind die kollektiven Rechtsgüter im Rahmen der Heranziehung über die Generalklausel besonders von Bedeutung, wenn ein gefährliches Verhalten von normierten Verboten nicht erfasst ist.[128] Um Kollektivrechtsgüter handelt es sich z.B. bei der Volksgesundheit, der öffentlichen Wasserversorgung,[129] der Natur und der Landschaft,[130] dem Schutz des Grundwassers.[131]

c) Rechtsnormen (objektive Rechtsordnung)

60 Von wesentlicher Bedeutung für die Staatlichkeit und für den Bestand und das Funktionieren von Staat und Gesellschaft in einer rechtsstaatlich verfassten Ordnung sind die von den demokratisch legitimierten Organen erlassenen **Rechtsvorschriften**.[132] Die objektive Rechtsordnung als Schutzgut soll das gedeihliche Zusammenleben der Menschen untereinander garantieren und darüber hinaus auch die natürlichen Lebensbedingungen der Menschen sichern.[133]

61 Normen des Privatrechts unterliegen dem **Subsidiaritätsprinzip**.[134] Ihre Inhalte sind bereits vom Individualgüterschutz umfasst; die Hauptbedeutung der objektiven Rechtsordnung liegt somit in der Sicherung **öffentlich-**

---

[123] Vgl. auch *VGH BW,* NJW 1998, 2236.
[124] Vgl. *Götz,* § 4 Rn. 23 ff., § 11 Rn. 35 mit weiteren Fallbeispielen.
[125] *Knemeyer,* Rn. 100.
[126] *VGH BW,* NVwZ 1988, 166; *BVerwG,* DÖV 1974, 207 = DVBl. 1974, 297.
[127] *Schoch,* JuS 1994, 570 (574).
[128] *Schoch,* JuS 1994, 570 (574).
[129] *BVerwG,* DÖV 1974, 207 = DVBl. 1974, 297.
[130] *Götz,* § 21 Rn. 21; jeweils unter Hinweis auf *VGH BW,* NVwZ 1988, 166: *Möller/Wilhelm,* 3. Abschnitt 3.1.1.; *Schoch,* JuS 1994, 570 (574).
[131] *VGH BW,* DÖV 1991, 165 = DVBl. 1990, 1047.
[132] *OVG NRW,* NVwZ 2001, 459; *Schoch,* JuS 1994, 570 (572).
[133] *Kay/Böcking,* Rn. 44.
[134] Siehe schon Rn. 54 f.

I. Schutzgüter

rechtlicher Normen, die Verhaltenspflichten begründen. Eine drohende Rechtsnormverletzung oder eine solche, die bereits eingetreten ist und noch andauert (Störung), beeinträchtigt immer die öffentliche Sicherheit.[135]

Die drohende Verwirklichung oder Fortsetzung von **Straftaten** oder **Ordnungswidrigkeiten**[136] stellt zugleich auch eine Gefahr für die öffentliche Sicherheit dar; die Verhinderung bzw. Beendigung der Verwirklichung dieser Tatbestände gehört damit als vorbeugender Rechtsgüterschutz ebenfalls mit zur Aufgabe der Abwehr von Gefahren für die öffentliche Sicherheit.[137]

62

d) Bestand und Funktionsfähigkeit des Staates

Schutzobjekt sind alle **Rechtssubjekte des öffentlichen Rechts** (Bund, Länder, Gemeinden, sonstige Selbstverwaltungsträger wie Kammern, Hochschulen usw.), deren Behörden und Organe (z.B. Regierungen, Parlamente, Gerichte, Gemeinderäte etc.) sowie die ihnen zugeordneten **Einrichtungen** (Theater, Museen, Bibliotheken, Dienstgebäude, Kasernen). Geschützt werden auch die von diesen Rechtsträgern abgehaltenen Veranstaltungen (Staatsbesuche, Manöver, Gelöbnisse und Paraden).[138] Der Schutz richtet sich gegen äußere Störungen wie Gewalt gegen Personen und Sachen, Blockaden, Behinderungen oder Besetzungen.[139]

63

Beispiel:

64

Die Ver- und erhebliche Behinderung von Rekrutengelöbnissen stellt eine Beeinträchtigung der Bundeswehr dar. Die öffentliche Sicherheit schützt hoheitliche Tätigkeiten vor Beeinträchtigungen durch Private, die einen ordnungsgemäßen Veranstaltungsverlauf verhindern. Da Kritik an staatlichen Veranstaltungen nicht ausgeschlossen werden darf, sind Meinungskundgaben am Rande eines Veranstaltungsfeldes zulässig. Wenn Demonstranten allerdings Absperrungen durchbrechen und den Aufmarschplatz bei einer Gelöbnisfeier betreten, greifen sie erheblich in den Veranstaltungsablauf ein. Eine Gefahr für die öffentliche Sicherheit ist dann zu bejahen.[140]

Aufgrund umfassender spezialgesetzlicher Normierungen zum Schutz des Bestands und der Funktionsfähigkeit des Staates (VersammlungsG, VereinsG, BannmeilenG, §§ 81 ff. StGB) erscheint dieses Schutzgut relativ be-

65

---

[135] Siehe schon Rn. 54 f.
[136] *Götz*, § 4 Rn. 11, 18; zum Verbot einer Gedenkveranstaltung zu Ehren von Rudolf Heß, *BVerwG*, JA 2009, 472 (§ 130 StGB als allgemeines Gesetz i.S.d. Art. 5 GG); zum Verbot von Pokerturnieren: *VGH Kassel*, JuS 2009, 561 (§§ 4, 12, 13 GlüStV).
[137] *Schoch*, JuS 1994, 570 (572).
[138] *Schoch*, JuS 1994, 570 (571).
[139] *Denninger*, in: Lisken/Denninger, E Rn. 20 ff.; *Götz*, § 4 Rn. 38.
[140] BVerwGE 84, 247 (Öffentlicher Platz als militärischer Sicherheitsbereich); *Böttger*, Befugnisse der Bundeswehr nach dem UZwGBw bei Veranstaltungen im öffentlichen Raum, NZWehr 2003, 177 ff.; *Brenneisen/Schwarzer/Wein*, Hilfeleistung durch die Bundeswehr im Innern – Einsatz oder Amtshilfe?, Die Polizei 2009, 282 ff.

deutungslos; rechtlich relevante Gefahren werden als solche unter dem Aspekt der „objektiven Rechtsordnung" bereits von der öffentlichen Sicherheit erfasst.[141]

66 **Merke:**
Schutzgüter der **öffentlichen Sicherheit** sind:
- Rechte und Rechtsgüter des Einzelnen
- Kollektive Rechtsgüter
- Objektive Rechtsordnung
- Bestand und Funktionsfähigkeit des Staates

2. Öffentliche Ordnung

67 Unter „**öffentlicher Ordnung**" wird die Gesamtheit der **ungeschriebenen Wertevorstellungen** verstanden, deren Befolgung durch den Einzelnen nach den jeweils herrschenden **sozialen** und **ethischen Anschauungen** als unerlässliche Voraussetzung eines geordneten menschlichen Zusammenlebens innerhalb eines bestimmten Gebiets angesehen wird.[142]

68 **Beispiel:**
Läuft eine Person unbekleidet während des Tages durch eine stark frequentierte Fußgängerzone, so nimmt die Rechtsprechung an, dass eine Verletzung der öffentlichen Ordnung vorliege. Zur Begründung wird angeführt, dass das Schamgefühl der Allgemeinheit in besonderer Weise betroffen werde, da sich der Einzelne an Orten, an denen Nacktdarstellungen nicht zu erwarten sind, einer unfreiwilligen Konfrontation mit dem Anblick des nackten Körpers ausgesetzt sehe.[143]

a) Ungeschriebene Wertvorstellungen

69 Unter Wertvorstellungen versteht man **Sozialnormen** und **Verhaltensregeln,** die bestimmte gesellschaftliche Erwartungen und Verhaltensmuster zum Ausdruck bringen.[144] Diese sind nicht statisch bestimmbar, sondern vor allem dem Wandel der Zeit und den sittlichen Moralvorstellungen unterworfen. So sind Moralvorstellungen in einem bestimmten, räumlich umgrenzten Gebiet zur Jahrhundertwende denkbar, die dort heute niemand mehr vertreten würde, da die Toleranzgrenze in der heutigen modernen In-

---

[141] *BVerwG,* NJW 1980, 1640; *Möller/Wilhelm,* 3. Abschnitt 3.1.3.
[142] *Möller/Wilhelm,* 3. Abschnitt 3.1.3.; zur öffentlichen Ordnung unter Berücksichtigung des Versammlungsrechts: *Baudewin,* Der Schutz der öffentlichen Ordnung im Versammlungsrecht, Diss. iur. Köln 2007.
[143] So *OVG NRW,* NJW 1997, 1180. Das Gericht lehnt auch eine Rechtfertigung der nackten Zurschaustellung des Körpers im Hinblick auf das Grundrecht der Kunstfreiheit aus Art. 5 III GG ab.
[144] *Schoch,* JuS 1994, 570 (574).

formationsgesellschaft durchschnittlich viel höher liegt. Die öffentliche Ordnung kann nur ungeschriebene gesellschaftliche Vorstellungen und Verhaltensregeln zum Inhalt haben; die geschriebenen Regeln fallen als Elemente der objektiven Rechtsordnungen unter den Begriff der öffent-lichen Sicherheit.[145] Zunehmende rechtliche Normierungen verringern fortlaufend das Anwendungsfeld für das Schutzgut der öffentlichen Ordnung.

b) Herrschende Anschauungen in einem bestimmten Gebiet

Neben der zeitlichen Komponente können die Wertevorstellungen auch räumlich unterschiedlich beurteilt werden. So kann es durchaus sein, dass zur gleichen Zeit in einer strukturschwachen ländlichen Region andere Vorstellungen über Sittlichkeit und Moral herrschen als in einem Bahnhofsviertel einer Großstadt. Die Wertevorstellungen müssen also von einer deutlich überwiegenden Mehrheit der Bevölkerung in einer **bestimmten Region** anerkannt sein, um der „öffentlichen Ordnung" zu genügen; lässt sich eine derartige herrschende **regionale Anschauung** nicht ermitteln, kann die öffentliche Ordnung nicht als gefährdet angesehen werden. Diese wichtige Präzisierung des Begriffs muss vorgenommen werden, um rechtsstaatlichen Anforderungen zu genügen.[146]   70

c) Unerlässliche Anforderung an gedeihliches Zusammenleben

Des Weiteren muss es sich bei den ungeschriebenen Regeln (außerrechtliche Sozialnormen) um Mindestanforderungen für ein **gedeihliches menschliches Zusammenleben** handeln. Eine für die öffentliche Ordnung unzumutbare Beeinträchtigung liegt nur dann vor, wenn die Allgemeinheit das zu beurteilende Verhalten nicht ignorieren kann.[147]   71

d) Relevanz des Schutzgutes

Das Problem, das sich aus dem Begriffsinhalt der „öffentlichen Ordnung" ergibt, liegt in der Unbestimmtheit und Wandelbarkeit und damit in der Unklarheit bei der Ausfüllung dieses Begriffs. Der Kritik im Hinblick auf das Rechtsstaatsprinzip (Bestimmtheitsgrundsatz, Art. 20 III GG) wird von Rspr. und weiten Teilen der Lit. entgegengehalten, dass es gerade die Rspr. sei, die in jahrelanger Auslegungsarbeit für die notwendige und hinreichende Bestimmtheit sorge.[148] Nur über die Dynamik dieser Klausel könne auf neue Situationen angemessen reagiert werden. Den Bedenken bezüglich des Demokratieprinzips wird dadurch begegnet, dass man auf die Überforderung des Gesetzgebers verweist, der gerade nicht alle Details im Einzelnen regeln   72

---

[145] *Denninger*, in: Lisken/Denninger, E Rn. 35.
[146] *Möller/Wilhelm*, 3. Abschnitt 3.2.
[147] *VG Gelsenkirchen*, GewArch. 1978, 164.
[148] *Szczekalla*, „Laserdrome goes Luxemburg", JA 2002, 992.

und sofort auf neue Herausforderungen schnell und sachgerecht reagieren könne. Überdies stellt sich das tatsächliche Problem, dass zur Beurteilung dieses Tatbestandsmerkmals eine empirische Erhebung bezüglich der Existenz derartiger Anschauungen vorgenommen werden müsste. Der Staat soll unter Zuhilfenahme von Zwangsmitteln die Einhaltung solcher Normen durchsetzen, die den Einzelnen nicht als Rechtsnorm, sondern kraft ihrer faktischen Anerkennung als „Sozialethiknorm" oder Wertvorstellung einer überwiegenden Mehrheit der Bevölkerung binden.[149] Bezugsgröße ist dabei die im Begriff der öffentlichen Ordnung enthaltene Verweisung auf ungeschriebene Ordnungsvorstellungen einer nicht näher bestimmten Mehrheit.

73 In der Rspr. gibt es dennoch einige typische Fallgestaltungen, in denen die öffentliche Ordnung zumindest angeprüft wird, in denen dann aber oft im Ergebnis Uneinigkeit herrscht.[150] Derartige Fallgestaltungen liegen z.B. in Fällen sozialer Notlagen vor, die bekämpft werden sollen. Insbesondere in Fällen der (unfreiwilligen) Obdachlosigkeit[151] wird bis in die jüngere Zeit hinein eine Störung der öffentlichen Ordnung angenommen. Des Weiteren gibt es zahlreiche Entscheidungen, die sich mit dem Grenzbereich Sittlichkeit/Sexualität beschäftigen (s.o.). Ein weiterer, immer wieder umstrittener Bereich, der sich mit dem Begriff der öffentlichen Ordnung auseinander setzt, ist der der kommerziellen Spiele z.B. mit Tötungssimulationen. Am bekanntesten sind die sog. Laserdrome-Spiele. Hervorzuheben ist eine Entscheidung,[152] in der eine Umorientierung der Argumentation festzustellen ist. Dabei hat die Rspr. zunächst die dargestellte Grundformel[153] zur öffentlichen Ordnung als argumentativen Ausgangspunkt beibehalten. Sodann greift sie aber auf empirische und normative Elemente zurück, indem sie die öffentliche Ordnung mit der verfassungsmäßigen Werteordnung gleichsam auflädt: Die öffentliche Ordnung werde auch durch das Grundgesetz entscheidend geprägt. Verstoße ein Verhalten gegen diese Werte, so greife die Ordnungsklausel (§ 14 I OBG NRW) ein. Im genannten Laserdrome-Fall hat die Rspr. bei der Auslegung des unbestimmten Rechtsbegriffs „öffentliche Ordnung" auf Normen des Grundgesetzes abgestellt und insbesondere auf die Menschenwürde (Art. 1 I GG), das Recht auf Leben und körperliche Unversehrtheit (Art. 2 II 1 GG) sowie das staatliche Gewaltmonopol (Art. 20 GG) verwiesen.[154] Der EuGH hält das Verbot eines Laserdrome-Spiels nach § 14 OBG NRW für vereinbar mit Gemeinschaftsrecht.[155]

---

[149] *Götz,* § 5 Rn. 1.
[150] *Hebeler,* JA 2002, 521, 523.
[151] *Ruder,* NVwZ 2001, 1223 f.
[152] *BVerwGE 115,* 189, 198.
[153] Siehe Rn. 67.
[154] *BVerwG,* NVwZ 2002, 598, 303; *Szczekalla,* JA 2002, 992, 994.
[155] *EuGH,* NVwZ 2004, 1471 ff.

Die gleiche Argumentation findet sich in Entscheidungen, die sich damit auseinandersetzen, ob politisch motivierte Verhaltensweisen einen Verstoß gegen die öffentliche Ordnung darstellen. Besonders hervorzuheben sind zahlreiche vergleichbar begründete Entscheidungen des *OVG NRW* zum Verbot eines Fackelaufzugs der NPD.[156] Folge war ein Konflikt zwischen dem Bundesverfassungsgericht und dem OVG Münster, welches die von den jeweiligen Behörden erlassenen Verbotsverfügungen bestätigte. Begründet wurde dies damit, dass der auf die Abwehr nationalsozialistischer Bestrebungen gerichteten grundgesetzlichen Werteordnung zumindest bei der Auslegung und bei der Definition des Anwendungsbereiches der öffentlichen Ordnung i.S.d. § 15 VersG die verfassungsrechtlich gebotene Geltung verschafft werden müsse.[157]

Das Bundesverfassungsgericht ermöglichte die Demonstrationen mit dem Hinweis auf gesetzliche Verbots- und Straftatbestände, die jeweils nicht eingriffen, zugleich aber einen Rückgriff auf die öffentliche Ordnung ausschlössen. Ferner könne eine Versammlung nicht mit dem Argument verboten werden, es sei zu erwarten, dass die geäußerten Meinungen gegen die öffentliche Ordnung verstießen. Für das Verbot von Parteien oder die Verwirkung des Grundrechtschutzes habe das Grundgesetz formelle und materielle Grenzen in den Art. 18 und 21 GG aufgestellt.[158]

Skepsis sollte diese Argumentation insofern hervorrufen, als dass die begrifflichen Grenzen zwischen öffentlicher Sicherheit und öffentlicher Ordnung verschwimmen. Denn mit der Anknüpfung an das geschriebene Verfassungsrecht führt diese Konzeption der Rspr. zwangsläufig zu Überschneidungen mit der öffentlichen Sicherheit, deren Schutzgut gerade die Unverletzlichkeit der objektiven Rechtsordnung, mithin auch des Verfassungsrechts, umfasst.[159]

Unseres Erachtens spricht für eine weiterhin geltende Existenzberechtigung des Merkmals der „öffentlichen Ordnung", dass es durch zunehmende Technisierung und den Fortschritt in den verschiedensten Bereichen für den Gesetzgeber kaum mehr möglich ist, der unüberschaubaren Menge neuer möglicher abstrakt-genereller Sachverhaltskonstellationen durch Normierungen Herr zu werden. Durch einen Begriff wie der „öffentlichen Ordnung" und der ihm immanenten weiten Erfassungsmöglichkeit können potentielle Gefährdungen wirksam angegangen werden, ohne dabei den Gesetzgeber in Anspruch nehmen zu müssen. Dem Begriff der öffentlichen

---

[156] *Wiefelspütz*, Versammlungsrecht und öffentliche Ordnung, Kritische Vierteljahresschrift für Gesetzgebung und Rechtswissenschaft, Heft 2/2003, S. 19, 25; *Beljin*, DVBl. 2002, 15 ff.
[157] *BVerfG*, NJW 2001, 1409 ff.; *OVG NRW*, DVBl. 2001, 2111 f.
[158] Ausführlich, *Wiefelspütz*, Versammlungsrecht und öffentliche Ordnung, Kritische Vierteljahresschrift für Gesetzgebung und Rechtswissenschaft Heft 2/2003, S. 19 ff.; zum Parteienprivileg und Versammlungsbegriff, *Sporleder-Geb/Stüber*, JA 2010, 56.
[159] *Hebeler*, JA 2002, 521, 525.

Ordnung kommt daher eine gewisse **Reservefunktion** zu.[160] Zudem gibt es auch in anderen Rechtsmaterien verfassungsrechtliche (z. B. Art. 13 VII GG „öffentliche Ordnung"; Art. 35 II GG „öffentliche Ordnung") und einfachgesetzliche Regelungen (z. b. § 138 BGB „gute Sitten"; § 242 BGB „Treu und Glauben", „Verkehrssitte"), die ähnlich unbestimmt sind, so dass davon ausgegangen werden kann, dass dem Begriff eine unverzichtbare Auffangfunktion zukommen soll.

75 Verfassungsrechtlich geboten erscheint jedoch die einschränkende These, dass „in keinem Fall derjenige eine Gefahr für die öffentliche Ordnung bewirken kann, der in zulässiger Weise von seinen Grundrechten Gebrauch macht."[161] Zu beachten ist, dass dabei eine Auseinandersetzung mit dem Schutzbereich der jeweiligen Grundrechte und ihrer Schrankenvorbehalte erforderlich wird.

75a Durch die Einführung des Schutzguts der öffentlichen Ordnung in das PolG NRW wird die Polizei ermächtigt, im Einzelfall auch gegen Handlungen, die noch keine Ordnungswidrigkeit darstellen, vorzugehen.[162] Dass sich in der Praxis dadurch wesentliche Änderungen ergeben, ist jedoch kaum zu erwarten. Denn die Ordnungsbehörde durfte stets ihr Einschreiten auf den Verstoß gegen die öffentliche Ordnung stützen. Wenn die Polizei nun auch dazu ermächtigt wird, so wird zugleich in § 1 I 3 PolG NRW klargestellt, dass die Ordnungsbehörden vorrangig „insbesondere" zur Abwehr von Gefahren der öffentlichen Ordnung weiterhin zuständig sind. Die Wiedereinführung bietet gleichwohl Anlass, den Begriff der öffentlichen Ordnung erneut zu überdenken.

Der Kritik am Schutzgut der öffentlichen Ordnung ist insoweit zuzustimmen, als dass die staatliche Durchsetzung ungeschriebener Sozialnormen tatsächlich die Gefahr substanzarmer Kurzweiligkeit beinhaltet. Grundtenor der Kritik besteht folgerichtig auch in der Unvereinbarkeit mit dem Rechtsstaats-, Demokratie- und Gewaltenteilungsgrundsatz. Die Problematik der öffentlichen Ordnung entzündet sich an den zu schützenden „ungeschriebenen Regeln". Diese können einerseits Einfallstor für Unbestimmtheit, Beliebigkeit, Wandelbarkeit und mangelnde Überprüfbarkeit staatlichen Handelns sein. Gelegentlich wird daher im Bemühen um Präzision ein Verstoß gegen die öffentliche Ordnung an einer Verletzung der Menschenwürde nach Art. 1 GG festgemacht.[163] Der Versuch, mit Rechtsnormen

---

[160] *Schoch*, JuS 1994, 570 (575); *Schenke*, in: Steiner, BesVerwR, Rn. 42 hält es für zu weitgehend, ein auf die öffentliche Ordnung gestütztes Handeln für unzulässig zu erklären.

[161] *Möller/Wilhelm*, 3. Abschnitt 3.2.

[162] In der Begründung zum Gesetzentwurf LT-Dr. 14/10089 wird auf die Normierung im OBG und das Sicherheitsgefühl der Bürger verwiesen; vgl. Beschluss der Innenminister der Länder vom 2. 2. 1998, Ziff. 1/1.1.7, S. 39, in dem ein konsequentes Einschreiten der Sicherheitskräfte gegen Störungen der öffentlichen Ordnung gefordert wird.

[163] *BayVGH*, NVwZ 1984, 254.

I. Schutzgüter 35

den Begriff der Sozialnormen einzugrenzen, erscheint allerdings nicht unbedenklich. Denn gegen einen Verstoß gegen die Rechtsordnung kann ohnehin aufgrund der gefährdeten öffentlichen Sicherheit vorgegangen werden. Das Wesen der öffentlichen Ordnung gewinnt anhand gesetzlicher Normen nicht an eigenständiger Substanz. Erforderlich für eine Bestimmung der „jeweils herrschenden Anschauungen" sind vielmehr empirische Erhebungen.[164] Allerdings ist fraglich, ob der Schutz der Mehrheitsmeinung über das parlamentarische System hinaus Aufgabe eines liberalen Rechtsstaates ist.[165] Die staatliche Durchsetzung eines empirisch ermittelten Mehrheitsvotums könnte den Minderheitenschutz in unzulässiger Weise verkürzen.

Andererseits dienen gerade die „ungeschriebenen Regeln" zur Rechtfertigung der Existenzberechtigung des Schutzguts der öffentlichen Ordnung. Denn Anwendung findet die öffentliche Ordnung u. a. in den Bereichen, die aufgrund ihrer Vielfältigkeit oder Neuartigkeit gesetzlich nicht abschließend kodifiziert sind, so der Umweltschutz, die Sicherung des sozialen Friedens,[166] die ungestörte Benutzung des öffentlichen Raums (Lärm, aggressives Betteln, öffentlicher exzessiver Alkoholkonsum).[167] Diese Beispiele verdeutlichen, dass eine umfassende gesetzliche Beurteilung jeder zwischenmenschlichen Rücksichtslosigkeit und eine gesetzliche Sanktionierung jeder Art von Intoleranz nicht immer zeitnah möglich sind.

Die Einführung des Schutzguts der öffentlichen Ordnung kann bei einem restriktiven Gebrauch gerechtfertigt werden.[168] Bereiche, die bereits Gegenstand der Gesetzgebung waren oder derzeit gesetzlich normiert sind, können selbstverständlich nicht unter den Begriff der öffentlichen Ordnung fallen. Das würde den Willen des Gesetzgebers konterkarieren. Die fortschreitende Verrechtlichung schränkt die Anwendungsmöglichkeiten der öffentlichen Ordnung damit weitgehend ein. Auch beim Einsatz in gesetzlich noch nicht normierten Bereichen ist Vorsicht geboten, da es sich in diesen Fällen meist um Probleme handelt, die gerade aufgrund der Komplexität widerstreitender Interessen noch keinen gesetzlichen Konsens gefunden haben.[169] Bei Lösung derartiger Konflikte ist eine enge Bindung der Verwaltung an die in Rechtsprechung und Literatur entwickelte Präzisierung in Bezug auf Inhalt, Zweck und Ausmaß des Begriffs geboten.[170] Ein übereifriger, vorauseilender Gehorsam der Exekutive gegenüber der Legislative entlang einer gefühlten Mehrheitsauffassung wäre für eine parlamentarische Demokratie untragbar. Andererseits würde ein ersatzloses Streichen des Begriffs der öffentlichen Ordnung die

---

[164] So auch: *Erbel*, DVBl. 2001, 1714 (1719); *Hebeler*, JA 2002, 521 (525); *Pieroth/Schlink/Kniesel*, § 8 Rn. 48.
[165] Eingehend zum „forum internum": *Waechter*, NVwZ 2004, 729 (730).
[166] *Knemeyer*, Rn. 104.
[167] *Götz*, § 5 Rn. 16.
[168] Ebenso: *Schenke*, in: Steiner, BesVerwR, Rn. 42; *Schoch*, in: Schmidt-Aßmann/Schoch, BesVerwR, 2. Kap. Rn. 83.
[169] Kritisch zum Verbot von Laserdromen: *Beaucamp*, DVBl. 2005, 1174 (1177).
[170] *BVerfGE* 54, 143 (144 f.).

Möglichkeit, auf neuartige Gefährdungen vor Ergehen einer gesetzlichen Regelung rasch und einzelfallgerecht zu reagieren, vollständig ausschließen.[171] Wenn der Anwendungsbereich insgesamt auch äußerst gering ist, bestehen bei einer zurückhaltenden Handhabung in den genannten Fallgruppen des sozialen Friedens, des Umweltschutzes und der Benutzung des öffentlichen Raumes keine grundsätzlichen Bedenken.

e) Prüfungselemente

76 Die Prüfung des Begriffs der öffentlichen Ordnung kann durch Anwendung folgender Prüfungselemente vorgenommen werden:[172]
- Ungeschriebene Wertvorstellungen in Gestalt außerrechtlicher Sozialnormen müssen zur Diskussion stehen. Handelt es sich um (geschriebene) Rechte, die in Frage stehen, ist dies ein Unterfall der öffentlichen Sicherheit.
- Die Mehrheit einer bestimmten Bevölkerungsgruppe muss nach derartigen Wertevorstellungen leben.
- Die Wertevorstellungen müssen als unentbehrliche Mindestvoraussetzungen für ein gedeihliches menschliches Zusammenleben angesehen werden.
- Das zu überprüfende Verhalten muss gegen diese Vorstellungen verstoßen.

II. Gefahrenbegriff

77 Tatbestandsvoraussetzung für eine Gefahrenabwehrmaßnahme nach den Generalklauseln ist eine Gefahr für die oben dargestellten Schutzgüter. Als Gefahr in diesem Sinne gilt gem. § 8 I PolG NRW die „im einzelnen Falle bestehende konkrete Gefahr" bzw. gem. § 14 I OBG NRW „eine im einzelnen Falle bestehende Gefahr". Eine konkrete Gefahr liegt vor, wenn eine Sachlage, ein Zustand oder ein Verhalten aus einer ex-ante-Betrachtung[173] bei ungehindertem Ablauf des objektiv zu erwartenden Geschehens **mit hinreichender Wahrscheinlichkeit** und in **überschaubarer Zukunft** den **Eintritt** eines nicht unerheblichen **Schadens** für die polizeilichen Schutzgüter der öffentlichen Sicherheit oder Ordnung zur Folge hat,[174] bzw. wenn eine Störung bereits eingetreten ist.

1. Schadensbegriff

78 Ein **Schaden** im Sinne des Polizei- und Ordnungsrechts liegt vor bei einer **nicht unerheblichen**, objektiven Minderung des normalen vorhandenen

---

[171] Götz, NVwZ 1994, 652 (656); Sander, NVwZ 2002, 831 (833).
[172] Nach Schoch, JuS 1994, 570 (575); Möller/Wilhelm, 3. Abschnitt 3.2.; Denninger, in: Lisken/Denninger, E Rn. 35.
[173] „ante" = lat.: vorher; „post" = lat.: nachher.
[174] Vgl. BVerwGE 45, 51 (57); VGH BW, NVwZ-RR 1991, 24 (26); OVG NRW, NWVBl. 1990, 159. In einigen Landesgesetzen (z. B. § 2 Nr. 3a BremPolG; § 2 Nr. 1a Nds. Gefahrenabwehrgesetz) ist der Gefahrenbegriff in diesem Sinne legaldefiniert.

Bestandes an geschützten Normen, Rechten und Individual- oder Gemeinschaftsgütern (=Schutzgüter der „öffentlichen Sicherheit" oder „Ordnung")[175] durch regelwidrige Einflüsse.[176] Da es nur auf den normalen Bestand ankommt, fällt der entgangene Gewinn (§ 252 BGB) nicht hierunter.[177]

Als **unerheblich** werden in diesem Sinne Belästigungen, Nachteile, Unbequemlichkeiten oder Geschmacklosigkeiten bewertet.[178] Unter **Belästigungen** versteht man ein Verhalten, das einem Dritten oder der Allgemeinheit zwar abträglich sein kann, das aber deren Rechte oder die objektive Rechtsordnung nicht verletzt.[179] Dabei ist die Grenze zur Gefahrenrealisierung (= Schaden) fließend. Im Einzelfall kann es hier schwierige Abwägungsprobleme bei der Frage geben, ob bereits die Schwelle zur Bejahung eines Schadens überschritten ist. Teilweise sind für diesen Bereich in Gesetzen (z.B. BImSchG, GewO, GaststättenG) oder Durchführungsverordnungen (z.B. 4. BImSchV) Tatbestände normiert, die die zuständige Behörde zum Eingreifen ermächtigen, wenn eine Belästigung unterhalb der Erheblichkeitsgrenze vorliegt.[180]

79

Des Weiteren ist entscheidend, zu welcher Tageszeit und an welchem Ort derartige Einflüsse auftreten (z.B. „Hupkonzert" vor Kliniken, zur Nachtzeit in einer reinen Wohngegend oder in einem Kurort). Zudem können sich Beeinträchtigungshäufigkeit und -dauer zu einem Schaden summieren.[181] Abzustellen ist dabei auf die Beurteilung aus der Sicht eines normalen, objektiven Durchschnittsbetrachters, nicht auf ein Verhalten, das bei einer ängstlichen, kranken, übernervösen oder besonders empfindlichen Person unzumutbar erscheint.[182]

80

2. Hinreichende Wahrscheinlichkeit

Der Eintritt eines Schadens muss wahrscheinlich sein. Damit wird umschrieben, dass der Schadenseintritt weder gewiss sein muss noch unmittelbar bevorzustehen braucht.[183]

81

---

[175] *Götz*, § 6 Rn. 5; *Denninger*, in: Lisken/Denninger, E Rn. 40; *Möller/Wilhelm*, 3. Abschnitt 3.3.1.
[176] *VGH BW*, NJW 1984, 507, 509.
[177] *Denninger*, in: Lisken/Denninger, E Rn. 40.
[178] *Denninger*, in: Lisken/Denninger, E Rn. 40; *Schenke*, in: Steiner, BesVerwR, Rn. 51.
[179] *BVerwG*, DVBl. 1969, 586.
[180] Z.B. § 33a II Nr. 3 GewO: „erhebliche Nachteile, (...) oder Belästigungen"; § 5 I 1 Nr. 3 GaststättenG: „erhebliche Nachteile, Gefahren oder Belästigungen"; §§ 3 I, 5 I Nr. 1 BImSchG: „Gefahren oder erhebliche Nachteile oder erhebliche Belästigungen"; § 1 II Ziff. 2c) der 4. BImSchV (Sartorius Nr. 296a): „Gefahren oder erhebliche Nachteile oder erhebliche Belästigungen".
[181] *Schenke*, in: Steiner, BesVerwR, Rn. 51.
[182] *Möller/Wilhelm*, 3. Abschnitt 3.3.1.; *Denninger*, in: Lisken/Denninger, E Rn. 40; *Schenke*, in: Steiner, BesVerwR, Rn. 52.
[183] *BVerwGE* 28, 310 (315f.).

a) Wahrscheinlichkeit

82 Für das Vorliegen einer Gefahr reicht die „hinreichende" Wahrscheinlichkeit eines Schadens aus.[184] Welche Anforderungen im Einzelnen an das Wahrscheinlichkeitsurteil zu stellen sind, wird unterschiedlich beurteilt. Teilweise wird angenommen, unter hinreichender Wahrscheinlichkeit sei bereits die objektiv erkennbare Möglichkeit des Schadenseintritts zu verstehen.[185] Nach anderer Auffassung ist ein Schadenseintritt hinreichend wahrscheinlich, wenn er über das allgemeine Lebensrisiko hinausgeht.[186] Überwiegend werden an das Wahrscheinlichkeitsurteil jedoch höhere Anforderungen gestellt. Eine **hinreichende Wahrscheinlichkeit** wird hiernach erst dann angenommen, **wenn der Schadenseintritt nach der Lebenserfahrung zu erwarten**[187] bzw. **nicht nur entfernt möglich ist**.[188] Allerdings können die Wertigkeit des Schutzgutes und die Anforderungen an die Wahrscheinlichkeit nicht völlig getrennt voneinander gewürdigt werden. Nach überwiegender Auffassung beeinflusst die Wertigkeit des bedrohten Schutzgutes den im Einzelfall zu fordernden Wahrscheinlichkeitsgrad.

Je bedeutsamer und höherrangiger ein Schutzgut ist, desto geringer sind die Anforderungen, die an die Wahrscheinlichkeit eines Schadenseintritts zu stellen sind.[189] Ob dies im Einzelfall dazu führen kann, dass schon die bloße Möglichkeit eines Schadenseintritts zur Annahme einer Gefahr führt, ist allerdings problematisch.[190]

Merke:
- Die hinreichende Wahrscheinlichkeit eines Schadenseintritts wird nach überwiegender Auffassung erst dann angenommen, wenn **der Schadenseintritt nach der Lebenserfahrung zu erwarten** bzw. **nicht nur entfernt möglich** ist.
- Je bedeutsamer und höherrangiger ein Schutzgut ist, desto geringer sind die Anforderungen, die an die Wahrscheinlichkeit eines Schadenseintritts zu stellen sind.

---

[184] *VGH BW*, NVwZ 1990, 781, 782; *BVerwGE* 28, 310 (315 f.).
[185] *Oldiges* in: Grimm/Papier, S. 255 f.
[186] *Gusy*, Rn. 110.
[187] So *Drews/Wacke/Vogel/Martens*, Gefahrenabwehr, S. 411; *Knemeyer*, Rn. 87.
[188] So z. B. *VGH BW*, NVwZ-RR, 1991, 24 (26); *Schoch*, JuS 1994, 667.
[189] *BVerwGE* 45, 51 (61); *BVerwGE* 47, 31 (40); *KG Berlin*, NVwZ 2000, 468, 471; *Brandt/Smeddinck*, Jura 1994, 225 (228); *Götz*, § 6 Rn. 7; *Möller/Wilhelm*, 3. Abschnitt 3.3.2; *Pieroth/Schlink/Kniesel*, § 4 Rn. 7; *Tegtmeyer/Vahle*, PolG NRW, § 8 Rn. 8; *Tettinger/Erbguth/Mann*, BesVerwR, Rn. 465.
[190] Vgl. hierzu Rn. 247 ff.

b) Prognose des Schadens

Die Wahrscheinlichkeit eines Schadenseintritts aufgrund einer bestimmten 83
Sachlage ist anhand einer **Prognose** zu ermitteln. Das bedeutet, dass auf der
Grundlage von Tatsachen der Geschehensablauf eingeschätzt wird.[191] Die
Prognostizierung der Wahrscheinlichkeit eines Schadenseintritts hängt dabei
von folgenden Faktoren ab, die in unterschiedlicher Kombination im Zeitpunkt der Entscheidung über das Einschreiten zum Tragen kommen können:

– bereits ermittelte, sichere Tatsachengrundlage
– sicheres Wissen/Ungewissheit
– wissenschaftliche Erkenntnisse
– Erfahrungsschatz
– aus bereits vorhandenem Erfahrungsschatz abgeleitete Bewertung künftiger Ereignisse

Ob der Gefahrenbegriff dabei „**subjektiv**" oder „**objektiv**" festzustellen ist, ist umstritten.[192] Fraglich ist, ob eine starre Zuordnung zu einem subjektiven oder objektiven Gefahrenbegriff vorzunehmen ist.[193]

aa) Subjektiver Begriff

Die Vertreter des subjektiven Gefahrenbegriffs[194] stellen darauf ab, dass 84
der Gefahrenbegriff eine **Prognose** bezüglich des **künftigen Geschehensablaufes** enthalte und diese Prognose eine auf Tatsachen gestützte, subjektive Einschätzung über einen zukünftigen Geschehensablauf beinhalte. Das Urteil, welches über das Vorliegen einer Gefahr entscheidet, beruhe zum Teil auf sicherem Wissen und zum Teil auf einer aus Erfahrung gespeisten, bewertenden **Einschätzung** der bekannten Umstände. Damit knüpfe der Gefahrenbegriff an ein mit einem bestimmten Wissensstand verknüpftes Wahrscheinlichkeitsurteil an und sei somit als „notwendig subjektiver Begriff" einzuordnen. Selbst die Vertreter dieser Auffassung schränken den subjektiven Begriff aber bereits im Nachsatz dahingehend ein, dass er eine objektivierende Betrachtungsweise im Hinblick auf die Frage erfordere, welche polizeilichen Maßnahmen indiziert und gerechtfertigt sein könnten.[195]

bb) Objektiver Begriff

Demgegenüber wird vertreten, dass die Gefahrenlage, die einen unbe- 85
stimmten Gesetzesbegriff darstellt, der keinen Beurteilungsspielraum ein-

---

[191] *Denninger,* in: Lisken/Denninger, E Rn. 46.
[192] Den **subjektiven** Gefahrenbegriff vertreten z.B. *Denninger,* in: Lisken/Denninger, E Rn. 46; den **objektiven** Begriff vertreten z.B. *Schoch,* JuS 1994, 667f.; *Möller/Wilhelm,* 3. Abschnitt 3.3.3.
[193] Vertiefend: *Gromitsaris,* DVBl. 2005, 535 ff.
[194] *Denninger,* in: Lisken/Denninger, E Rn. 46.
[195] *Denninger,* in: Lisken/Denninger, E Rn. 47.

räumt,[196] objektiv zu bestimmen sei.[197] Begründet wird dies damit, dass ein auf die Generalklausel gestütztes Eingreifen eine **objektiv bestehende Gefahr** voraussetze.[198] Es wird unter den Vertretern dieses Begriffs einschränkend hinzugefügt, dass das Wahrscheinlichkeitsurteil des bzw. der handelnden Beamten „selbstverständlich" subjektive Elemente aufweise; die Prognose sei jedoch dadurch objektiviert, dass es auf die Einschätzung eines **gewissenhaften, besonnenen** und **sachkundigen Amtswalters** ankomme.[199]

cc) Kombinierter Begriff

86   Es ist deutlich, dass die Vertreter beider Ansichten ihre Argumente jeweils in Richtung auf die andere Auffassung relativieren. Daher verwundert, es dass dennoch bisher eine starre Zuordnung zu einem der beiden Begriffe erfolgte. An dieser starren, rein begrifflichen Trennung festzuhalten, überzeugt nicht. Fest steht, dass für die jeweilige Behörde (Ordnungsbehörde oder Polizeibehörde) ein oder mehrere **bestimmte Beamte** eine **bestimmte Lage** zu einem **bestimmten Zeitpunkt** zu beurteilen haben. Das Ergebnis dieser Beurteilung ist die Einschätzung dieser Beamten, ob eine Gefahr in einer Sachlage vorliegt oder nicht. Dabei ist noch nichts über den Maßstab gesagt, an dem diese Beurteilung (im Nachhinein) zu messen ist (dies kann sich u.U. auf eventuelle Entschädigungsansprüche auswirken).

87   Die subjektive Einschätzung der Beamten ist daran zu messen, wie ein objektiver Dritter die Sachlage fehlerfrei würdigen und einer fehlerfreien Einschätzung unterwerfen würde. Der Blickpunkt dieses Betrachters in zeitlicher Hinsicht ist mit dem des tatsächlich handelnden Beamten gleichzusetzen; diese Beurteilung hat **ex ante** zu erfolgen. Die subjektive tatsächliche Einschätzung wird folglich nur deshalb dem Blick eines objektiven Dritten gegenübergestellt, um mögliche Fehleinschätzungen des handelnden Beamten einer Bezugsgröße zuordnen zu können (diese Unterscheidung wird relevant bei der Beurteilung, ob eine Anscheins- oder eine Putativgefahr vorliegt). Das ändert aber nichts daran, dass die fehlerfreie Würdigung von Fakten, die Einschätzung und Beurteilung der gefahrträchtigen Situation zunächst von einem subjektiven Urteil des handelnden Beamten abhängt.

88   Eine eindeutige Zuordnung zu einem rein subjektiven oder objektiven Begriff erscheint damit nicht sachgerecht. Daher ist von einem Begriff auszugehen, der die subjektiven und objektiven Elemente kombiniert. Ausgangspunkt ist die **subjektive Tatsachenwahrnehmung** und die darauf basierende **subjektive Prognoseentscheidung** des handelnden Amtswalters. Diese Prognoseentscheidung ist wiederum an der **objektiven Sicht** eines hypothetischen, gewissenhaft, besonnen und sachkundig handelnden Beamten zu messen.

---

[196] *Möller/Wilhelm*, 3. Abschnitt 3.3.3.
[197] *Götz*, § 6 Rn. 16; *Möller/Wilhelm*, 3. Abschnitt 3.3.3; *Pieroth/Schlink/Kniesel*, § 4 Rn. 31 ff.; *Schenke*, in: Steiner, BesVerwR, Rn. 57; *Schoch*, JuS 1994, 667 f.
[198] *Schoch*, JuS 1994, 667 (668).
[199] *Schoch*, JuS 1994, 667 (668).

3. Störung

Hat sich die **Gefahr realisiert,** liegt eine **Störung** vor. Das ist der Fall, wenn 89
die Minderung oder Beeinträchtigung der von der öffentlichen Sicherheit erfassten Schutzgüter oder die Verletzung der vom Begriff der öffentlichen Ordnung umfassten sozialen Normen eingetreten ist und fortdauert.[200]

Auch wenn im Unterschied zu einigen anderen landesrechtlichen Gene- 90
ralklauseln[201] die Störung in § 8 I PolG NRW nicht ausdrücklich erwähnt ist, gehört die Beseitigung einer Störung auf jeden Fall dann zum Bereich der (präventiven!) Gefahrenabwehr, wenn von der eingetretenen Sachlage eine in die Zukunft wirkende Gefährdung ausgeht (z.B. bei Dauerdelikten).[202] Die Störungsbeseitigung avanciert damit zu einer besonders **dringlichen Form der Gefahrenabwehr.**[203] Aus dem „argumentum a minori ad maius"[204] ergibt sich somit, dass der Fall der Störung in Nordrhein-Westfalen ebenfalls durch die Generalklauseln erfasst wird.[205]

Auch hier können Probleme entstehen, wenn zu beurteilen ist, ob eine 91
Maßnahme präventiven (zur Gefahren**abwehr**) oder repressiven (zur Straf**verfolgung**) Charakter hat. Das präventive Handeln endet und das repressive beginnt, wenn z.B. eine Straftat beendet ist und von ihr keine andauernde rechtswidrige Minderung von Rechtsgütern mehr ausgeht.[206] Das Handeln dient dann nicht mehr „präventiv" der Beseitigung einer Gefahr, sondern als „repressive" Strafverfolgungsmaßnahme der Ermöglichung und Vorbereitung eines gerichtlichen Strafverfahrens.[207]

4. Kein Beurteilungsspielraum der Behörde

Anerkannt ist, dass die zuständige Behörde bezüglich des Vorliegens der 92–100
Tatbestandsvoraussetzungen der **unbestimmten Rechtsbegriffe** „Gefahr", „öffentliche Sicherheit" und „öffentliche Ordnung" **keinen Beurteilungsspielraum** hat.[208] Damit unterliegt die Prognose bzgl. des Gefahreneintritts durch die handelnde Behörde in einem späteren Verfahren der vollständigen Kontrolle des Verwaltungsgerichts.

---

[200] *Schenke,* in: Steiner, BesVerwR, Rn. 65.
[201] Z.B. § 1 I BWPolG; § 176 I Nr. 1 LVwG SH; § 16 I Nr. 1 SOG M-V; § 3 I SOG Hbg.
[202] VVPolG NRW 8.12 zu § 8 PolG, abgedruckt in *Kay/Böcking,* Anhang II.
[203] *Schoch,* JuS 1994, 667.
[204] Nicht zu verwechseln mit dem umgekehrten Schluss „argumentum a maiore ad minus". Dieser enthält den Schluss vom Größeren (Stärkeren) auf das Geringere (Schwächere) nach dem Grundsatz „wenn schon ..., dann erst recht ..."; siehe auch *Larenz,* Methodenlehre der Rechtswissenschaft, 6. Auflage 1991, S. 389.
[205] *Schenke,* in: Steiner, BesVerwR, Rn. 65.
[206] *Schoch,* JuS 1994, 667 Fn. 5.
[207] *Schenke,* in: Steiner, BesVerwR, Rn. 65; zur Vertiefung siehe oben Rn. 41.
[208] *Schenke,* in: Steiner, BesVerwR, Rn. 28, *Möller/Wilhelm,* 3. Abschnitt 3.3.3.; VGH BW, NVwZ 1990, 781 (782a. E.): „Gefahr ... ist ein Rechtsbegriff, dessen Auslegung und Anwendung den zuständigen Behörden obliegt und von den Gerichten zu überprüfen ist".

Kapitel F. Standardermächtigungen

Literatur: *Anderheiden,* Videoüberwachung in der Fußgängerzone, JuS 2003, 438 ff.; *Baldus,* Der Kernbereich privater Lebensgestaltung – absolut geschützt, aber abwägungsoffen, JZ 2008, 218; *Berger,* Regelungsimmanente Vollzugselemente bei den sogenannten Standardmaßnahmen im nordrhein-westfälischen Polizeigesetz, Diss. iur. Bochum 2001; *Bösch,* Rechtswidrige polizeiliche Verweisungsmaßnahmen, Jura 2009, 650; *Drews/Wacke/Vogel/Martens,* Gefahrenabwehr, S. 183 ff.; *Erichsen,* Polizeiliche Standardmaßnahmen, Jura 1993, 45; *Finger,* Der „Verbringungsgewahrsam" und der Streit um seine rechtliche Grundlage, NordÖR 2006, 423 ff.; *Fischer,* Polizeiliche Videoüberwachung des öffentlichen Raums, VBlBW 2002, 89 ff.; *Gusy,* Rn. 179 ff.; *Gusy,* Rasterfahndung nach Polizeirecht?, Kritische Vierteljahresschrift für Gesetzgebung und Rechtswissenschaft, Heft 4/2002, 474 ff.; *ders.,* Lauschangriff und Grundgesetz, JuS 2004, 457; *Holtwisch,* Videoüberwachung öffentlicher Orte, RUP 2003, 34 ff.; *ders.,* Anm. zu VGH BW, Urt. v. 22. 7. 2004 – 1 S 2801/03, JZ 2005, 355 ff.; *Informationsschrift vom Innenministerium des Landes Nordrhein-Westfalen,* Häusliche Gewalt und polizeiliches Handeln, Dezember 2007; *Kay/Böcking,* Rn. 234 ff.; *Knemeyer,* Rn. 141 ff., 154 ff.; *Lepsius,* Der große Lauschangriff vor dem Bundesverfassungsgericht (Teil I, II), Jura 2005, 433; 586; *Maaß,* Der Verbringungsgewahrsam nach dem geltenden Polizeirecht, NVwZ 1985, 151; *Maske,* Die Videoüberwachung von öffentlichen Plätzen, NVwZ 2001, 1248 f.; *Meister,* Die gefahrenabwehrrechtliche Rasterfahndung, JA 2003, 83, 88; *Merten,* Zulässigkeit der langfristigen Videoüberwachung, NJW 1992, 354; *Möller/Wilhelm,* 7. Abschnitt; *Mussmann,* Der „Verbringungsgewahrsam", NVwBl. 1986, 52; *Oldiges,* in: Grimm/Papier, S. 290 ff.; *Petri,* in: Lisken/Denninger, H Rn. 103; *Rachor,* in: Lisken/Denninger, F Rn. 239 ff.; *Rasch,* Der Realakt insbesondere im Polizeirecht, DVBl. 1992, 207; *Roggan,* Die Videoüberwachung von öffentlichen Plätzen, NVwZ 2001, 134 ff.; *Röger/Stephan,* Die Videoüberwachung, NWVBl. 2001, 201 ff.; *Schenke,* in: Steiner, BesVerwR, Rn. 76 ff.; *Schieder,* Die automatisierte Erkennung amtlicher Kfz-Kennzeichen als polizeiliche Maßnahme, NVwZ 2004, 778 ff.; *Schloer,* Der Adressat des polizeilichen Platzverweises, DÖV 1991, 955; *Schmitt-Kammler,* Zur Handhabung polizeilicher Standardermächtigungen, NWVBl. 1995, 166; *Schnapp,* Erste juristische Staatsprüfung: Aufsichtsarbeit im Öffentlichen Recht, „Aufenthaltsverbote – ein rechtmäßiges Mittel zur Bekämpfung offener Drogenszenen?", NWVBl. 2003, 484 ff.; *Schoch,* in: Schmidt-Aßmann/Schoch, BesVerwR, 2. Kapitel Rn. 191 ff.; *ders.,,* Jura 2002, Heft 9, Kartei zum öffentlichen Recht; *ders.* JuS 1994, 479 (483 ff.); *Vahle,* Vorsicht, Kamera!, NVwZ 2001, 165 f.

Rechtsprechung: *BVerfGE* 109, 279 (großer Lauschangriff); 120, 274 (Online-Durchsuchung); *BVerfG,* NVwZ 2006, 579 ff. (Castor); *BVerwGE* 45, 51 (gegenwärtige Gefahr); *BVerwG,* NVwZ 1992, 767 (Festhalten zum Zwecke der Identitätsfeststellung); *BVerwG,* NVwZ 1988, 250 (Platzverweis); *BGH,* NJW 2005, 3295 (Beweisverbot bei Selbstgespräch im Krankenzimmer); *OVG NRW,* DVBl. 1991, 1371 (polizeiliche Sicherstellung); *BayVGH,* BayVwBl. 1986, 337 (Abgrenzung zwischen präventivem und repressivem polizeilichen Handeln); *OLG Düsseldorf,* NVwZ 2002, 629; *OVG Bremen,* NVwZ 1987, 235 (Platzverweis); *OVG NRW,* JA 2009, 239 (Wohnungszugangserzwingung bei „Vermüllung"); *VGH BW,* VBlBW 2004, 20 (Rechtmäßigkeit der offenen Videoüberwachung); *VGH BW,* JZ 2005, 352 ff (Anforderungen an Wohnungsverweis); *VGH BW,* NVwZ-RR 2005, 247 ff. (Anordnung des polizeilichen Gewahrsams); *OVG Hamburg,* NVwZ-RR 2009, 878 (Eingriffe in das Grundrecht der informationellen Selbstbestimmung bei öffentlicher Fahndung).

I. Einführung

Gefahrenabwehrmaßnahmen haben oft erhöhten Grundrechtsbezug. So kann es im Einzelfall zur Einschränkung der Freiheit der Person, der Versammlungsfreiheit oder der Unverletzlichkeit der Wohnung kommen. Für **typische, immer wiederkehrende grundrechtsrelevante Maßnahmen** hat der Gesetzgeber besondere Befugnisnormen geschaffen, bei denen er die Eingriffsbefugnisse an die Anforderungen des jeweiligen Grundrechts anpassen kann. Da der Eingriff in Grundrechte oft nur unter den Voraussetzungen eines qualifizierten Gesetzesvorbehaltes zulässig ist, sind Befugnisnormen diesen besonderen verfassungsrechtlichen Vorgaben angepasst.[209] Die insoweit standardisierten Maßnahmen werden als sog. **Standardmaßnahmen,** die zugrunde liegenden Befugnisnormen als **Standardermächtigungen** bezeichnet.[210]

101

Die Eingriffsvoraussetzungen einer Standardermächtigung sind also auf das jeweils betroffene Grundrecht abgestimmt. Dies führt dazu, dass die Eingriffsvoraussetzungen der Standardermächtigungen im Vergleich zur Generalklausel regelmäßig enger sind (z. B. durch gesteigerte Gefahrenlagen wie „gegenwärtige", „erhebliche", „dringende" oder „gemeine" Gefahr).[211] Die Standardbefugnisse der Polizei sind in den §§ 9 ff. PolG NRW geregelt. Für die allgemeine Ordnungsbehörde finden die §§ 9 ff. PolG NRW mit gewissen Ausnahmen über § 24 OBG NRW Anwendung. In der Praxis sehr wichtige Standardermächtigungen sind z. B. die Durchsuchung von Wohnungen nach §§ 41 f. PolG NRW (grundrechtlicher Bezug: Art. 13 GG), die Vorladung nach § 10 PolG NRW (grundrechtlicher Bezug: Art. 2 II 2 GG), die Ingewahrsamnahme von Personen nach § 35 PolG NRW (grundrechtlicher Bezug: Art. 2 II 2, 104 GG) und die Sicherstellung und Verwahrung von Sachen nach §§ 43 ff. PolG NRW (grundrechtlicher Bezug: Art. 14 GG).[212]

102

Die Schaffung der von den Generalklauseln getrennten Standardermächtigungen hat eine ambivalente Wirkung. Einerseits begründen sie erweiterte Befugnisse, da sie teilweise nicht das Erfordernis der Gefahr beinhalten und keine Adressatenbestimmung vornehmen. Auf der anderen Seite sind die Eingriffsvoraussetzungen zum Teil wesentlich enger als bei der Generalklausel.[213]

103

---

[209] *Schoch*, JuS 1994, 479 (483 f.).
[210] Zum Ermächtigungsumfang bei Standardmaßnahmen: *Berger*, Regelungsimmanente Vollzugselemente bei den sogenannten Standardmaßnahmen im nordrhein-westfälischen Polizeigesetz, Diss. iur. Bochum 2001.
[211] *Schoch*, JuS 1994, 479 (483).
[212] Zum Streit um die rechtliche Grundlage des Verbringungsgewahrsams: *Finger*, Nord ÖR 2006, 423 (424 ff.); zum Begriff der Durchsuchung i. S. d. Art. 13 GG, OVG NRW, JA 2009, 239.
[213] *Götz*, § 8 Rn. 11.

II. Abgrenzung zu Strafverfolgungsmaßnahmen

104 Viele der typisiert geregelten Maßnahmen stehen der Polizei nicht nur zur Abwehr von Gefahren, sondern auch im Bereich der Strafverfolgung zu. So findet sich die Befugnis zur Identitätsfeststellung einerseits in der StPO (§§ 163b f. StPO) und andererseits im PolG NRW (§ 12 PolG NRW). Gleiches gilt z. B. auch für die Durchsuchung von Personen (§§ 102 f. StPO, § 39 PolG NRW), die Durchsuchung von Wohnungen (§§ 102 ff. StPO, §§ 41 f. PolG NRW) und die erkennungsdienstlichen Maßnahmen (§ 81b Alt. 1 StPO, § 14, § 14a PolG NRW). Die Polizeibeamten können ihr Handeln jedoch nicht wahlweise auf Befugnisnormen des einen oder des anderen Regelungsbereiches stützen. Befugnisnormen hängen gesetzestechnisch immer mit den Aufgabenzuweisungsnormen des jeweiligen Gesetzes zusammen (Rn. 46). So stehen die Befugnisnormen der Polizei nach den §§ 8 ff. PolG NRW in direktem Zusammenhang mit der Aufgabenzuweisung des § 1 I 1 PolG NRW. Danach hat die Polizei die Aufgabe, Gefahren für die öffentliche Sicherheit oder Ordnung abzuwehren. Wird die Polizei nicht zur Gefahrenabwehr tätig, so kann sie sich nicht auf das PolG NRW stützen, da es der Behörde insoweit an der sachlichen Zuständigkeit mangelt. Da Entsprechendes auch für das Strafverfahrensrecht gilt, kann sich die Polizei nicht auf Befugnisnormen aus der StPO stützen, wenn sie außerhalb der Strafverfolgung tätig wird. Einschlägig ist grundsätzlich entweder das Recht der Gefahrenabwehr oder das Strafverfahrensrecht.

105 Probleme ergeben sich bei der Einordnung sog. **doppelfunktionaler Maßnahmen,**[214] bei denen die Polizei mit einer einzigen Handlung zugleich einen repressiven und einen präventiven Zweck verfolgt. Auf welche Ermächtigungsgrundlage hier abzustellen ist, ist nicht nur dann von Bedeutung, wenn die Eingriffsvoraussetzungen von Strafverfahrens- und Polizeirecht divergieren. Die einschlägige Ermächtigungsgrundlage stellt gleichzeitig die für den Rechtsweg regelmäßig maßgebliche streitentscheidende Norm dar.[215]

106 **Beispiel:**
Durch den Anruf eines Nachbarn wird die Polizei davon in Kenntnis gesetzt, dass gerade in die Wohnung des Kunstsammlers K eingebrochen wird. Zwei sich in der Nähe aufhaltende Polizisten werden in die betreffende Straße geschickt. Sie betreten die Wohnung des K durch die von den Einbrechern mit Gewalt geöffnete Tür und beginnen, die Täter zu suchen. Die Täter hatten die Wohnung jedoch längst verlassen. Dies kann objektiv wie subjektiv sowohl präventiven Zwecken (Schutz des Vermögens des K) als auch repressiven Zwecken dienen (Festnahme der Einbrecher, die sich zumindest des Hausfriedensbruchs schuldig gemacht haben). Es stellt sich die Frage, ob die Rechtmäßigkeit der Maßnahme nach Polizeirecht (§ 41 PolG NRW) oder nach

---

[214] Siehe auch Rn. 44 ff.
[215] *Habermehl,* Rn. 484.

II. Abgrenzung zu Strafverfolgungsmaßnahmen

Strafverfahrensrecht (§ 103 StPO) zu beurteilen ist. Weiter stellt sich die Frage, ob der K, der im Nachhinein mit der Maßnahme nicht einverstanden war, die Rechtswidrigkeit vor den ordentlichen Gerichten (§§ 23 ff. EGGVG) oder vor den Verwaltungsgerichten (§ 40 I VwGO) geltend machen kann.

Die Frage nach der maßgeblichen Ermächtigungsgrundlage einer doppelfunktionalen Maßnahme wird unterschiedlich beurteilt. Teilweise wird angenommen, es sei auf die Befugnisse des Gefahrenabwehrrechts abzustellen, wenn die Maßnahme nach dem Gesamteindruck vorrangig präventive Zwecke habe. Ermächtigungsgrundlagen aus dem Strafverfahrensrecht seien demgegenüber einschlägig, wenn der Gesamteindruck für vorrangig repressive Zwecke spreche. Entscheidend sei letztlich das **objektive Schwergewicht der polizeilichen Maßnahme**.²¹⁶

Dem kann jedoch nicht gefolgt werden. Einerseits ist schon das Kriterium des Schwergewichts sehr unbestimmt und lebensfremd, weil es in vielen Praxisfällen nicht zu gebrauchen ist.²¹⁷ Vor allem ist aber nicht einzusehen, weshalb sich die Polizei alternativ nur auf ein einziges Rechtsgebiet stützen darf, wenn der sachliche Aufgabenbereich beider Regelungsgebiete eröffnet ist. Wenn die Polizei eine präventive Maßnahme auf Polizeirecht stützen kann, kann dieselbe Maßnahme nicht deshalb als rechtswidrig einzuordnen sein, weil zum präventiven Zweck ein repressiver hinzutritt und die Maßnahme mit den Vorschriften der StPO nicht zu vereinbaren ist. Gleiches gilt auch umgekehrt. Der **Polizei kann** daher **nicht verweigert werden, sich bei doppelfunktionalen Maßnahmen sowohl auf das Polizeigesetz als auch auf die StPO zu berufen.**²¹⁸ Verwaltungsprozessuale Probleme ergeben sich aus dieser Sicht ebenfalls nicht. Da sowohl eine Maßnahme der Gefahrenabwehr als auch der Strafverfolgung vorliegt, kann der Bürger entweder im Hinblick auf § 40 I 1 VwGO bei den Verwaltungsgerichten um Rechtsschutz ersuchen oder sich nach § 23 EGGVG an die ordentlichen Gerichte wenden. Eine Rechtswegverdoppelung liegt trotz allem nicht vor, weil das angerufene Gericht zunächst gem. § 17a GVG die Zulässigkeit des beschrittenen Rechtsweges prüft und diesen sodann entweder für zulässig erklärt oder gem. § 17a II 1 GVG an das zuständige Gericht des zulässigen Rechtsweges verweist. Im Anschluss hat das Gericht gem. § 17 II 1 GVG den Rechtsstreit unter allen in Betracht kommenden rechtlichen Gesichtspunkten (mit Tat- und Rechtsfragen) zu entscheiden.²¹⁹ Bezüglich doppelfunk-

---

²¹⁶ *BayVGH*, BayVwBl. 1986, 337; *Knemeyer*, Rn. 122; *Würtenberger*, in: Achterberg/Püttner, BesVerwR Rn. 101; *Drews/Wacke/Vogel/Martens*, Gefahrenabwehr, S. 139 m. w. N.
²¹⁷ *Habermehl*, Rn. 485; *Schenke*, in: Steiner, BesVerwR, Rn. 232 ff.
²¹⁸ *Schenke*, in: Steiner, BesVerwR, Rn. 232 ff. m. w. N.; ebenso: *Ehlers*, in: Schoch/Schmidt-Aßmann/Pietzner, VwGO, § 40 Rn. 607.
²¹⁹ Ebenso: *Ehlers*, in: Schoch/Schmidt-Aßmann/Pietzner, VwGO, § 40 Rn. 607; *Schoch*, FS für Wessels und Stree, 1993, S. 1095 (1116); *Götz*, NVwZ, 1994, 652 (658); a. A. *Schenke*, in: Steiner, BesVerwR, Rn. 232 ff.

tionaler Standardmaßnahmen bleibt daher festzuhalten, dass sich ihre Rechtmäßigkeit sowohl aus dem Recht der Gefahrenabwehr als auch aus dem Strafverfahrensrecht ergeben kann.

III. Verhältnis der Standardermächtigungen zur Generalklausel

111 Die Standardermächtigungen des Gefahrenabwehrrechts normieren die in ihren Regelungsbereich fallenden Maßnahmen abschließend. Soweit ein Sachverhalt vom **Regelungsbereich** einer Standardermächtigung erfasst wird, ist **ein Rückgriff auf die gefahrenabwehrrechtlichen Generalklauseln ausgeschlossen**. Dieses Prinzip ergibt sich im Polizeirecht schon aus dem Wortlaut der Generalklausel. Nach § 8 I PolG NRW a.E. ist die Vorschrift nur anzuwenden, wenn die §§ 9–46 PolG NRW die Befugnisse der Polizei nicht besonders regeln. Im Verhältnis zur Generalklausel besteht zugunsten der Standardermächtigungen ein **Anwendungsvorrang**.[220]

112 Ein Rückgriff auf die Generalklausel ist im Regelungsbereich der Standardmaßnahmen ausgeschlossen. Der den Rückgriff ausschließende Regelungsbereich bestimmt sich nicht nach den einzelnen Tatbestandsvoraussetzungen einer Standardbefugnisnorm, sondern nach der in der Rechtsfolge normierten behördlichen Maßnahme. **Typische, in den Standardermächtigungen vorgesehene Einzelmaßnahmen** können nur auf die Standardermächtigungen selbst und **nicht auf die Generalklausel gestützt werden**. Bei atypischen, nicht von Standardermächtigungen normierten Maßnahmen ist demgegenüber ein Rückgriff auf die Generalklausel zulässig.[221]

113 **Beispiel:**
Als typische, von § 41 PolG NRW geregelte Maßnahme richtet sich das polizeiliche Betreten einer Wohnung ausschließlich nach den dort genannten Voraussetzungen. Auf § 8 I PolG NRW darf für diese Maßnahme also nicht abgestellt werden. Die polizeiliche Aufforderung an den Wohnungsinhaber, seine Wohnung zu verlassen, ist von der Rechtsfolgenanordnung des § 41 PolG NRW demgegenüber nicht umfasst. Eine solche Verfügung kann daher auf § 8 I PolG NRW gestützt werden.

114 Fällt eine Maßnahme in den Regelungsbereich einer Standardermächtigung, so bemisst sich ihre Zulässigkeit nach den Tatbestandsvoraussetzungen dieser Norm. Hier sind die Eingriffsvoraussetzungen oft enger als bei der Generalklausel. Im Ergebnis schließt eine Standardermächtigung die von ihr angeordneten Maßnahmen in allen Sachverhalten aus, in denen die dort genannten Tatbestandsvoraussetzungen nicht erfüllt sind.[222]

---
[220] *Schoch*, JuS 1994, 479 (485).
[221] *Knemeyer*, Rn. 149 f.
[222] *Schenke*, in: Steiner, BesVerwR, Rn. 21; *Schoch*, in: Schmidt-Aßmann/Schoch, BesVerwR, 2. Kap. Rn. 192.

IV. Rechtsnatur der Standardmaßnahmen

Die Rechtsnatur der Standardmaßnahmen wird unterschiedlich beurteilt. Problematisiert wird in diesem Zusammenhang, ob Standardmaßnahmen Regelungen enthalten und ihnen somit überhaupt Verwaltungsaktqualität zukommen kann. Wegen des fehlenden Regelungscharakters könnten Standardmaßnahmen auch als Realakte einzuordnen sein. Hierunter sind Tathandlungen zu verstehen, die unmittelbar nur einen tatsächlichen Erfolg herbeiführen, der Bedingung für eine rechtliche Folge sein kann.[223] Die Frage nach der Rechtsnatur von Standardmaßnahmen erlangt vor allem auf der Ebene des Rechtsschutzes gegen derartige Maßnahmen Bedeutung.

Teilweise wird vertreten, **Standardmaßnahmen** seien **immer auch** als **Verwaltungsakte** im Sinne des § 35 S. 1 VwVfG NRW zu qualifizieren. Regelungsgehalt sei, dass dem Betroffenen ein Handeln, welches notfalls zu vollstrecken wäre, aufgegeben werde.[224] Grundsätzlich handele es sich bei derartigen Maßnahmen um Gebote (z.B. Vorladung) oder Verbote (z.B. Platzverweis). Die einen Verwaltungsakt charakterisierende Regelung liege zumindest aber darin, dass der Betroffene durch die Anordnung der Maßnahme zur **Duldung** eines Eingriffs in seine Freiheitsgrundrechte verpflichtet werde. Hiervon sei die tatsächliche Vollziehung der Maßnahme (also die tatsächliche Durchführung) strikt zu trennen.[225] Bei ihr handele es sich um einen eigenständigen Realakt, dessen Rechtmäßigkeit gesondert zu überprüfen sei.[226]

Eine gegenteilige Auffassung beurteilt die **Standardmaßnahmen ausschließlich** als **Realakte**. Standardmaßnahmen berechtigten lediglich zu Tathandlungen, nicht jedoch zum Erlass von Verfügungen. Inhalt der Tathandlung sei der typische reguläre Ablauf, der in der jeweiligen Vorschrift beschrieben werde; über diese Handlung hinausgehende Zwangsmaßnahmen seien vom Tatbestand der Standardmaßnahme nicht umfasst und bedürften des Erlasses und gegebenenfalls der Vollstreckung zusätzlicher eigenständiger Verfügungen.[227]

Eine weitere Auffassung betrachtet die **Rechtsnatur der Standardmaßnahmen differenziert.** Danach komme bestimmten Standardmaßnahmen Verwaltungsaktqualität zu; bei anderen handele es sich mangels Regelung um Realakte. Standardmaßnahmen seien als Verwaltungsakte zu beurteilen,

---

[223] *Rasch,* DVBl. 1992, 207 (208).
[224] *Habermehl,* Rn. 527; *Schenke,* in: Steiner, BesVerwR, Rn. 77 jedoch mit der Einschränkung, dass Standardmaßnahmen „meist" als Verwaltungsakte zu qualifizieren seien.
[225] *Schenke,* in: Steiner, BesVerwR, Rn. 77; differenzierend *Rasch,* DVBl. 1992, 207 (211).
[226] *Götz,* § 12 Rn. 4.
[227] *Schmitt-Kammler,* NWVBl. 1995, 166 (170).

wenn sie ein Ge- oder Verbot beinhalten.[228] Sie seien nicht als Verwaltungsakt, sondern als Realakte zu beurteilen, wenn der gesetzliche Tatbestand ein tatsächliches, reales Verwaltungshandeln zum Gegenstand habe.[229]

119 Richtigerweise muss man die Standardmaßnahmen differenziert betrachten. Eine pauschale Qualifizierung als Verwaltungsakt mit dem Argument, es sei immer ein Gebot oder ein Verbot enthalten, ist nicht zutreffend, da in den Tatbeständen einiger Standardmaßnahmen (z.B. beim Gewahrsam, beim Festhalten) keine Regelungen enthalten sind, sondern lediglich die Befugnis zu bestimmten Tathandlungen normiert ist. Ebenso kann die Fiktion einer Duldungsverfügung in Fällen, in denen der Betroffene nicht anwesend ist, eine Verwaltungsaktqualität nicht überzeugend konstruieren (z.B. bei einer Wohnungsdurchsuchung in Abwesenheit des Wohnungsinhabers). In diesen Fällen steht der Behörde kein Adressat einer Anordnung gegenüber; es kann also keine Verfügung und somit auch kein Verwaltungsakt ergehen.

120–130 Ebenso kann die gegenteilige Auffassung, wonach sämtliche Standardmaßnahmen als Realakte einzustufen seien, im Ergebnis nicht überzeugen. An welchem Kriterium z.B. die Verwaltungsaktqualität einer Vorladung scheitern soll, ist nicht ersichtlich, da alle Merkmale eines Verwaltungsakts gem. § 35 S. 1 VwVfG vorliegen. Damit zeigt sich, dass eine isolierte Betrachtung der Standardmaßnahmen angezeigt ist. Standardmaßnahmen lassen sich in Fallgruppen der Verwaltungsakte und der Realakte unterteilen.

V. Einzelne Standardmaßnahmen

131 In der Regel stellen die Standardmaßnahmen Eingriffe in Grundrechte oder grundrechtsgleiche Rechte dar; die in §§ 9ff. PolG NRW aufgeführten Maßnahmen entsprechen jedoch insoweit den Schrankenanforderungen der Grundrechte bzw. der grundrechtsgleichen Rechte. Werden die Tatbestandsvoraussetzungen der Befugnisnormen beachtet, so sind die Eingriffe in Gestalt der Standardmaßnahmen gerechtfertigt.[230] Nachfolgend werden einige Standardmaßnahmen exemplarisch in einem kurzen Überblick erläutert. Neben ausgewählten Tatbestandsmerkmalen wird der jeweilige Grundrechtsbezug dargestellt.

1. Maßnahmen der Datenverarbeitung

132 Datenverarbeitung i.S. des Polizeigesetzes bedeutet Verarbeitung personenbezogener Daten.[231] In den Bereich der Maßnahmen der Datenverarbei-

---

[228] *Möller/Wilhelm* 7. Abschnitt 1.4.
[229] *Drews/Wacke/Vogel/Martens*, Gefahrenabwehr, S. 216f.
[230] *Schoch*, JuS 94, 479 (483); zur Abgrenzung zwischen Platzverbot, Wohnungsverweis und Aufenthaltsverbot, *Bösch*, Jura 2009, 650.
[231] Der Begriff der personenbezogenen Daten ist in § 3 I DSG NRW legaldefiniert; danach sind Daten „Einzelangaben über persönliche oder sachliche Verhältnisse einer bestimmten oder bestimmbaren Person".

tung gehören die Maßnahmen zur Datenerhebung (§§ 9–21 PolG NRW), Datenspeicherung, Datenveränderung und Datennutzung (§§ 22–25 PolG NRW), Datenübermittlung (§§ 26–31 PolG NRW), Berichtigung, Löschung und Sperrung von Daten (§ 32 PolG NRW) sowie die Sicherung des Datenschutzes (§ 33 PolG NRW).

a) Vorladung gem. § 10 PolG NRW

Unter einer Vorladung versteht man die Aufforderung an eine bestimmte Person, zu einem bestimmten Zeitpunkt an einem bestimmten Ort zu erscheinen. Sofern die Vorladung zwangsweise durchgeführt wird und der Betroffene persönlich zu einem bestimmten Ort (zumeist die Dienststelle) verbracht wird, handelt es sich um eine **Vorführung**. Zweck der Vorladung ist eine **Vernehmung** des Betroffenen oder erkennungsdienstliche Maßnahmen durchzuführen. Unter Vernehmung ist die Befragung des Betroffenen auf der Dienststelle zu verstehen.[232] Erkennungsdienstliche Maßnahmen sind in § 14, § 14a PolG NRW geregelt. Darunter fallen nach § 14 IV PolG NRW insbesondere die Abnahme von Finger- und Handflächenabdrücken, die Aufnahme von Lichtbildern, die Feststellung äußerer körperlicher Merkmale und Messungen. Die Voraussetzungen für molekulargenetische Untersuchungen sind in § 14a PolG NRW geregelt. 133

Die Vorladung ist immer mit Bezug auf die Unverletzlichkeit der Freiheit der Person gem. Art. 2 II 2 GG zu beurteilen. Eine Freiheitsentziehung i.S.d. Art. 104 II GG stellt die Vorladung nicht dar; bei der zwangsweisen Vorführung handelt es sich jedoch aufgrund der Formulierung in § 10 III 2 PolG NRW um eine derartige Freiheitsentziehung. Eine solche Maßnahme darf nur auf Grund richterlicher Anordnung erfolgen, es sei denn, dass Gefahr im Verzug vorliegt. 134

b) Identitätsfeststellung gem. § 12 PolG NRW

Die Identitätsfeststellung dient der Feststellung der Personalien einer unbekannten Person; ein **Identitätsabgleich** liegt hingegen vor, wenn überprüft wird, ob eine Person mit einer Person, deren Personalien bereits bekannt sind, identisch ist.[233] Die Feststellung der Identität ist nur unter Beachtung der in § 12 I Nr. 1–4 PolG NRW genannten Voraussetzungen zulässig; als Mittel kommen die in § 12 II PolG NRW bezeichneten Maßnahmen in Betracht. Maßnahmen der Identitätsfeststellung können das Recht der Freiheit der Person aus Art. 2 II 2, 104 I GG beeinträchtigen. 135

Schwierigkeiten können sich ergeben, wenn abzugrenzen ist, ob im konkreten Fall eine Befragung gem. § 9 PolG NRW oder eine Maßnahme der Identitätsfeststellung gem. § 12 PolG NRW vorliegt. Nach einer Auffassung 136

---

[232] *Erichsen,* Jura 1993, 45 (46).
[233] *Erichsen,* Jura 1993, 45 (46); *Tegtmeyer/Vahle,* PolG NRW, § 12 Rn. 1 ff.

muss die eindeutige **Zuordnung** zu einer der beiden Standardmaßnahmen **aufgrund der Zielrichtung** der Maßnahme erfolgen. Eine Maßnahme der **Identitätsfeststellung** gem. § 12 PolG NRW verfolgt das Ziel, die Identität der befragten Person festzustellen. Dabei soll das Ergebnis der Identitätsfeststellung oftmals die Grundlage für weitere Maßnahmen der Polizei bilden. Die **Befragung** gem. § 9 PolG NRW dient hingegen nicht der Feststellung der Identität der befragten Person; diese soll lediglich sachdienliche Angaben machen, die für die Erfüllung einer bestimmten polizeilichen Aufgabe erforderlich sind.[234]

137 Nach einer gegenteiligen Ansicht verfolgen beide Maßnahmen (nach § 12 und nach § 9 II PolG NRW) das gleiche Ziel. Die **Unterschiede** bestünden im Wesentlichen **nur bei den Mitteln der Durchsetzung**. Für die Befragung komme als Durchsetzungsmittel nur das Anhalten der Person in Betracht; wohingegen § 12 II PolG NRW ein weitaus größeres Mittelrepertoire biete,[235] wie z. B. das Festhalten.

138 Der letztgenannten Auffassung ist im Ergebnis nicht zu folgen. Soweit die konkrete Maßnahme der Polizei sich zum Beispiel auf ein Anhalten und eine Befragung nach den Personalien der betreffenden Person beschränkt, kann aufgrund des gewählten Mittels keine eindeutige Zuordnung zu § 9 PolG NRW oder zu § 12 PolG NRW erfolgen. Vielmehr ist darauf abzustellen, ob die Person in irgendeiner Weise in einer Beziehung zu dem mit der Maßnahme verfolgten Zweck steht. Das ist nicht bereits dann der Fall, wenn die Polizei lediglich die Wahrnehmungen und Erkenntnisse eines Bürgers über ihn selbst nicht betreffende Vorgänge in der Außenwelt aufnimmt und für eventuelle Rückfragen dessen Personalien notiert. Weist die befragte Person einen irgendwie gearteten Bezug zum zugrundeliegenden Sachverhalt auf, geht es um ihre eigene Identität als Grundlage für weitere behördliche Maßnahmen. In einem solchen Fall liegt eine Maßnahme gem. § 12 PolG NRW vor. Es ist damit der erstgenannten Auffassung zu folgen, wonach das verfolgte Ziel der Maßnahme über die zu wählende Standardmaßnahme entscheidet.

c) Erkennungsdienstliche Maßnahmen gem. § 14, § 14 a PolG NRW

139 Erkennungsdienstliche Maßnahmen sind solche, die der Feststellung körperlicher Individualmerkmale des Betroffenen zum Zwecke der Identitätsfeststellung oder der vorbeugenden Bekämpfung von Straftaten dienen.[236] Sie sind nur unter Beachtung der in § 14 I Nr. 1, 2 PolG NRW genannten Voraussetzungen zulässig; als Mittel kommen insbesondere die in § 14 IV PolG NRW bezeichneten Maßnahmen in Betracht. Hierunter fallen auch sog. „äußerliche" Maßnahmen wie z. B. Feststellungen über Körpergröße, Augen-

---

[234] *Tegtmeyer/Vahle*, PolG NRW, § 9 Rn. 24.
[235] *Möller/Wilhelm* 7. Abschnitt 2.6.3.
[236] *Erichsen*, Jura 1993, 45 (46).

und Haarfarbe, Narben, Tätowierungen und Piercings. § 14 IV PolG NRW zählt insoweit nicht abschließend („insbesondere") die Maßnahmen auf, die am häufigsten in Betracht kommen.[237] „Zur Feststellung der Identität einer Leiche oder einer hilflosen Person" kann gem. § 14a PolG NRW als ultima ratio eine molekulargenetische Untersuchung durchgeführt werden. Da es sich hierbei sowohl um einen erheblichen Eingriff in das allgemeine Persönlichkeitsrecht in Gestalt des Rechts auf informationelle Selbstbestimmung aus Art. 2 I i. V. m. Art. 1 I GG als auch in das durch Art. 2 II 1 GG geschützte Recht auf körperliche Unversehrtheit handelt, darf die Maßnahme nur auf richterliche Anordnung ergehen, § 14a II PolG NRW.

d) Datenerhebung durch den offenen Einsatz optisch-technischer Mittel gem. § 15a PolG NRW

Durch Art. 3 des Gesetzes zur Änderung des NRW-Datenschutzgesetzes vom 9. Mai 2000 (GV. NRW. S. 452) hat der nordrhein-westfälische Gesetzgeber mit § 15a PolG NRW eine Ermächtigungsgrundlage eingefügt, die die Videoüberwachung öffentlicher Orte ermöglichen soll.[238]

Danach kann die Polizei zur Verhütung von Straftaten einzelne öffentlich zugängliche Orte, an denen wiederholt Straftaten begangen wurden, mittels Bildübertragung beobachten, solange Tatsachen die Annahme rechtfertigen, dass dort weitere Straftaten begangen werden. Hauptanwendungsgebiet von § 15a PolG NRW ist damit die Videoüberwachung öffentlich zugänglicher Orte, obwohl die Überschrift deutlich weiter gefasst ist.

Verfassungsrechtliche Bedenken bestehen seit Einführung der Norm insoweit, als fraglich ist, ob der Landesgesetzgeber für eine solche Norm überhaupt die erforderliche Gesetzgebungskompetenz gem. Art. 70 I GG hat, und ob ein Eingriff, gestützt auf § 15a PolG NRW in Bezug auf das allgemeine Persönlichkeitsrecht in Gestalt des Rechts auf informationelle Selbstbestimmung gem. Art. 1 I i. V. m. Art. 2 I GG auch gerechtfertigt ist.

Hinsichtlich der formellen Verfassungsmäßigkeit ist der Charakter bzw. der Zweck des § 15a PolG NRW von entscheidender Bedeutung. Steht die Repression im Vordergrund, so hat gem. Art. 74 I Nr. 1 GG der Bund die Gesetzgebungskompetenz. Von dieser konkurrierenden Gesetzgebungskompetenz hat der Bund abschließend durch den Erlass der StPO Gebrauch gemacht. Neben der StPO können die Länder keine eigenen Regelungen zur repressiven Strafverfolgung treffen. Soll aber Prävention im Vordergrund stehen, so haben gem. Art. 70 I GG die Länder die Gesetzgebungskompetenz.

Geht man von dem Wortlaut des § 15a I PolG NRW aus, so ist die Gefahrenabwehr einziger Zweck der Vorschrift („Verhütung von Straftaten").[239] Jedoch

---
[237] *Tegtmeyer/Vahle*, PolG NRW, § 14 Rn. 21 f.
[238] Vgl. *VGH BW*, VBlBW 2004, 20 (21 ff.); zur Videoüberwachung i. w. S.: *Schieder*, NVwZ 2004, 778 (782 f.).
[239] *Holtwisch*, RUP 2003, 34.

kann die Videoüberwachung neben der Gefahrenvorsorge auch der Strafverfolgungsvorsorge dienen. Gem. § 15 a II 2 PolG NRW darf das aufgezeichnete Bildmaterial auch zur Verfolgung von Straftaten verwendet werden. Allerdings nur solange, wie es für diesen Zweck benötigt wird, anderenfalls muss das Bildmaterial unverzüglich gelöscht werden. Liefert das Bildmaterial Fahndungsansätze zur Aufklärung einer Straftat oder dient es als Beweismaterial im Strafprozess, so trägt die Videoüberwachung mittelbar zur Strafverfolgung bei. Dann fiele die Vorschrift jedoch in die Gesetzgebungskompetenz des Bundes und die Vorschrift wäre formell verfassungswidrig.

Es bleibt damit festzuhalten, dass § 15 a PolG NRW sowohl einen präventiven als auch einen repressiven Charakter besitzt. Damit handelt es sich bei der Videoüberwachung um eine doppelfunktionale Maßnahme der Polizei.[240] Weitgehende Einigkeit besteht aber insoweit, dass die Videoüberwachung vorrangig der Abschreckung potentieller Straftäter und damit der vorbeugenden Bekämpfung von Straftaten bzw. Gefahren dient. Damit liegt der Schwerpunkt der Maßnahme im Bereich der Gefahrenabwehr und damit im Kompetenzbereich des Landes.[241]

Vereinzelt wird jedoch argumentiert,[242] § 15 a PolG NRW sei verfassungswidrig, da mit der Videoüberwachung Prävention durch Repression vorgenommen werde und damit die Grenze in nicht hinnehmbarer Weise verschwimme. Aufgrund des repressiven Teils bedürfe die Vorschrift einer strafprozessualen Regelung, für die der Bund die Gesetzgebungskompetenz besitze.

Eine Aufspaltung der Videoüberwachung in Bildübertragung und Bildüberwachung würde aber den aufeinander abgestimmten Tatbestand willkürlich auseinander reißen. Für eine übersichtliche Handhabe ist es unerlässlich, dass der Landesgesetzgeber die Aufbewahrung des Bildmaterials mitregelt. Daher wird man mit Blick auf die Doppelfunktion der Aufzeichnung und des untrennbaren Regelungszusammenhangs nur einen Gesetzgeber für zuständig erachten können.[243] Dies ist im Hinblick auf den Schwerpunkt der Videoüberwachung im Gefahrenabwehrbereich der Landesgesetzgeber.

142   Mit Blick auf die materielle Verfassungsmäßigkeit ist fraglich, ob eine Videoüberwachung nach § 15 a PolG NRW einen Eingriff in das allgemeine Persönlichkeitsrecht in Form des Rechts auf informationelle Selbstbestimmung gem. Art. 2 I GG i.V. m. Art. 1 I GG darstellt, und ob dieser Eingriff dann verfassungsrechtlich gerechtfertigt ist.

Insbesondere im Volkszählungsurteil hat das BVerfG als eine Facette des allgemeinen Persönlichkeitsrechts das Recht auf informationelle Selbstbe-

---

[240] Siehe auch Rn. 44; *Fischer,* VBlBW 2003, 89.
[241] *Fischer,* VBlBW 2002, 89, 90.
[242] *Roggan,* NVwZ 2001, 134, 139; *Vahle,* NVwZ 2001, 165, 166; *Holtwisch,* RUP 2003, 34, 36.
[243] *Fischer,* VBlBW 2002, 89, 93.

V. Einzelne Standardmaßnahmen

stimmung beschrieben, welches dem Einzelnen die Befugnis verleiht, „grundsätzlich selbst zu entscheiden, wann und innerhalb welcher Grenzen persönliche Lebenssachverhalte offenbart werden."[244]

Bei der Bestimmung eines Eingriffs ist zwischen *Videoüberwachung* und *Aufzeichnung* zu unterscheiden. Ob schon die bloße Videoüberwachung einen Eingriff darstellt, ist umstritten.

Zum Teil wird die Auffassung vertreten, mangels Identifizierbarkeit der Personen stellten Überwachungsmaßnahmen keine personenbezogene Datenerhebung und damit keinen Eingriff in das informationelle Selbstbestimmungsrecht dar.[245]

Demgegenüber bejaht die wohl überwiegende Meinung im Schrifttum einen Eingriff in Art. 2 I GG i. V. m. Art. 1 I GG unabhängig davon, ob es sich um eine Übersichts- oder Nahaufnahme handelt.[246]

Deutlich wird dies anhand einer Gegenüberstellung zu Streifengängen oder -fahrten. Im Vergleich dazu stellt die Videoüberwachung einen qualitativen und quantitativen Sprung dar. Die Videoüberwachung zielt gerade auf die Beobachtung der sich im öffentlichen Raum aufhaltenden Personen ab, im äußersten Fall sogar 24 Stunden lang und mit besonderen technischen Möglichkeiten wie Vergrößerungen, Heranzoomen oder Standbildern. Des Weiteren liegt es außerhalb der eigenen Beeinflussbarkeit, ob man lediglich als nicht identifizierbarer Punkt zu sehen ist, oder ob man – wenn auch zufällig – herangezoomt wird, weil beispielsweise gerade in der unmittelbaren Nähe eine Straftat begangen wird. Durch diese Ungewissheit, ob nicht gerade eine Aufzeichnung und Identifizierung erfolgt, entsteht ein psychischer Überwachungsdruck, so dass bereits die bloße Kenntnis von der Möglichkeit des individuellen Registriertwerdens einen Eingriff begründen kann.

Finalität, Dauer und Intensität der polizeilichen Maßnahme sprechen daher für die Eingriffsqualität.[247]

Zu prüfen ist somit, ob dieser Eingriff verfassungsrechtlich gerechtfertigt ist. Das informationelle Selbstbestimmungsrecht steht unter dem Vorbehalt der verfassungsmäßigen Ordnung aus Art. 2 I GG. Damit bedarf der Eingriff einer gesetzlichen Grundlage, aus der sich die Voraussetzungen und der Umfang der Beschränkungen klar und für den Bürger erkennbar ergeben und die somit dem rechtsstaatlichen Gebot der Normenklarheit entspricht.[248]

Gemäß § 15 a I PolG NRW dürfen nur an den dort genannten Orten Bildüberwachungen bzw. -aufzeichnungen vorgenommen werden. Die gesetz-

143

---

[244] *BVerfGE* 65, 1, 42.
[245] *VG Karlsruhe*, VBlBW 2002, 131, 132; *Maske*, NVwZ 2001, 1248, 1249.
[246] *Fischer*, VBlBW 2002, 89, 92; *Röger/Stephan*, NWVBl. 2001, 201, 206; *Roggan*, NVwZ 2001, 134, 136.
[247] *Fischer*, VBlBW 2002, 89, 92.
[248] *BVerfGE* 65, 1, 44.

liche Umschreibung ist hinreichend klar und bedeutet, dass eine Überwachung nur an Orten zulässig ist, die aufgrund polizeilicher Erfahrung als sog. Kriminalitätsschwerpunkte angesehen werden können. Diese, auf die Regelung in § 1 I 1 PolG NRW Bezug nehmende Vorschrift begegnet keinen durchgreifenden verfassungsrechtlichen Bedenken.

Im Rahmen der sog. Schranken-Schranken ist weiterhin zu beachten, dass nach der Wechselwirkungslehre des Bundesverfassungsgerichtes das einschränkende Gesetz seinerseits im Lichte des eingeschränkten Grundrechts betrachtet werden muss, was im Wege einer Güter- und Interessenabwägung unter besonderer Berücksichtigung des Verhältnismäßigkeitsgrundsatzes zu erfolgen hat.[249]

144 Der Grundsatz der Verhältnismäßigkeit fordert, dass die Videoüberwachungsmaßnahme geeignet, erforderlich und angemessen ist.

Das BVerfG hat hinsichtlich der Geeignetheit dem Gesetzgeber bei der Normsetzung einen weiten Einschätzungs- und Gestaltungsspielraum eingeräumt und geht nur dann von einem Verstoß aus, wenn sich eine Maßnahme als objektiv oder evident untauglich erweist.[250]

§ 15a PolG NRW verfolgt den legitimen Zweck der Gefahrenabwehr durch die generalpräventive Abschreckung potentieller Täter und die Schaffung „angstfreier Räume" sowie die Vermittlung eines Sicherheitsgefühls für die Passanten.[251] Gerade diese Umschreibung macht deutlich, dass § 15a PolG NRW nicht den unrealistischen Anspruch erhebt, in ihrem gesamten Anwendungsbereich (hier: in ganz NRW) für Kriminalitätsfreiheit zu sorgen, sondern lediglich an einzelnen Orten, an denen die Kriminalitätsrate besonders hoch ist (vgl. den Tatbestand von § 15a Abs. 1 PolG NRW).

Den Vorwurf der evidenten oder objektiven Untauglichkeit wird man der Videoüberwachung deshalb nicht machen können; gerade weil § 15a PolG NRW nicht auf einen flächendeckenden Erfolg angelegt ist und angelegt sein kann. Damit ist den Gegnern der Videoüberwachung auch das Argument genommen, die Wirksamkeit der Polizeimaßnahme sei schon wegen ihres möglichen Verlagerungseffekts ungeeignet.[252]

Im Rahmen der Erforderlichkeit ist zu fragen, ob das mit § 15a PolG NRW verfolgte Ziel nicht auch mit einem weniger beeinträchtigenden Mittel erreicht werden kann. Denkbar wäre eine Steigerung der Polizeipräsenz vor Ort. Der damit verbundene personelle Aufwand wäre aber ungleich höher und in diesem Umfang wohl auch kaum leistbar. Zudem wäre nicht nachvollziehbar, warum ein solcher – in der Praxis kaum durchführbarer Einsatz von Polizeikräften – für die Bürger verhältnismäßiger ist.

Die Angemessenheit einer Maßnahme fordert eine Abwägung zwischen den Interessen der Bürger, sich unbeobachtet auf öffentlichen Plätzen bewe-

---

[249] *BGH* NJW 1995, 1955, 1957.
[250] *BVerfGE* 17, 306, 317; 47, 109, 117.
[251] Vgl. die amtliche Begründung zum Gesetzentwurf, LT-Drs. 12/4780, 65.
[252] *Fischer*, VBlBW 2002, 89, 94.

gen zu können und dem legitimen Ziel der Gefahrenabwehr durch Abschreckung potentieller Täter und die Steigerung des Sicherheitsgefühls der Bürger. Damit kollidieren zwei Rechtsgüter bzw. Interessen miteinander. Einerseits herrscht Angst vor kriminellen Übergriffen durch Straftäter und andererseits besteht die Angst vor permanenter Überwachung durch den Staat.

Entscheidend war bisher, dass bei den von § 15a IV PolG NRW tatbestandlich für eine Videoüberwachung vorausgesetzten Straftaten nur solche „von erheblicher Bedeutung" ausreichend waren, dass insoweit davon ausgegangen werden konnte, dass das Interesse an der Verhütung solcher Straftaten die mit der Videoüberwachung verbundenen persönlichkeitsrechtlichen Einschränkungen deutlich überstieg.[253] Künftig darf die Polizei aber alle Straftaten aufzeichnen, die an Kriminalitätsschwerpunkten begangen werden. Dies hat der Landtag in Düsseldorf am 26. Juni 2003 mit Verabschiedung einer Änderung des nordrhein-westfälischen Polizeigesetzes (GV. NRW. S. 410) beschlossen. 145

Ob sich damit die Videoüberwachung als unangemessen und als verfassungswidrig, weil unverhältnismäßig, erweist, ist fraglich. Die Videoüberwachung soll auf Orte beschränkt bleiben, die Kriminalitätsschwerpunkte bilden. Außerdem dürfen die mit der Aufzeichnung gewonnenen Personendaten höchstens 14 Tage gespeichert werden, wenn sie nicht zur Bekämpfung und Vorbeugung von Straftaten benötigt werden. Des Weiteren muss die Überwachung für jedermann erkennbar sein.

e) Schutz des Kernbereichs gem. § 16 PolG NRW

Die Entscheidungen des Bundesverfassungsgerichts zum „Großen Lauschangriff" und zur Online-Durchsuchung machten eine gesetzliche Regelung zum Schutz des Kernbereichs privater Lebensgestaltung bei verdeckter Erhebung personenbezogener Daten erforderlich.[254] Die in den Urteilen entwickelten Maßstäbe gelten für alle Bereiche akustischer und optischer Überwachung und erfordern daher flächendeckend neue Regelungen.[255] 145a

Das Gericht aktualisiert das Konzept des Schutzes eines Kernbereichs privater Lebensgestaltung.[256] Ob es sich hierbei um einen vollumfänglich abwägungsfesten Kernbereich handelt[257] oder sich dieser erst nach Abwägung widerstreitender Interessen ergibt,[258] kann dahinstehen. Denn in jedem Fall konkretisiert das Urteil den zu schützenden Kernbereich in wegweisender Form. Bei der Überwachung durch staatliche Organe ist ein unantastbarer Kernbereich privater Lebensgestaltung aufgrund der Verankerung in der Menschenwürde nach Art. 1 GG absolut geschützt. Der Kernbereich privater

---

[253] *Röger/Stephan*, NWVBl. 2001, 201, 208.
[254] *BVerfGE* 109, 279 (= NJW 2004, 999); *BVerfGE* 120, 274 (= NJW 2008, 822).
[255] So hinsichtlich *BVerfGE 109, 279*: *Pieroth/Schlink/Kniesel*, § 14 Rn. 125a.
[256] *BVerfGE* 109, 279 (313 ff.).
[257] *Lepsius*, Jura 2005, 433 (437).
[258] *Baldus*, JZ 2008, 218 (224).

Lebensgestaltung beinhaltet die Möglichkeit, Gefühle und Erlebnisse auszudrücken.[259] Zudem wird die Persönlichkeitsverwirklichung in sozialen Bezügen geschützt. Der Kontakt zu engsten familiären und persönlichen Vertrauten wird vom Schutz erfasst.[260] Die Einordnung eines Sachverhalts in den unantastbaren Kernbereich oder in die minder geschützte Privatsphäre hängt im Einzelfall davon ab, ob der Sachverhalt höchstpersönlicher Natur ist und inwieweit er die Sphäre anderer oder die Belange der Allgemeinheit berührt.[261] Ein Eingriff darf selbst bei überwiegenden Interessen der Allgemeinheit nicht vorgenommen werden.[262] Vom Kernbereichsschutz sind allerdings die Fälle ausgenommen, in denen der Betroffene andere schädigt oder ihre Schädigung beabsichtigt.[263]

Später hat das Bundesverfassungsgericht diese Konstruktion zu einem flexibleren **„zweistufigen Schutzkonzept"** fortentwickelt.[264] Das zweistufige System wurde notwendig, um folgendem „Dilemma" des Kernbereichsschutzes zwischen Sicherheit und Freiheit praxisgerecht zu begegnen: Entweder dürfen Überwachungsmaßnahmen generell nicht durchgeführt werden, da die Kernbereichsrelevanz im Voraus nicht ausgeschlossen werden kann; oder die Überwachung findet statt und ist möglicherweise unzulässig, da sie unbeabsichtigt Kernbereichsinhalte erfasst.[265] Um den Anforderungen an die Erhebung personenbezogener Daten Rechnung zu tragen, wurde **§ 16 PolG NRW** eingeführt. Die Vorschrift beinhaltet eine allgemeine Regelung zur Erhebung personenbezogener Daten und findet auf die besonderen Mittel der Datenerhebung nach § 16a bis § 20 PolG NRW Anwendung.[266] Die Regelung dient der **gesetzlichen Konkretisierung des zweistufigen Schutzkonzeptes.**[267] Eine praxisgerechte Lösung erfolgt auf zwei Stufen:

Auf der **ersten Stufe** des zweistufigen Schutzkonzepts soll eine Erhebung kernbereichsrelevanter Daten generell verhindert werden. Bei heimlicher Überwachung durch den Staat ist ein durch Art. 1 I GG garantierter, unantastbarer Kernbereich privater Lebensgestaltung zu schützen. Eine Erhebung von Kernbereichsinhalten muss soweit wie „informationstechnisch und ermittlungstechnisch möglich" unterbleiben.[268] Das Verbot, Kernbe-

---

[259] *BVerfGE* 109, 279 (313); zum Schutz des Selbstgesprächs: *BGH*, NJW 2005, 3295.
[260] *BVerfGE* 109, 279 (319); vertiefend: *Lepsius*, Jura 2005, 586 (587).
[261] *BVerfGE* 109, 279 (314).
[262] *BVerfGE* 109, 279 (313).
[263] *BVerfGE* 109, 279 (319); zustimmend: *Pieroth/Schlink/Kniesel*, § 14 Rn. 125 b; vgl. §§ 17 I 1 Nr. 1, 2, 18 I PolG NRW.
[264] *BVerfGE* 120, 274 (337 f.).
[265] *Gusy*, JuS 2004, 457 (459); zum „Risiko einer Kernbereichsverletzung": *Baldus*, JZ 2008, 218 (220).
[266] Begründung zum Gesetzentwurf LT-Dr. 14/10089; kernbereichsschützende Generalklauseln mit Recht befürwortend: *Baldus*, JZ 2008, 218 (221 f.).
[267] Begründung zum Änderungsantrag LT-Dr. 14/10603 des Gesetzwurfs LT-Dr. 14/10089.
[268] *BVerfGE* 120, 274 (338).

V. Einzelne Standardmaßnahmen

reichsinhalte zu erheben, ist entsprechend den Anforderungen auf der ersten Stufe in § 16 I PolG NRW gesetzlich normiert.[269] Das Erhebungsverbot wird durch ein Unterbrechungsgebot ergänzt, um die Erfassung von Kernbereichsdaten vollumfänglich auszuschließen: Eine zunächst rechtmäßige Datenerhebung ist gem. § 16 II PolG NRW zu unterbrechen, wenn sich tatsächliche Anhaltspunkte dafür ergeben, dass Daten, die dem Kernbereich privater Lebensgestaltung zuzurechnen sind, erfasst werden. Eine Ausnahme vom Unterbrechungsgebot besteht nur bei zwingenden informations- und ermittlungstechnischen Gründen, § 16 II 1, 2. HS PolG NRW.[270] Eine spätere Fortsetzung der Datenerhebung ist gem. § 16 II 2 PolG NRW zulässig, sobald die Unterbrechungsgründe nicht mehr bestehen.[271]

Auf der **zweiten Stufe** wird der Kernbereichsschutz durch ein Verbot, die erhobenen Daten weiterhin zu nutzen, und ein Gebot, sie zu löschen, garantiert. Der Schutz auf zweiter Stufe wird relevant bei der Erhebung von Daten, die den Kernbereich berühren, ohne dass ihre Kernbereichsrelevanz vor der Überwachung ersichtlich war. Da der Inhalt der Daten vor der Überwachungsmaßnahme nicht immer vorhersehbar ist, muss der Schutz des Kernbereichs auf zweiter Stufe, in der Auswertungsphase, gewährleistet werden.[272] Daten, die den Kernbereich privater Lebensgestaltung betreffen, dürfen nicht weiter verwendet werden und sind unverzüglich zu löschen.[273]

Die Regelungen in § 16 III, IV PolG NRW dienen dem Kernbereichsschutz auf der zweiten Stufe.[274] Bei Zweifeln hinsichtlich der Kernbereichsrelevanz der Daten sind diese gem. § 16 III 1 PolG NRW dem zuständigen Datenschutzbeauftragten und einer Leitungsperson des höheren Polizeivollzugsdienstes, im Fall der Überwachung außerhalb der Wohnung gem. § 16 III 2 PolG NRW dem zuständigen Richter vorzulegen.[275] Kernbereichsinhalte dürfen gem. § 16 IV 1, 2 PolG NRW nicht verwendet werden und müssen unverzüglich gelöscht werden. Das Vertrauensverhältnis zu Berufsgeheimnisträgern gem. §§ 53, 53a StPO wird in § 16 V PolG NRW geschützt.

---

[269] Begründung zum Änderungsantrag LT-Dr. 14/10603 des Gesetzentwurfs LT-Dr. 14/10089; vergleichbare Regelung, z.B.: § 29 VI 1 BbG PolG.
[270] Insbesondere bei automatisierten Aufzeichnungen können Unterbrechungen nicht zielgenau durchgeführt werden.
[271] Z.B. Änderungen hinsichtlich der personellen Zusammensetzung: Personen entfernen sich, kommen hinzu etc.
[272] *BVerfGE* 120, 274 (337f.).
[273] *BVerfGE* 120, 274 (338f.).
[274] Begründung zum Gesetzentwurf LT-Dr. 14/10089; Begründung zum Änderungsantrag LT-Dr. 14/10603 des Gesetzentwurfs LT-Dr. 14/10089.
[275] Die Unterschiede hinsichtlich der Vorlagepflicht resultieren aus der Vermutung, dass der Kernbereich privater Lebensgestaltung außerhalb des Wohnbereichs seltener betroffen ist.

f) Rasterfahndung gem. § 31 PolG NRW

146 Zu Beginn der siebziger Jahre wurde ursprünglich im Kontext der Bemühungen um Aufklärung terroristischer Straftaten (namentlich der RAF) die Rasterfahndung eingeführt.[276] Dabei handelt es sich um eine Fahndungsmethode, bei der auf der Grundlage einer Fahndungshypothese Fremddatenbestände ausgewertet und mit anderen Fremddaten verglichen werden. Sie kann sowohl zu repressiven (§§ 98a, b StPO) als auch zu präventiven Zwecken eingesetzt werden.[277] Die Rasterfahndung ist gem. § 31 I PolG NRW zulässig, soweit dies zur „Abwehr einer Gefahr für den Bestand oder die Sicherheit des Bundes oder eines Landes oder für Leib, Leben oder Freiheit einer Person erforderlich ist." In der bis Juli 2003 geltenden Fassung war eine „gegenwärtige" Gefahr verlangt worden. Mit der Gesetzesänderung (GV. NRW. S. 410) ist die Gefahrenqualität abgeschwächt und der Anwendungsbereich der Norm erweitert worden. Ihr Zweck besteht darin eine Vielzahl zuvor bestimmter allgemeiner Merkmale mit den personenbezogenen Daten einer regelmäßig nach gleichfalls allgemeinen Kriterien bestimmten, vergleichsweise großen Personengruppe abzugleichen. Das Raster bezeichnet denjenigen Satz von Daten, welcher die „vermutlich" zutreffenden Prüfungsmerkmale, wie z.B. Geschlecht, lediger Familienstand, Staatsangehörigkeit, Religionszugehörigkeit, Eigenschaft als Student, bestimmte Geburtsjahrgänge, Legalität des Aufenthaltsstatus enthält und so die am Ende weiterzuverfolgenden von den nicht weiterzuverfolgenden potentiellen Verantwortlichen abgrenzen soll.[278] Nach Festlegung des Rasters muss gem. § 31 IV PolG NRW eine richterliche Anordnung herbeigeführt werden. Nach dem Abschluss der Datenauswertung erfolgt die Suche nach Verdächtigen mit den herkömmlichen polizeilichen Methoden, also insbesondere mit Vernehmungen, Befragungen oder Durchsuchungen. Zum Schutz der personenbezogenen Daten sind die Daten gem. § 31 III 1 i.V.m. § 16a II 2, 3 PolG NRW besonders zu kennzeichnen. Die Betroffen sind grundsätzlich nach § 31 V 2 i.V.m. § 17 V 1 PolG NRW über die Datenerhebung zu informieren, sobald dies ohne Gefährdung des Zwecks der Maßnahme erfolgen kann; anderenfalls bedarf die Zurückstellung der Unterrichtung der richterlichen Zustimmung, § 31 V 2 i.V.m. § 17 VI 1 PolG NRW.

147–150 Besonderes Augenmerk musste in einer polizeirechtlichen Klausur auf die Tatbestandsvoraussetzung der „gegenwärtigen Gefahr" gelegt werden. Regelmäßig bedarf es zur Feststellung einer gegenwärtigen Gefahr eines erhöhten Begründungsaufwands.[279] Das OLG Düsseldorf[280] hat festgestellt,

---

[276] *Meister*, JA 2003, 83.
[277] *Gusy*, Kritische Vierteljahresschrift für Gesetzgebung und Rechtswissenschaft, Heft 4/2002, 474, 482.
[278] *Meister*, JA 2003, 83, 86.
[279] *Schoch*, Jura 2002, Heft 9, Kartei zum öffentlichen Recht.
[280] *OLG Düsseldorf*, NVwZ 2002, 629.

„dass an die Wahrscheinlichkeit des Schadenseintritts umso geringere Anforderungen zu stellen sind, je größer der zu erwartende Schaden und je ranghöher das Schutzgut sind."[281]

2. Maßnahmen zur Einschränkung der räumlichen Bewegungsfreiheit

Die Platzverweisung gem. § 34 PolG NRW, die Wohnungsverweisung sowie das Rückkehrverbot zum Schutz vor häuslicher Gewalt gem. § 34a PolG NRW und die Standardmaßnahme zur Ingewahrsamnahme von Personen gem. § 35 PolG NRW können die räumliche Bewegungsfreiheit des Betroffenen einschränken.[282]

151

a) Platzverweisung gem. § 34 PolG NRW

Der Platzverweis enthält die Aufforderung an eine Person, einen bestimmten Ort zu verlassen, oder das vorübergehende Verbot, einen bestimmten Ort zu betreten.[283] Voraussetzung für die Rechtmäßigkeit der Anwendung des Platzverweises ist dabei eine bestehende Gefahr für die öffentliche Sicherheit. Der Platzverweis stellt einen Eingriff in die körperliche Bewegungsfreiheit gem. Art. 2 II 2, 104 I GG dar. Mit der Neuregelung vom Juli 2003 wurden auch die Vorschriften des Platzverweises ergänzt (GV. NRW. S. 410). Nach Absatz 2 des § 34 PolG NRW ist es nunmehr möglich, einer Person ein Betretungs- und Aufenthaltsverbot zu erteilen, wenn Tatsachen die Annahme rechtfertigen, dass sie an dem jeweiligen Ort eine Straftat begehen oder zu ihrer Begehung beitragen wird.[284] Damit sollen Vorkommnisse wie die früheren „Chaostage" verhindert werden. Des Weiteren kann die Vorschrift herangezogen werden, um einzelne Personen von bestimmten Plätzen oder Straßen in einer Stadt fernzuhalten, z.B. Drogenumschlagplätzen. Die Beschränkungen unterliegen allerdings einem besonders hervorgehobenen Verhältnismäßigkeitsvorbehalt und sind auf maximal drei Monate befristet.

152

b) Wohnungsverweisung und Rückkehrverbot zum Schutz vor häuslicher Gewalt gem. § 34a PolG NRW[285]

Zum 1. Januar 2002 wurde das Polizeigesetz NRW um den § 34a ergänzt. Zeitgleich trat das „Gesetz zur Verbesserung des zivilrechtlichen Schutzes

153

---

[281] *BVerwGE* 45, 51, 61.
[282] Eingehend zu den Voraussetzungen eines Wohnungsverweises: *VGH BW*, JZ 2005, 352 ff.; mit Anm. *Gusy*, JZ 2005, 355 ff.
[283] *BayVGH*, BayVBl. 2001, 529; *Prinz*, NWVBl. 482, 484; *Erichsen*, Jura 1993, 45 (48).
[284] Klausur zum Aufenthaltsverbot: *Schnapp*, NWVBl. 2003, 484 ff.
[285] Zur ganzen Thematik: *Informationsschrift vom Innenministerium des Landes Nordrhein-Westfalen*, Häusliche Gewalt und polizeiliches Handeln, Dezember 2007.

bei Gewalttaten und Nachstellungen sowie zur Erleichterung der Überlassung der Ehewohnung bei Trennung" (BGBl. I 2001, S. 3513) in Kraft. Das Gewaltschutzgesetz (Art. 1 des o.g. Gesetzes) ermöglicht dem Familiengericht, dem Täter langfristig ein Betreten der gemeinsamen Wohnung zu verbieten. Parallel dazu wurden mit der Einführung des § 34a PolG NRW die polizeirechtlichen Befugnisse geschaffen, die gewalttätige Person für die Dauer von regelmäßig zehn Tagen aus der auch vom Opfer bewohnten Wohnung zu verweisen und ihr die Rückkehr nach dort zu untersagen.

Häusliche Gewalt wird angenommen, wenn es in einer häuslichen Gemeinschaft ehelicher oder, unabhängig von der sexuellen Orientierung, nicht ehelicher Art oder sonstiger Art (z.B. Mutter/Sohn; Seniorengemeinschaft) zur Gewaltanwendung kommt. Die häusliche Gemeinschaft muss dabei noch bestehen oder in Auflösung befindlich sein oder seit einiger Zeit tatsächlich aufgelöst sein, wobei dann gewisse Gemeinsamkeiten und Kontakte noch fortbestehen müssen.

Zu beachten ist aber, dass häusliche Gewalt nicht die Tatbegehung in der gemeinsamen Wohnung voraussetzt. Tatorte können auch Geschäftsräume oder der öffentliche Raum sein. Häusliche Gewalt sowie entsprechende Beziehungskonflikte stellen sich rechtlich als Gemengelage dar. Ungeachtet der zu gewährleistenden Strafverfolgung erfolgt der polizeiliche Einsatz vorrangig zur **Gefahrenabwehr.**

§ 34a PolG NRW ermöglicht der Polizei zur Abwehr einer gegenwärtigen Gefahr für Leib, Leben oder Freiheit die Person, von der die Gefahr ausgeht (betroffene Person), aus einer Wohnung sowie aus deren unmittelbarer Umgebung zu verweisen. Der betroffenen Person (dem Gefährdenden) kann die Rückkehr in diesen Bereich grundsätzlich für die Dauer von zehn Tagen untersagt werden (Fristbeginn gem. § 31 VwVfG NRW i.V.m. §§ 187ff. BGB). Der Polizei ist nur in Ausnahmefällen die Anordnung einer kürzeren Geltungsdauer des Wohnungsverweises oder des Rückkehrverbots möglich. Stellt die gefährdete Person innerhalb des Zeitraumes des von der Polizei zunächst festgesetzten Rückkehrverbotes einen Antrag auf zivilrechtlichen Schutz mit dem Ziel des Erlasses einer einstweiligen Anordnung nach dem Gewaltschutzgesetz, so verlängert sich das Rückkehrverbot bis zum Tag der gerichtlichen Entscheidung, längstens jedoch um weitere zehn Tage, gerechnet ab Antragstellung bei Gericht.

Der Begriff der Wohnung umfasst Wohn- und Nebenräume, insoweit auch Arbeits-, Betriebs- und Geschäftsräume. Die Maßnahmen können – je nach Situation – auch auf Teile der Wohnung beschränkt werden, so z.B. wenn die betroffene Person in ihrer Wohnung ihrem Beruf nachgeht und ihre Anwesenheit im Betrieb für den Erhalt der wirtschaftlichen Existenzgrundlage unerlässlich ist.

Die Tatbestandsvoraussetzung der „gegenwärtigen Gefahr" gem. § 34a I PolG NRW wird von der Polizei aufgrund einer Gefahrenprognose erstellt. Dies geschieht ausschließlich auf Grundlage der eigenen polizeilichen Feststellungen zu den Bedingungen des Einzelfalles und den ggf. vorliegenden ergänzenden Erkenntnissen. Maßgeblich ist die polizeiliche Gefahrenprognose; ein entgegenstehender Wille des Opfers ist grundsätzlich unbeachtlich. Bei Anhaltspunkten für eine gefestigte Gewaltbeziehung kann in der Regel von einer gegenwärtigen Gefahr ausgegangen werden.

c) Gewahrsam von Personen gem. § 35 PolG NRW

Unter Ingewahrsamnahme einer Person versteht man den Entzug der Bewegungsfreiheit durch Festhalten der Person an einem bestimmten Ort. Man unterscheidet dabei den sog. **Schutzgewahrsam** und den sog. **Präventivgewahrsam**. Schutzgewahrsam liegt vor, wenn die Ingewahrsamnahme dem Schutz der Person vor Gefahren für Leib oder Leben dient. Präventivgewahrsam wird hingegen zur Verhinderung von Straftaten oder Ordnungswidrigkeiten von erheblicher Bedeutung angewendet.[286]

Die Ingewahrsamnahme stellt eine freiheitsentziehende Maßnahme und somit eine Beeinträchtigung des Art. 104 II GG dar. Bezüglich der Zulässigkeit und Dauer dieser Maßnahme ist entsprechend der grundgesetzlichen Regelung des Art. 104 II GG der Richtervorbehalt zu beachten.[287]

3. Maßnahmen zur Durchsuchung von Personen, Sachen und Wohnungen

Zu dieser Gruppe gehören die Standardmaßnahmen in Gestalt der Durchsuchung von Personen gem. § 39 PolG NRW, der Durchsuchung von Sachen gem. § 40 PolG NRW sowie des Betretens und Durchsuchens von Wohnungen gem. §§ 41 f. PolG NRW. Auch bei diesen Standardmaßnahmen findet sich in den jeweiligen Tatbeständen eine **katalogartige** Darstellung der **Voraussetzungen,** die vorliegen müssen, um die Maßnahme zu rechtfertigen. Die nachfolgenden Vorschriften ermächtigen die zuständige Behörde zu Durchsuchungen. Hierunter versteht man das zielgerichtete Suchen nach bestimmten oder bestimmbaren verdeckten Gegenständen oder Personen.

a) Durchsuchung von Personen gem. § 39 PolG NRW

Die Durchsuchung einer Person beschränkt sich auf das zielgerichtete Suchen nach Gegenständen, die sich eventuell in oder zwischen den Kleidern des Betroffenen oder an seinem Körper befinden.[288] Hiervon sind die sog. Nachschau und die Untersuchung einer Person abzugrenzen; eine **Nachschau** liegt vor, wenn in den Taschen des Betroffenen an Jacke, Mantel, Hose gesucht wird. Hat der Betroffene diese Kleider bereits abgelegt, ist der Anwendungsbereich einer Standardmaßnahme in Gestalt der Durchsuchung von

---

[286] *VGH München,* NVwZ 2001, 1291; *Erichsen,* Jura 1993, 45 (48).
[287] *BVerfG,* NVwZ 2006, 579 ff. (Castor).
[288] *Rachor,* in: Lisken/Denninger, F Rn. 635.

Sachen gem. § 40 PolG NRW eröffnet. Die **Untersuchung** einer Person hat den Zweck, die Beschaffenheit und den Zustand des Körpers selbst festzustellen; hierzu gehört auch die Feststellung, ob sich Fremdkörper im Körperinneren befinden.[289] Neben dem divergierenden Zweck, den die beiden Handlungen verfolgen, liegt den dargestellten Maßnahmen auch eine unterschiedliche Eingriffsintensität zugrunde. Die Nachschau bleibt in ihrer Intensität hinter der Durchsuchung zurück, wohingegen die Untersuchung einen stärkeren Eingriff darstellt, der vom Umfang her über die Ermächtigungsgrundlage hinausgeht. Eine Untersuchung lässt sich somit nicht als Durchsuchung einer Person gestützt auf § 39 PolG NRW rechtfertigen.

b) Durchsuchung von Sachen gem. § 40 PolG NRW

168   Objekte der Durchsuchung können auch **Sachen** sein. Darunter versteht man alle körperlichen Gegenstände, unabhängig von ihrer Eigenschaft als bewegliche oder unbewegliche Gegenstände.[290] Die speziellen Zulässigkeitsvoraussetzungen sind auch im Rahmen dieser Standardermächtigung in ihrem Tatbestand katalogisiert aufgeführt. Zu beachten ist jedoch bei der Durchsuchung von Wohnungen (unbewegliche Sache), dass hier aufgrund des durch Art. 13 GG vermittelten Schutzes, die entsprechenden Standardermächtigungen zur Durchsuchung von Wohnungen (§§ 41, 42 PolG NRW) heranzuziehen sind. Unbefriedetes Besitztum fällt in den Anwendungsbereich der Durchsuchung von Sachen nach § 40 PolG NRW. Sofern von der Durchsuchung am Körper einer Person befindliche Kleidungsstücke erfasst sind, liegt aufgrund des Bezugs zu den vorgenannten, hierbei vorrangig betroffenen Schutzgütern des § 39 PolG NRW eine Durchsuchung von Personen vor.

c) Betreten und Durchsuchen von Wohnungen gem. § 41 PolG NRW

169   Die Begriffsdefinition der **Wohnung** wird aus dem verfassungsrechtlich in Art. 13 GG enthaltenen Wohnungsbegriff übernommen. Hierzu gehören alle Räume wie Wohn- und Nebenräume, Arbeits-, Betriebs- und Geschäftsräume sowie anderes befriedetes Besitztum, soweit es als Medium zur Entfaltung von Privatheit dient.[291] Danach versteht man unter einer Wohnung den Inbegriff aller tatsächlich bewohnten Räume, die ein Mensch der allgemeinen Zugänglichkeit entzogen hat.[292] Die speziellen Zulässigkeitsvoraussetzungen einer Durchsuchung und des Betretens von Wohnungen sind auch im Rahmen dieser Standardermächtigung im Tatbestand katalogartig in § 41 I–IV PolG NRW aufgeführt.[293]

---

[289] *Rachor*, in: Lisken/Denninger, F Rn. 657.
[290] *Rachor*, in: Lisken/Denninger, F Rn. 672.
[291] *BVerfGE* 32, 54 (68 ff.).
[292] *Möller/Wilhelm* 7. Abschnitt 7.1.
[293] Zu beachten ist, dass die Verfassungsmäßigkeit des § 41 I Nr. 3 PolG NRW in Hinblick auf die Wertungen des Art. 13 GG teilweise in Frage gestellt wird; vgl. hierzu *Möller/Wilhelm* 7. Abschnitt 7.3; *Rachor*, in: Lisken/Denninger, F Rn. 720 f.

Inhaber der Wohnung ist, wer rechtmäßig die tatsächliche Gewalt über die Räumlichkeiten ausübt; somit kann z. B. auch der Mieter als Inhaber der Wohnung gem. § 41 I PolG NRW Adressat dieser Standardmaßnahme sein. Sofern eine Wohnung **betreten** wird, versteht man hierunter das Eintreten, das Verweilen und das Besichtigen, ohne dass diese Handlungen darauf ausgerichtet sein müssen, Sachen aufzufinden oder Personen zu ergreifen.[294] Damit ist aber nicht das Recht umfasst, sich Zugang zu einer Wohnung zu verschaffen,[295] wohl aber die Befugnis, dort von Personen, Sachen und Zuständen Kenntnis zu nehmen und in der Wohnung zu verweilen, solange die Voraussetzungen, die zum Betreten befugt haben, weiterhin vorliegen.[296] Der durch das Grundgesetz in Art. 13 I GG vermittelte besondere Schutz der Unverletzlichkeit der Wohnung verlangt, dass bei Durchsuchungen – außer bei Gefahr im Verzug – eine Anordnung der Maßnahme durch einen Richter zu erfolgen hat (vgl. Art. 13 II GG). Im Übrigen können gem. Art. 13 VII GG Eingriffe und Beschränkungen zur Abwehr einer gemeinen Gefahr oder einer Lebensgefahr für einzelne Personen und aufgrund eines Gesetzes auch zur Verhütung dringender Gefahren für die öffentliche Ordnung vorgenommen werden.

170–180

4. Sicherstellung von Sachen

Die Sicherstellung von Sachen ist in § 43 PolG NRW geregelt. Eine Sicherstellung liegt vor, wenn die Behörde polizeilichen Gewahrsam an einer Sache ohne oder gegen den Willen des Eigentümers oder sonstigen Berechtigten begründet.[297] Durch die Sicherstellung soll damit ein **öffentlich-rechtliches Verwahrungsverhältnis** begründet werden.[298] Des Weiteren soll eine Gefahr abgewehrt werden, die aus der Sache hervorgeht oder ihr droht.[299] Zu beachten ist, dass grundsätzlich bewegliche Sachen sichergestellt werden; im konkreten Einzelfall kann die Polizei jedoch auch Grundstücke oder Wohnungen sicherstellen (so z. B. in Fällen der Obdachloseneinweisungen in Wohnungen).[300] Die Zulässigkeitsvoraussetzungen der Sicherstellung sind in § 43 Nr. 1–3 PolG NRW enumerativ aufgezählt. Die Sicherstellung von Gegenständen, die im Eigentum des Betroffenen stehen, stellt eine Beeinträchtigung des Grundrechts auf Eigentum gem. Art. 14 GG dar.

181–190

---

[294] *Möller/Wilhelm* 7. Abschnitt 7.2.
[295] So aber *Tegtmeyer/Vahle*, PolG NRW, § 41 Rn. 3.; vgl. hierzu Rn. 518.
[296] *Tegtmeyer/Vahle*, PolG NRW, § 41 Rn. 3.
[297] *Erichsen*, Jura 1993, 45 (51).
[298] *Tegtmeyer/Vahle*, PolG NRW, § 43 Rn. 2.
[299] *Tegtmeyer/Vahle*, PolG NRW, § 43 Rn. 2.
[300] *Tegtmeyer/Vahle*, PolG NRW, § 43 Rn. 4.

VI. Durchsetzung von Standardmaßnahmen

191 Stoßen die Beamten der Polizei- oder Ordnungsbehörde auf Widerstand seitens des betroffenen Bürgers, stellt sich die Frage, nach welchen Vorschriften die Maßnahmen durchgesetzt werden können. Für die zwangsweise Durchsetzung von Verwaltungsakten existieren Sondervorschriften, die regeln, ob und unter welchen Voraussetzungen die Anwendung von Verwaltungszwang zulässig ist (§§ 50 ff. PolG NRW und §§ 55 ff. VwVG NRW).[301] Ob diese Vorschriften auch bei der zwangsweisen Durchsetzung von Standardmaßnahmen zu beachten sind, wird unterschiedlich beurteilt. Es besteht – insbesondere im Hinblick auf die unterschiedlichen einzelnen Maßnahmen – eine Vielzahl von Auffassungen.[302] Richtigerweise ist bei der Frage der Durchsetzung von Standardmaßnahmen zwischen drei Kategorien dieser Akte zu unterscheiden.[303]

1. Auf den Erlass eines Verwaltungsakts gerichtete Standardermächtigungen

192 Teilweise sind die Standardermächtigungen in ihrer Rechtsfolge auf den Erlass eines Verwaltungsaktes gerichtet. So kann die Polizei nach § 34 S. 1 PolG NRW zur Abwehr einer Gefahr eine Person von einem Ort verweisen oder ihr vorübergehend das Betreten eines Ortes verbieten (sog. Platzverweisung). Bei der in der Rechtsfolge der Vorschrift vorgesehenen Verfügung handelt es sich um einen Verwaltungsakt i. S. d. § 35 VwVfG.[304] **Es gibt keinen Grund, die spezialgesetzliche Regelung zur Durchsetzung von Verwaltungsakten** in diesem Falle **zu missachten**. Die §§ 50 ff. PolG NRW (§§ 55 ff. VwVG NRW) kommen daher auch bei der Vollstreckung eines Platzverweises zur Anwendung. Gleiches gilt für die Durchsetzung aller anderen Standardmaßnahmen mit Verwaltungsaktqualität.[305]

2. Auf die Anwendung von unmittelbarem Zwang gerichtete Standardermächtigungen

193 Andere Standardermächtigungen berechtigen die Behörde in ihrer Rechtsfolgenanordnung zur Anwendung unmittelbaren Zwangs, d. h. zur körperlich wirkenden Gewalt gegen den Pflichtigen oder ihm gehörende Sachen.[306] So ergibt sich unmittelbar aus § 12 II 3 PolG NRW, dass eine Person unter

---

[301] Vgl. hierzu ausführlich Rn. 501 ff.
[302] Grundlegend hierzu *Schmitt-Kammler*, NWVBl. 1995, 166 m. w. N.
[303] Ähnlich z. B. *Möller/Wilhelm*, 4. Abschnitt 5.2.; *Schmitt-Kammler*, NWVBl. 1995, 166.
[304] *Tegtmeyer/Vahle*, PolG NRW, § 34 Rn. 3; *Möller/Wilhelm*, 4. Abschnitt 5.2.
[305] Ebenso *Möller/Wilhelm*, 4. Abschnitt 5.2.
[306] Zum Begriff des unmittelbaren Zwangs vgl. Rn. 512 f.

bestimmten Umständen zur Durchsetzung einer Identitätsfeststellung festgehalten werden darf. Gleiches gilt für die zwangsweise Vorführung eines Vorgeladenen nach Maßgabe des § 10 III PolG NRW. In Fällen dieser Art hat der Gesetzgeber nicht nur die Anwendung unmittelbaren Zwangs angeordnet; er hat in den Standardermächtigungen überdies **genau bestimmt, unter welchen Voraussetzungen eine Zwangsanwendung erfolgen darf.** Sowohl die fehlende Verwaltungsaktqualität als auch die bereits genau bestimmten erhöhten Eingriffsvoraussetzungen der einschlägigen Ermächtigungsgrundlagen schließen einen Rückgriff auf die Vorschriften der Verwaltungsvollstreckung aus.

3. Sonstige auf Realakte gerichtete Standardermächtigungen

Ist die Standardermächtigung weder auf den Erlass eines Verwaltungsakts noch auf die Anwendung unmittelbaren Zwangs gerichtet, so wird teilweise angenommen, dass die Befugnis zur Zwangsmittelanwendung der Standardermächtigung immanent sei; die Durchsetzung ergebe sich also aus der Standardermächtigung selbst.[307]   194

Dem ist nicht zu folgen. Da **die Norm ihrem Wortlaut nach nicht die Anwendung unmittelbaren Zwangs** vorsieht, ist die Behörde auf Grund des Prinzips der Gesetzmäßigkeit der Verwaltung (Art. 20 III GG) gehindert, Zwangsmaßnahmen nur auf diese Vorschrift zu stützen. In der Rechtsfolge der Standardermächtigung ist die Anwendung von Zwang nicht vorgesehen und aus diesem Grunde unzulässig. Darüber hinaus würde die **Wertung der Vorschriften über den Verwaltungszwang umgangen,** nach denen die zwangsweise Durchsetzung von behördlichen Maßnahmen an strengere Tatbestandsvoraussetzungen geknüpft ist. Den Standardermächtigungen ist die Befugnis zur Zwangsmittelanwendung daher nur immanent, wenn der Wortlaut der Vorschrift auf die Anwendung von unmittelbarem Zwang gerichtet ist. In anderen Fällen verbleibt den Gefahrenabwehrbehörden die Möglichkeit, den betroffenen Bürger aufzufordern, seinen Widerstand zu unterlassen und mit der Behörde zu kooperieren. Diese Aufforderung stellt sich als eine nach den §§ 50 ff. PolG NRW (§§ 55 ff. VwVG NRW) vollstreckbare Verfügung mit Verwaltungsaktqualität dar. Kann eine solche Aufforderung im Einzelfall nicht ergehen, ist die Durchsetzung der Maßnahme unter den besonderen Voraussetzungen der Vollstreckung im abgekürzten Verfahren (sog. Sofortvollzug) zulässig.[308]   195

Beispiel: 196–200
Die Polizisten A und B möchten die Wohnung des W betreten, da dieser Amok gelaufen ist und droht, seine Frau und seine beiden Kinder mit einem Messer zu erstechen.

---

[307] So *Schmitt-Kammler,* NWVBl. 1995, 166 (169) m.w.N. vgl. auch *Habermehl,* Rn. 513.
[308] Hierzu ausführlich Rn. 533 ff.

W hat seine Wohnungstür in Erwartung der Polizei jedoch fest verriegelt. Nachdem die bewaffneten A und B den W erfolglos aufgefordert haben, die Tür zu öffnen, treten sie die Tür kurzerhand ein, stürmen die Wohnung und überwältigen den W. Im späteren Staatshaftungsprozess stellt sich die Frage, ob die Beschädigung der Tür durch das Eintreten rechtmäßig war.

Das Eintreten der Tür kann nicht auf § 41 I PolG NRW gestützt werden, da hiernach nur das „Betreten" einer Wohnung zulässig ist. Betreten bedeutet das Eintreten in eine Wohnung und das Verweilen. Das Betreten kann durch reguläre Eingänge, wie auch durch Fenster und Dachluken geschehen.[309] Der Wortsinn des Begriffs umfasst jedoch nicht, sich mit Gewalt Zugang zu der Wohnung zu verschaffen.[310] Beim Eintreten der Tür handelt es sich vielmehr um die zwangsweise Durchsetzung der Aufforderung, die Tür zu öffnen. Diese Verfügung stellt einen Verwaltungsakt dar, der nur unter Beachtung der Vorschriften über die Verwaltungsvollstreckung (§§ 50 ff. PolG NRW) durchgesetzt werden kann.[311] Die Öffnungsverfügung selbst kann nur auf der Generalklausel (§ 8 I PolG NRW) beruhen,[312] da sich aus § 41 PolG NRW im Hinblick auf den Wortsinn nicht die Befugnis ergibt, den Wohnungsinhaber aufzufordern, die Wohnung aktiv zugänglich zu machen. Im Ergebnis stellt also das Eintreten der Tür die zwangsweise Durchsetzung der auf die Generalklausel gestützten Verfügung dar, die Tür zu öffnen. Die Rechtmäßigkeit der Maßnahme bestimmt sich demnach nach den §§ 50 ff. PolG NRW i. V. m. § 8 I PolG NRW.

VII. Rechtsschutz bei Standardmaßnahmen

201 Grundsätzlich ist bei Standardmaßnahmen der Verwaltungsrechtsweg gem. § 40 I 1 VwGO eröffnet. Lediglich bei sog. doppelfunktionalen Maßnahmen (Rn. 44) ist danach zu differenzieren, ob ihr Charakter ein präventiver (dann § 40 I 1 VwGO) oder ein repressiver (dann § 23 I 1 EGGVG) ist.[313] Bei der Frage nach dem möglichen verwaltungsgerichtlichen Rechtsschutz gegen Standardmaßnahmen ist danach zu unterscheiden, ob die Maßnahme in Gestalt eines Realakts oder eines Verwaltungsakts vorliegt.

1. Rechtsschutz bei Vorliegen eines Verwaltungsaktes

202 Handelt es sich um einen Verwaltungsakt, der sich noch nicht erledigt hat, so ist die Anfechtungsklage gem. § 42 I VwGO die richtige Rechtsschutzform.[314] Die Klage ist dabei auf Aufhebung des Verwaltungsaktes in Gestalt der Standardmaßnahme gerichtet. Sie kann mit der Geltendmachung eines (Vollzugs-) Folgenbeseitigungsanspruchs nach § 113 I 2, 3 VwGO verbun-

---

[309] *Möller/Wilhelm*, 7. Abschnitt 7.2.; *Habermehl*, Rn. 617; ähnlich *Drews/Wacke/Vogel/Martens*, Gefahrenabwehr, S. 204; *Schenke*, in: Steiner, BesVerwR, Rn. 106.
[310] Offen gelassen von *Gusy*, Rn. 183; unzutreffend: *Tegtmeyer/Vahle*, PolG NRW, § 41 Rn. 3.
[311] So ausdrücklich *Möller/Wilhelm*, 7. Abschnitt 7.2.; *Habermehl*, Rn. 617.
[312] *Möller/Wilhelm*, 7. Abschnitt 7.2.; *Habermehl*, Rn. 617.
[313] Vgl. Rn. 104 ff. zur Abgrenzung.
[314] *Pietzcker*, in: Schoch/Schmidt-Aßmann/Pietzner, VwGO § 42 Rn. 19 f.

den werden (z. B. wenn eine sichergestellte Sache herausgegeben werden soll).³¹⁵ Sofern bereits Erledigung eingetreten ist, ist die Fortsetzungsfeststellungsklage die richtige Rechtsschutzform; zu beachten ist dabei jedoch, dass der Kläger ein berechtigtes Interesse an der Feststellung haben muss, dass die Standardmaßnahme rechtswidrig gewesen ist.³¹⁶

2. Rechtsschutz bei Vorliegen eines Realaktes

Handelt es sich bei der Standardmaßnahme um einen Realakt und hat sich dieser bereits im Zeitpunkt der Erhebung der Klage erledigt, ist als Rechtsschutzform die Feststellungsklage gem. § 43 I VwGO zu wählen. Das berechtigte Feststellungsinteresse muss in diesem Fall darauf gerichtet sein, die Rechtswidrigkeit des behördlichen Handelns festzustellen. Hat sich die Standardmaßnahme noch nicht erledigt und sollen noch Folgen des behördlichen Handelns rückgängig gemacht werden, so hat der Betroffene um Rechtsschutz in Gestalt der allgemeinen Leistungsklage zu ersuchen.³¹⁷

203–230

---

[315] *Schenke*, in: Steiner, BesVerwR, Rn. 79; *Gerhardt*, in: Schoch/Schmidt-Aßmann/Pietzner, VwGO § 113 Rn. 58.
[316] *Drews/Wacke/Vogel/Martens*, Gefahrenabwehr, S. 216.
[317] *Drews/Wacke/Vogel/Martens*, Gefahrenabwehr, S. 217 f.

Kapitel G. Gefahrenarten[318]

Literatur: *Brandt/Smeddinck*, Der Gefahrenbegriff im Polizeirecht, Jura 1994, 225; *Darnstädt*, Gefahrenabwehr und Gefahrenvorsorge, 1983, S. 94 ff; *Denninger*, in: Lisken/Denninger, E Rn. 39 ff.; *Di Fabio*, Vorläufiger Verwaltungsakt bei ungewissem Sachverhalt – Gefahrenerforschung als Anwendungsfall vorläufiger Regelungen, DÖV 1991, 629; *Drews/Wacke/Vogel/Martens*, Gefahrenabwehr, S. 220 ff.; *Erichsen/Wernsmann*, Anscheinsgefahr und Anscheinsstörer, Jura 1995, 219; *Gerhardt*, Anscheinsgefahr, Gefahrenverdacht und Putativgefahr im Polizei- und Ordnungsrecht, Jura 1987, 521; *Götz*, § 6 Rn. 17 ff.; *Götz*, Die Entwicklung des allgemeinen Polizei- und Ordnungsrechts (1990–1993), NVwZ 1994, 652; *Gusy*, Rn. 125 ff.; *Knemeyer*, Rn. 87 ff.; *Kokott*, Die dogmatische Einordnung der Begriffe „Störer" und „Anscheinsstörer" in einer zunehmend technisierten Gesellschaft, DVBl. 1992, 749; *Losch*, Zur Dogmatik der Gefahrerforschungsmaßnahme, DVBl. 1994, 781; *Möller/Wilhelm*, 3. Abschnitt 3.3.; *Möstl*, Gefahr und Kompetenz, Polizeirechtsdogmatische und bundesstaatliche Konsequenzen der „Kampfhundeentscheidung" des BVerfG, Jura 2005, 48 ff.; *Petri*, Der Gefahrerforschungseingriff, DÖV 1996, 443; *Schenke*, in: Steiner, BesVerwR, Rn. 46 ff.; *Schink*, Amtsermittlung und Gefahrerforschung – Polizeiliche Eingriffsbefugnis bei Verdachtslagen, DVBl. 1989, 1182; *Schneider*, Grundsätzliche Überlegungen zur polizeilichen Gefahr, DVBl. 1980, 406 ff.; *Schoch*, in: Schmidt-Aßmann/Schoch, BesVerwR, 2. Kapitel Rn. 84 ff.; *ders.*, JuS 1994, 667 ff.; Die Gefahr im Polizei- und Ordnungsrecht, Jura 2003, 472 ff.

Rechtsprechung *BVerfG*, DVBl. 2004, 698 („Kampfhundeentscheidung"); *BVerwGE* 45, 51 (Ingewahrsamnahme von Personen aus präventivpolizeilichen Gründen); *BVerwG*, DÖV 1992, 30 (Gefahrenbegriff); *BayVGH*, JA 2009, 911 (Anscheins- oder Putativgefahr); *OVG Nds*, OVGE 14, 396 („Tankstellenfall"); *OVG NRW*, Urteil vom 30.5.1952 („Ahnenbrühefall"); *OVG NRW*, OVGE 11, 250 („Schweinemästerfall"); *OVG NRW*, NWVBl 1990, 159 (Sachverhaltsermittlung, Gefahrenverdacht); *VG Gelsenkirchen*, NVwZ 1988, 1061 (Auswahlermessen, Verhaltensverantwortlichkeit); *VGH Kassel*, DVBl. 1992, 43 (Gefahrerforschungseingriff); *VGH BW*, DÖV 1990, 394 (Gefahrenverdacht); *VGH BW*, NVwZ-RR 1994, 87 (Verbot einer Versammlung); *VGH BW*, NVwZ-RR 1993, 187 (Leinen- und Maulkorbzwang für bissige Hunde); *VGH BW*, DÖV 1985, 687 (Gefahrerforschung); *VGH BW*, NJW 1990, 2770 (Beschlagnahme einer Wohnung), *VGH BW*, NVwZ-RR 2010, 59 (Vorsorgemaßnahmen zur Gefahrenabwehr durch Verbot des Alkoholkonsums auf öffentlich zugänglichen Flächen).

231 Die Tatbestände der Befugnisnormen des Gefahrenabwehrrechts setzen überwiegend eine Gefahr voraus. Jedoch ist hierbei nicht immer dieselbe Gefahrenart gemeint. Man kann bei den Gefahrenarten im Hinblick auf die richtige Handlungsform, die richtige Gefahrenlage und bezüglich besonderer Gefahrenstufen differenzieren.

I. Differenzierung nach der richtigen Handlungsform

232 Die Wahl der richtigen Handlungsform ist abhängig von der Unterscheidung der **konkreten Gefahr** und der **abstrakten Gefahr**.

---

[318] Zu den Gefahrenbegriffen vgl. Übersicht 3 im Anhang.

1. Konkrete Gefahr

233 Unter einer konkreten Gefahr versteht man die in einem „einzelnen Falle", d. h. an einem bestimmten Ort zu einer bestimmten Zeit bestehende Gefahr (vgl. § 8 I PolG NRW; § 14 I OBG NRW). Eine derartige Gefahrenlage bildet die Regelvoraussetzung für einen auf die Generalermächtigung gestützten **Einzeleingriff** (Polizei- oder Ordnungsverfügung).[319] Sofern in den jeweiligen Polizei- und Ordnungsgesetzen Ermächtigungen zu Einzeleingriffen bestehen, ist eine konkrete Gefahr jeweils Grundlage für ein behördliches Handeln in Gestalt einer Einzelfallmaßnahme.[320]

Beispiel: 234
Ein Bankräuber verlässt die Bank nach dem Überfall mit einer Geisel, der er eine geladene Pistole an den Kopf hält, und droht, die Geisel zu erschießen.

2. Abstrakte Gefahr

235 Eine abstrakte Gefahr liegt hingegen vor, wenn in einer bestimmten Sachverhaltsgruppe eine Gefahr aufgrund der Lebenserfahrung **generell** in bestimmten Sachverhalten auftreten kann. Es handelt sich um die gedachte Möglichkeit einer konkreten Gefahr aus einem typischerweise gefährlichen Sachverhalt.[321] Das Vorliegen der abstrakten Gefahr ist zentrale Voraussetzung für die Eröffnung des polizeilichen Handlungsraumes.[322]

Beispiel: 236
Nicht angeleinte Hunde, die innerhalb einer Großstadt in Fußgängerzonen und Hauptverkehrsstraßen mitgeführt werden, stellen eine abstrakte Gefahr dar. Nicht jeder Hund stellt bereits eine konkrete Gefahr dar. Hunde, die sich in Menschenansammlungen aufhalten, können jedoch aufgrund ihres Rudelinstinktes vereinzelt Schaden anrichten.

237 Das Vorliegen einer abstrakten Gefahr reicht aus, um eine (abstrakt-generelle)[323] **Verordnung** zu erlassen (vgl. § 25 S. 1 OBG NRW i.V.m. § 27 I OBG NRW). Der Nachweis einer Gefahr im Einzelfall braucht folglich bei Bekämpfung einer Gefahr mittels Verordnung nicht erbracht zu werden.[324]

238 Die Unterscheidung zwischen der konkreten und der abstrakten Gefahr betrifft somit verschiedene Sachverhalte und ist deshalb immer für unter-

---
[319] *Götz*, § 6 Rn. 17; *Denninger*, in: Lisken/Denninger, E Rn. 42.
[320] *Schoch*, JuS 1994, 667 (668).
[321] *Denninger*, in: Lisken/Denninger, E Rn. 42; *BVerwG*, DÖV 1970, 713 (715); *BVerwG*, DVBl. 1973, 857 (859).
[322] *Soiné*, DÖV 2000, 173, 174.
[323] Zur Unterscheidung vgl. *Maurer*, AllgVerwR, § 9 Rn. 14 ff.
[324] *BVerfG*, DVBl. 2004, 698 („Kampfhundeentscheidung"); *VGH BW*, NVwZ-RR 1993, 187; zur Abgrenzung von abstrakter Gefahr und Gefahrenvorsorge: *Möstl*, Jura 2005, 48 (51 ff.).

schiedlich zu treffende Maßnahmen bedeutsam. Es handelt sich nicht um unterschiedliche Gefahrenstufen,[325] denn an die Wahrscheinlichkeit des Schadenseintritts sind bei konkreter und abstrakter Gefahr die gleichen Anforderungen zu stellen.[326]

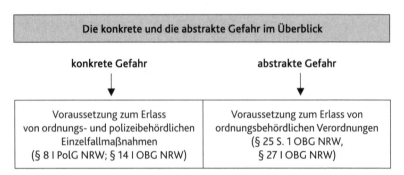

II. Differenzierung nach Gefahrenlagen

239 In der Dogmatik des Polizei- und Ordnungsrechts wird im Allgemeinen zwischen vier verschiedenen Gefahrenlagen differenziert.[327] Sinn und Zweck dieser Unterscheidung ist es, Besonderheiten, die im Rahmen einer Prognoseentscheidung typischerweise auftreten können, anschaulich zu machen. So kann es zum Beispiel problematisch sein, ob ein Schadenseintritt nur möglich oder schon wahrscheinlich ist; ebenfalls können Situationen entstehen, in denen der Amtswalter eine fehlerhafte Prognoseentscheidung trifft. Gemeinhin wird unterschieden zwischen einer tatsächlichen Gefahrensituation, dem Gefahrenverdacht, der Anscheinsgefahr und der Putativgefahr.[328]

1. Tatsächliche Gefahrensituation

240 In der Regel stellt sich die Prognoseentscheidung des Amtswalters als richtig heraus. Die von ihm **vermutete Gefahrenlage entspricht auch aus objektiver Sicht der tatsächlichen Gefahrensituation**.[329] Die Beurteilung der Tatsachengrundlage lässt den Eintritt eines Schadens als hinreichend wahrscheinlich erscheinen. Aus objektiver Sicht ist somit die Wahrscheinlichkeit eines Schadenseintritts nach der Lebenserfahrung zu erwarten bzw. nicht nur entfernt möglich.[330]

---

[325] *Götz*, § 6 Rn. 22.
[326] *BVerwG*, DÖV 1970, 713 (715).
[327] So z.B *Schoch*, JuS 1994, 667 (668f.).
[328] Eingehend zum Gefahrenbegriff: *BayVGH*, JA 2009, 911.
[329] *Schoch*, JuS 1994, 667 (668).
[330] Vgl. Rn. 82.

2. Anscheinsgefahr

Die Anscheinsgefahr umschreibt eine Situation, in der sich der handelnden Behörde (bzw. dem für diese handelnden Beamten) ein Sachverhalt so darstellt, dass im Zeitpunkt des Einschreitens (ex-ante) davon ausgegangen werden darf, dass eine Gefahr vorliegt, sich aber im Nachhinein (ex-post) herausstellt, dass eine Gefahr tatsächlich nicht gegeben war.[331] In derartigen Situationen besteht aus **Sicht des Beamten** nach Anwendung angemessener Erkenntnismittel[332] und aufgrund seiner Sachverhaltseinschätzung die hinreichende Wahrscheinlichkeit eines Schadenseintritts. **Auch ein objektiver Beobachter** wäre an der Stelle des handelnden Beamten zu der gleichen Lageeinschätzung gekommen. Eine Pflichtwidrigkeit kann dem handelnden Beamten hier somit nicht vorgeworfen werden. 241

Unter dem Gesichtspunkt der Prognose aus ex-ante-Sicht ergeben sich hier Parallelen zur Beurteilung einer tatsächlichen Gefahrensituation. Der Erkenntnisstand zur „wahren" Sachverhaltslage ist im Zeitpunkt des Einschreitens notwendigerweise durch die **subjektive Sicht** des **handelnden Beamten** begrenzt. Die Funktion des Gefahrenabwehrrechts gebietet jedoch eine wirksame Unterbindung objektiv gefährlich erscheinender Geschehensabläufe.[333] Von daher sind Maßnahmen der Behörde solange rechtmäßig, bis zu erkennen ist, dass tatsächlich keine Gefahr besteht. Zur Bejahung einer Gefahr (und damit der Bejahung der Erforderlichkeit einer Gefahrenabwehrmaßnahme) ist es somit **unschädlich,** ob sich ein unterschiedliches Ergebnis bei einer ex-ante- und einer ex-post-Betrachtung ergibt, **solange** die **ex-ante Beurteilung pflichtgemäß** erfolgte. 242

Beispiel:[334] 243
Die Polizei wird zur Erdgeschosswohnung des U gerufen, die an einer Einkaufsstraße liegt. Vorbeigehende Passanten hatten aus dieser Wohnung Hilferufe gehört. Als den Beamten die Tür nicht geöffnet wird, treten sie diese ein. Beim Betreten der Wohnung stellen sie fest, dass die täuschend echt klingenden Rufe von einem Papagei des Wohnungseigentümers U stammten, den dieser vorübergehend allein gelassen hatte.
Zum Zeitpunkt des Einschreitens mussten die Polizisten annehmen, dass sich in der Wohnung des U eine Person in einer Notlage befand. Aus ex-ante-Sicht war von einer hinreichenden Wahrscheinlichkeit eines Schadens für die öffentliche Sicherheit (hier: Leben oder Gesundheit eines Menschen, ggf. auch die Rechtsordnung) auszugehen. Da objektiv kein Schadenseintritt drohte, lag eine Anscheinsgefahr vor.

---

[331] *Schoch,* JuS 1994, 667 (668f.); *Möller/Wilhelm,* 3. Abschnitt 3.3.3.2.; *Schenke,* in: Steiner, BesVerwR, Rn. 57; *Erichsen/Wernsmann,* Jura 1995, 219 (220); *Götz* ist der Auffassung, auf die Figur der Anscheinsgefahr könne vollständig verzichtet werden: *Götz,* § 7 Rn. 39f.
[332] *Möller/Wilhelm,* 3. Abschnitt 3.3.3.2.
[333] *Schoch,* JuS 1994, 667 (668f.)
[334] Beispiel nach *Erichsen/Wernsmann,* Jura 1995, 219.

3. Putativgefahr (Scheingefahr)

244 Von der Anscheinsgefahr ist die Putativ- bzw. Scheingefahr zu unterscheiden. Gemeinsam ist beiden Sachverhaltskonstellationen, dass bei einer Betrachtung ex-post keine tatsächliche Gefahrensituation vorlag. Der Unterschied besteht darin, dass der handelnde Beamte im Falle der Putativgefahr gar keine Gefahr annehmen durfte. Bei einer Putativgefahr **meint** der handelnde Beamte **irrig**, dass eine Gefahrensituation vorliege, ohne dass dafür hinreichende Anhaltspunkte vorhanden sind.[335] Er ist sich seines Irrtums nicht bewusst. Der Irrtum kann sich einerseits daraus ergeben, dass er **pflichtwidrig** die ihm zur Verfügung stehenden und der Situation angemessenen Mittel zur Sachverhaltsaufklärung nicht ergriffen hat.[336] Andererseits ist auch denkbar, dass er zwar auf Grundlage eines vollständigen Tatsachenbildes entschieden hat; seine Prognoseentscheidung ist jedoch unzutreffend, weil sie nicht der Wertung eines gewissenhaft, besonnen und sachkundig handelnden Beamten entspricht.

245 Die **Beurteilung der Pflichtwidrigkeit** des Verhaltens ist anhand des Maßstabs eines objektiven Beobachters vorzunehmen. Hätte ein objektiver Beobachter in der Situation des (die Situation subjektiv einschätzenden) Beamten eine andere Beurteilung vorgenommen, ist das konkrete Handeln des Beamten als rechtswidrig einzustufen. Da die Putativgefahr keine Gefahr im Sinne der Generalklausel ist, sind eventuell ergriffene „Gefahrenabwehrmaßnahmen" rechtswidrig.[337]

246 Beispiel:

Ein Fernsehteam hat für genehmigte Außenaufnahmen eines Krimis einen Teil einer Straße mit Markierungsbändern abgesperrt und diverse, gut sichtbare Scheinwerfer zur Szenenbeleuchtung aufgestellt. Ein vorbeikommender Streifenpolizist erkennt den schauspielenden Bankräuber nicht als Teilnehmer einer gestellten Fernsehaufnahme und greift in das Geschehen unterbindend ein. Jeder gewissenhaft handelnde Polizist hätte die gestellte Szene erkannt und als ungefährliche Situation beurteilt.

4. Gefahrenverdacht

247 Ein Gefahrenverdacht liegt dann vor, wenn die Polizei- oder Ordnungsbehörde über Anhaltspunkte verfügt, die auf das Vorliegen einer tatsächlichen Gefahr hindeuten, sich aber **bewusst** ist, dass ihre **Erkenntnisse** diesbezüglich **unvollständig** sind und eine Gefahr daher möglicherweise doch nicht vorliegt.[338] Die Behörde hält den Eintritt eines Schadens

---

[335] *Schoch*, JuS 1994, 667 (669).
[336] *Möller/Wilhelm*, 3. Abschnitt 3.3.3.1.
[337] *Schoch*, JuS 1994, 667 (669); *Schenke*, in: Steiner, BesVerwR, Rn. 58; *Möller/Wilhelm*, 3. Abschnitt 3.3.3.1.; *Erichsen/Wernsmann*, Jura 1995, 219 (220).
[338] *Schenke*, in: Steiner, BesVerwR, Rn. 59; *Götz*, § 6 Rn. 28; *Erichsen/Wernsmann*, Jura 1995, 219 (221).

II. Differenzierung nach Gefahrenlagen

in Fällen des Gefahrenverdachts nur für **möglich** und nicht für wahrscheinlich.[339] Die Erkenntnislücken der handelnden Behörde können sowohl hinsichtlich der Diagnose des vorliegenden Sachverhalts als auch hinsichtlich des zu prognostizierenden Kausalverlaufes bestehen.[340] Kennzeichnend für einen Gefahrenverdacht (dieser Begriff wird übrigens vom Gesetzgeber selbst nicht verwendet) zum maßgeblichen Beurteilungszeitpunkt ist damit eine Situation, die ebenso gut gefährlich wie auch ungefährlich sein kann.[341]

a) Zulässigkeit von Gefahrenabwehrmaßnahmen

Die Existenzberechtigung der Gefahrenlage „Gefahrenverdacht" wird ausführlich diskutiert.[342] Überflüssig wird diese Figur in dem Moment, in dem das Vorliegen einer Gefahr als wahrscheinlich prognostiziert wird. Dann steigert sich die Verdachtsprognose bereits zu einer hinreichend wahrscheinlichen Gefahr. Diese berechtigt die Polizei- oder Ordnungsbehörde dann zum Einschreiten aufgrund der Ermächtigungsgrundlagen zur Gefahrenabwehr.

Fraglich sind Fälle, in denen der Grad der hinreichenden Wahrscheinlichkeit nicht erreicht wird. Es stellt sich die Frage, ob ein solcher Gefahrenverdacht – ebenso wie die Anscheinsgefahr – als Gefahr im Sinne des § 8 I PolG NRW und § 14 I OBG NRW einzuordnen ist und zu Gefahrenabwehrmaßnahmen berechtigt. Die Frage wird unterschiedlich beurteilt. Im Wesentlichen werden hierzu drei Meinungen vertreten.

Nach einer Auffassung stellt ein Gefahrenverdacht **nie eine Gefahr** im Sinne der gefahrenabwehrrechtlichen Generalklauseln dar.[343] Ein Verdacht sei etwas anderes als eine Gefahr; beides sei daher nicht gleichzusetzen.[344] Schon per definitionem wisse der handelnde Beamte nicht genau, ob eine Gefahr tatsächlich vorliege; die Annahme einer Gefahr scheide daher aus.[345] Nach anderer Auffassung ist der Gefahrenverdacht **immer als Gefahr** im Sinne der Generalklauseln anzusehen.[346] Denn letztlich sei der Gefahrenverdacht nichts weiter als eine Gefahr mit geringerer Eintrittswahrscheinlichkeit.[347] Die Ungewissheit sei Teil der Gefahrendefinition. Auch im Falle

248

249

250

---

[339] *Weiß*, NVwZ 1997, 737; *Schoch*, JuS 1994, 667 (669).
[340] *Möller/Wilhelm*, 3. Abschnitt 3.3.3.3.
[341] *Schoch*, JuS 1994, 667 (669).
[342] *Schenke*, in: Steiner, BesVerwR, Rn. 59; *Möller/Wilhelm*, 3. Abschnitt 3.3.3.3.; *Denninger*, in: Lisken/Denninger, E Rn. 50; *Gusy*, Rn. 123, bezüglich Anscheinsgefahr.
[343] So z. B. *Möller/Wilhelm*, 3. Abschnitt 3.3.3.3., ebenso *Götz*, § 6 Rn. 29, der jedoch eine entsprechende Anwendung der Generalklauseln für möglich hält.
[344] *Götz*, § 6 Rn. 29.
[345] *Möller/Wilhelm*, 3. Abschnitt 3.3.3.3.
[346] *Darnstädt*, Gefahrenabwehr und Gefahrenvorsorge, 1983, S. 94ff.; *Schneider*, DVBl. 1980, 406ff.; *Brandt/Smeddinck*, Jura 1994, 225 (230); *Gerhardt*, Jura 1987, 521 (525); *Oldiges* in: Grimm/Papier, S. 258 f.
[347] *Darnstädt*, Gefahrenabwehr und Gefahrenvorsorge, 1983, S. 94ff.; und *Brandt/Smeddinck*, Jura 1994, 225 (230).

minderer Wahrscheinlichkeit sei eine Gefahr im Sinne der Generalklauseln anzunehmen.[348] Nach einem dritten Ansatz ist bei einem Gefahrenverdacht **nur dann** von einer Gefahr im Sinne der Generalklauseln auszugehen, **wenn die Möglichkeit besteht, dass bedeutende Rechtsgüter verletzt werden (qualifizierter Gefahrenverdacht).**[349] Die Generalklauseln seien mit Rücksicht auf das Bedürfnis nach effektiver Gefahrenabwehr auszulegen. Dieses Bedürfnis könne bei bedeutenden Rechtsgütern so hoch sein, dass Gefahrenabwehrmaßnahmen zulässig sein müssten.[350]

251 Ob der Gefahrenverdacht als Gefahr im Sinne der Generalklauseln zu sehen ist, ist durch **Auslegung** zu ermitteln. Die grammatikalische Interpretation des Begriffs „Gefahr" kommt zu keinem eindeutigen Ergebnis. Denn mit dem Wortsinn ist es zu vereinbaren, die Gefahr sowohl als „Wahrscheinlichkeit" eines Schadenseintrittes als auch als „Möglichkeit" eines solchen zu verstehen. Die aufgeworfene Frage lässt sich jedoch anhand von teleologischen Überlegungen beantworten. Die Aufgabe der Polizei- und Ordnungsbehörden ist die Gefahrenabwehr, d.h. der Schutz bestimmter Rechtsgüter (vgl. § 1 I 1 PolG NRW; § 1 I OBG NRW). Diese Aufgabe muss auch in Fällen erfüllt werden, in denen eine Unsicherheit darüber besteht, ob überhaupt eine tatsächliche Gefährdung eines Rechtsgutes vorliegt. Hier kollidiert das Bedürfnis eines effektiven Rechtsgüterschutzes mit dem grundrechtlich geschützten Anspruch des Bürgers auf Freiheit vor staatlichen Eingriffen. Es ist davon auszugehen, dass der Gesetzgeber die Effektivität der Gefahrenabwehr höher bewertet, soweit es um den Schutz bedeutender Rechtsgüter geht (qualifizierter Gefahrenverdacht). Sofern also hochrangige Rechtsgüter betroffen sind, ist über die Klärung der Gefahrensituation hinaus auch eine Gefahrenabwehrmaßnahme zulässig.[351] In anderen Fällen reicht die bloße Möglichkeit eines Schadenseintritts nicht für eine Abwehrhandlung aus. Es ist daher der dritten Auffassung zu folgen. Mit ihr ist davon auszugehen, dass in Fällen der potentiellen Schädigung besonders bedeutsamer Rechtsgüter auch die bloße Möglichkeit einer Schädigung eine Gefahr im Sinne des § 8 I PolG NRW und des § 14 I OBG NRW darstellt, die zu Gefahrenabwehrmaßnahmen berechtigt.

252 Beispiel:
Der Polizei wird an einem Freitag um 22.00 Uhr durch einen anonymen Anrufer mitgeteilt, dass in 20 Minuten in einer stark besuchten Diskothek eine Bombe explodieren werde. Die Polizei fordert daraufhin die Besucher der Diskothek auf, die betreffenden Räumlichkeiten zu verlassen.[352]

---

[348] *Darnstädt*, Gefahrenabwehr und Gefahrenvorsorge, 1983, S. 94 ff.
[349] *Ehlers*, DVBl. 2003, 336, 337; *Lisken*, in: Lisken/Denninger, E Rn. 48. *Schoch*, in: Schmidt-Aßmann/Schoch, 2. Kap. Rn. 98.
[350] *Lisken*, in: Lisken/Denninger, E Rn. 48; *Schoch*, in: Schmidt-Aßmann/Schoch, 2. Kap. Rn. 98.
[351] So auch *Schoch*, in: Schmidt-Aßmann/Schoch, BesVerwR, 2. Kap., Rn. 98.
[352] Beispiel nach *OLG Stuttgart*, NJW 1992, 1396.

Wegen der Bedeutung der möglicherweise gefährdeten Rechtsgüter ist von einer Gefahr im Sinne der Generalklauseln auszugehen. Maßnahmen, die unmittelbar der Gefahrenabwehr dienen, sind hier daher zulässig.

b) Zulässigkeit von Gefahrerforschungsmaßnahmen

Unter Gefahrerforschungsmaßnahmen versteht man vorläufige Maßnahmen, die nicht unmittelbar einer Gefahrenabwehr, sondern der weiteren Erforschung des Sachverhalts und der Vorbereitung von endgültigen Abwehrmaßnahmen dienen.[353] Bei der Rechtmäßigkeit solcher Gefahrerforschungsmaßnahmen ist zu unterscheiden zwischen Maßnahmen, die, sofern sie auf die Generalklauseln gestützt sind, noch von ihnen gedeckt werden, und solchen, bei denen die hinreichende Wahrscheinlichkeit einer Gefahr im maßgeblichen Zeitpunkt noch nicht besteht. Die Problematik der Gefahrerforschungsmaßnahmen liegt nicht bei dem Begriff der Gefahr, sondern in der Rechtsfolge.

253

aa) Gefahrerforschungsmaßnahmen bei Gefahrwahrscheinlichkeit

Sofern nach den behördlichen Erkenntnissen bereits ein Schadenseintritt wahrscheinlich ist, sind Gefahrerforschungsmaßnahmen unzweifelhaft zulässig. In solchen Fällen berechtigen die **Generalklauseln** nicht nur zu Gefahrenabwehrmaßnahmen, sondern erst recht zu Gefahrerforschungsmaßnahmen.[354] Die handelnde Behörde darf allerdings auch bei einer Gefahrerforschungsmaßnahme nicht gegen das aus dem Verhältnismäßigkeitsprinzip hergeleitete Übermaßverbot (vgl. §§ 2 I PolG NRW, 15 I OBG NRW) verstoßen. Bei der Wahl der ihr zur Verfügung stehenden Mittel hat die handelnde Behörde stets nach dem Grundsatz des geringsten Eingriffs solche Maßnahmen auszuwählen, die in der jeweiligen Situation erforderlich und angemessen sind.[355]

254

bb) Gefahrerforschungsmaßnahmen bei fehlender Gefahrenwahrscheinlichkeit

Problematisch wird die Beurteilung der Rechtmäßigkeit von Gefahrerforschungsmaßnahmen, wenn von vornherein die Wahrscheinlichkeit einer Gefahr nicht gegeben ist. Dabei ist zu unterscheiden zwischen Maßnahmen, die Rechtseingriffe beim Betroffenen zur Folge haben, und solchen Maßnahmen, bei denen Rechtspositionen nicht beeinträchtigt werden.

255

(1) Keine Beeinträchtigung von Rechtspositionen

Bereits aufgrund des in § 24 VwVfG niedergelegten Untersuchungsgrundsatzes sind Gefahrerforschungsmaßnahmen von der Verwaltung selbst durchzuführen;[356] unproblematisch ist das dann möglich, wenn durch derar-

256

---
[353] *Schoch*, JuS 1994, 667 (669); *Schenke*, in: Steiner, BesVerwR, Rn. 61.
[354] *Weiß*, NVwZ 1997, 737, 739.
[355] *Michaelis*, JA 2003, 198.
[356] *Schoch*, JuS 1994, 667 (669).

tige Maßnahmen keine Eingriffe in Rechtspositionen eines Betroffenen entstehen.[357]

Beispiel:
Streifenfahrt von Polizeibeamten.

(2) Beeinträchtigung von Rechtspositionen

257 Sofern in Rechtspositionen des Betroffenen eingegriffen wird, muss die handelnde Behörde sich auf eine gesetzliche Grundlage stützen können. Dies ergibt sich aus den einzelnen Grundrechtsvorbehalten und dem Prinzip vom Vorbehalt des Gesetzes.

Beispiel:
Betreten von Wohn- und Geschäftsräumen.

258 **Teilweise** wird jedoch vertreten, dass den **Generalklauseln** die Befugnis zur Durchführung von Gefahrerforschungsmaßnahmen immanent sei.[358] Die Generalermächtigungen umschließen nach dieser Ansicht bei hinreichendem Verdacht einer Gefahrensituation die Aufgabe und die Befugnis, Maßnahmen zur Gefahrerforschung, einschließlich solcher zur Gefahrenursachenerforschung, zu treffen.[359] Insoweit stelle die Gefahrerforschungsmaßnahme eine vorläufige[360] bzw. eine vorsorgliche[361] Maßnahme für den Fall des Vorhandenseins einer Gefahr dar. Die Inanspruchnahme desjenigen, der im Gefahrenfalle als Verantwortlicher heranzuziehen wäre, geschehe damit nur vorläufig.[362] Sofern sich im Nachhinein herausstelle, dass der vorläufig Inanspruchgenommene nicht Verantwortlicher gewesen sei, könne er als Nichtstörer Entschädigung verlangen.[363]

259 Diese Auffassung bezieht jedoch nicht in ausreichendem Maße mit ein, dass das Vorliegen einer „im einzelnen Falle bestehenden Gefahr" Tatbestandsvoraussetzung der Generalklauseln ist. Sofern ein Nichtstörer in Anspruch genommen werden soll, müssen die in § 19 I OBG NRW und § 6 I PolG NRW qualifizierten Voraussetzungen einer Gefahrenlage gegeben sein. Für Eingriffe, bei denen diese Anforderungen nicht vorliegen, kann auch nicht auf die Generalklausel zurückgegriffen werden; denn bereits diese fordert zumindest die hinreichende Wahrscheinlichkeit einer Gefahr, und diese Wahrscheinlichkeit liegt letztlich zum Zeitpunkt eines einfachen Gefahrenverdachts (im Gegensatz zum qualifizierten Gefahrenverdacht, siehe Rn. 251) nicht vor.

---

[357] *Schenke*, in: Steiner, BesVerwR, Rn. 62.
[358] *Götz*, § 6 Rn. 29.
[359] *Götz*, NVwZ 1994, 652, (655).
[360] *Di Fabio*, DÖV 1991, 629 (631 ff.).
[361] *Losch*, DVBl. 1994, 781.
[362] *VGH BW*, DÖV 1985, 687 (688); *Di Fabio*, DÖV 1991, 629 (631 f.).
[363] *Götz*, § 6 Rn. 29.

II. Differenzierung nach Gefahrenlagen

Sofern die Lücke im System der Ermächtigungsgrundlagen für den Fall 260
eines einfachen Gefahrenverdachts und einer darauf folgenden Gefahrerforschungsmaßnahme geschlossen werden soll, kommt auch die Figur des **vorläufigen Verwaltungsakts** nicht in Betracht. Zu beachten ist nämlich, dass im Bereich der Eingriffsverwaltung der Gesetzesvorrang und der Gesetzesvorbehalt uneingeschränkt gelten. Einzig im Bereich der Leistungsverwaltung kann aufgrund der Anwendung verschiedener Theorien[364] unter Umständen auf das Vorliegen einer Ermächtigungsgrundlage verzichtet werden. Es kann dem Gesetzgeber nicht unterstellt werden, den Bereich des Gefahrenabwehrrechts unvollständig geregelt zu haben.[365] Eingriffe, die sich unterhalb der Schwelle einer konkreten Gefahr bewegen, sind mangels Ermächtigungsgrundlage rechtswidrig.

Dem Einzelnen kann auch nicht gem. § 24 VwVfG NRW eine Duldungs- 261
pflicht für Gefahrerforschungsmaßnahmen in Gestalt behördlicher Maßnahmen aufgebürdet werden. Dies ergibt sich bereits aus dem Charakter des § 24 VwVfG NRW. Diese Vorschrift regelt ein Element des Verwaltungsverfahrens und enthält keine Ermächtigungsgrundlage für einen Eingriff in ein geschütztes Rechtsgut.[366] Auch wenn die Behörde nach § 24 I 2 VwVfG NRW befugt ist, Art und Umfang ihrer Ermittlungen selbst zu bestimmen, legen Vorrang und Vorbehalt des Gesetzes fest, dass ohne eine ausdrückliche Ermächtigungsgrundlage ein Eingriff in geschützte Rechtspositionen nicht zulässig ist.

Allein im Rahmen der Anwendung von § 26 II VwVfG NRW kann ein 262
Beteiligter innerhalb eines bestimmten Rahmens zu einer begrenzten Mitwirkung herangezogen werden. Eine **Mitwirkungspflicht** hat der Gesetzgeber gerade nicht festgelegt; die in § 26 II VwVfG NRW festgeschriebenen Verhaltensweisen lassen sich am ehesten unter den Begriff einer Mitwirkungsobliegenheit subsumieren.[367] Eine Pflicht der Verfahrensbeteiligten zum persönlichen Erscheinen, zur Auskunftspflicht oder zur Urkundsvorlage besteht nur in besonderen, spezialgesetzlich normierten Fällen (z. B. § 22 GaststättenG; § 208 BauGB; § 93 AO).[368]
Damit sind auf diese Vorschrift gestützte Eingriffe in Rechtspositionen rechtswidrig, sofern nicht durch andere spezialgesetzliche Vorschriften Duldungspflichten normiert sind.

Die Gefahrerforschungsmaßnahme lässt sich nach Meinungen in der Lite- 263
ratur jedoch in Fällen **fehlender Mitwirkung** mit einem anderen Argument über die Generalklausel rechtfertigen: Liegt die Situation eines Gefahrenverdachts vor und verhindert der Verdächtige die Sachverhaltsaufklärung, zu der die Behörde nach dem oben Gesagten verpflichtet ist, so verletzt der

---

[364] Lehre vom Eingriffsvorbehalt, Lehre vom Totalvorbehalt, Wesentlichkeitstheorie.
[365] *Schenke,* in: Steiner, BesVerwR, Rn. 63.
[366] *Möller/Wilhelm,* 3. Abschnitt 3.3.3.3.
[367] *Schenke,* in: Steiner, BesVerwR, Rn. 64.
[368] *Badura,* in: Erichsen/Ehlers, AllgVwR, § 37 I 4.

Verdächtige durch sein Verhalten das Schutzgut der öffentlichen Sicherheit in Gestalt der **Funktionsfähigkeit des Staates und seiner Behörden**.[369] In einer solchen Situation wäre demzufolge eine auf die Generalklausel gestützte Gefahrerforschungsmaßnahme rechtmäßig. Dies erscheint vor dem Hintergrund bedenklich, dass der Verstoß gegen eine Obliegenheit auf die Ebene einer Pflichtverletzung gehoben wird, um der Behörde die tatbestandlichen Voraussetzungen einer Ermächtigungsgrundlage zu schaffen.

c) Der Umfang der zulässigen Maßnahmen

264   Nicht eindeutig geklärt ist bislang, ob im Falle des Vorliegens eines Gefahrenverdachts nur Gefahrerforschungseingriffe oder auch weitergehende Eingriffe vorgenommen werden dürfen. Nach dem BVerwG seien Maßnahmen, die über die Aufklärung des Verdachts hinaus auf die Abwehr der vermuteten Gefahr gerichtet sind, ohne spezialgesetzliche Ermächtigung zur Gefahrenvorsorge *grundsätzlich* nicht zulässig, und zwar auch dann nicht, wenn höchstrangige Rechtsgüter auf dem Spiel stünden.[370] Damit dürften Verordnungsregelungen nicht mehr als auf Gefahrerforschungseingriffe gerichtet sein. Grundsätzlich entspricht es dem Verhältnismäßigkeitsprinzip, im Falle des Vorliegens eines bloßen Gefahrenverdachts lediglich vorläufige Maßnahmen zur weiteren Erforschung des Sachverhaltes für zulässig zu erachten. Im Einzelfall kann aber anderes gelten, weil sich irreparable Schadenszufügungen nicht ausschließen lassen, Gefahrerforschungseingriffe nicht möglich sind oder zu spät kommen und die Vorbereitung oder Vornahme von Abwehrmaßnahmen geeignet, erforderlich und verhältnismäßig erscheint.[371] Da es auf die Umstände des Einzelfalls ankommt, bedürfen Verordnungsregelungen, die auf der Grundlage eines Gefahrenverdachts zu weitergehenderen Maßnahmen als der Gefahrerforschung ermächtigen, einer besonders strengen Überprüfung am Maßstab des Übermaßverbotes.[372]

5. Latente Gefahr

265   Grundsätzlich ist für das Vorliegen einer Gefahr im Sinne der Generalklausel erforderlich, dass eine hinreichende Wahrscheinlichkeit bzgl. eines Schadenseintrittes in naher Zukunft besteht und nicht erst zu einem in der Ferne liegenden späteren Zeitpunkt.[373] Der von der Rechtsprechung[374] ent-

---

[369] *Möller/Wilhelm*, 3. Abschnitt 3.3.3.3; so im Ergebnis auch *Schenke*, in: Steiner, BesVerwR, Rn. 64.
[370] *BVerwG*, DVBl. 2002, 1562.
[371] *Denninger*, in: Lisken/Denninger, E Rn. 48.
[372] *Ehlers*, DVBl. 2003, 336, 338; *Weiß*, NVwZ, 1997, 737, 743.
[373] *Schenke*, in: Steiner, BesVerwR, Rn. 56.
[374] *OVG NRW*, OVGE 11, 250 ff. (sog. „Schweinemästerfall"); zu den „typischen" Fallgestaltungen der früheren Rechtsprechung siehe „Ahnenbrühefall": *OVG NRW*, Urteil vom 30. 5. 1952; abgedruckt in *Th. Vogel*, Gerichtsentscheidungen zum Polizeirecht 1971, S. 125 f.; „Tankstellenfall": *OVG Lüneburg*, OVGE 14, 396 ff.

II. Differenzierung nach Gefahrenlagen

wickelte Begriff der latenten Gefahr bezeichnet demgegenüber eine Sachlage, die im **Zeitpunkt ihrer Entstehung** nicht gefährlich war, sich jedoch viel später (u. U. erst nach mehreren Jahren) durch **Hinzutreten weiterer Umstände** zu einer Gefahren- oder Störungsquelle entwickelt.[375]

Der Rückgriff auf den latenten Störer ist in der Rechtsprechung lediglich deshalb als notwendig angesehen worden, weil die Lehre von der unmittelbaren Verursachung[376] in den Fällen zu unbilligen Ergebnissen führte, in denen eine Veränderung der Umwelt (z. B. die an einen Landwirtschaftsbetrieb heranrückende Wohnbebauung) die bis dahin „latente" Gefahr aktualisiert hat, obwohl diese Veränderung auf einem subjektiv öffentlichen Recht beruht und mit der Rechtsordnung übereinstimmt.[377] 266

Beispiel: 267
G errichtet ebenerdig eine Fischbrathalle, die er mit einem kleinen Schornstein versieht (latente Gefahr). Nach einigen Jahren wird auf dem Nachbargrundstück ein mehrgeschossiges Wohngebäude errichtet (subjektiv öffentliches Recht, mit der Rechtsordnung übereinstimmend). Das Ende des Schornsteins von Gs Fischbrathalle liegt jetzt unmittelbar vor einem Schlafzimmerfenster im dritten Stock des Neubaus. Für die Bewohner entstehen Gesundheitsgefahren durch die Ablüfte der Fischbrathalle. G wird aufgefordert, die Störungen zu unterlassen.

Eines Rückgriffs auf den Verursacher der latenten Gefahr bedarf es jedoch bei der im Rahmen der Unmittelbarkeitslehre erforderlichen Beurteilung dann nicht, wenn der unmittelbare Verursacher seinerseits die Gefahr durch rechtswidriges Verhalten herbeiführt. Er ist in diesem Fall verantwortlich. Dagegen lässt sich in den Fällen einer heranrückenden Bebauung einwenden, dass die Gefahr für die Wohnbevölkerung (z. B. bei Schweinemästern durch Geruchsimmissionen) entscheidend durch die Bebauungsplanung verursacht worden ist und sich Gefahrenbeseitigungsmaßnahmen bei Durchführung einer rechtmäßigen Planung möglicherweise erübrigt hätten.[378] 268

Im **Ergebnis unumstritten** ist, dass zu Beginn der Sachlage weder eine Gefahr noch eine Störung vorlag. Es erscheint daher sachgerecht, den später gefährlichen oder störenden Sachverhalt bezüglich einer Gefahr und Inanspruchnahme unter Rückgriff auf **spezialgesetzliche** Vorschriften (Immissionsschutzrecht, Recht der Bauleitplanung) in **Kombination** mit evtl. **Entschädigungsklauseln** zu beurteilen. Wird dabei zudem ein **strenger Verhältnismäßigkeitsmaßstab** angelegt, steht einer sachgerechten Beurtei-

---

[375] *Schenke,* in: Steiner, BesVerwR, Rn. 161; *Denninger,* in: Lisken/Denninger, E Rn. 66.
[376] Vgl. Rn. 359 ff.
[377] Vgl. *OVG NRW,* OVGE 11, 250; s. auch *Drews/Wacke/Vogel/Martens,* Gefahrenabwehr, S. 316, 322.
[378] *VG Gelsenkirchen,* NVwZ 1988, 1061.

lung auch diffiziler Sachverhalte nichts im Wege.[379] Der Rückgriff auf die sog. latente Gefahr erübrigt sich somit.

269

Überblick über die unterschiedlichen Gefahrenlagen

tatsächliche Gefahr	Anscheinsgefahr	Putativgefahr	Gefahrenverdacht
hinreichende Wahrscheinlichkeit eines Schadenseintritts aus ex-ante Sicht	hinreichende Wahrscheinlichkeit eines Schadenseintritts aus ex-ante Sicht	*keine hinreichende Wahrscheinlichkeit eines Schadenseintritts aus ex-ante Sicht*	*keine hinreichende Wahrscheinlichkeit eines Schadenseintritts aus ex-ante Sicht*
aus *ex-post* Sicht lag *tatsächlich eine Gefahr* vor	aus *ex-post* Sicht lag *keine Gefahr* vor	der *Amtswalter* nahm *pflichtwidrig* eine Gefahr an	Eintritt eines Schadens *wird pflichtgemäß für möglich gehalten*
⬇	⬇	⬇	⬇
Gefahr im Sinne der Generalklausel	Gefahr im Sinne der Generalklausel	keine Gefahr im Sinne der Generalklausel	u. U. Gefahr im Sinne der Generalklausel

III. Differenzierung nach Gefahrenstufen

270   In einigen polizeirechtlichen Standardermächtigungen, den Vollstreckungsvorschriften sowie in manchen Spezialgesetzen werden Eingriffstatbestände normiert, die qualifizierte Anforderungen an die Gefahrenlage stellen. Diese können sich auf bestimmte Verschärfungen im Hinblick auf das Wahrscheinlichkeitsurteil bzgl. des Schadenseintritts und/oder auf die Qualität bzw. Schwere des drohenden Schadens beziehen.[380]

1. Gegenwärtige Gefahr

271   Unter einer gegenwärtigen Gefahr[381] versteht man eine Situation, in der die Einwirkung des schädigenden Ereignisses bereits begonnen hat oder unmittelbar bzw. in allernächster Zeit mit an Sicherheit grenzender Wahr-

---

[379] So sind z.B. heute die sog. „Schweinemästerfälle" unter immissionsschutzrechtlichen Gesichtspunkten zu beurteilen; vgl. hierzu §§ 3, 4, 24, 25 BImSchG.
[380] *Denninger*, in: Lisken/Denninger, E Rn. 56; *Möller/Wilhelm*, 3. Abschnitt 3.3.4.; *Schoch*, JuS 1994, 667 (670).
[381] Vgl. die Legaldefinition in § 2 Nr. 3b bremPolG; § 2 Nr. 1b ndsSOG; § 3 Nr. 3b saSOG.

III. Differenzierung nach Gefahrenstufen   81

scheinlichkeit bevorsteht, so dass sofortiges Einschreiten geboten ist.[382] Qualifiziert ist diese Gefahrenstufe durch eine besondere **zeitliche Nähe der Gefahrenverwirklichung**.[383] Die gegenwärtige Gefahr bildet, meist in Verknüpfung mit einer weiteren Qualifikation (z. B. § 16 a I 1 Nr. 1 PolG NRW: „gegenwärtige Gefahr für Leib, Leben oder Freiheit"), eine Eingriffsschwelle, wenn das Rechtsgut, in das eingegriffen werden soll oder von dem eine Gefahr abgewehrt werden soll, einen besonderen Rang besitzt.[384]
Die gegenwärtige Gefahr ist **Tatbestandsmerkmal** u. a. folgender Vorschriften:
- §§ 50 II PolG NRW, 56 I Nr. 3 PolG NRW, 55 II VwVG NRW „Zulässigkeit des Verwaltungszwanges"
- §§ 19 I Nr. 1 OBG NRW, 6 I Nr. 1 PolG NRW „Inanspruchnahme eines Nichtstörers"
- §§ 16 a I 1 Nr. 1, 17 I Nr. 1, 18 I Nr. 1, 19 I Nr. 1, 20 I Nr. 1 PolG NRW „Datenerhebung"
- § 41 I Nr. 4 PolG NRW „Betreten und Durchsuchung von Wohnungen"
- § 31 I PolG NRW „Rasterfahndung"
- § 11 I 1 PsychKG NRW[385] „Voraussetzungen der Unterbringung psychisch Kranker"

Beispiel: 272
In einem Mehrfamilienhaus hat ein Mann in einer Etagenwohnung mehrere Personen als Geiseln in seiner Gewalt und droht, seine Geiseln zu erschießen. Die Polizei will die Wohnung des Geiselnehmers abhören, um in einem geeigneten Moment eine Befreiungsaktion der Geiseln durchzuführen. Dazu installiert sie in der Nachbarwohnung des Wohnungsinhabers geeignete Geräte, um die Zimmer, in denen die Geiseln gefangen gehalten werden, abhören zu können.

Teilweise verlangen Spezialvorschriften (vgl. § 15 I VersG[386] zum Verbot 273 einer Versammlung) einen gesteigerten Gefahrenbegriff in Gestalt einer **unmittelbaren Gefahr**. Hierunter wird die gesteigerte Wahrscheinlichkeit des Schadenseintrittes verstanden.[387] Eine unmittelbare Gefährdung liegt vor, wenn der drohende Schadenseintritt so nahe ist, dass er jederzeit, unter Umständen sofort, eintreten kann.[388] Diese Gefahrensteigerung kann inhaltlich gleichgesetzt werden mit der „gegenwärtigen Gefahr".[389]

---

[382] *BVerwGE* 45, 51 (58); *Möller/Wilhelm,* 3. Abschnitt 3.3.4.1.
[383] *Schenke,* in: Steiner, BesVerwR, Rn. 55.
[384] *Denninger,* in: Lisken/Denninger, E Rn. 53.
[385] Gesetz über Hilfen und Schutzmaßnahmen bei psychischen Krankheiten vom 17. 12. 1999 (GV. NRW. S. 662).
[386] Das aufgrund Art. 74 I Nr. 3 GG a. F. ergangene Versammlungsgesetz gilt gemäß Art. 125a I GG fort, ist allerdings keine abschließende Regelung und kann jederzeit durch Landesrecht ersetzt werden; zur Verfassungsmäßigkeit des bayrischen Verwaltungsgesetzes, *BVerfG,* JA 2009, 746.
[387] *VGH BW,* NVwZ-RR 1994, 87; *Götz,* Rn. 501.
[388] *Dietel/Gintzel/Kniesel,* § 15 Rn. 24.
[389] *Götz,* § 6 Rn. 25; *Schoch,* JuS 1994, 667 (670); *Kay/Böcking,* Rn. 90.

Beispiel:
Im Rahmen einer angemeldeten Demonstration erkennt die Polizei, dass sich mehrere Teilnehmergruppen vermummen und während des Demonstrationszuges von einer nahe gelegenen Baustelle Pflastersteine und Eisenstangen aufgreifen und mitführen.

2. Gefahr im Verzug

274 Das Vorliegen einer Gefahr im Verzug führt zu einer **Kompetenzverlagerung** auf eine an sich nicht zuständige Behörde, weil ein Eingreifen der zuständigen Behörde oder eines zuständigen Gerichts nicht mehr abgewartet werden kann, da ansonsten notwendige Maßnahmen erschwert oder Erfolge vereitelt würden.[390] Bei einer Gefahr im Verzug liegt damit eine Sachlage vor, in der die handelnde Behörde auf bestimmte Form- oder Verfahrensvorschriften verzichten darf, um einen drohenden Schadenseintritt rechtzeitig zu verhindern. Ebenso kann von der für Ordnungsverfügungen grundsätzlich vorgesehenen Schriftform abgesehen werden, wenn die Einhaltung der Formvorschrift so viel Zeit in Anspruch nehmen würde, dass eine effektive Gefahrenabwehr nicht mehr möglich wäre.

Die Gefahr im Verzug ist **Tatbestandsmerkmal** u. a. folgender Vorschriften:
- § 10 III 2 PolG NRW „Zwangsweise Vorführung"
- § 42 I 1 PolG NRW „Durchsuchung von Wohnungen"
- § 20 I 2 OBG NRW „Schriftformerfordernis"
- § 28 II Nr. 1 VwVfG NRW „Anhörung"
- sinngemäß auch § 1 I 2 PolG NRW „Eilzuständigkeit"

Beispiel:
Grundsätzlich ist eine Wohnungsdurchsuchung aufgrund einer richterlichen Anordnung durchzuführen; besteht Gefahr im Verzug, darf die Polizei die Durchsuchung ohne richterliche Anordnung vornehmen.

3. Erhebliche Gefahr

275 Eine Gefahr ist erheblich, wenn sie einem **bedeutenden Rechtsgut** (Leib, Leben, Freiheit, Gesundheit, wesentliche Vermögenswerte) droht. Diese Voraussetzung muss z. B. gegeben sein, um im Falle eines polizeilichen Notstandes (bei dem die Gefahr zudem gegenwärtig sein muss) eine nicht verantwortliche Person in Anspruch nehmen zu können. Es erfolgt eine Steigerung unter dem Gesichtspunkt der **hohen Wertigkeit** der gefährdeten Schutzgüter. In einigen Landesgesetzen[391] sind diese definiert als Gefahr für bedeutsame Rechtsgüter wie Bestand des Staates, Leben, Gesundheit, Freiheit und nicht unwesentliche Vermögenswerte.[392]

---

[390] *Möller/Wilhelm*, 3. Abschnitt 3.3.4.3.
[391] Vgl. § 2 Nr. 3 c bremPolG; § 2 Nr. 1 c ndsSOG; § 3 Nr. 3 c saSOG.
[392] *Götz*, § 6 Rn. 26, § 10 Rn. 4; *Schenke*, in: Steiner, BesVerwR, Rn. 55; *Möller/Wilhelm*, 3. Abschnitt 3.3.4.3.

III. Differenzierung nach Gefahrenstufen

Beispiel:
Bei dem Brand einer kleinen Holzhütte in einer Ferienhaussiedlung werden Schaulustige von der unverzüglich eingetroffenen Polizei aufgefordert, bis zum Eintreffen der Feuerwehr aus einem nahegelegenen Teich Löschwasser mit Eimern heranzuholen, um eine Ausweitung des Brandes zu verhindern und damit ein Übergreifen der Flammen auf andere Holzhütten zu unterbinden.

Die erhebliche Gefahr ist **Tatbestandsmerkmal** u.a. folgender Vorschriften:
- § 19 I Nr. 1 OBG NRW „Inanspruchnahme eines Nichtstörers"
- § 6 I Nr. 1 PolG NRW „Inanspruchnahme eines Nichtstörers"

4. Gefahr für Leib oder Leben

Einen Sonderfall der erheblichen Gefahr stellt die Gefahr für Leib oder Leben dar, da hier bedeutende Rechtsgüter bereits im Tatbestand benannt sind. Voraussetzung dieser Gefahrenlage ist, dass eine schwere Körperverletzung oder der Tod einzutreten droht.[393] Eine leichte Körperverletzung allein reicht zur Bejahung einer derartigen Gefahr nicht aus.[394]

Die Gefahr für Leib oder Leben ist **Tatbestandsmerkmal** u.a. folgender Vorschriften:
- §§ 16 I Nr. 1, 17 I Nr. 1, 18 I Nr. 1, 19 I Nr. 1, 20 I Nr. 1 PolG NRW (erweitert um das Schutzgut „Freiheit einer Person") „Datenerhebung"
- § 35 I Nr. 1 PolG NRW „Gewahrsam"
- § 41 I Nr. 4 PolG NRW (erweitert um die Schutzgüter „Freiheit einer Person" und „Sachen von bedeutendem Wert") „Betreten und Durchsuchung von Wohnungen"
- § 61 II PolG NRW „Androhung unmittelbaren Zwanges"
- § 63 IV PolG NRW (beschränkt auf Lebensgefahr) „Allgemeine Vorschriften über den Schusswaffengebrauch"

Beispiel:
Ein Bankräuber verlässt die Bank nach dem Überfall mit einer Geisel, der er eine geladene Pistole an den Kopf hält, und droht, die Geisel zu erschießen.

5. Dringende Gefahr

Von einer dringenden Gefahr wird im Hinblick auf unterschiedliche Bezugspunkte gesprochen. Es wird dabei zum einen unterschieden nach der **Bedeutung** des bedrohten Rechtsgutes und zum anderen nach der **Zeit** und **Wahrscheinlichkeit** des Schadenseintritts.

---
[393] *Schoch*, JuS 1994, 667 (670).
[394] *Möller/Wilhelm*, 3. Abschnitt 3.3.4.4.

a) Bedeutung des bedrohten Rechtsgutes

278 Eine dringende Gefahr liegt nach der Rechtsprechung und einem Teil der Literatur vor, wenn eine Sachlage besteht, in der bei ungehindertem Ablauf des objektiv zu erwartenden Geschehens mit hinreichender Wahrscheinlichkeit einem besonders **wichtigen Rechtsgut** ein Schaden droht.[395] Eine dringende Gefahr bestehe nicht schon bei einer „bevorstehenden" oder „drohenden Gefahr"[396] im polizeirechtlichen Sinne, aber auch nicht erst bei einer „unmittelbar bevorstehenden Gefahr". Die Gefahr für die öffentliche Sicherheit oder Ordnung brauche noch nicht eingetreten zu sein; ausreichend sei, dass die Einschränkung des Grundrechts dazu diene, den Eintritt eines Zustands zu verhindern, der seinerseits eine dringende Gefahr für die öffentliche Sicherheit oder Ordnung darstelle.[397]

279 Nach dieser Ansicht kommt es allein auf die Wichtigkeit des bedrohten Rechtsgutes an; bezüglich des Vorliegens einer Gefahr wird hier auf das Vorstadium der Gefahr abgestellt.[398] Dabei wird (*„in eigenwilliger Rezeption"*)[399] an die Leitentscheidung des BVerfG[400] zu Art. 13 VII GG angeknüpft, wobei in Art. 13 VII GG jedoch von der „Verhütung dringender Gefahren" die Rede ist. In dieser Phase ist eine dringende Gefahr jedoch noch gar nicht eingetreten. Die Gefahrenverhütung liegt zeitlich vor der Gefahrenabwehr.[401] Eine konkrete Gefahr braucht demnach noch nicht vorzuliegen. Dadurch, dass auf das Vorstadium der konkreten Gefahr abgestellt wird, erfährt der Begriff der dringenden Gefahr nach dieser Ansicht nur eine qualitative und keine zeitliche Ausprägung.[402]

b) Zeit und Wahrscheinlichkeit des Schadenseintritts

280 Nach anderer Ansicht in der Literatur liege eine dringende Gefahr bei einer konkreten Gefahr vor, die eine Steigerung in qualitativer Hinsicht (z. B. für ein wichtiges Rechtsgut) erfahre.[403] Sofern Art. 13 VII GG von „dringenden Gefahren" spreche, wird eine **erhöhte Wahrscheinlichkeit** des Schadenseintritts verlangt.[404] Damit wird der Begriff der „dringenden Gefahr" in die Nähe der „gegenwärtigen erheblichen Gefahr"[405] bzw. in die Nähe der „Gefahr im Verzug"[406] gerückt.

---

[395] *BVerwGE* 47, 31 (40); *BVerwG*, NJW 1975, 130; *Jarass*, in: Jarass/Pieroth, GG, 10. Aufl. 2009, Art. 13 Rn. 37.
[396] *BVerfGE* 17, 232 (251 f.).
[397] *BVerfGE* 17, 232 (251 f.).
[398] *Kay/Böcking*, Rn. 93.
[399] So *Denninger*, in: Lisken/Denninger, E Rn. 63.
[400] *BVerfGE* 17, 232.
[401] *Denninger*, in: Lisken/Denninger, E Rn. 63.
[402] *Kay/Böcking*, Rn. 93.
[403] *BVerwGE* 47, 31 (40).
[404] *Schenke*, in: Steiner, BesVerwR, Rn. 55.
[405] So *Kay/Böcking*, Rn. 93.
[406] *Denninger*, in: Lisken/Denninger, E Rn. 63.

III. Differenzierung nach Gefahrenstufen

c) Diskussion

Zu diesen unterschiedlichen Ansichten wird angeführt, dass der Meinungsstreit unerheblich sei, weil polizeiliches Eingriffshandeln stets vor dem Hintergrund des Übermaßverbots erfolgen müsse. Jeder Eingriff habe erforderlich zu sein und von daher an einen konkreten Sachverhalt anzuknüpfen. Damit spreche mehr dafür, den Begriff der „dringenden Gefahr" in der Nähe der konkreten Gefahr für ein bedeutendes Rechtsgut anzusiedeln.[407]

Unseres Erachtens sind beide Elemente (sowohl die Bedeutung des Rechtsgutes als auch die zeitliche Komponente) zu kombinieren, da bereits in Art. 13 VII GG die Behebung der Raumnot, die Bekämpfung der Seuchengefahr und der Schutz gefährdeter Jugendlicher als Ausprägungen dringender Gefahren erwähnt werden und diese Sonderformen **beide Begriffselemente vereinigen.**[408] Die dringende Gefahr ist **Tatbestandsmerkmal** des § 41 III PolG NRW.

281

282

6. Gemeine Gefahr

Eine gemeine Gefahr liegt vor, wenn eine konkrete Gefahr für eine unbestimmte oder unbestimmbare Vielzahl von Personen oder Sachen von insgesamt hohem Wert besteht (z.B. Seuchen, Überschwemmungen). Der in Art. 13 VII GG im Zusammenhang mit der Unverletzlichkeit der Wohnung genannte Begriff der gemeinen Gefahr beinhaltet zugleich gegenwärtige Lebens- und Gesundheitsgefahren oder gegenwärtige Gefahren für bedeutende Sachwerte im Sinne des § 41 I Nr. 4 PolG NRW.[409] Dieser Gefahrenbegriff ist in Nordrhein-Westfalen nicht Bestandteil einer behördlichen Ermächtigungsgrundlage, sondern kommt im Rahmen der Prüfung der Verhältnismäßigkeit und Grundrechtskonformität zur Anwendung.

283

Beispiel:
Die Ordnungsbehörde ordnet die Räumung eines hochwassergefährdeten Stadtteils an.

---

[407] *Kay/Böcking*, Rn. 93.
[408] So auch *Denninger*, in: Lisken/Denninger, E Rn. 63.
[409] *Kay/Böcking*, Rn. 90; *Möller/Wilhelm*, 7. Abschnitt 7.3; *Schenke*, in: Steiner, BesVerwR, Rn. 55.

284–300 Systematisierung der qualifizierten Gefahrenstufen:

Qualifizierung durch eine **besondere Nähe des Schadenseintritts**	Qualifizierung durch **besondere Eigenschaften des Schutzgutes**	Qualifizierung durch die **Anzahl der gefährdeten Schutzgüter**
gegenwärtige Gefahr Das schädigende Ereignis hat bereits begonnen oder steht unmittelbar bevor	*erhebliche Gefahr* Gefahr für ein bedeutsames Schutzgut	*gemeine Gefahr* Gefahr für eine Vielzahl von Personen oder Sachen
Gefahr im Verzug Ohne sofortiges Eingreifen tritt der drohende Schaden ein	*Gefahr für Leib oder Leben* Der Tod eines Menschen oder eine nicht nur leichte Körperverletzung droht	

dringende Gefahr
Es droht ein Schaden für ein bedeutsames Schutzgut; das schädigende Ereignis hat bereits begonnen oder steht unmittelbar bevor

Kapitel H. Opportunitätsprinzip

Literatur: *Alexy,* Ermessensfehler, JZ 1986, 701 ff.; *Dietlein,* Der Anspruch auf polizei- oder ordnungsbehördliches Einschreiten – Zu den dogmatischen Grundlagen des drittschützenden Charakters der polizei- und ordnungsbehördlichen Generalklauseln, DVBl. 1991, 685; *Drews/Wacke/Vogel/Martens,* Gefahrenabwehr, S. 370 ff.; *Felix/Nitschke,* Störermehrheit im Polizei- und Ordnungsrecht, NordÖR 2004, 469 ff.; *Gusy,* Rn. 391 ff.; *Jestaedt,* in: Erichsen/Ehlers, AllgVerwR, § 10 Rn. 10 ff.; *ders.,* Der polizeiliche Ermessens- und Beurteilungsspielraum, DÖV 1976, 463 ff.; *Knemeyer,* Rn. 125 ff.; *ders.,* Funktionen der Aufgabenzuweisensnormen in Abgrenzung zu den Befugnisnormen, DÖV 1978, 11 ff.; *Krebs,* Zur verfassungsrechtlichen Verortung und Anwendung des Übermaßverbotes, Jura 2001, 228 ff.; *Maurer,* AllgVerwR, § 7; *Möller/Wilhelm,* 3. Abschnitt 5.; *v. Mutius,* Unbestimmter Rechtsbegriff und Ermessen im Verwaltungsrecht, Jura 1987, 92; *Peine,* AllgVerwR, § 4; *Rachor,* in: Lisken/Denninger, F Rn. 110 ff.; *Schenke,* in: Steiner, BesVerwR, Rn. 66 ff.; *Schoch,* in: Schmidt-Aßmann/Schoch, BesVerwR, 2. Kapitel Rn. 101 ff.; *ders.,* JuS 1994, 754 ff.; *ders.,* Jura 2004, 462 ff.; *Tettinger/Erbguth/Mann,* BesVerwR, Rn. 530 ff.

Rechtsprechung: BVerwGE, 37, 112 (Ermessensfehler bei Entschließungs- und Auswahlermessen); BVerwGE, 31, 212 (Ermessensbindung); BVerwGE, 11, 95 (Verpflichtung zum Einschreiten); *BVerwG,* DÖV 1969, 465 (Verpflichtung zum Einschreiten); *BVerwG,* BayVBl 1997, 23 (Anspruch auf ordnungsbehördliches Einschreiten); OVG Nds, NVwZ 1990, 786 (Auswahlermessen bei Mehrheit von Polizeipflichtigen).

I. Opportunitätsprinzip und Legalitätsprinzip

Nach § 14 I OBG NRW können die Ordnungsbehörden die notwendigen Maßnahmen treffen, um eine im einzelnen Fall bestehende Gefahr für die öffentliche Sicherheit oder Ordnung abzuwehren. Ähnlich formuliert ist § 8 I PolG NRW; nach dieser Vorschrift kann die Polizei die notwendigen Maßnahmen treffen, um eine im einzelnen Falle bestehende Gefahr für die öffentliche Sicherheit oder Ordnung abzuwehren. Beide Vorschriften sehen auf Tatbestandsebene konkrete Voraussetzungen vor; es muss jeweils eine Gefahr für ein Schutzgut vorliegen. Auf Rechtsfolgenebene wird der Verwaltung ein Spielraum eingeräumt. Die Behörden *„können"* hiernach „die notwendigen Maßnahmen" treffen. Der Gesetzgeber schreibt weder vor, *ob* die Behörden tätig werden müssen, noch regelt er das genaue *Wie* der Verwaltungstätigkeit. Dies ist Ausdruck des sog. Opportunitätsprinzips im Polizei- und Ordnungsrecht.[410] Anders als z. B. bei der Strafverfolgung, bei der die Polizei nach § 163 I StPO tätig werden *muss* (sog. Legalitätsprinzip), besteht bei der Gefahrenabwehr grundsätzlich keine gesetzliche Pflicht zum Handeln.[411]

301

---
[410] Dazu *Ossenbühl,* DÖV 1976, 463 ff.
[411] *Gusy,* Rn. 391.

II. Ermessen bei der Gefahrenabwehr[412]

302 Da weder § 14 I OBG NRW noch § 8 I PolG NRW in ihrer Rechtsfolgenregelung ein genaues behördliches Verhalten vorschreiben, sondern die Behörden die „*notwendigen Maßnahmen*" ergreifen „*können*", liegt kein Fall der gebundenen Verwaltung vor; die Gefahrenabwehrmaßnahmen nach den Generalklauseln stehen im pflichtgemäßen Ermessen der Polizei- und Ordnungsbehörden. Gleiches gilt auch für die spezialgesetzlichen Gefahrenabwehrmaßnahmen, d. h. für die sondergesetzlichen Eingriffsermächtigungen und die Standardbefugnisse nach Polizei- und Ordnungsrecht.[413] So haben nach § 61 I 2 BauO NRW die Bauaufsichtsbehörden zur Wahrnehmung ihrer in Satz 1 der Vorschrift aufgezählten Aufgaben „nach pflichtgemäßem Ermessen die erforderlichen Maßnahmen zu treffen". Im Bereich der Standardmaßnahmen des PolG NRW „kann" z. b. nach § 34 PolG NRW ein Platzverweis erteilt werden; nach § 41 I PolG NRW „kann" eine Wohnung betreten und durchsucht werden. Auch hier stehen die Maßnahmen im Ermessen der Polizeibehörde. Das **Opportunitätsprinzip** im Polizei- und Ordnungsrecht zieht sich wie ein roter Faden durch die gefahrenabwehrrechtlichen Ermächtigungsgrundlagen.

1. Ermessensfehler

303 Ermessen bedeutet nicht Beliebigkeit der Verwaltungsentscheidung.[414] Die Grenzen des polizeilichen Ermessens bestimmen sich mangels besonderer Regelungen im Polizei- und Ordnungsrecht nach den Grundsätzen des allgemeinen Verwaltungsrechts.[415] Nach § 40 VwVfG NRW hat eine Behörde, die ermächtigt ist, nach ihrem Ermessen zu handeln, dieses entsprechend dem Zweck der Ermächtigung auszuüben und die gesetzlichen Grenzen des Ermessens einzuhalten. Die Vorschrift umschreibt die rechtlichen Anforderungen an die Ermessensentscheidung; ein Verstoß gegen die drei dort normierten Ermessensgrenzen bedingt die Rechtswidrigkeit der Gefahrenabwehrmaßnahme.[416] Andererseits ist jede Verwaltungsentscheidung rechtmäßig, die den Rahmen des Ermessens beachtet.[417] Rechtswidrig ist die Verwaltungsentscheidung dann, wenn ein Ermessensnichtgebrauch, ein Ermessensfehlgebrauch oder eine Ermessensüberschreitung vorliegt.

a) Ermessensnichtgebrauch

304 Zunächst ergibt sich aus § 40 VwVfG NRW, dass die Behörde ihr Ermessen überhaupt auszuüben hat („die Behörde ... hat ihr Ermessen ... aus-

---
[412] Vgl. zum Ermessen Übersicht 6.
[413] *Schoch*, JuS 1994, 754.
[414] *Maurer*, AllgVerwR, § 7 Rn. 17.
[415] *Schoch*, in: Schmidt-Aßmann/Schoch, BesVerwR, 2. Kap. Rn. 104.
[416] *Schoch*, JuS 1994, 754 (756).
[417] *Peine*, AllgVerwR, Rn. 205.

II. Ermessen bei der Gefahrenabwehr

zuüben").[418] Das Recht zur Ermessensausübung beinhaltet die **Pflicht zur Ermessensbetätigung**.[419] Die Behörde muss wissen, dass ein Ermessensspielraum besteht. Ist sich die Behörde des Spielraums nicht bewusst und hält sie sich für verpflichtet, genau eine bestimmte Entscheidung zu treffen, so ergeht faktisch eine gebundene Entscheidung, obwohl der Gesetzgeber ausdrücklich eine einzelfallbezogene Ermessensbetätigung vorgesehen hat. Die getroffene Entscheidung verstößt daher gegen § 40 VwVfG NRW und ist rechtswidrig. Es liegt ein rechtswidriger Ermessensnichtgebrauch (auch Ermessensmangel oder Ermessensunterschreitung genannt) vor.

b) Ermessensfehlgebrauch

Nach § 40 VwVfG NRW hat die Behörde „ihr Ermessen entsprechend 305 dem Zweck der Ermächtigung auszuüben". Sie muss ihre Entscheidung am Zweck der Ermächtigungsgrundlage ausrichten. Für das Recht der Gefahrenabwehr heißt dies, dass die Behörde **nur zu Gefahrenabwehrzwecken** tätig werden darf. Schreitet ein Beamter nur aus persönlichen Gründen ein, so liegt ein Ermessensfehlgebrauch vor.[420] Gleiches gilt, wenn mit polizeilichen Maßnahmen fiskalische Zwecke verfolgt werden.[421]

c) Ermessensüberschreitung

Der dritte in § 40 VwVfG NRW niedergelegte Ermessensfehler ist die sog. 306 Ermessensüberschreitung. Die Behörde hat „die gesetzlichen Grenzen des Ermessens einzuhalten". Sie muss also den gesetzlich vorbestimmten **Rahmen möglicher Entscheidungen** beachten; die gesetzlichen Grenzen dürfen nicht überschritten werden. **Gesetzliche Grenzen** des Ermessens ergeben sich oft schon aus der **Ermächtigungsgrundlage** selbst.[422]

Beispiel: 307
Nach § 50 I i.V.m. § 53 I PolG NRW kann die Polizei im Rahmen des Verwaltungszwanges einen Verwaltungsakt durch die Festsetzung eines Zwangsgeldes durchsetzen. § 53 I PolG NRW sieht vor, dass das Zwangsgeld auf mindestens fünf und höchstens zweitausendfünfhundert Euro festgesetzt werden kann. Setzt ein Polizist ein Zwangsgeld von vier Euro fest, so hält er nicht die gesetzlichen Grenzen der Ermächtigungsgrundlage ein; es liegt eine Ermessensüberschreitung vor.

Die gesetzlichen Grenzen des behördlichen Spielraums können sich aber 308 auch aus anderen einfachgesetzlichen Normen ergeben. So ist der Grundsatz der Verhältnismäßigkeit im nordrhein-westfälischen Polizei- und Ordnungsrecht jeweils einfachgesetzlich normiert (vgl. § 2 PolG NRW und § 15

---

[418] *Schoch*, JuS 1994, 754 (756).
[419] *Schoch*, JuS 1994, 754 (756); v. *Mutius*, Jura 1987, 92 (99) m.w.N.
[420] *Schoch*, JuS 1994, 754 (756).
[421] *Maurer*, AllgVerwR, § 7 Rn. 22.
[422] *Maurer*, AllgVerwR, § 7 Rn. 20.

OBG NRW). Ist eine Maßnahme der Gefahrenabwehr nicht mehr mit dem Grundsatz der Verhältnismäßigkeit zu vereinbaren, so liegt auch hier eine Ermessensüberschreitung vor, da **einfachgesetzliche Grenzen** überschritten wurden.

309 Bei der Ermessensbetätigung muss die Behörde aber auch die „**grundgesetzlichen**" Grenzen ihres Spielraumes beachten. Eine Unvereinbarkeit der Entscheidung mit der Verfassung führt daher ebenfalls zu einer rechtswidrigen Ermessensüberschreitung.[423] Im Rahmen der Prüfung, ob im Einzelfall eine Ermessensüberschreitung vorliegt, ist daher auch zu untersuchen, ob die Entscheidung mit Freiheitsgrundrechten, Gleichheitsgrundrechten oder anderen **verfassungsrechtlichen Vorgaben** zu vereinbaren ist.[424] Ist eine Ordnungsverfügung beispielsweise nicht mit dem Grundrecht der Berufsfreiheit aus Art. 12 I GG zu vereinbaren, so liegt eine rechtswidrige Ermessensüberschreitung vor.

2. Gerichtliche Überprüfung von Ermessensentscheidungen

310 Dem durch § 40 VwVfG NRW konkretisierten Spielraum der Behörde auf materieller Ebene steht auf prozessualer Ebene § 114 VwGO gegenüber. Nach dieser Vorschrift prüft das Gericht bei Ermessensentscheidungen, ob ein Verwaltungsakt, die Ablehnung oder das Unterlassen eines Verwaltungsaktes rechtswidrig ist, „weil die gesetzlichen Grenzen des Ermessens überschritten sind oder von dem Ermessen in einer dem Zweck der Ermächtigung nicht entsprechenden Weise Gebrauch gemacht ist". § 114 VwGO beschränkt die richterliche Kontrolldichte auch bei Ermessensentscheidungen auf eine bloße **Rechtmäßigkeitskontrolle**. Das Gericht soll keine eigene Ermessensentscheidung treffen, sondern die Entscheidung der Behörde auf die in § 40 VwVfG NRW genannten Ermessensfehler hin überprüfen.[425]

311 | Merke:
– Im Polizei- und Ordnungsrecht steht es grundsätzlich im Ermessen der Behörden, ob und wie sie zur Gefahrenabwehr tätig werden (sog. **Opportunitätsprinzip**).
– Das Ermessen ist rechtmäßig ausgeübt, wenn keiner der in § 40 VwVfG NRW genannten Ermessensfehler gegeben ist (Ermessensnichtgebrauch, Ermessensfehlgebrauch oder Ermessensüberschreitung).

---

[423] So z.B. *Schoch,* JuS 1994, 754 (756); ebenso *Schenke,* Verwaltungsprozessrecht, Rn 738 ff.; die systematische Einordnung von Verfassungsverstößen in die Ermessenslehre wird jedoch unterschiedlich beurteilt. Nach *Jestaedt* (in Erichsen/Martens, AllgVerwR, § 10 Rn. 62) kann es sich um einen Fall des Ermessensfehlgebrauchs oder der Ermessensüberschreitung handeln. Nach *Maurer* (AllgVerwR, § 7 Rn. 23) ist hierin zudem ein eigenständiger Ermessensfehler zu sehen.
[424] *Schoch,* JuS 1994, 754 (756).
[425] *Hufen,* Verwaltungsprozessrecht, § 25 Rn. 24 ff.

- Ein **Ermessensnichtgebrauch** liegt vor, wenn die Behörde nicht erkennt, dass sie einen Entscheidungsspielraum hat.
- Ein **Ermessensfehlgebrauch** ist gegeben, wenn die getroffene Entscheidung nicht am Zweck der Ermächtigung orientiert ist.
- Eine **Ermessensüberschreitung** liegt vor, wenn der gesetzlich vorbestimmte Rahmen der Entscheidung überschritten wird. Zu beachten sind hier sowohl einfachgesetzliche als auch grundgesetzliche Bestimmungen.
- Bei der gerichtlichen Überprüfung von Ermessensentscheidungen prüft das Gericht gem. § 114 VwGO lediglich, ob Ermessensfehler i.S.d. § 40 VwVfG NRW vorliegen.

3. Arten des Ermessens

Steht eine behördliche Maßnahme im Ermessen der Behörde, so handelt diese rechtmäßig, solange nicht einer der drei Ermessensfehler vorliegt. Im konkreten Fall muss jede einzelne Entscheidung, die die Behörde trifft, ermessensfehlerfrei sein. Gefahrenabwehrbehörden verfügen über ein **doppeltes Ermessen**. In der Regel ermächtigen die Befugnisnormen die Behörde nicht nur dazu, zu entscheiden, **wie** sie tätig werden will; schon bei der Frage, **ob** sie überhaupt tätig werden will, steht der Behörde ein Ermessensspielraum zu. Man unterscheidet zwischen Entschließungs- und Auswahlermessen. 312

a) Entschließungsermessen

Nach den Befugnisnormen im nordrhein-westfälischen Gefahrenabwehrrecht sind die Behörden im Regelfall lediglich berechtigt, tätig zu werden; eine Pflicht zum Tätigwerden ergibt sich allein aus diesen Normen grundsätzlich nicht. Erfährt eine Polizei- bzw. Ordnungsbehörde, dass der Tatbestand einer Ermächtigungsgrundlage erfüllt ist, muss sie zunächst die Entscheidung treffen, ob sie überhaupt tätig werden will. Den Spielraum der Verwaltung, über ein Tätigwerden zu entscheiden, nennt man Entschließungsermessen.[426] 313

Teilweise wird vertreten, dass sich aus dem Zusammenspiel von Befugnisnormen, wie z.B. § 8 I PolG NRW, und Aufgabenzuweisungsnormen, wie z.B. § 1 I 1 PolG NRW, die **Pflicht** der Polizei ergebe, immer dann tätig zu werden, wenn eine Gefahr für die öffentliche Sicherheit oder Ordnung vorliegt. Ein eigenes Entschließungsermessen der Polizei sei daher zu verneinen.[427] 314

Dem kann jedoch nicht gefolgt werden. In § 1 PolG NRW und in § 1 OBG NRW weist der Gesetzgeber den Gefahrenabwehrbehörden bestimm- 315

---
[426] *Peine,* AllgVerwR, Rn. 204.
[427] Vgl. *Knemeyer,* DÖV 1978, 11 ff.; *ders.* VVDStRL 35 (1977), 221 (233 ff.); etwas einschränkend *ders.,* Rn. 129 f.

te Aufgabenbereiche zu.⁴²⁸ Die im Einzelnen zu treffenden Maßnahmen sind jedoch in Ermächtigungsgrundlagen normiert, die in besonderen Gesetzesabschnitten über die behördlichen Befugnisse niedergelegt wurden (§§ 8 ff. PolG NRW und §§ 14 ff. OBG NRW). Aus dieser Systematik wird deutlich, dass sich das konkrete Einschreiten im Einzelfall nach den Vorschriften über die behördlichen Befugnisse richtet. Die Aufgabenzuweisung in § 1 PolG NRW und in § 1 OBG NRW soll lediglich den **allgemeinen Aufgabenbereich** aufzeigen.⁴²⁹ Dieses Ergebnis ergibt sich auch bei folgenorientierter Auslegung. Würde man mit der Mindermeinung von einer generellen Rechtspflicht zur Gefahrenabwehr ausgehen, wäre es den Gefahrenabwehrbehörden bei der Vielzahl der Gefahren unmöglich, die Abwehrpflicht zu erfüllen. Ein permanentes Vollzugsdefizit wäre vorprogrammiert. Dieses Ergebnis kann der Gesetzgeber nicht gewollt haben. Eine generelle Pflicht der Behörden, bei Gefahren tätig zu werden, existiert daher nicht.⁴³⁰ Grundsätzlich steht es im Ermessen der Verwaltung, ob sie zur Abwehr von Gefahren tätig wird oder nicht. Sie hat ein Entschließungsermessen.

316 Schon die Entscheidung, ob die Behörde tätig wird oder nicht, kann durch mögliche Ermessensfehler zur Rechtswidrigkeit des Verwaltungshandelns führen. Entscheidet sich ein Polizeibeamter, bei einem bevorstehenden Einbruch nicht einzugreifen, weil das Opfer sein ihm unsympathischer Nachbar ist, so übt er sein Entschließungsermessen aufgrund **sachfremder Erwägungen** aus; es liegt ein **Ermessensfehlgebrauch** vor. Die Rechtswidrigkeit des polizeilichen Verhaltens liegt hier nicht unbedingt im Ergebnis der Entscheidung, sondern darin, wie dieses Ergebnis zustande gekommen ist. Es wäre durchaus denkbar, dass die Entscheidung, nicht einzuschreiten, rechtmäßig ist, wenn andere sachliche Gründe für eine Untätigkeit sprechen (z. B. weil bei einem polizeilichen Einschreiten unbeteiligte Dritte gefährdet werden könnten).

317 Es sind jedoch Fälle denkbar, in denen sich jede Entscheidung, untätig zu bleiben, als Ermessensfehler darstellt. Weil in diesen Fällen kein Entscheidungsspielraum verbleibt und die Verwaltung tätig werden muss, spricht man von einer **Ermessensreduzierung auf Null**.⁴³¹ Aus den Wertungen der Grundrechte und den Schutzpflichten des Staates kann sich das Entschließungsermessen der Gefahrenabwehrbehörde zu einer Pflicht zum Einschreiten verengen. Dies wird nicht nur bei Beeinträchtigung höchster Rechtsgüter wie Leben und körperlicher Unversehrtheit angenommen. Schon Gefahren für das Eigentum können im Hinblick auf Art. 14 I GG das Er-

---

⁴²⁸ Vgl. oben Rn. 46.
⁴²⁹ Vgl. *Schoch,* JuS 1994, 754.
⁴³⁰ *Martens,* DÖV 1982, 529 (532).
⁴³¹ So *Schoch,* in: Schmidt-Aßmann/Schoch, BesVerwR, 2. Kap. Rn. 110; *Schoch,* JuS 1994, 754 (756); *Schenke,* in: Steiner, BesVerwR, Rn. 70, spricht von der „Ermessensschrumpfung auf Null".

messen der Behörde reduzieren.⁴³² Sowohl die Rechtsprechung als auch die herrschende Literatur gehen davon aus, dass sich das Entschließungsermessen der Polizei- bzw. Ordnungsbehörde auf Null reduziert, wenn sich die Gefahr für die Schutzgüter als besonders schädlich erweist und die Grenzen noch tolerierbarer Schädlichkeit überschreitet (sog. **Schädlichkeitsgrenze**).⁴³³ Ob die Schädlichkeitsgrenze überschritten ist, hängt vor allem von der Wertigkeit des bedrohten Rechtsgutes ab, aber auch von der Intensität der Gefahr und den mit dem behördlichen Handeln verbundenen Risiken.⁴³⁴

b) Auswahlermessen

Hat die Behörde ihr Entschließungsermessen ausgeübt und sich entschieden, tätig zu werden, so ist zwar die Entscheidung über das Ob einer Gefahrenabwehrmaßnahme getroffen worden; oft existieren aber **mehrere Möglichkeiten**, wie eine Gefahr effektiv bekämpft werden kann. Häufig kommen mehrere Personen in Betracht, an die rechtmäßige Verfügungen gerichtet werden können. Auch bezüglich ein und desselben Adressaten besteht oft ein Spielraum hinsichtlich der konkreten Einzelmaßnahme. Den Spielraum der Behörde, über den Adressaten und die Art und Weise der konkreten Einzelmaßnahme zu entscheiden, nennt man Auswahlermessen.⁴³⁵ Im Gegensatz zum Entschließungsermessen geht es hier also nicht um die Frage ob, sondern um die Frage wie, eingeschritten wird.⁴³⁶ 318

Nach §§ 4–6 PolG NRW bzw. §§ 17–19 OBG NRW dürfen sich Polizei- bzw. Ordnungsverfügungen nur an die dort beschriebenen Personen – Störer bzw. Nichtstörer – richten. Ein entscheidender Aspekt des Auswahlermessens ist daher die Auswahl des Adressaten einer Verfügung (sog. Störerauswahl).⁴³⁷ Als Ermessensfehler kommt hier insbesondere ein Verstoß gegen Art. 3 I GG in Betracht. Ein solcher Verstoß kann angenommen werden, wenn bei der **Störerauswahl** der **Grundsatz einer gerechten Lastenverteilung** missachtet wird.⁴³⁸ 319

Sind im Falle einer festgestellten Gefahrenlage **mehrere Personen** verantwortlich, so steht der zuständigen Behörde ein Auswahlermessen zu. Einen allgemeinen Grundsatz, dass bei Zusammentreffen von Verhaltens- und Zustandshaftung der Verhaltensstörer vor dem Zustandsstörer heranzuziehen sei, gibt es nicht. Entscheidende **Kriterien** sind vielmehr die Effektivität der Gefahrenabwehr und die Verhältnismäßigkeit der Inanspruchnahme. Diese Gesichtspunkte können allerdings zu einer Ermessensreduzierung zu Lasten 320

---

⁴³² *Schoch,* JuS 1994, 754 (755).
⁴³³ Vgl. *Schenke,* in: Steiner, BesVerwR, Rn. 70 m. N.
⁴³⁴ *Schenke,* in: Steiner, BesVerwR, Rn. 70.
⁴³⁵ *Rachor,* in: Lisken/Denninger, F Rn. 115.
⁴³⁶ *Drews/Wacke/Vogel/Martens,* Gefahrenabwehr, S. 371.
⁴³⁷ *Felix/Nitschke,* NordÖR 2004, 469 (470 ff.); *Tettinger/Erbguth/Mann,* BesVerwR, Rn. 533 ff.
⁴³⁸ *Möller/Wilhelm,* 3. Abschnitt 4.5.

eines der Verantwortlichen führen. Indizien hierfür sind insbesondere die größere zeitliche oder örtliche Nähe zur Gefährdung, der größere Anteil an der Gefahrverursachung, die höhere Leistungsfähigkeit gegenüber anderen Störern sowie schließlich die bürgerlich-rechtlichen Beziehungen der Beteiligten untereinander.[439]

321 Neben der Störerauswahl ist die **Wahl des richtigen Mittels** eine Frage des Auswahlermessens.[440] In diesem Punkt wird der Ermessensspielraum der Behörde vor allem durch das Verhältnismäßigkeitsprinzip begrenzt.[441] Das Verhältnismäßigkeitsprinzip ergibt sich aus dem Rechtsstaatsprinzip und den Grundrechten. Ihm kommt daher Verfassungsrang zu[442] und stellt eine gesetzliche Grenze der Ermessensausübung dar. Es ist in § 2 PolG NRW und § 15 OBG NRW einfachgesetzlich niedergelegt. Jeder Verstoß gegen das Verhältnismäßigkeitsprinzip führt zu einer Ermessensüberschreitung.[443] Das gewählte Mittel muss daher geeignet, erforderlich und angemessen sein.[444]

322 **Beispiele:**
Erlässt die Behörde zum Schutz des Grundwassers eine Beseitigungsverfügung bezüglich einer Heizölbehälteranlage, obwohl auch ein bloßes Nutzungsverbot (milderes, ebenso effektives Mittel) ausgereicht hätte, hat die Behörde ihr Auswahlermessen fehlerhaft betätigt; eine solche Maßnahme ist nicht erforderlich und somit nicht verhältnismäßig.[445]
Die Polizei führt an einem Werktag während der sog. rush-hour die Vollsperrung einer Autobahn durch, um sämtliche Autofahrer einer Alkoholkontrolle zu unterziehen. Es kommt zu kilometerlangen Staus, verbunden mit stundenlangen Wartezeiten für die Autofahrer. Schon die Erforderlichkeit der Vollsperrung ist hier fraglich, da Stichproben ein milderes Mittel zum Aufspüren alkoholisierter Fahrer darstellen. Bezweifelt man die Wirksamkeit von Stichproben, so ist eine Vollsperrung zumindest nicht angemessen. Die erheblichen zeitlichen und finanziellen Einbußen tausender Verkehrsteilnehmer stehen außer Verhältnis zu dem Erfolg, einige wenige alkoholisierte Autofahrer festzustellen.

III. Anspruch auf polizei- und ordnungsbehördliches Einschreiten

323 Das grundsätzliche Ermessen der Behörde, zur Gefahrenabwehr in einer bestimmten Weise tätig zu werden, kann sowohl hinsichtlich des Entschließungsermessens als auch hinsichtlich des Auswahlermessens auf Null redu-

---

[439] *VG Karlsruhe*, NVwZ 1993, 1018.
[440] *Schoch*, JuS 1994, 754 (756); *Tettinger/Erbguth/Mann*, BesVerwR, Rn. 537.
[441] *Schenke*, in: Steiner, BesVerwR, Rn. 73.
[442] Ausführlich: *Krebs*, Jura 2001, 228 ff.
[443] So z.B. *Schoch*, JuS 1994, 754 (756); siehe auch oben unter Rn. 308 f.
[444] Vertiefend: *Schoch*, Jura 2004, 462 (466 f.).
[445] Vgl. OVG NRW, NJW 1980, 2210; *Schoch*, JuS 1994, 756; *Tettinger/Erbguth/Mann*, BesVerwR, Rn. 541 ff.

ziert sein. In diesen Fällen kann – je nach Sachlage – eine behördliche Pflicht bestehen, eine bestimmte Gefahrenabwehrmaßnahme zu ergreifen. Es stellt sich die Frage, ob dem Bürger dementsprechend ein Anspruch auf behördliches Einschreiten zusteht.

Im Privatrecht steht i.d.R. jeder Rechtspflicht des einen ein Rechtsanspruch des anderen gegenüber. Dies ist einleuchtend, da die rechtspflichtbegründenden Normen ja gerade individuellen Interessen dienen.[446] Im öffentlichen Recht existieren vor allem Normen, die keinen individuellen Interessen dienen. Die Verwaltung wird grundsätzlich im öffentlichen Interesse tätig. Daher folgt hier nicht zwingend aus der Rechtspflicht einer Behörde der Rechtsanspruch eines betroffenen Bürgers. Ein **Rechtsanspruch** gegen eine Behörde entsteht vielmehr erst dann, wenn dies gesetzlich gewollt ist. Voraussetzung hierfür ist, dass die jeweils einschlägige Rechtsnorm – zumindest auch – dem **Schutz der Interessen des einzelnen Bürgers** dient.[447] Übertragen auf das Polizei- und Ordnungsrecht bedeutet dies, dass der behördlichen Pflicht zum Einschreiten nur dann ein Anspruch des Bürgers gegenübersteht, wenn die Ermächtigungsgrundlage im konkreten Fall individuellen Interessen dient. 324

Nach früherer Auffassung dienen die Generalklauseln zum Schutze der „öffentlichen" Sicherheit (vgl. § 8 I PolG NRW und § 14 I OBG NRW) nur dem Interesse der Allgemeinheit und somit nicht individuellen Interessen.[448] Zum Schutzgut der öffentlichen Sicherheit gehören jedoch nach heutiger Sicht auch Individualrechtsgüter und individuelle Rechte.[449] Die Generalklauseln schützen daher auch individuelle Interessen; sie sind in der Lage, Ansprüche einzelner Bürger zu begründen.[450] 325

Ist das individuelle Schutzgut eines Bürgers gefährdet, so hat dieser einen **Anspruch** auf behördliches Einschreiten, wenn das Entschließungsermessen der Behörde auf Null reduziert ist und so die Rechtspflicht zum Handeln besteht. Ist auch das Auswahlermessen auf Null reduziert, so ergibt sich für den Bürger sogar ein Anspruch auf das konkrete Handeln, auf das sich der Ermessensspielraum reduziert hat.[451] Liegt keine Ermessensreduzierung vor, so hat der betroffene Bürger zumindest einen Anspruch auf ermessensfehlerfreie Entscheidung.[452] 326

Die Frage, ob einer behördlichen Pflicht auch ein Anspruch eines Bürgers gegenübersteht, ist in zweifacher Hinsicht von Bedeutung. Nur der Anspruchsinhaber kann das richtige Verhalten der Behörde im Wege der Ver- 327

---

[446] *Maurer*, AllgVerwR, § 8 Rn. 7.
[447] *Maurer*, AllgVerwR, § 8 Rn. 8.
[448] *Bettermann*, NJW 1961, 1097 (1099); *VG Minden*, DVBl. 1965, 780 (783).
[449] Siehe oben Rn. 54 ff.
[450] So die Rspr. und herrschende Lit.; vgl. die Nachweise bei *Schoch*, in: Schmidt-Aßmann/Schoch, BesVerwR, 2. Kap. Rn. 66.
[451] *Schoch*, JuS 1994, 754 (759).
[452] *Schenke*, in: Steiner, BesVerwR, Rn. 74 f.

pflichtungsklage einklagen.[453] Erleidet ein Anspruchsinhaber durch ein fehlerhaftes Untätigbleiben der Behörde einen Schaden, so kommt ein Amtshaftungsanspruch gemäß § 839 BGB i. V. m. Art. 34 GG in Betracht.[454]

328–330

Merke:
- Beim **Entschließungsermessen** geht es um die Frage, ob die Behörde tätig wird oder nicht. Den Gefahrenabwehrbehörden steht grundsätzlich ein Entschließungsermessen zu, d. h. sie können in der Regel selbst entscheiden, ob sie Gefahrenabwehrmaßnahmen ergreifen oder nicht (h. M.).
- Eine **Pflicht, tätig zu werden**, besteht nur dann, wenn sich das Entschließungsermessen so auf Null reduziert hat, dass ein Untätigbleiben einen Ermessensfehler darstellen würde. Wann dies der Fall ist, bestimmt sich nach der Wertigkeit des bedrohten Schutzgutes, der Intensität der Gefahr und nach den mit dem behördlichen Einschreiten verbundenen Risiken.
- Der Pflicht der Behörde, tätig zu werden, steht jedoch nur dann **ein Anspruch des Bürgers auf behördliches Einschreiten** gegenüber, wenn die einschlägige Ermächtigungsgrundlage im konkreten Fall (zumindest auch) individuellen Interessen dient.
- Beim **Auswahlermessen** geht es um die Frage, **wie** die Behörde tätig wird. Hier muss insbesondere geklärt werden, gegen wen vorgegangen werden soll und welches Mittel hierbei einzusetzen ist. Ein Anspruch auf eine konkrete Maßnahme besteht regelmäßig nicht.

---

[453] *Schenke*, in: Steiner, BesVerwR, Rn. 75.
[454] Ablehnend: *OLG Celle*, DÖV 1972, 243; aber weit überwiegend anerkannt: *BGH*, DVBl. 1953, 676; *OLG Bremen*, NVwZ-RR 1990, 450; *OLG Hamm*, NJW-RR 1999, 755; (im konkreten Fall ablehnend:) *OLG Hamm*, NZV 2000, 414.

Kapitel I. Adressaten von Gefahrenabwehrmaßnahmen[455]

Literatur: *Breuer*, in: Gedächtnisschrift für W. Martens 1987, Umweltschutz und Gefahrenabwehr bei Anscheins- und Verdachtslagen, S. 317; *ders.*, Rechtsprobleme der Altlasten, NVwZ 1987, 751; *Denninger*, in: Lisken/Denninger, E Rn. 67ff.; *Drews/Wacke/Vogel/Martens*, Gefahrenabwehr, S. 289ff.; *Erbel*, Forum: Zur Polizeipflichtigkeit des sog. „Zweckveranlassers", JuS 1985, 257; *Friauf*, zur Problematik des Rechtsgrundes und der Grenzen der polizeilichen Zustandshaftung, in Festschrift für Wacke, 1972 S. 293; *Gebhard*, Polizeipflichtigkeit der Hoheitsträger, DÖV 1986, 545; *Götz*, § 9 Rn. 1ff.; *Gusy*, Rn. 324ff.; *Henning*, Der sogenannte latente Störer in baurechtlicher und planender Sicht, DVBl. 1968, 740; *Herrmann*, Verantwortlichkeit im allgemeinen Polizei- und Ordnungsrecht, DÖV 1987, 666; *Hösch*, Zustandsverantwortlichkeit und Sozialbindung bei Altlastengrundstücken, VBlBW 2004, 7ff.; *Hurst*, Zur Problematik der polizeilichen Handlungshaftung, AöR 83 (1958), 43; *Knemeyer*, Rn. 318ff.; *Kokott*, Die dogmatische Einordnung der Begriffe „Störer" und „Anscheinsstörer" in einer zunehmend technisierten Gesellschaft, DVBl. 1992, 749; *Kügel*, Die Entwicklung des Altlasten- und Bodenschutzrechts, NJW 2004, 1570ff.; *Möller/Wilhelm*, 3. Abschnitt 4; *Müllensiefen*, Gefahrenabwehr und Gefahrerforschung durch den Grundeigentümer, Diss. iur. Münster 1997; *Oldiges*, Rechtsnachfolge im Polizei- und Ordnungsrecht (2. Teil), JA 1978, 617; *Ossenbühl*, Zur Haftung des Gesamtrechtsnachfolgers bei Altlasten, 1995; *Papier*, Altlasten und polizeiliche Störerhaftung, DVBl. 1985, 873; *ders.*, Die Verantwortlichkeit für Altlasten im öffentlichen Recht, NVwZ 1986, 256; *Peppersack*, Rechtsprobleme der Unterbringung Obdachloser in Räumlichkeiten Privater, Diss. iur. Münster 1998; *Pieroth/Schlink/Kniesel*, § 9 Rn. 1ff.; *Pietzcker*, Polizeirechtliche Störerbestimmung nach Pflichtwidrigkeit und Risikosphäre, DVBl. 1984, 457; *Schenke*, Rechtsnachfolge in polizeiliche Pflichten?, GewArch. 1976, 1; *ders.* in: Steiner, BesVerwR, Rn. 143ff.; *Schmelz*, Die Entwicklung der dogmatischen Figuren des Zweckveranlassers und der latenten Gefahr, BayVBl. 2001, 550ff.; *Schnur*, Probleme um den Störerbegriff im Polizeirecht, DVBl. 1962, 1; *Schoch*, in: Schmidt-Aßmann/Schoch, BesVerwR, 2. Kapitel Rn. 117ff.; *ders.*, JuS 1994, 849ff.; *ders.*, Jura 2007, 676ff.; *ders.*, Polizeipflichtigkeit von Hoheitsträgern, Jura 20095, 324ff. *ders.*, Jura 2009, 360; *Scholler/Schloer*, Grundzüge des Polizei- und Ordnungsrechts, S 240ff.; *Schultes*, Die Polizeipflicht von Hoheitsträgern, Diss. iur. Tübingen 1983; *Selmer*, Der Begriff der Verursachung im allgemeinen Polizei- und Ordnungsrecht, JuS 1992, 97; *Spannowsky*, Das Prinzip gerechter Lastenverteilung und die Kostentragungslast des Zustandsstörers, DVBl. 1994, 560; *Stadie*, Rechtsnachfolge im Verwaltungsrecht, DVBl. 1990, 501; *Tegtmeyer/Vahle*, PolG NRW, §§ 4ff.; *Tettinger/Erbguth/Mann*, BesVerwR, Rn. 328ff.; *v. Mutius*, Der „Störer" im Polizei- und Ordnungsrecht, Jura 1983, 298; *Vollmuth*, Unmittelbare und rechtswidrige Verursachung als Voraussetzungen der Störerhaftung im allgemeinen Polizei- und Ordnungsrecht, Verwaltungsarchiv Bd. 68 (1977), 45; *Wagner*, PolG NRW, §§ 4–6; *Widder*, Die Polizeipflicht des Zweckveranlassers, Diss. iur. Mannheim 1997; *Wieser*, Die polizeiliche Wiedereinweisung des Räumungsschuldners, Diss. iur. Heidelberg 1999; *Wittreck*, Jura 2008, 534ff.

Rechtsprechung: *BVerwG*, NJW 1971, 1624 (Beseitigungsanordnung gegenüber Rechtsnachfolger); *BVerwG*, NVwZ 1991, 475 (Zustandsverantwortlichkeit des Grundstückseigentümers); *BVerwG*, NVwZ 1997, 577 (Begrenzung der Zustandsver-

---

[455] Vgl. hierzu Übersicht 4 im Anhang.

antwortlichkeit durch Art. 14 GG); *BVerwGE* 40, 101 (Entgegenstehende Rechte Dritter bei Gefahrenabwehrmaßnahmen); *BVerwGE* 125, 325 (Sanierungspflicht des Gesamtrechtsnachfolgers); *BGH*, DVBl. 1957, 864 (Öffentliche Sicherheit und Ordnung); *BayVGH*, BayVBl 1992, 274 (Abgrenzung der Handlungshaftung von der Zustandhaftung); *BayVGH*, NJW 1997, 961 (Rechtsnachfolge in konkretisierte Pflichten); *BayVGH*, NVwZ-RR 2006, 389 (Duldungsverfügung gegenüber Nichtberechtigtem); *HessVGH*, NVwZ 1997, 304 (Zuständigkeit bei „störendem Hoheitsträger"); *OVG Bautzen*, NJW 1997, 2253 (Zur Abgrenzung der Zustands- und Verhaltensstörereigenschaft); *OVG HH*, DÖV 1983, 1016 (Maßgeblicher Zeitpunkt für die Beurteilung der Frage, ob jemand Eigentümer einer störenden Sache ist); *OVG HH*, JuS 2010, 279 (Verhältnismäßigkeit einer Abschleppmaßnahme); OVGE 12, 340 („Paketpostfall"); *OVG Nds*, NJW 1979, 735 (Ordnungspflicht eines Vereins); *OVG Nds*, NJW 1992, 1252 (Abgrenzung der Handlungshaftung von der Zustandshaftung); *OVG Nds*, NVwZ 2009, 1050 (Polizeipflicht von Hoheitsträgern); *OVG NRW*, NVwZ 1997, 507 (Übergang der abstrakten Ordnungspflicht aus Handlungshaftung); *OVG NRW*, BauR 1980, 162 (Zwangsmittel gegen den Rechtsnachfolger); *OVG NRW*, DVBl. 1964, 683 („Tanklasterfall"); *OVG NRW*, DVBl. 1973, 326 (Gesamtrechtsnachfolge); *OVG NRW*, NJW 1993, 2698 (Kostentragungspflicht für Abschleppmaßnahme); *OVG NRW*, NVwZ 1991, 905 (Folgenbeseitigungsanspruch nach Beendigung einer Unterbringung Obdachloser); *OVG NRW*, NVwZ-RR 1988, 20 (Verhaltensstörung durch Unterlassen); *VGH BW*, VBlBW 1997, 187 (Inanspruchnahme eines Nichtstörers); *OVG NRW*, NJW 2006, 1830; *OVG NRW*, NWVBl. 2007, 26 (keine Zustandsverantwortlichkeit für fremden Abfall); *OVG Rh-Pf*, GewArch 2009, 131 (Sanierungsverantwortung für Bodenverunreinigung nach Auslaufen eines Öltanks); *OVG Sachsen*, NVwZ 2009, 1053 (Beseitigungsanordnung; Freistellungsbescheid; Altlast); *VGH BW*, NJW 1990, 2770 (Beschlagnahme einer Wohnung); *VGH BW*, DVBl. 2008, 1000 (Gesamtrechtsnachfolge); *VGH Kassel*, NJW 1986, 1829 (Unmittelbare Verursachung).

331   Notwendige Maßnahmen zur Abwehr von Gefahren können sich nicht an jede beliebige Person richten. Die §§ 4–6 PolG NRW und §§ 17–19 OBG NRW schreiben exakt vor, gegen wen die Maßnahmen gerichtet werden dürfen.

I. Rechtsdogmatische Einordnung

332   Die Tatbestände der Generalklauseln im PolG NRW und OBG NRW[456] sind bereits vollständig erfüllt, wenn eine Gefahr für die öffentliche Sicherheit oder Ordnung vorliegt. Ist der Tatbestand einer Generalklausel erfüllt, so muss die zuständige Behörde entscheiden, ob und ggf. welche Gefahrenabwehrmaßnahmen zu treffen sind. Wie bereits dargelegt, muss die Behörde – um eine Ermessensüberschreitung zu vermeiden – die gesetzlichen Grenzen ihres Ermessens beachten. Zu den gesetzlichen Grenzen des Ermessens gehören die Vorschriften über die **potentiellen Adressaten** von Gefahrenabwehrmaßnahmen (§§ 4–6 PolG NRW und §§ 17–19 OBG NRW). Diese Vorschriften stellen keine selbstständigen Ermächtigungsgrundlagen dar; sie normieren lediglich, wer als Adressat der behördlichen Verfügungen in Be-

---
[456] § 8 I PolG NRW und § 14 I OBG NRW.

tracht kommt.[457] Da die Vorschriften nicht zum Tatbestand der Ermächtigungsgrundlagen gehören, stellen sie rechtsdogmatisch eine **Ermessensgrenze** dar, die von der Behörde zu beachten ist.[458] Die Inanspruchnahme von Personen, die nicht unter §§ 4–6 PolG NRW bzw. §§ 17–19 OBG NRW fallen, stellt demnach eine Ermessensüberschreitung dar.

II. Mögliche Adressaten

1. Verhaltensstörer und Zustandsstörer

§ 4 PolG NRW und § 17 OBG NRW kommen zur Anwendung, wenn die Gefahr für ein Schutzgut durch das Verhalten einer Person verursacht wird. Grundsätzlich kann nur die Person zum Adressaten einer Gefahrenabwehrmaßnahme gemacht werden, die die Gefahr selbst verursacht hat; auf ein Verschulden kommt es dabei nicht an. Die Vorschriften sehen jedoch auch eine Inanspruchnahme vor, wenn die Gefahr durch eine andere Person verursacht wird. So kann beispielsweise der Geschäftsherr für eine Gefahr in Anspruch genommen werden, die sein Verrichtungsgehilfe verursacht hat (vgl. § 4 III PolG NRW und § 17 III OBG NRW). Bei einer Inanspruchnahme nach § 4 PolG NRW oder nach § 17 OBG NRW spricht man von der sog. **Verhaltensverantwortlichkeit.**[459] Verhaltensverantwortliche Personen werden Verhaltensstörer genannt.[460]

333

Neben der Verantwortlichkeit, die an das gefahrbringende Verhalten anknüpft, sehen das PolG NRW und das OBG NRW auch eine Verantwortlichkeit vor, die an den gefahrbringenden Zustand von Sachen oder Tieren anknüpft (sog. **Zustandsverantwortlichkeit**).[461] Geht eine Gefahr von einer Sache oder einem Tier aus, so kann eine Gefahrenabwehrmaßnahme an den Inhaber der tatsächlichen Gewalt über die Sache gerichtet werden (vgl. § 5 I PolG NRW und § 18 II OBG NRW). Auch eine Inanspruchnahme des Eigentümers ist grundsätzlich möglich (vgl. § 5 II PolG NRW und § 18 I OBG NRW). Hat der alte Eigentümer das Eigentum an der Sache aufgegeben (sog. Derelikation), so steht dies einer Inanspruchnahme nicht entgegen (vgl. § 5 III PolG NRW und § 18 III OBG NRW). Zustandsverantwortliche Personen werden Zustandsstörer genannt.[462]

334

Das Polizei- und Ordnungsrecht knüpft an die Störereigenschaft mehrere Rechtsfolgen. So trägt der Störer zum Beispiel regelmäßig **die Lasten der Gefahrenbekämpfung:**[463]

335

---

[457] *Schenke*, in: Steiner, BesVerwR, Rn. 145.
[458] Vgl. *v. Mutius*, Jura 1983, 298 (299); *Schoch*, JuS 1994, 849 (850).
[459] *Gornig/Hokema*, JuS 2002, 21, 22; *Schoch*, JuS 1994, 849 (850).
[460] *Schenke*, in: Steiner, BesVerwR, Rn. 152.
[461] *Schoch*, JuS 1994, 849 (850).
[462] *Schenke*, in: Steiner, BesVerwR, Rn. 171; zur Abgrenzung der Zustandsstörer- und der Verhaltensstörereigenschaft einer Person vgl. *OVG Bautzen*, NJW 1997, 2253.
[463] *BVerwG*, BayVBl. 1999, 281.

– Er kann von der Behörde durch Handlungs-, Duldungs- oder Unterlassungsverfügungen zur Gefahrenbekämpfung herangezogen werden.
– Er hat die erforderlichen Maßnahmen zur Gefahrenabwehr grundsätzlich entschädigungslos zu dulden.[464]
– Er hat unter bestimmten Voraussetzungen die Kosten für eine behördliche Gefahrenbekämpfung zu tragen.[465]

2. Nichtstörer

336 Im Einzelfall kann es vorkommen, dass Maßnahmen gegen Verhaltens- oder Zustandsstörer nicht rechtzeitig möglich sind oder keinen Erfolg versprechen. Bei einer solchen Sachlage spricht man vom gefahrenabwehrrechtlichen **Notstand**.[466] Hier kann es erforderlich sein, unbeteiligte Dritte (sog. Nichtstörer) zur Beseitigung der Störung heranzuziehen.[467] § 6 PolG NRW und § 19 OBG NRW sehen eine Inanspruchnahme eines Nichtstörers vor. Im Vergleich zur Inanspruchnahme von Störern ist die Inanspruchnahme von Nichtstörern jedoch an **strengere Voraussetzungen** gebunden und auch hinsichtlich der sachlichen Reichweite eingeschränkt. Dies ist sachgerecht, da dem Nichtstörer nur unter bestimmten Voraussetzungen zugemutet werden kann, eine Störung zu beseitigen, die er nicht zu verantworten hat.[468] Ein Nichtstörer hat daher nicht die Lasten der Gefahrenbekämpfung zu tragen.

– Er kann von der Behörde nur ausnahmsweise durch Handlungs-, Duldungs- oder Unterlassungsverfügungen zur Gefahrenbekämpfung herangezogen werden.
– Er hat die erforderlichen Maßnahmen zur Gefahrenabwehr nicht entschädigungslos zu dulden. Nach § 39 I lit. a OBG NRW (ggf. i.V.m. § 67 PolG NRW) kann er vom Land bei Inanspruchnahme Entschädigung verlangen.[469]

III. Mögliche Subjekte der Pflichtigkeit

337 Das polizei- bzw. ordnungspflichtige Subjekt wird in den Vorschriften über die Inanspruchnahme von Störern und Nichtstörern nicht genauer bestimmt. So bezeichnen § 4 I PolG NRW und § 17 I OBG NRW den Verhaltensstörer schlicht als „Person", die eine Gefahr verursacht. § 5 PolG NRW und § 18 OBG NRW sprechen vom „Eigentümer" bzw. vom „Inhaber der

---
[464] Zu Ausnahmen vgl. Rn. 571.
[465] Vgl. im Einzelnen Rn. 661 ff.
[466] *Denninger*, in: Lisken/Denninger, E Rn. 138.
[467] *Scholler*/Schloer, Grundzüge des Polizei- und Ordnungsrechts, S. 272.
[468] Vgl. *Schenke*, in: Steiner, BesVerwR, Rn. 190, und *Schoch*, in: Schmidt-Aßmann/Schoch, BesVerwR, 2. Kap. Rn. 177.
[469] Siehe unten Rn. 622 ff.

III. Mögliche Subjekte der Pflichtigkeit 101

tatsächlichen Gewalt". Es stellt sich die Frage, wer Subjekt der Pflichtigkeit im Polizei- und Ordnungsrecht sein kann. Insoweit kommen als mögliche Pflichtige die **Personen** des Privatrechts, aber auch **Hoheitsträger** in Betracht.

1. Personen des Privatrechts

Wenn nicht Rechtsvorschriften des Landes inhaltsgleiche oder entgegenstehende Rechtsvorschriften enthalten, so sind nach § 1 I VwVfG NRW bei der Verwaltungstätigkeit von Landesbehörden die Normen des VwVfG NRW zu beachten. § 11 VwVfG NRW regelt die **Beteiligungsfähigkeit.** Die Beteiligungsfähigkeit ist die Fähigkeit, als Subjekt an einem Verwaltungsverfahren (§ 9 VwVfG NRW) teilnehmen zu können.[470] Da weder das PolG NRW noch das OBG NRW Vorschriften zur Beteiligungsfähigkeit bei Gefahrenabwehrmaßnahmen enthalten, ist hier § 11 VwVfG NRW zu beachten.[471] Nach § 11 VwVfG NRW sind u. a. natürliche und juristische Personen sowie Vereinigungen, soweit ihnen ein Recht zustehen kann, beteiligungsfähig. Unproblematisch ist daher, dass **natürliche Personen** durch Polizei- oder Ordnungsbehörde in Anspruch genommen werden können. Auf Geschäfts- oder Deliktsfähigkeit kommt es nicht an.[472] Demnach können auch Kinder und Betreute grundsätzlich in Anspruch genommen werden. Auch die Immunität eines Abgeordneten steht einer Inanspruchnahme nicht entgegen.[473] Neben den natürlichen Personen fallen auch die **juristischen Personen** des Privatrechts (z. B. AG, GmbH, e. V.) unter die Aufzählung des § 11 VwVfG NRW.[474] Sie können ebenso verpflichtet werden wie OHG und KG, die nach § 11 Nr. 1 VwVfG NRW beteiligungsfähig sind.[475] Nach der Rechtsprechung können sogar nicht rechtsfähige Vereine durch Verfügungen der Polizei- oder Ordnungsbehörden verpflichtet werden.[476]

338

2. Hoheitsträger

Gefahren für die öffentliche Sicherheit oder Ordnung können auch von Hoheitsträgern ausgehen.[477] Träger der öffentlichen Verwaltung sind z. B. Körperschaften, Anstalten und Stiftungen des öffentlichen Rechts, aber auch Behörden. Sie unterfallen alle der Regelung des § 11 VwVfG NRW zur Beteiligtenfähigkeit. Die Polizei- oder Ordnungspflicht der genannten Ho-

339

---
[470] *Maurer*, AllgVerwR, § 19 Rn. 13.
[471] *Maurer*, AllgVerwR, § 5 Rn. 15 f.
[472] *Schenke*, in: Steiner, BesVerwR, Rn. 146.
[473] *Tegtmeyer/Vahle*, PolG NRW, § 4 Rn. 4 und 6.
[474] So *Kopp*, VwVfG, 10. Aufl. 2008, § 11 Rn. 5.
[475] *Schoch*, JuS 1994, 849 (852).
[476] *OVG Lüneburg*, NJW 1979, 735.
[477] Zur Polizeipflicht von Hoheitsträgern, *OVG Nds*, NVwZ 2009, 1050.

heitsträger scheint auf den ersten Blick unproblematisch. Doch stellt sich die Frage, ob nicht die gefahrenabwehrrechtliche Pflichtigkeit der Hoheitsträger von deren hoheitlichen Pflichten und Befugnissen überlagert wird.

340 Die Problematik der Pflichtigkeit der Hoheitsträger wird auf **zwei Ebenen** diskutiert. Zunächst ist schon fraglich, ob Hoheitsträger durch landesrechtliche Ge- und Verbotsvorschriften des Polizei- und Ordnungsrechts gebunden sind (sog. **materielle Pflichtigkeit** der Hoheitsträger). Des Weiteren ist problematisch, ob die Gefahrenabwehrbehörden befugt sind, gegen Hoheitsträger einzuschreiten (sog. **formelle Pflichtigkeit** der Hoheitsträger).[478]

a) Materielle Pflichtigkeit von Hoheitsträgern

341 Es stellt sich auf materieller Ebene die Frage, ob Hoheitsträger an Ge- und Verbotsvorschriften des Polizei- und Ordnungsrechts gebunden sind.[479] Grundsätzlich differenzieren die Ge- und Verbotsvorschriften in ihrem Normbefehl nicht zwischen Hoheitsträgern und Privatpersonen. Daraus lässt sich ersehen, dass Hoheitsträger **grundsätzlich** einer **materiellen Bindung** unterliegen. Dieser Grundsatz wird bekräftigt durch die StVO. § 35 I StVO nimmt bestimmte Hoheitsträger von der Bindung an die Vorschriften der StVO aus, wenn dies zur Erfüllung hoheitlicher Aufgaben dringend geboten ist. Dass der Verordnungsgeber bestimmte Hoheitsträger von der Bindung an die StVO ausgenommen hat, zeigt, dass er grundsätzlich von einer materiellen Bindung der Hoheitsträger ausgeht. Dies ist im Hinblick auf Art. 20 III GG auch konsequent. Die Hoheitsträger sind hiernach an die allgemeinen Gesetze gebunden. Prinzipiell ist davon auszugehen, dass Hoheitsträger materiell polizei- bzw. ordnungspflichtig sind.[480]

342 Eine **Ausnahme** kann nur gemacht werden, wenn **die Funktionsfähigkeit des Hoheitsträgers** berührt wird. Ein Verstoß gegen Ge- und Verbote kann in diesen Fällen ausnahmsweise unbeachtlich sein, weil die Funktionsfähigkeit des Staates und seiner Einrichtungen selbst Schutzgut der öffentlichen Sicherheit ist und durch das Polizei- und Ordnungsrecht geschützt wird.[481]

---

[478] *Götz*, § 9 Rn. 75; *Schenke*, in: Steiner, BesVerwR Rn. 146 f.; ausführlich zum Ganzen: *Schultes*, Die Polizeipflicht von Hoheitsträgern, Diss. iur. Tübingen 1983.

[479] Ge- und Verbote sind im nordrhein-westfälischen Polizei- und (besonderen) Ordnungsrecht an mehreren Stellen zu finden. So macht die BauO NRW Vorgaben, welchen Anforderungen bauliche Anlagen genügen müssen. Zum nordrhein-westfälischen Ordnungsrecht gehören beispielsweise auch die Vorschriften des Landes-Immissionsschutzgesetzes (LImschG NRW). Nach § 9 LImschG NRW sind von 22 bis 6 Uhr grundsätzlich Betätigungen verboten, die die Nachtruhe stören. Ein Hoheitsträger dürfte dann nicht nach eigenem Gutdünken eine bauliche Anlage errichten, wenn er materiell ordnungspflichtig wäre und somit die Vorgaben der BauO zu beachten hätte. Er müsste in diesem Falle des Weiteren bei der Erfüllung seiner Aufgaben grundsätzlich die in § 9 LImschG NRW niedergelegte Nachtruhe beachten.

[480] *Schoch*, JuS 1994, 849 (852).

[481] Siehe oben Rn. 63.

III. Mögliche Subjekte der Pflichtigkeit 103

Wird bei Wahrnehmung der hoheitlichen Pflicht ein anderes Schutzgut gefährdet, weil gegen Ge- oder Verbote verstoßen wird, so kann dieser Konflikt nur durch Abwägung der kollidierenden Interessen aufgelöst werden. Im Einzelfall kann die Abwägung dazu führen, dass die materielle Bindung des Hoheitsträgers verneint wird.[482] Grundsätzlich ist jedoch von einer materiellen Pflichtigkeit von Hoheitsträgern auszugehen.[483]

b) Formelle Pflichtigkeit von Hoheitsträgern

Von der Frage der materiellen Pflichtigkeit von Hoheitsträgern ist die Frage der formellen Pflichtigkeit zu unterscheiden. Hierbei geht es darum, ob Gefahrenabwehrbehörden befugt sind, gegen störende Hoheitsträger einzuschreiten. Ob Hoheitsträger formell polizei- bzw. ordnungspflichtig sind, wird – mit unterschiedlicher Begründung – im Wesentlichen wie folgt gesehen: In den **öffentlich-rechtlichen Wirkungskreis** anderer Hoheitsträger dürfen Gefahrenabwehrbehörden nicht eingreifen. Wird der öffenlich-rechtliche Wirkungskreis durch eine Gefahrenabwehrmaßnahme nicht beeinträchtigt, so können die Hoheitsträger jedoch in Anspruch genommen werden. Treffen die Maßnahmen lediglich den rein **fiskalischen Tätigkeitsbereich** des Hoheitsträgers, so sind sie zulässig.[484]

343

Beispiel 1: 344
Die Ordnungsbehörde will die ruhestörende Tätigkeit einer Bundesbehörde untersagen, weil gegen das Immissionsschutzrecht verstoßen wird.[485]
Sofern die Untersagung die Erfüllung öffentlich-rechtlicher Fachaufgaben beeinträchtigt, scheidet ein Eingreifen der Ordnungsbehörde aus.[486]

Beispiel 2:
Die Polizei stoppt einen Bediensteten des Wasser- und Schifffahrtsamtes, weil er auf einer Einkaufsfahrt mit dem Dienst-PKW in der Innenstadt zu schnell gefahren ist.[487]
Die Erfüllung der Fachaufgaben des Wasser- und Schifffahrtsamtes werden nicht beeinträchtigt, wenn ihr Fahrer auf einer Einkaufsfahrt von der Polizei gestoppt wird; eine Inanspruchnahme ist insoweit zulässig.

---

[482] *Drews/Wacke/Vogel/Martens*, Gefahrenabwehr, S. 294 f.; *Knemeyer*, Rn. 351; gegen eine Abwägung und für eine generelle Bindung der Hoheitsträger: *Schoch*, JuS 1994, 849 (852).
[483] *Schenke*, in: Steiner, BesVerwR, Rn. 146.
[484] So i. E. z. B. *Schenke*, in: Steiner, BesVerwR Rn. 146 ff.; *Knemeyer*, Rn. 352 ff.; *Schoch*, in: Schmidt-Aßmann/Schoch, BesVerwR, 2. Kap. Rn. 125; *Schoch*, JuS 1994, 849 (852 f.); a. A. nur *Möller/Wilhelm*, 3. Abschnitt 4.1.2, die Verfügungen der Gefahrenabwehrbehörden generell für unzulässig halten.
[485] Beispiel nach *Knemeyer*, zu Rn. 351.
[486] Vgl. zum Ganzen den in diesem Bereich klassischen „Paketpostfall". In diesem Fall hatte das *OVG Lüneburg* (OVGE 12, 340) festgestellt, dass das Ordnungsamt der Stadt Hannover dem Paketpostamt nicht das ruhestörende Entladen von Paketen zur Nachtzeit verbieten durfte, weil dies einen Eingriff in die als hoheitlich angesehene Paketpost dargestellt hätte. Durch die Privatisierung der Post zum 1. 1. 1995 hat diese ihre öffentlich-rechtliche Sonderstellung allerdings verloren.
[487] Beispiel nach *Knemeyer*, zu Rn. 351.

345 Begründet wird diese Sichtweise im Wesentlichen mit der **Kompetenzordnung**. Hiernach obliegt es grundsätzlich jedem Verwaltungsträger, die Aufgaben seines Ressorts unabhängig von anderen ressortfremden Verwaltungsträgern zu erfüllen. In die Fachkompetenz fällt auch die Befugnis, Gefahren zu bekämpfen, die sich im eigenen Zuständigkeitsbereich ergeben.[488] Da Gefahrenabwehrbehörden aber keine den anderen Verwaltungsträgern übergeordneten „Oberbehörden mit Befehlsgewalt" sind, sondern *neben* den anderen Hoheitsträgern stehen, kann ihnen eine Anordnungsbefugnis grundsätzlich nicht zuerkannt werden.[489] Nur soweit ein Hoheitsträger keine hoheitliche Funktion wahrnimmt – er im rein fiskalischen Bereich tätig wird –, genießt er keine kompetenzrechtliche Sonderstellung; eine Inanspruchnahme durch Gefahrenabwehrbehörden ist dann zulässig.[490]

346 Dass auch der nordrhein-westfälische Gesetzgeber Gefahrenabwehrmaßnahmen gegen Hoheitsträger im Einzelfall für zulässig hält, bringt er in **§ 76 VwVG NRW** zum Ausdruck. Hiernach sind Zwangsmittel gegen Behörden und juristische Personen des öffentlichen Rechts grundsätzlich unzulässig.[491] Da nur die „Zwangsmittel" – also Vollstreckungsmaßnahmen – unzulässig sind, sind andere Maßnahmen im Umkehrschluss nicht ausgeschlossen. Mit der gleichen Argumentation kann aus § 17 VwVG (Bund) abgeleitet werden, dass auch der Bundesgesetzgeber Maßnahmen gegen Hoheitsträger nicht für ausgeschlossen hält.[492]

---

347 Merke:
- **Personen des Privatrechts** können in Anspruch genommen werden, wenn sie beteiligungsfähig i. S. d. § 11 VwVfG NRW sind.
- Bei **Hoheitsträgern** stellt sich einerseits schon die Frage, ob diese an die Gebots- oder Verbotsvorschriften des Gefahrenabwehrrechts gebunden sind (sog. materielle Pflichtigkeit von Hoheitsträgern). Andererseits ist problematisch, inwiefern Hoheitsträger Adressaten von Gefahrenabwehrverfügungen sein können (sog. formelle Pflichtigkeit von Hoheitsträgern).
- Hoheitsträger sind **grundsätzlich materiell pflichtig**, d. h. sie sind an die Gebots- oder Verbotsvorschriften des Gefahrenabwehrrechts gebunden. Ausnahmen sind nach sorgfältiger Abwägung nur dort hinnehmbar, wo die Funktionsfähigkeit des Hoheitsträgers berührt wird.

---

[488] *Schenke*, in: Steiner, BesVerwR, Rn. 147.
[489] *Drews/Wacke/Vogel/Martens*, Gefahrenabwehr, S. 241.
[490] *Knemeyer*, Rn. 351 f.; im Ergebnis gleich, aber mit anderer Begründung *Schoch*, JuS 1994, 849 (852 f.).
[491] Die Vorschrift ist auch für Zwangsmittel nach dem PolG NRW zu beachten; vgl. *OVG NRW*, DVBl. 1986, 784.
[492] Vgl. *Schoch*, JuS 1994, 849 (853; dort Fn. 52).

– In ihrem öffentlich-rechtlichen Wirkungskreis sind **Hoheitsträger nicht formell pflichtig,** d. h. sie dürfen nicht durch Gefahrenabwehrverfügungen in Anspruch genommen werden. Die Gefahrenabwehrbehörden stehen nicht über anderen Hoheitsträgern. Zu der Fachkompetenz des Hoheitsträgers gehört jeweils auch die Kompetenz, im eigenen Zuständigkeitsbereich Gefahren selbst abzuwehren. Im rein fiskalischen Tätigkeitsbereich steht einer Inanspruchnahme nichts entgegen.

IV. Verhaltensverantwortlichkeit[493]

§ 4 PolG NRW und § 17 OBG NRW regeln die Verantwortlichkeit, die an das Verhalten von Personen anknüpft. Beide Vorschriften sehen eine Verantwortlichkeit für **eigenes Verhalten,** aber auch eine Verantwortlichkeit für das **Verhalten einer anderen Person** vor. Voraussetzung der Verantwortlichkeit für das Verhalten einer anderen Person ist, dass ein gesetzlicher Zurechnungstatbestand verwirklicht ist. So hat eine aufsichtspflichtige Person für die Gefahr einzustehen, die die zu beaufsichtigende Person verursacht. Ebenfalls wird einem Geschäftsherrn das gefahrverursachende Verhalten seines Verrichtungsgehilfen zugerechnet. Gemeinsam ist allen Haftungstatbeständen von § 4 PolG NRW und § 17 OBG NRW, dass zunächst ein rechtlich relevantes Verhalten vorliegen muss, durch das die Gefahr „verursacht" wird. Diese beiden Voraussetzungen sollen nachfolgend näher untersucht werden. 348

1. Relevantes Verhalten

Zunächst muss ein polizei- und ordnungsrechtlich relevantes Verhalten vorliegen. Ein **positives Tun** ist polizei- und ordnungsrechtlich immer relevant und kann so zu einer Pflichtigkeit führen. Anders ist dies beim Unterlassen. **Unterlassen** steht grundsätzlich einem positiven Tun nur dann gleich, wenn eine Pflicht zum Handeln besteht. Fraglich ist, ob ein Unterlassen auch dann polizei- und ordnungsrechtlich relevant ist, wenn ausschließlich eine privatrechtliche Handlungspflicht besteht. Nach h.M. ist ein Unterlassen nur dann beachtlich, wenn **öffentlich-rechtliche Handlungspflichten** verletzt werden.[494] Da die aus der Störereigenschaft resultierende Pflicht eine verwaltungsrechtliche Pflicht sei, könne sie sich ausschließlich aus öffentlich-rechtlichen Vorschriften ergeben.[495] 349

---

[493] Vgl. hierzu auch Übersicht 5 im Anhang.
[494] *Drews/Wacke/Vogel/Martens,* Gefahrenabwehr, S. 307; *Möller/Wilhelm,* 3. Abschnitt 4.2.1; *Schoch,* in: Schmidt-Aßmann/Schoch, BesVerwR, 2. Kap. Rn. 133; *OVG NRW,* NVwZ-RR 1988, 20 (21).
[495] *Schoch,* JuS 1994, 849 (853).

350 Dieser Meinung wird nicht gefolgt. Vielmehr ist davon auszugehen, dass jedes pflichtwidrige Unterlassen ein relevantes Verhalten darstellt, welches die Störereigenschaft begründen kann und zwar unabhängig davon, ob eine **öffentlich-rechtliche oder eine privatrechtliche Pflicht** verletzt wird.[496] Es ist anerkannt, dass private Rechte und individuelle Rechtsgüter dem Schutzgut der öffentlichen Sicherheit unterfallen.[497] Dies kommt im Polizeirecht nicht zuletzt durch die sog. Subsidiaritätsklausel des § 1 II PolG NRW zum Ausdruck, nach der der Schutz privater Rechte nur dann der Polizei obliegt, wenn gerichtlicher Schutz nicht oder nicht rechtzeitig zu erlangen ist. Private Rechte können durch Unterlassen privatrechtlicher Pflichten gefährdet werden. Wer zutreffend private Rechte als Schutzgut der öffentlichen Sicherheit ansieht, muss konsequenterweise auch eine Inanspruchnahme von Personen befürworten, die die privaten Rechte durch Unterlassen gefährden. Die öffentlich-rechtliche Natur der Polizeipflicht bzw. der Ordnungspflicht steht dem nicht entgegen. Auch bei der Gefährdung privater Rechte durch aktives Tun führt eine mögliche aktive Verletzung des Privatrechts zur öffentlich-rechtlichen Pflichtigkeit. Beim Unterlassen kann ein Abstellen auf privatrechtliche Pflichten daher nicht mit dem Argument verneint werden, aus der Verletzung einer privatrechtlichen Pflicht könne keine öffentlich-rechtliche Verantwortung resultieren.[498]

351 | **Merke:**
Polizei- bzw. ordnungsrechtlich **relevantes Verhalten** ist jedes aktive Tun oder pflichtwidrige Unterlassen. Die Pflichtwidrigkeit des Unterlassens kann sich sowohl aus öffentlich-rechtlichen Normen wie aus privatrechtlichen Normen (str.) ergeben.

2. Verursachung

352 Das polizei- und ordnungsrechtlich relevante Verhalten muss eine Gefahr für ein Schutzgut „verursachen". Welche Anforderungen an das Verursachen zu stellen sind, ist problematisch.

353 Die im Strafrecht vorherrschende **Äquivalenztheorie,** nach der jede Bedingung kausal ist, die nicht hinweg gedacht werden kann, ohne dass der Erfolg entfällt (sog. Conditio-sine-qua-non-Formel),[499] führt im Polizei- und Ordnungsrecht unbestritten zu weit. Es fehlt hier an einem Korrektiv wie der „Schuld" im Strafrecht.[500]

---

[496] *Schenke,* in: Steiner, BesVerwR, Rn. 152.
[497] Siehe oben Rn. 55 ff.
[498] So aber *Schoch,* JuS 1994, 849 (853).
[499] *Lenckner/Eisele,* in: Schönke-Schröder, StGB, 27. Aufl., 2006, Vorbem. §§ 13 ff. Rn. 73 m. w. N.
[500] *Scholler/*Schloer, Grundzüge des Polizei- und Ordnungsrechts, S. 241 f.

Beispiel:

Ein PKW-Hersteller wird nach der Äquivalenztheorie unstreitig kausal für alle durch den PKW hervorgerufenen Schäden, auch wenn seine Fertigung grundsätzlich nicht zu beanstanden ist.[501] Da der Gesetzgeber ein solch weites Kausalitätsverständnis nicht gewollt haben kann, ist die Äquivalenztheorie abzulehnen.

Auch die für das Zivilrecht entwickelte **Adäquanztheorie**, die die Äquivalenztheorie dergestalt einschränkt, dass nur solche Bedingungen kausal sind, die nach der Lebenserfahrung geeignet sind, den Erfolg herbeizuführen,[502] ist im Gefahrenabwehrrecht nach allgemeiner Meinung unbrauchbar.[503] Gefahren können auch durch atypische, der allgemeinen Lebenserfahrung widersprechende Abläufe hervorgerufen werden. Eine effektive Gefahrenabwehr muss aber auch auf atypische Abläufe reagieren können.[504] Der Begriff des Verursachens ist somit auch nicht nach der Adäquanztheorie zu bestimmen. Für das Recht der Gefahrenabwehr müssen insoweit eigene Kriterien zur Anwendung kommen. Worauf dabei im Einzelnen genau abzustellen ist, ist jedoch umstritten. 354

a) Theorie der rechtswidrigen Verursachung

Teilweise wird auf die Rechtswidrigkeit des möglicherweise kausalen Verhaltens abgestellt.[505] Ein gefahrverursachendes Verhalten liege nur vor, wenn eine Person sich rechtswidrig verhalte und so ihren Rechtskreis überschreite. Rechtswidrig in diesem Sinne ist jedes **Verhalten, welches gegen eine Handlungs- oder Unterlassenspflicht verstößt**. 355

Für diese Definition von Verursachung spricht, dass die meisten relevanten Fälle anhand eines eindeutigen Kriteriums sachgerecht gelöst werden können. Trotzdem wird die Theorie der rechtswidrigen Verursachung überwiegend abgelehnt.[506] Es wird insoweit angeführt, diese Theorie stoße an ihre Grenzen, wenn ein Schutzgut durch ein Verhalten bedroht werde, welches nicht durch spezielle Verhaltensnormen verboten sei.[507] Mangels Rechtswidrigkeit könne gegen das bedrohliche Verhalten nicht vorgegangen werden; eine in allen Fällen effektive Gefahrenabwehr wäre somit nicht gewährleistet.[508] Dabei wird aber übersehen, dass der Handelnde in diesen Fällen sehr wohl – nämlich als Nichtstörer – in Anspruch genommen werden 356

---

[501] Beispiel nach *Schenke*, in: Steiner, BesVerwR, Rn. 154.
[502] *Grüneberg*, in: Palandt, BGB, 69. Aufl., München 2010, Vorbem. v. § 249 Rn. 26.
[503] Vgl. *Schoch*, JuS 1994, 932 m. w. N.
[504] *Möller/Wilhelm*, 3. Abschnitt 4.2.2.
[505] *Schnur*, DVBl. 1962, 1 (3); *Henning*, DVBl 1968, 740, *Vollmuth*, Verwaltungsarchiv Bd. 68 (1977), 45; *Pietzcker*, DVBl 1984, 457 (459ff.); *Herrmann*, DÖV 1987, 666; *Denninger*, in: Lisken/Denninger. E Rn. 81.
[506] So z. B. *Drews/Wacke/Vogel/Martens*, Gefahrenabwehr, S. 312f.; *Schoch*, JuS 1994, 932 (933).
[507] So *Schoch*, JuS 1994, 932 (933).
[508] Vgl. *v. Mutius*, Jura 1983, 298 (304).

kann.[509] Einer effektiven Gefahrenabwehr steht die Theorie der rechtswidrigen Verursachung also grundsätzlich nicht entgegen.

357 Dass bei der Bestimmung des Verhaltensstörers trotzdem nicht auf die Rechtswidrigkeit des Verhaltens abgestellt werden kann, ergibt sich aus der Existenz des Schutzgutes „öffentliche Ordnung" in § 8 I PolG NRW und § 14 I OBG NRW. Wie bereits oben dargestellt,[510] sichert das Schutzgut der öffentlichen Ordnung gerade die Einhaltung bestimmter **außerrechtlicher** Sozialnormen.[511] Bei einer Störung der objektiven Rechtsordnung – also beim Verstoß gegen **Rechts**normen – ist bereits das Schutzgut der öffentlichen Sicherheit betroffen. Würde man für eine Gefahr durch einen Verhaltensstörer immer ein rechtswidriges Verhalten fordern, so wäre jedes Mal das Schutzgut „öffentliche Sicherheit" in Form der objektiven Rechtsordnung betroffen. Eine Störung der öffentlichen Ordnung durch ein Verhalten wäre – aufgrund der Reservefunktion der öffentlichen Ordnung innerhalb der beiden Schutzgüter[512] – denknotwendig ausgeschlossen. Dieses Ergebnis ergibt keinen Sinn. Die Theorie der rechtswidrigen Verursachung ist somit abzulehnen.

b) Lehre von der Sozialadäquanz

358 Die Unzulänglichkeiten der Einbeziehung des Rechtswidrigkeitskriteriums versucht die Lehre von der Sozialadäquanz zu überwinden. Wer gegen Rechtsnormen verstoße, sei in jedem Falle als Störer anzusehen. Aber auch rechtmäßige Handlungen könnten die Störereigenschaft begründen; eine Kausalität im Sinne des Gefahrenabwehrrechts sei immer dann anzunehmen, wenn das fragliche **Verhalten zwar nicht rechtswidrig, aber sozial inadäquat** sei.[513] Die Lehre von der Sozialadäquanz wird überwiegend abgelehnt, weil kein geeignetes Kriterium gefunden worden ist, sozial adäquates Verhalten von sozial nicht adäquatem Verhalten abzugrenzen.[514] Auch dieser (versuchten) Definition der Verursachung kann daher nicht gefolgt werden.

c) Kausalitätsmerkmale der Unmittelbarkeitslehre

359 Rechtsprechung und Literatur definieren die Verursachung im Polizei- und Ordnungsrecht überwiegend nach anderen als den bisher genannten Kriterien. Grundsätzlich sei ein Verhalten nur dann kausal, wenn es die Gefahr unmittelbar verursache. Nur ausnahmsweise könne eine Person bei einer mittelbaren Verursachung als Verhaltensstörer in Anspruch genommen

---

[509] So zutreffend: *Scholler*/Schloer, Grundzüge des Polizei- und Ordnungsrechts, S. 244.
[510] Vgl. Rn. 67 ff.
[511] Geschützt werden „ungeschriebene Verhaltensregeln und Sozialnormen", vgl. Rn. 69.
[512] Siehe oben Rn. 74.
[513] So *Gusy*, Rn. 339 ff., zurückgehend auf *Hurst*, AöR 83 (1958), 43 (75 ff.).
[514] Vgl. z. B. *Götz*, § 9 Rn. 12; *Schoch*, JuS 1994, 932 (933).

IV. Verhaltensverantwortlichkeit 109

werden, nämlich dann, wenn sie ein sog. Zweckveranlasser sei.[515] Ob ein
Verhalten eine Gefahr „verursacht", ist demnach in zwei Prüfungsschritten
zu untersuchen.

aa) Grundsatz der unmittelbaren Verursachung

Grundsätzlich ist ein Verhalten nur dann ursächlich, wenn es selbst unmit- 360
telbar die konkrete Gefahr oder Störung setzt und damit die **Gefahrengrenze
überschreitet**.[516] Bei mehreren zusammenwirkenden Faktoren verursacht
nur das letzte Glied in der Kausalkette die Gefahr unmittelbar.[517] Lediglich
mittelbare oder entferntere Bedingungen verursachen die Gefahr nicht mehr
unmittelbar und sind daher gefahrenabwehrrechtlich grundsätzlich irrelevant.[518] Das Kriterium der Unmittelbarkeit ist in der Regel leicht zu handhaben und führt in den meisten Fällen zu sachgerechten Ergebnissen.

Beispiel 1:[519] 361
A hat sein Fahrzeug auf einem öffentlichen Parkplatz ohne Markierungslinien abgestellt. Es wird dadurch „zugeparkt", dass zunächst B sein Auto so platziert, dass dem A nur noch ein kleiner Raum verbleibt, um sein Fahrzeug wegfahren zu können. Später trifft dann C ein, der seinen Wagen so parkt, dass dem A endgültig keine Wegfahrmöglichkeiten verbleiben.
Hier stellt sich die Frage, ob B und C beide als Verhaltensstörer in Anspruch genommen werden können. Das OVG NRW hat zutreffend den Fahrer des zuletzt abgestellten Wagens als Verhaltensstörer eingestuft. Erst sein Verhalten hat unmittelbar zu der Beeinträchtigung des Eigentums des A geführt.

Beispiel 2:[520] 362
Auf einer Bundesstraße kommt es zu einem unfallbedingten Rückstau. F kann seinen Wagen nicht rechtzeitig zum Stillstand bringen und fährt auf den letzten Wagen in der Schlange auf, ohne dass es hierbei zu einem Sachschaden kommt. Dieser entsteht jedoch kurz darauf, da auch die fünf hinter F fahrenden Verkehrsteilnehmer ihre Fahrzeuge nicht schnell genug anhalten können und jeweils in das vorausfahrende Fahrzeug hineinfahren. Aufgrund der Massenkarambolage laufen Öl und Benzin auf die Straße, welche von der Feuerwehr beseitigt werden müssen. F soll für die Einsatzkosten der Feuerwehr anteilig aufkommen. Eine Kostenpflicht besteht jedoch unstreitig nur für Störer. F hält einer Inanspruchnahme entgegen, Ölwanne und Benzintank seines Kfz seien nachgewiesenermaßen unbeschädigt geblieben.
F muss hier nur für die Kosten aufkommen, wenn er als Störer einzustufen ist. Die zuständige Kommune hatte vertreten, F sei Verhaltensstörer, weil er durch seine Teil-

---

[515] So z.B. *Drews/Wacke/Vogel/Martens*, Gefahrenabwehr, S. 313 ff.; *Schmelz*, BayVBl. 2001, 550 ff.; *Knemeyer*, Rn. 325 ff., *Schoch*, JuS 1994, 932 f. mit Rechtsprechungsnachweisen; zur Figur des Zweckveranlassers: *Widder*, Die Polizeipflicht des Zweckveranlassers, Diss. iur. Mannheim 1997; *Schoch*, Jura 2009, 360.
[516] *Drews/Wacke/Vogel/Martens*, Gefahrenabwehr, S. 313.
[517] *Schoch*, JuS 1994, 932.
[518] *Knemeyer*, Rn. 325; *Drews/Wacke/Vogel/Martens*, Gefahrenabwehr, S. 313 f.
[519] Beispiel nach *OVG NRW*, NJW 1993, 2698.
[520] Beispiel nach *HessVGH*, NJW 1986, 1829.

nahme am Straßenverkehr sowie durch seine Beteiligung am Massenunfall kausal für die Öl- und Benzinverschmutzung geworden sei. Der hessische VGH sah F nicht als Verhaltensstörer an. Da weder seine Ölwanne noch sein Benzintank beschädigt waren, habe er durch sein Verhalten nur eine mittelbare Ursache für die Verschmutzungen gesetzt. Diese seien durch die auffahrenden Autofahrer unmittelbar hervorgerufen worden.

bb) Berücksichtigung mittelbarer Bedingungen

363 In Einzelfällen kann es vorkommen, dass eine Person eine Gefahr durch ihr Verhalten nur mittelbar verursacht, der Gefährdungserfolg ihr aber aus Wertungsgesichtspunkten zuzurechnen ist. Um anhand sachgerechter Kriterien auch eine mittelbare Verursachung zurechnen zu können, wurde die **Figur des sog. Zweckveranlassers** entwickelt. Nach dieser von Rechtsprechung und herrschender Literatur anerkannten Figur[521] ist auch eine mittelbare Verursachung einer Gefahr unter bestimmten Voraussetzungen zuzurechnen. Umstritten ist jedoch, unter welchen Voraussetzungen eine Zurechnung erfolgen kann. Anhänger der subjektiven Zweckveranlassertheorie stellen auf die Intention des „Hintermanns" ab. Hiernach reicht eine mittelbare Verursachung aus, wenn der Verursacher die Gefahr beabsichtigt bzw. mindestens billigend in Kauf nimmt.[522] Nach der objektiven Zweckveranlassertheorie ist ein mittelbar kausales Verhalten zuzurechnen, wenn die eingetretene Gefahrenlage aus Sicht eines unbeteiligten Dritten eine typische Folge des Verhaltens ist.[523]

364 **Beispiel:**[524]
Der Inhaber einer Drogerie möchte potentielle Kunden auf eine neue Pflegeserie aufmerksam machen. In seinem Schaufenster zeigt er eine attraktive Frau im Schaumbad. Daraufhin bleiben vor dem Schaufenster so viele Passanten stehen, dass es zur Behinderung des Straßenverkehrs kommt. Eine Störung der Rechtsordnung (vgl. § 1 II StVO) wird hier nur durch die Passanten unmittelbar verursacht. Trotzdem stellt sich die Frage, ob nicht auch der Inhaber der Drogerie als Verhaltensstörer in Anspruch genommen werden kann. Im vorliegenden Fall war der Auflauf vor dem Schaufenster als typische Folge vorhersehbar; man wird auch annehmen müssen, dass es dem Inhaber der Drogerie gerade darauf ankam. Sowohl nach der subjektiven als auch nach der objektiven Zweckveranlassertheorie ist er somit Verhaltensstörer. Eine Inanspruchnahme ist auch sachgerecht, weil zwischen seinem Verhalten und der eingetretenen Störung ein derart enger innerer Zusammenhang besteht, dass er sich die Störung zurechnen lassen muss.

365 Mit der Unmittelbarkeitslehre, die in Fällen mittelbarer Verursachung durch die Zweckveranlassertheorie ergänzt wird, lassen sich die meisten

---

[521] Nachweise bei *Schoch,* JuS 1994, 932 (933); ablehnend *Erbel,* JuS 1985, 257.
[522] *Knemeyer,* Rn. 328; *Würtenberger* in Achterberg/Püttner, BesVerwR, Rn. 209.
[523] *Schenke,* in: Steiner, BesVerwR, Rn. 157; *Schoch,* in: Schmidt-Aßmann/Schoch, BesVerwR, 2. Kap. Rn. 141; *Götz,* § 9 Rn. 21.
[524] Beispiel nach PrOVG 85, 270.

praxisrelevanten Fälle sachgerecht lösen. In Einzelfällen herrscht weiterhin Unklarheit. So wird beispielsweise die Verantwortlichkeit der Teilnehmer bei Großveranstaltungen diskutiert.[525]

Merke:
- Nach der Unmittelbarkeitslehre ist Verhaltensstörer grundsätzlich nur, wer mit seinem Verhalten eine Gefahr unmittelbar verursacht.
- Eine mittelbare Verursachung führt nur dann zu einer Pflichtigkeit, wenn die Gefahr mit dem Verhalten subjektiv (nach a. A. objektiv) „bezweckt" wird (sog. Zweckveranlasser).

366

3. Besonderheiten

Bereits bei der Darstellung der Gefahrenbegriffe wurde erwähnt, dass die **Anscheinsgefahr** und unter Umständen auch die Gefahrenverdachtslage als Gefahr im Sinne des § 8 I PolG NRW bzw. § 14 I OBG NRW angesehen werden können.[526] Die weite Auslegung des Gefahrenbegriffs auf Ebene der Generalermächtigungen ergibt nur Sinn, wenn die Störerbegriffe entsprechend weit verstanden werden. Konsequenterweise ist daher der Tatbestand des Störers – wie schon der Tatbestand der Gefahr – weit auszulegen. Verhaltensverantwortlicher Anscheinsstörer ist daher, wer – **ex-ante** betrachtet – bei einem fähigen, besonnenen und fachkundigen Polizeibeamten den Eindruck der Gefahrenverursachung erweckt.[527] Entsprechendes gilt für den Verdachtsstörer. Verhaltensverantwortlicher Verdachtsstörer ist, wer sich den Verdacht zugezogen hat, er habe die (vermeintliche) Gefahr verursacht. Die Begriffe des Anscheinsstörers und des Verdachtsstörers werden von Teilen der Literatur jedoch nicht nur im Hinblick auf die ex-ante-Sicht erweitert ausgelegt. Verhaltensverantwortlich sei nicht nur derjenige, von dem bei verständiger Würdigung der Sachlage ex-ante anzunehmen ist, er habe eine Gefahr verursacht.[528] Störer in diesem Sinne sei auch derjenige, der durch sein Verhalten zurechenbar die berechtigte Annahme der Gefahrenlage verursacht habe. Anscheinsstörer sei daher nicht nur der „scheinbare Störer", sondern auch die Person, die **objektiv** einen Sachverhalt **zu verantworten** hat, der als Anscheinsgefahr einzustufen ist. Verhaltensverantwortlicher Verdachtsstörer ist nach den gleichen Grundsätzen die Person, die objektiv einen Sachverhalt zu verantworten hat, der als Gefahrenverdacht einzustufen ist.

367

---

[525] Vgl. die Nachweise bei *Götz*, § 9 Rn. 31.
[526] Vgl. zur Anscheinsgefahr Rn. 241 ff.; zum Gefahrenverdacht Rn. 247 ff.
[527] *Denninger*, in: Lisken/Denninger, E Rn. 47; *Breuer*, in: Gedächtnisschrift für W. Martens 1987, S. 317 (342).
[528] *Knemeyer*, Rn. 95; *Schenke* in: Steiner, BesVerwR, Rn. 166, *Erichsen/Wernsmann*, Jura 1995, 219 (221) m. w. N.

368 Beispiel:[529]
A befindet sich im Urlaub. Um potentielle Einbrecher abzuschrecken, hat er in seiner Wohnung eine Zeitschaltuhr installiert, durch die die Beleuchtung und ein TV-Gerät im ersten Stock seines Hauses aktiviert werden. Ein Nachbar, der von der Zeitschaltuhr keine Kenntnis hat, ruft die Polizei herbei, da er sicher weiß, dass das Haus wegen des Urlaubs des A derzeit unbewohnt ist. Wegen des Lichtes und der Geräusche gehen die Polizisten von einem Einbruch aus und stürmen das Haus. Dabei wird die Eingangstüre des A beschädigt. Im späteren Entschädigungsprozess stellt sich die Frage, ob A als Störer anzusehen war.

Zwar hat A dadurch, dass er die Zeitschaltuhr installiert hat, einen Zustand geschaffen, der sich aus Sicht der Polizeibeamten als Gefahrenlage darstellte; doch vor der Stürmung des Hauses war bei verständiger Würdigung der Sachlage nicht davon auszugehen, dass die von den Polizisten angenommene Gefahr (der Einbruch in das Haus des A) von A als Eigentümer des Hauses selbst ausging. Aus ex-ante-Sicht hat A also nicht den Eindruck erweckt, er habe die (vermeintliche) Gefahr verursacht. Er ist insoweit nicht als Anscheinsstörer anzusehen. Stellt man hingegen nicht auf eine ex-ante-Sicht, sondern auf die objektive Verantwortlichkeit für den Anschein der Gefahr ab, so könnte A als Anscheinsstörer gesehen werden, da er durch die Installation der Zeitschaltuhr für die Annahme der Gefahr kausal geworden ist. Allerdings stellt sich hier die Frage, ob die bloß mittelbare Verursachung eines solchen Anscheins für die Inanspruchnahme als Anscheinsstörer ausreicht.

369–374 Probleme bei der Inanspruchnahme eines Verhaltensstörers können behördliche Genehmigungen bereiten. Es stellt sich die Frage, ob eine Person wegen eines Verhaltens in Anspruch genommen werden kann, welches zuvor durch behördliche Genehmigung ausdrücklich für zulässig erklärt worden ist. Die behördliche Gestattung könnte die Verhaltensverantwortlichkeit begrenzen. Das Problem der **„Legalisierungswirkung behördlicher Genehmigungen"** wird unterschiedlich beurteilt.[530] Teilweise wird behördlichen Gestattungsakten aus rechtsstaatlichen Gründen (Vertrauensschutz, Einheit der Rechtsordnung, Verbot des „venire contra factum proprium") eine Legalisierungswirkung zuerkannt.[531] Grundvoraussetzung ist natürlich, dass sich das Verhalten innerhalb des Umfangs der Gestattung bewegt.[532] Aber auch in diesem Fall stellt sich die Frage, wie sich die Genehmigungen von Fachbehörden auf Maßnahmen nach dem PolG NRW oder OBG NRW auswirken.[533] Die Legalisierungswirkung der unterschiedlichen behördlichen Gestattungsakte ist gesondert und differenziert zu beantworten.[534]

---

[529] Beispiel nach *OLG Köln*, NJW-RR 1996, 860.
[530] Zum Ganzen z. B. *Papier*, NVwZ 1986, 256 und *Kokott*, DVBl. 1992, 749 m. w. N.
[531] *Schoch*, in: Schmidt-Aßmann/Schoch, BesVerwR, 2. Kap. Rn. 130 m. w. N.
[532] *Schenke*, in: Steiner, BesVerwR, Rn. 175 (für die Zustandsverantwortlichkeit).
[533] Vgl. *Knemeyer*, Rn. 446.
[534] Zur Vertiefung vgl. *Breuer*, NVwZ 1987, 751 (755).

V. Zustandsverantwortlichkeit

Geht die Gefahr für ein Schutzgut von einer Sache aus, so kann nach Maßgabe von § 5 PolG NRW oder § 18 OBG NRW der Zustandsstörer in Anspruch genommen werden. Nach diesen Vorschriften trifft die Zustandsverantwortlichkeit den Inhaber der tatsächlichen Gewalt über die Sache, den Eigentümer[535] oder einen anderen Berechtigten. Diesen Personen die Lasten der Gefahrenabwehr aufzuerlegen, ist rechtspolitisch durch zwei Argumente zu rechtfertigen. Einerseits sollen die Personen, die die Vorteile aus einer gefahrbringenden Sache ziehen, auch die damit verbundenen Lasten tragen. Andererseits haben die genannten Personen eine tatsächliche oder zumindest rechtliche Einwirkungsmöglichkeit auf die gefahrbringende Sache, was wiederum aus Gründen einer effektiven Gefahrenabwehr wünschenswert ist.[536]

375

1. Gefahrverursachender Zustand

§ 5 PolG NRW und § 18 OBG NRW kommen zur Anwendung, wenn die Gefahr von einer Sache oder einem Tier ausgeht. Erforderlich ist daher zunächst ein gefahrverursachender Zustand. Eine Gefahr kann von einer Sache durch die **Beschaffenheit** der Sache selbst oder durch **ihre Lage im Raum** ausgehen.[537] Die Gefahr beruht auf der Beschaffenheit einer Sache, wenn schon ihre Zusammensetzung gefährlich ist (z.B. Sprengstoff, Gift). Ist die Beschaffenheit einer Sache grundsätzlich ungefährlich, so kann ihre konkrete Lage in der Umwelt trotz allem Gefahren hervorrufen (z.B. Ziegelstein auf der Autobahn).[538]

376

Bei der Zustandsverantwortung muss zwischen der Sache und der Gefahr ein innerer Zusammenhang bestehen; die Gefahr muss von der Sache (oder dem Tier) „ausgehen". Auch hier ist also eine Kausalität zwischen dem Zustand der Sache und der Gefährdung gefordert.

377

2. Zustandsverantwortliche Rechtssubjekte

Geht von einer Sache eine Gefahr aus, so können nur Rechtssubjekte in Anspruch genommen werden, die in einem besonderen Verhältnis zu der Sache stehen. § 18 OBG NRW nennt hier den Inhaber der tatsächlichen Gewalt sowie den Eigentümer. Nach § 5 II 1 PolG NRW können sich Maßnahmen auch an einen anderen Berechtigten richten. Tatsächliche Gewalt, Eigentum oder Berechtigung müssen in dem Zeitpunkt gegeben sein, in dem

378

---

[535] Eingehend zur Zustandsverantwortlichkeit des Eigentümers: *Hösch*, VBlBW 2004, 7 (8 ff.).
[536] *Schoch*, JuS 1994, 932 (935).
[537] *Schenke*, in: Steiner, BesVerwR, Rn. 171; *Gusy*, Rn. 324 ff.
[538] Vgl. *Gusy*, Rn. 349.

die Behörde ihre Gefahrenabwehrmaßnahme ergreift.[539] Für herrenlose Sachen sehen beide Vorschriften eine Inanspruchnahme des ehemaligen Eigentümers vor, der sein Eigentum an der Sache aufgegeben hat (§ 5 III PolG NRW und § 18 III OBG NRW).

a) Inhaber der tatsächlichen Gewalt

379 Die Gefahrenabwehrmaßnahme kann sich gegen den Inhaber der tatsächlichen Sachgewalt richten. Die Eigentumslage spielt in diesem Zusammenhang keine Rolle. Dies hat den praktischen Vorteil, dass die Verwaltung nicht langwierig die Eigentumsverhältnisse klären muss, bevor sie tätig werden kann.[540] Inhaber der tatsächlichen Gewalt ist die Person, die die Sache (oder das Tier) **in Gewahrsam** hat. Auch der unrechtmäßige Inhaber der Sachherrschaft ist zustandsverantwortlich.[541] Auf den zivilrechtlichen Besitz kommt es hier nicht an. So hat neben dem unmittelbaren Besitzer auch der Besitzdiener i.S.d. § 855 BGB die tatsächliche Sachgewalt;[542] demgegenüber führt der bloße Erbenbesitz i.s.d. § 857 BGB nicht zur Zustandsverantwortlichkeit.[543] Die tatsächliche Gewalt über eine Sache haben z.b. der Mieter, der Pächter, der Verwahrer und der Entleiher,[544] aber auch der Dieb.[545] Bei Autos kann die tatsächliche Gewalt sowohl beim Halter als auch beim Fahrer liegen.[546] Mit Aufgabe des Gewahrsams endet die Haftung des Zustandsstörers als Inhaber der tatsächlichen Sachherrschaft.[547] Eine Inanspruchnahme nach diesem Zeitpunkt scheidet aus.

b) Eigentümer

380 Neben dem Inhaber der tatsächlichen Gewalt kann sich die Gefahrenabwehrmaßnahme auch gegen den Eigentümer richten. Eine Inanspruchnahme scheidet jedoch nach § 5 II 2 PolG NRW aus, wenn ein anderer die tatsächliche Gewalt ohne den Willen des Eigentümers oder Berechtigten ausübt. Ähnliches regelt § 18 II 2 OBG NRW für das allgemeine Ordnungsrecht. Im Falle der verbotenen Eigenmacht i.S.d. § 858 BGB, wie z.B. bei Diebstahl, darf der Eigentümer daher nicht verpflichtet werden.[548] Übt der Inhaber der tatsächlichen Gewalt diese mit dem Willen des Eigentümers aus, so können grundsätzlich beide in Anspruch genommen werden.

---

[539] *Götz,* § 9 Rn. 63; *Schoch,* JuS 1994, 932 (935) m.w.N.
[540] *Schoch,* JuS 1994, 932 (935).
[541] *Schenke,* in: Steiner, BesVerwR, Rn. 181.
[542] *Drews/Wacke/Vogel/Martens,* Gefahrenabwehr, S. 329.
[543] *Knemeyer,* Rn. 334.; keine Sachherrschaft des Besitzers eines rechtlich und tatsächlich frei zugänglichen Waldgrundstücks über den auf seinem Grundstück von Unbekannten deponierten Abfall: *OVG NRW,* NWVBl. 2007, 26.
[544] *Götz,* § 9 Rn. 53.
[545] Vgl. *Gusy,* Rn. 350.
[546] *Schoch,* JuS 1994, 932 (935 f. m.w.N.).
[547] *Schenke,* in: Steiner, BesVerwR, Rn. 181; *VGH BW,* NJW-RR 1991, 27.
[548] *Gusy,* Rn. 350.

Zur Bestimmung des Eigentums im Sinne von § 5 PolG NRW und § 18   **381**
OBG NRW ist auf die **zivilrechtliche Eigentumslage** im Zeitpunkt der Gefahrenabwehrmaßnahme abzustellen.[549] Hierzu gehört beispielsweise auch das Sicherungseigentum. Gefahrenabwehrrechtlich wird das Anwartschaftsrecht auf das Eigentum als wesensgleiches Minus dem Volleigentum gleichgestellt. Beim Kauf unter Eigentumsvorbehalt ist daher auch der Vorbehaltseigentümer (§ 449 I BGB) Zustandsstörer.[550] Steht eine Sache im Eigentum mehrerer Personen, so ist grundsätzlich jeder Miteigentümer allein und in vollem Umfang für die Beseitigung von Gefahren verantwortlich. Keine Rolle spielt es, ob es sich um Bruchteilseigentum (z.B. gemeinschaftliches Eigentum in einer Bürogemeinschaft) oder Gesamthandseigentum (z.B. gemeinschaftliches Eigentum einer Erbengemeinschaft oder einer Gesellschaft bürgerlichen Rechts) handelt.[551] Soweit sich die anderen Miteigentümer den Maßnahmen des Verpflichteten widersetzen, können auch diese – beispielsweise mittels Duldungsverfügung – verpflichtet werden.[552]

Mit dem **Verlust des Eigentums** endet – von der Ausnahme der Dereliktion abgesehen[553] – die Zustandshaftung des Eigentümers automatisch.[554]   **382**
Es muss daher geprüft werden, ob ein potentieller Zustandsstörer sein Eigentum zum Zeitpunkt des Eingreifens der Behörde nicht schon verloren hat. Eigentum kann jedoch nicht nur durch rechtsgeschäftlichen Eigentumsübergang nach §§ 925 ff. bzw. §§ 929 ff. BGB übertragen werden. Praxisrelevant ist auch ein gesetzlicher Eigentumsübergang durch Verbindung, Vermischung oder Verarbeitung nach den §§ 946 ff. BGB. Verbindet sich beispielsweise eine auslaufende giftige Flüssigkeit mit dem Erdreich oder vermischt sie sich mit dem Grundwasser, so endet die Zustandsverantwortlichkeit des Eigentümers der giftigen Flüssigkeit nach diesen Vorschriften.[555] Hat der Eigentümer seine Sache derelinquiert, verliert er zwar seine Stellung als Eigentümer, gleichwohl behält er gem. § 5 III PolG NRW, § 18 III OBG NRW die Verantwortlichkeit für die Sache.

c) Anderer Berechtigter

Nach § 5 II 1 PolG NRW kann eine Polizeiverfügung neben dem Inhaber   **383**
der tatsächlichen Gewalt und dem Eigentümer auch gegen einen anderen Berechtigten gerichtet werden. Dies ist zunächst jeder, der außer dem Eigentümer sachenrechtlich berechtigt ist, auf den störenden Gegenstand einzu-

---
[549] *Schoch*, JuS 1994, 932 (936).
[550] *Drews/Wacke/Vogel/Martens*, Gefahrenabwehr, S. 326; *Gusy*, Rn. 350.
[551] Vgl. *Drews/Wacke/Vogel/Martens*, Gefahrenabwehr, S. 326 f. m. w. N.
[552] *Gusy*, Rn. 350; *Schoch*, in: Schmidt-Aßmann/Schoch, BesVerwR, 2. Kap. Rn. 152 i. V. m. Rn. 106; im Fall des Grundstückseigentümers als Verpächter: *BayVGH*, NVwZ-RR 2006, 389.
[553] Vgl. § 5 III PolG NRW und § 18 III OBG NRW.
[554] *Schoch*, in: Schmidt-Aßmann/Schoch, BesVerwR, 2. Kap. Rn. 153.
[555] *Schoch*, JuS 1994, 932 (936); vgl. auch *OVG Hamburg* DÖV 1983, 1016 (1017).

wirken,⁵⁵⁶ z. B. der Erbbauberechtigte und der Nießbraucher.⁵⁵⁷ Aber auch eine schuldrechtliche Verfügungsbefugnis reicht hier aus (z. B. die Befugnis des Mieters, Pächters und des Verwahrers).⁵⁵⁸ Das OBG NRW enthält keine entsprechende Regelung.

3. Besonderheiten

384   Auch bei der Zustandsverantwortlichkeit sind Besonderheiten zu beachten, die bereits bei der Verhaltensverantwortlichkeit dargestellt worden sind.⁵⁵⁹ Das gilt zunächst für Fälle der Anscheinsgefahr und des Gefahrenverdachts. Ebenso wie bei der Verhaltensverantwortlichkeit ergibt eine weite Auslegung des Gefahrenbegriffs auf Ebene der Generalermächtigungen nur Sinn, wenn die Zustandsverantwortlichkeit entsprechend weit interpretiert wird. Auch Zustandsstörer können als Anscheinsstörer oder Gefahrenverdachtsstörer in Anspruch genommen werden.⁵⁶⁰ **Zustandsverantwortlicher Störer** ist derjenige, der Eigentümer oder Inhaber der tatsächlichen Gewalt einer Sache ist, von der objektiv eine Gefahr ausgeht. Dasselbe gilt für denjenigen, der aus ex-ante-Sicht Eigentümer oder Sachinhaber einer gefahrbringenden Sache ist. Geht von der Sache der Anschein der Gefahr aus, handelt es sich um den zustandsverantwortlichen **Anscheinsstörer**.⁵⁶¹ Geht von der Sache der Verdacht einer Gefahr aus, so ist der (vermeintliche) Sacheigentümer oder der Inhaber der tatsächlichen Sachgewalt zustandsverantwortlicher **Verdachtsstörer**.⁵⁶²

385   **Beispiel:**⁵⁶³
Die Polizei wird zu einer Erdgeschosswohnung des U gerufen, die an einer Einkaufsstraße liegt. Vorübergehende Passanten hatten aus dieser Wohnung Hilferufe gehört. Als den Beamten die Tür nicht geöffnet wird, treten sie diese ein. Beim Betreten der Wohnung stellen sie fest, dass die täuschend echt klingenden Rufe von einem Papagei des Wohnungseigentümers U stammten, den dieser vorübergehend allein gelassen hatte. Im späteren Entschädigungsprozess stellt sich die Frage, ob der Wohnungsinhaber U als Zustandsstörer anzusehen war.
Im Zeitpunkt des Einschreitens mussten die Polizisten annehmen, dass sich in der Wohnung des U eine Person in einer Notlage befand. Aus ex-ante-Sicht war von einer hinreichenden Wahrscheinlichkeit eines Schadens für die öffentliche Sicherheit (hier: Leben oder Gesundheit eines Menschen, ggf. auch die Rechtsordnung) auszugehen. Da objektiv kein Schadenseintritt drohte, lag eine Anscheinsgefahr vor. Da der Anschein der Gefahr von einem Tier (vgl. § 5 I PolG NRW) ausging, das im Eigentum des U stand, war dieser zustandsverantwortlicher Anscheinsstörer.

---

⁵⁵⁶ *Gusy*, Rn. 350.
⁵⁵⁷ *Tegtmeyer/Vahle*, PolG NRW, § 5 Rn. 5.
⁵⁵⁸ *Tegtmeyer/Vahle*, PolG NRW, § 5 Rn. 5.
⁵⁵⁹ Siehe oben Rn. 367 ff.
⁵⁶⁰ Zur vergleichbaren Problematik bei der Verhaltensstörung vgl. Rn. 367 f.
⁵⁶¹ So auch *Erichsen/Wernsmann*, Jura 1995, 219 (221).
⁵⁶² *Breuer*, in: Gedächtnisschrift für W. Martens 1987, S. 317 (342).
⁵⁶³ Beispiel nach *Erichsen/Wernsmann*, Jura 1995, 219.

V. Zustandsverantwortlichkeit

Ebenso wie bei der Verhaltensverantwortlichkeit stellt sich auch bei der 386–390
Zustandsverantwortlichkeit das Problem der **Legalisierungswirkung von
behördlichen Genehmigungen**.[564] Es sind hier dieselben Überlegungen anzustellen wie bei der Legalisierungswirkung im Zusammenhang mit der Verhaltensverantwortlichkeit.[565]

4. Grenze der Zustandsverantwortlichkeit

Ist eine Person Zustandsstörer, bedeutet dies nicht, dass sie auf jeden Fall 391
in Anspruch genommen werden darf. Die Grenzen der Zustandsverantwortlichkeit sind zu beachten.

a) Tatsächliche oder rechtliche Unmöglichkeit der Gefahrenabwehr

Verwaltungsakte sind grundsätzlich nur dann rechtmäßig, wenn sie ein 392
Verhalten anordnen, welches dem Verpflichteten tatsächlich oder rechtlich
möglich ist.[566] Sowohl die rechtliche als auch die tatsächliche Unmöglichkeit
können bei der Inanspruchnahme des Zustandsstörers von Bedeutung sein.

aa) Tatsächliche Unmöglichkeit

Die Zustandsverantwortlichkeit des Eigentümers ist oft durch die tatsäch- 393
liche Möglichkeit geeigneter Maßnahmen begrenzt. Der Eigentümer eines
entlaufenen, noch nicht wieder eingefangenen Hundes kann beispielsweise
mangels tatsächlicher Möglichkeit nicht aufgefordert werden, den Hund sofort zu töten.[567] Die tatsächliche Unmöglichkeit führt zur Rechtswidrigkeit,[568] in Fällen des § 44 II Nr. 4 VwVfG NRW zur Nichtigkeit der Anordnung.[569] Dagegen stellt wirtschaftliches Unvermögen keinen Fall einer
tatsächlichen Unmöglichkeit dar.[570] Problematisch ist hier u. U. aber die
Verhältnismäßigkeit einer Inanspruchnahme.[571]

bb) Rechtliche Unmöglichkeit

Verstößt das geforderte Verhalten gegen **öffentlich-rechtliche Vorschrif-** 394
ten, liegt ein Fall rechtlicher Unmöglichkeit vor, der zur Rechtswidrigkeit
der Verfügung führt.[572]

---

[564] Vgl. hierzu *Schoch*, JuS 1994, 1026 (1027 m. w. N.).
[565] Vgl. Rn. 369.
[566] *Ladeur*, Jura 2000, 138, 141; *Maurer*, AllgVerwR, § 10 Rn. 19.
[567] Zur allgemeinen Problematik der Hundehaltung: *Kaltenborn*, NWVBl. 2001, 249 ff.; *Michaelis*, JA 2003, 198 ff.; *VGH München*, NVwZ 2001, 1313 f.; *OVG Schleswig*, NVwZ 2001, 1300 ff.; *Drews/Wacke/Vogel/Martens*, Gefahrenabwehr, S. 328.
[568] *Tettinger/Erbguth/Mann*, BesVerwR, Rn. 301.
[569] *Maurer*, AllgVerwR, § 10 Rn. 33.
[570] *Götz*, Rn. 335; *Tettinger/Erbguth/Mann*, BesVerwR, Rn. 685.
[571] *Scholler/Schloer*, Grundzüge des Polizei- und Ordnungsrechts, S. 314.
[572] *Tettinger/Erbguth/Mann*, BesVerwR, Rn. 685; *Scholler/Schloer*, Grundzüge des Polizei- und Ordnungsrechts, S. 313.

Beispiel:

So kann der Eigentümer eines Hundes nicht aufgefordert werden, diesen zur Unterbindung des störenden Gebells nur noch und ausschließlich in geschlossenen Räumen zu halten. Eine solche Haltung wäre nicht mit dem Tierschutzgesetz zu vereinbaren; die Verfügung wäre wegen rechtlicher Unmöglichkeit rechtswidrig.[573]

395 Verstößt das geforderte Verhalten gegen **privatrechtliche Vorschriften**, so führt dies grundsätzlich ebenfalls zur Rechtswidrigkeit der Verfügung.[574] Problematisch sind Fälle, in denen das geforderte Verhalten in seiner rechtlichen Möglichkeit von der **Zustimmung eines Dritten** abhängt. Wird nur einer von mehreren Miteigentümern aufgefordert, ein baurechtswidriges Gebäude abzureißen, so ist die Verfügung rechtmäßig, wenn die anderen zugestimmt haben oder an jeden Miteigentümer eine Duldungsverfügung ergangen ist. Liegen weder eine Zustimmung noch eine Duldungsverfügung vor, so ist umstritten, ob dies zur Rechtswidrigkeit der Abrissverfügung führt. Teilweise wird angenommen, es liege ein Fall rechtlicher Unmöglichkeit vor, der die Rechtswidrigkeit der Verfügung bewirke.[575] Vor allem aus Gründen der Verfahrensökonomie geht aber die h.M. davon aus, dass die Rechtmäßigkeit der Verfügung nicht berührt wird.[576] Die Rechte Dritter stellen hiernach lediglich ein Vollstreckungshindernis dar,[577] so dass die Verfügung zwar rechtmäßig, aber nicht mit Zwang durchsetzbar sei.[578]

b) Begrenzung der Inanspruchnahme durch Art. 14 GG

396 Weder nach dem Wortlaut von § 5 PolG NRW noch nach dem des § 18 OBG NRW kommt es darauf an, ob sich der Zustandsstörer rechtswidrig oder gar schuldhaft verhalten hat. Auch wenn die Störung durch die Sache nicht der Sphäre des Zustandsstörers entspringt, ist nach dem Wortlaut beider Vorschriften eine Zustandsverantwortlichkeit gegeben. Eine Zustandshaftung scheint daher auch zu bestehen, wenn die Gefahrenlage auf höherer Gewalt oder dem Verhalten eines Dritten beruht.

397 **Beispiel:**[579]

E ist Eigentümer eines Grundstücks an einer viel befahrenen Straße. Bei einem Verkehrsunfall kippt ein Tankwagen um, so dass das mitgeführte Öl ausläuft und in das Erdreich von E's Grundstück eindringt. Die Wasserversorgung wird gefährdet, wenn das verschmutzte Erdreich nicht abgetragen wird. Durch Verbindung des Öls mit dem Erdreich ist E nach § 946 BGB Eigentümer des Öls geworden. Die Ordnungsbehörde möch-

---

[573] *Drews/Wacke/Vogel/Martens*, Gefahrenabwehr, S. 419.
[574] *Schoch*, JuS 1994, 754 (756).
[575] So z.B. *Drews/Wacke/Vogel/Martens*, Gefahrenabwehr, S. 327 m.w.N.
[576] *BVerwGE* 40 101 (103); *Schenke*, in: Steiner, BesVerwR, Rn. 181 m.w.N.
[577] *OVG NRW*, NVwZ 1985, 355 (356); *Schenke*, in: Steiner, BesVerwR, Rn. 181; *Möller/Wilhelm*, 3. Abschnitt 5.3.2.1.
[578] *Tettinger/Erbguth/Mann*, BesVerwR, Rn. 685; *Götz*, § 11 Rn. 23.
[579] Beispiel abgewandelt nach *OVG NRW*, DVBl. 1964, 683; vertiefend zur Zustandsverantwortlichkeit bei Boden- und Gewässerbelastungen: *Müllensiefen*, Gefahrenabwehr und Gefahrerforschung durch den Grundeigentümer, Diss. iur. Münster 1997.

te ihn daher als Zustandsstörer in Anspruch nehmen. E wendet ein, dass er nichts mit dem Öl und dem Unfall zu tun habe. In diesem Fall stellt sich die Frage, ob es der Inanspruchnahme als Zustandsstörer entgegensteht, wenn eine Gefahr vorliegt, die nicht der Sphäre des Eigentümers oder des Inhabers der tatsächlichen Gewalt entspringt.

Teilweise wird vertreten, die Zustandsverantwortlichkeit sei aus verfassungsrechtlichen Gründen begrenzt. Die Regelung über die Zustandsverantwortlichkeit sei eine gesetzliche Schrankenbestimmung im Sinne des Art. 14 I 2 GG. Bei der Ausgestaltung der Schranke sei die Wertung des Art. 14 II GG zu beachten. Nach Art. 14 II 2 GG soll der Gebrauch des Eigentums zugleich dem Wohle der Allgemeinheit dienen. Die sich hieraus ergebende Sozialpflichtigkeit des Eigentums biete die Legitimation für die Regelung der Zustandsverantwortlichkeit im Gefahrenabwehrrecht. Wem der private Sachgenuss zustehe, der habe auch die Lasten der Gefahrenabwehr zu tragen, wenn diese sich aus der Sachherrschaft ergäben. Vor diesem Hintergrund sei es nicht gerechtfertigt, dem Eigentümer die Risiken aufzubürden, denen kein spezifischer Sachnutzen gegenüberstehe. Risiken, die ausschließlich die Allgemeinheit betreffen (wie Kriegslasten, Schäden aus dem modernen Massenverkehr usw.), seien nicht der **Risikosphäre des Eigentümers** zuzurechnen. Da diesen Gefahren kein spezifischer Sachnutzen des Eigentümers gegenüberstehe, sei hier bei verfassungskonformer Auslegung eine Inanspruchnahme des Zustandsstörers wegen Art. 14 II GG ausgeschlossen.[580] Auch Genehmigungen können die Zustandsverantwortlichkeit beschränken.[581] 398

Der Restriktion der Zustandsverantwortlichkeit durch Art. 14 GG folgt ein großer Teil des Schrifttums nicht.[582] Die Vorschriften zur Zustandsverantwortlichkeit seien mit Art. 14 GG zu vereinbaren; für eine verfassungskonforme Auslegung bestehe daher kein Bedarf.[583] Eine an Risikobereichen orientierte Eingrenzung der Zustandsverantwortlichkeit habe daher keine Grundlage.[584] Das Bundesverwaltungsgericht hat noch in keinem Fall die Zustandsverantwortlichkeit durch Art. 14 GG begrenzt; es hat jedoch abstrakt ausgeführt, dass eine solche Begrenzung denkbar sei.[585] 399

VI. Inanspruchnahme des Rechtsnachfolgers

Die Gefahrenabwehrbehörden können durch Verfügungen grundsätzlich nur Personen verpflichten, die Störer im Sinne der §§ 4 und 5 PolG NRW 400

---

[580] *BVerfG*, BayVBl. 2001, 269; so grundlegend *Friauf*, in: FS für Wacke, 1972, S. 293 (300 ff.); ebenso *Schenke*, in: Steiner, BesVerwR, Rn. 173; ähnlich *Papier*, DVBl. 1985, 873 (878); ders., NVwZ 1986, 256 (261).
[581] *Schoch*, in: Schmidt-Aßmann/Schoch, BesVerwR, 2. Kap. Rn. 150.
[582] *Drews/Wacke/Vogel/Martens*, Gefahrenabwehr, S. 320 f.; *Schoch*, JuS 1994, 1026; *Spannowsky*, DVBl. 1994, 560 (562); *Götz*, § 9 Rn. 59 f.
[583] *Schoch*, JuS 1994, 1026.
[584] *Götz*, § 9 Rn. 59 f.
[585] Vgl. *BVerwG*, NVwZ 1991, 475; *BVerwG*, NVwZ 1997, 577.

bzw. §§ 17 und 18 OBG NRW sind. Nur in Ausnahmefällen darf ein Nichtstörer in Anspruch genommen werden.[586] Grundsätzlich sind die Maßnahmen gegen einen Verhaltens- oder Zustandsstörer zu richten. In der Praxis kann es jedoch vorkommen, dass die Person, welche die Gefahr durch ihr Verhalten verursacht hat, verstirbt oder dass der Eigentümer einer gefahrbringenden Sache diese veräußert.[587] Im ersten Fall stellt sich die Frage, ob der Erbe des Verhaltensstörers in Anspruch genommen werden kann. Im zweiten Fall kann problematisch sein, ob eine dem alten Eigentümer gegenüber erlassene Gefahrenabwehrverfügung auch dem Erwerber gegenüber wirkt, oder ob gegen diesen eine gesonderte neue Verfügung ergehen muss. Bei diesen Fragen geht es um die Rechtsnachfolge in die polizei- und ordnungsrechtliche Verantwortlichkeit.

401 Drei maßgebliche Aspekte sind streng zu unterscheiden: Zum einen kann die Inanspruchnahme auf einer **Verhaltensverantwortlichkeit** des Rechtsvorgängers beruhen; zum anderen kann eine **Zustandsverantwortlichkeit** zugrunde liegen. Weiterhin ist zwischen abstrakter und konkreter Verantwortlichkeit zu unterscheiden. Und zuletzt kommt es noch darauf an, ob es sich um eine Einzel- oder Gesamtrechtsnachfolge handelt.

Beispiel:
Der E ist verstorben. Alleinerbe ist sein Sohn S. Dieser wird kurz nach dem Tode des E schriftlich aufgefordert, ein Waldstück zu sanieren, auf dem E grundwassergefährdende Stoffe „entsorgt" hatte. Da E die Gefahr durch sein Verhalten verursacht hat, stellt sich für S die Frage der Rechtsnachfolge in die Verhaltensverantwortlichkeit.
Des Weiteren soll S einer Abrissverfügung nachkommen, die dem E kurz vor seinem Tode zugestellt worden war. Darin wurde E aufgefordert, ein in seinem Eigentum stehendes baurechtswidriges Haus abzureißen. Da E als Zustandsstörer in Anspruch genommen worden ist, geht es für S um die Rechtsnachfolge in die Zustandsverantwortlichkeit.

402 Neben der Unterscheidung zwischen der Verhaltensverantwortlichkeit und der Zustandsverantwortlichkeit ist bei der Rechtsnachfolge von Bedeutung, ob bereits eine Gefahrenabwehrverfügung an den Rechtsvorgänger ergangen ist, oder ob eine solche Verfügung erstmals an den Rechtsnachfolger ergeht. Einerseits kann die noch nicht durch behördliche Maßnahme konkretisierte Pflichtenstellung des Verhaltens- oder Zustandsstörers übergegangen sein. In diesen Fällen spricht man von der **Rechtsnachfolge in die abstrakte Pflicht**. Andererseits kann es sein, dass die Behörde die Pflichtenstellung des Rechtsvorgängers bereits durch Verfügung im Einzelfall konkretisiert hat. Hier stellt sich dann die Frage, ob auch der Rechtsnachfolger durch die Verfügung an den Rechtsvorgänger gebunden ist (Frage nach der **Rechtsnachfolge in die durch Verwaltungsakt konkretisierte Pflicht**).

---

[586] Hierzu ausführlich Rn. 431 ff.
[587] Vgl. *Tettinger/Erbguth/Mann*, BesVerwR, Rn. 514.

Im obigen **Beispiel** erhält der S wegen der Waldbodenverschmutzung eine Sanierungsverfügung, ohne dass der E als sein Rechtsvorgänger zuvor zur Sanierung aufgefordert worden ist. Die Ordnungspflicht des E war zum Zeitpunkt seines Todes noch nicht durch Ordnungsverfügung konkretisiert. Insoweit geht es um die Nachfolge in die abstrakte (= noch nicht durch Verwaltungsakt konkretisierte) Ordnungspflicht. Die Abrissverfügung erhielt E noch zu Lebzeiten. Dabei ist fraglich, ob die an E ergangene Anordnung den Erben S verpflichtet. Insoweit geht es um die Rechtsnachfolge in die durch Verwaltungsakt konkretisierte Ordnungspflicht.

Aus der Unterscheidung zwischen Verhaltensverantwortlichkeit und Zustandsverantwortlichkeit einerseits und der abstrakten und der konkretisierten Pflicht andererseits ergeben sich insgesamt acht Fallgruppen, die in Literatur und Rechtsprechung unterschiedlich diskutiert werden. Die Probleme der Fallgruppen lassen sich auf einige Grundaussagen reduzieren, mit denen jede Fallgruppe argumentativ bewältigt werden kann. 403

1. Allgemeine Grundsätze

Der Übergang verwaltungsrechtlicher Positionen ist von zwei Grundvoraussetzungen abhängig. Erforderlich ist zum einen immer ein **Nachfolgetatbestand** (Prüfungspunkt 1); des Weiteren muss die Position **nachfolgefähig** (Prüfungspunkt 2) sein. 404

a) Nachfolgetatbestand

Im Zivilrecht existiert eine Vielzahl von Normen, nach denen die Rechte oder Pflichten von einer Person auf eine andere übergehen. So ordnen beispielsweise die §§ 1922, 1967 BGB in Form der Gesamtrechtsnachfolge an, dass in einem Erbfall sowohl das Vermögen als auch die Schulden des Erblassers auf den Erben übergehen. Nach §§ 398 ff., 414 ff. BGB können Rechte durch Vertrag zwischen einem Gläubiger und einem Dritten auf diesen übertragen werden. Da es um die Nachfolge in Rechte und Pflichten geht, spricht man von der Rechtsnachfolge.[588] **Im Verwaltungsrecht** sind Vorschriften, die eine Rechtsnachfolge bezüglich verwaltungsrechtlicher Rechte und Pflichten anordnen, **nur in Einzelfällen** zu finden. 405

Beispiele:
§ 75 II BauO NRW regelt, dass eine erteilte Baugenehmigung auch für und gegen den Rechtsnachfolger des Bauherrn oder der Bauherrin gilt.
Nach § 58 SGB I werden fällige Ansprüche auf Geldleistungen an den Erben vererbt.
Nach § 45 I 1 AO gehen Ansprüche aus dem Steuerschuldverhältnis im Falle der Gesamtrechtsnachfolge auf den Rechtsnachfolger über.

Es existieren jedoch nicht nur Vorschriften, welche die Rechtsnachfolge in Einzelfällen ausdrücklich anordnen. Spezielle Vorschriften ordnen auch ausdrücklich den **Ausschluss** der Rechtsnachfolge bezüglich bestimmter Positionen an. 406

---

[588] *Zacharias*, JA 2001, 720 ff.; *Stadie*, DVBl. 1990, 501.

Beispiel:

Nach § 45 I 2 AO gehen staatliche Ansprüche auf Zahlung von Zwangsgeld im Falle einer Erbschaft nicht mit über.

407 Neben den speziellen Vorschriften, die für den Einzelfall Regelungen über die Rechtsnachfolge bezüglich verwaltungsrechtlicher Positionen treffen, existieren keine allgemeinen Auffangvorschriften. Unter welchen Voraussetzungen verwaltungsrechtliche Positionen im Rahmen einer Rechtsnachfolge übergehen, ist im Einzelnen umstritten.[589] Teilweise wird eine Rechtsnachfolge auch für möglich gehalten, wenn kein besonderer Nachfolgetatbestand einschlägig ist.[590] Dem kann jedoch nicht gefolgt werden. Aus dem Vorbehalt des Gesetzes (Art. 20 III GG) ergibt sich, dass für die Begründung einer öffentlich-rechtlichen Pflichtenstellung eine **Rechtsgrundlage erforderlich** ist.[591] Ohne konkrete Rechtsnorm, die den Übergang einer verwaltungsrechtlichen Verpflichtung anordnet, rückt ein Bürger nicht in verwaltungsrechtliche Pflichten nach.[592]

408 Eine Rechtsnachfolge setzt daher zunächst einen **Nachfolgetatbestand** voraus, der anordnet, dass verwaltungsrechtliche Pflichten übergehen.[593]

Beispiele:

Wichtigster Nachfolgetatbestand sind die §§ 1922, 1967 BGB im Falle der Gesamtrechtsnachfolge. Im Erbfall haftet der Erbe auch für die Verbindlichkeiten des Erblassers. Diese Vorschriften kommen für öffentlich-rechtliche Pflichten analog zur Anwendung.[594]
Ein weiterer, im öffentlichen Recht entsprechend anwendbarer Nachfolgetatbestand findet sich in § 25 I S. 1 HGB.[595] Im Falle der Firmenfortführung haftet der Übernehmende für die im Geschäftsbetrieb des Vorgängers entstandenen Verbindlichkeiten.

---

[589] Hierzu ausführlich *Stadie*, DVBl. 1990, 501 m. w. N.; lesenswert: *Wittreck*, Jura 2008, 534 ff.

[590] Für die Zustandsverantwortlichkeit: *BVerwG*, NJW 1971, 1624; *OVG NRW*, DVBl. 1973, 226; *Denninger*, in: Lisken/Denninger, E Rn. 125; *Gusy*, Rn. 361 ff.; *Tettinger/Erbguth/Mann*, BesVerwR, Rn. 517 ff.

[591] *OVG Rh-Pf*, GewArch 2009, 131 (Sanierungsverantwortung für Bodenverunreinigung nach Auslaufen eines Öltanks); *Stadie*, DVBl. 1990, 501 (507); *Schoch*, JuS 1994, 1026 (1030, dort Fn. 72); kritisch zur zeitlichen Erstreckung des § 4 III 1 BBodSchG als Rechtsgrundlage auf frühere Altlasten-Fälle: *Wittreck*, Jura 2008, 534 (538 ff.); zu den Anforderungen an die Erledigung einer Handlungsanordnung durch Ersatzvornahme, *OVG Sachsen*, NVwZ 2009, 1053 (Beseitigungsanordnung; Freistellungsbescheid; Altlast).

[592] Str., ebenso: *Denninger*, in: Lisken/Denninger, E Rn. 125; *Schoch*, JuS 1994, 1026 (1030 f.); *Würtenberger*, in: Achterberg/Püttner, BesVerwR, Rn. 215; a. A. z. B. *BVerwG*, NJW 1971, 1624; *Möller/Wilhelm*, 3. Abschnitt 4.4.1; *Götz*, Rn. 248.

[593] *Erichsen*, in: Erichsen/Martens, AllgVerwR, § 11 Rn. 49; *Würtenberger*, in: Achterberg/Püttner, BesVerwR, Rn. 215; *Schoch*, JuS 1994, 1026 (1030 f.).

[594] So *Erichsen*, in: Erichsen/Ehlers, AllgVerwR, § 11 Rn. 49 m. w. N.; für eine direkte Anwendung der Vorschriften: *Stadie*, DVBl. 1990, 501.

[595] *Schoch*, JuS 1994, 1026 (1030, dort Fn. 77).

b) Nachfolgefähigkeit der Position

Neben einem Nachfolgetatbestand ist erforderlich, dass die verwaltungsrechtliche Pflicht überhaupt nachfolgefähig ist, d.h. dass sie überhaupt übergehen kann. Soweit eine verwaltungsrechtliche Position nicht personengebunden ist, ist sie grundsätzlich nachfolgefähig.[596] Höchstpersönliche Rechtspositionen sind nicht nachfolgefähig.[597] Vertretbare Pflichten, d.h. Pflichten, die auch durch andere Personen erfüllt werden können, sind nicht höchstpersönlich und daher grundsätzlich übergangsfähig.[598]

409

Beispiel:
In der Verwaltungsvollstreckung ist vor Festsetzung eines Zwangsgeldes das Zwangsgeld anzudrohen (vgl. § 56 PolG NRW und § 63 VwVG NRW). Die Androhung soll den Willen des jeweiligen Vollstreckungsschuldners beugen. Sie ist daher personenbezogen und höchstpersönlich. Der Rechtsnachfolger muss die gegenüber dem Rechtsvorgänger erfolgte Androhung eines Zwangsgeldes wegen ihres höchstpersönlichen Charakters nicht gegen sich gelten lassen.[599]

410

Problematisch im Zusammenhang mit der Nachfolgefähigkeit ist der Übergang der noch nicht durch Verwaltungsakt konkretisierten Verantwortlichkeit, also der abstrakten Polizeipflicht bzw. der abstrakten Ordnungspflicht.[600] Teilweise wird vertreten, es handele sich bei der **abstrakten Pflichtigkeit** um eine grundsätzlich nachfolgefähige verwaltungsrechtliche Position.[601] Dem kann jedoch nicht gefolgt werden. Die Nachfolgefähigkeit der noch nicht durch Verwaltungsakt konkretisierten Verantwortlichkeit ist abzulehnen.[602] In entsprechender Anwendung der zivilrechtlichen Nachfolgetatbestände gehen grundsätzlich nur subjektive Rechtspflichten – z.B. entstandene Verbindlichkeiten – über (vgl. z.B. § 1967 BGB). Bei der abstrakten Pflichtigkeit ist eine solche Rechtspflicht mangels konkretisierendem Verwaltungsakt noch nicht entstanden. Bis zur Wirksamkeit der Gefahrenabwehrverfügung unterliegt der Verhaltens- oder Zustandsverantwortliche noch keiner Rechtspflicht. Die zuständige Behörde ist lediglich berechtigt, eine pflichtenkonstituierende Gefahrenabwehrverfügung zu erlassen. Die abstrakte Pflichtigkeit stellt somit keine nachfolgefähige „Verpflichtung" dar, sondern nur eine bloße **Eingriffsbefugnis der Behörde**.[603]

411

---

[596] So im Ergebnis *Stadie*, DVBl. 1990, 501 (503 ff.).
[597] *Schoch*, JuS 1994, 1026 (1030, dort Fn. 71).
[598] Im Einzelnen umstritten, ebenso *Schoch*, JuS 1994, 1026 (1030, dort Fn. 71).
[599] *Schenke*, in: Steiner, BesVerwR, Rn. 189; *OVG NRW*, BauR 1980, 162.
[600] *Wittreck*, Jura 2008, 534 (537 f.).
[601] So z.B. Ossenbühl, S. 56 f.; *Stadie*, DVBl. 1990, 501 (505); *Würtenberger*, in: Achterberg/Püttner, BesVerwR, Rn. 176.
[602] Ebenso z.B. *Papier*, NVwZ 1986, 256 (262); *Pieroth*, § 9 Rn. 61; *Scholler*/Schloer, Grundzüge des Polizei- und Ordnungsrechts, S. 270; *Tettinger/Erbguth/Mann*, Rn. 515.
[603] *Papier*, NVwZ 1986, 256 (262).

412 Ebenfalls unter dem Aspekt der Nachfolgefähigkeit wird problematisiert, ob eine **konkrete Pflichtigkeit,** die aus einer **Verhaltensverantwortlichkeit** resultiert, übergehen kann. Teilweise wird die Nachfolgefähigkeit der Verhaltensverantwortlichkeit generell abgelehnt; sie sei Folge eines persönlichen Verhaltens und daher schon begrifflich an die Person gebunden.[604] Dem kann nicht gefolgt werden. Auch im Zivilrecht gehen Ansprüche, die aus einem persönlichen Verhalten resultieren, kraft Nachfolgetatbestands auf den Rechtsnachfolger über.[605] Es gibt keinen Grund, dies im öffentlichen Recht anders zu beurteilen. Soweit nicht die aus dem Verhalten folgende Pflichtenstellung höchstpersönlich ist (z.B. das angedrohte Zwangsgeld, s.o.), geht auch diese bei Vorliegen eines Nachfolgetatbestandes über. Aus dem gleichen Grunde ist auch die aus einer **Zustandsverantwortlichkeit** resultierende (konkretisierte) Pflicht nachfolgefähig.

413 | **Merke:**
Verwaltungsrechtliche Positionen gehen nur auf einen Rechtsnachfolger über, wenn
1. ein **Nachfolgetatbestand** den Übergang anordnet und
2. die Position überhaupt **nachfolgefähig** ist.
   – Die Nachfolgefähigkeit ist grundsätzlich möglich, soweit die Pflicht nicht höchstpersönlich ist
   + handelt es sich um eine **abstrakte Pflicht,**
       – ist die Rechtsnachfolge ausgeschlossen bei einer Zustandshaftung
       – ist die Rechtsnachfolge **streitig** bei einer Verhaltenshaftung
   + handelt es sich um eine konkrete Pflicht,
       – ist eine Zustandshaftung gegeben
       – ist eine Verhaltenshaftung ebenfalls gegeben

414 Bei Fragen im Zusammenhang mit der Rechtsnachfolge im Polizei- und Ordnungsrecht wird gemeinhin zwischen der Rechtsnachfolge bei der Zustandsverantwortlichkeit einerseits und der Verhaltensverantwortlichkeit andererseits differenziert. Des Weiteren wird unterschieden, ob die Polizei- oder Ordnungspflicht schon durch eine Einzelmaßnahme gegenüber dem Rechtsvorgänger konkretisiert war oder nicht,[606] und ob es sich um eine Einzel- oder Gesamtrechtsnachfolge handelt.[607]

---

[604] *Möller/Wilhelm,* 3. Abschnitt 4.4.2.
[605] So im Ergebnis die h.M., z.B. *Denninger,* in: Lisken/Denninger, E Rn. 122; *Drews/Wacke/Vogel/Martens,* Gefahrenabwehr, S. 301.
[606] So z.B. *Schoch,* JuS 1994, 1026 (1029 ff.).
[607] Zur Gesamtrechtsnachfolge und Verwirkung von polizeilichen und ordnungsrechtlichen Eingriffsbefugnissen im Gefahrenabwehrrecht, *VGH BW,* DVBl. 2008, 1000.

c) Einzel- und Gesamtrechtsnachfolge

Bei der Gesamtrechtsnachfolge kommen als Übergangstatbestände vor allem die §§ 1922, 1967 BGB in Betracht. Dabei kann prinzipiell dahinstehen, ob die Vorschriften auch öffentlich-rechtliche Rechte und Pflichten umfassen und somit auf Polizei- und Ordnungspflichten unmittelbar anwendbar sind oder nur analog oder ihrem Rechtsgedanken nach herangezogen werden können.[608] Schwieriger erweist sich das Auffinden von Übergangstatbeständen bei der Einzelrechtsnachfolge. Eine rechtsgeschäftliche Abwälzung der Polizeipflicht ist jedenfalls ausgeschlossen, da öffentlich-rechtliche Verpflichtungen nicht disponibel sind.[609] Im Übrigen fehlt eine generelle Vorschrift, die die Singularsukzession in übergangsfähige Pflichten anordnet. Ein Übergang der Polizeipflicht kommt somit im Falle der Einzelrechtsnachfolge grundsätzlich nur kraft ausdrücklicher spezialgesetzlicher Anordnung in Frage, wie etwa im Bauordnungsrecht in einigen Landesbauordnungen.

415

2. Rechtsnachfolge bei Verhaltensverantwortlichkeit

Die Probleme der Rechtsnachfolge bei Verhaltensverantwortlichkeit sollen anhand von zwei Fällen deutlich gemacht werden.

416

Fall 1:
V hatte vor einiger Zeit ein kleines Waldgrundstück des X angemietet und es in Eigenarbeit mit einer kleinen, mit dem Erdboden fest verbundenen Hütte bebaut. Nach Ablauf des Grundstücksmietvertrages verfügt die zuständige Ordnungsbehörde den Abriss der nicht genehmigten, einsturzgefährdeten Hütte. Noch bevor V der Verfügung nachkommen kann, verstirbt er. Sein einziger Sohn und Alleinerbe S möchte wissen, ob er auch ohne gesonderten, gegen ihn (S) selbst gerichteten Bescheid der Behörde verpflichtet ist, die Hütte abzureißen.

Fall 2:
Wie Fall 1, eine Abrissverfügung ergeht hier jedoch nicht mehr, da V kurz zuvor gestorben war.

a) Übergang konkretisierter Verhaltensverantwortlichkeit

Im Fall 1 ist vor dem Erbfall eine Abrissverfügung an den V als Verhaltensstörer ergangen. Hier geht es also um den Übergang einer durch Verwaltungsakt konkretisierten Verhaltensverantwortlichkeit. S könnte durch die an V ergangene Abrissverfügung verpflichtet sein. §§ 1922, 1967 BGB bilden in analoger Anwendung einen tauglichen Nachfolgetatbestand in Form der Gesamtrechtsnachfolge. Da es sich bei dem Abriss einer Hütte auch um eine vertretbare Handlung handelt, ist die Abrissverpflichtung auch nachfolgefähig. S ist zum Abriss daher auch dann verpflichtet, wenn er keine gesonderte Abrissverfügung erhält.

417

---

[608] *Rau*, Jura 2000, 37, 39.
[609] *Stadie*, DVBl. 1990, 501, 506.

126 I. Adressaten von Gefahrenabwehrmaßnahmen

Soweit ein **Nachfolgetatbestand** gegeben ist, wird von der wohl herrschenden Meinung[610] zu Recht die Rechtsnachfolge in eine durch Verwaltungsakt konkretisierte Verhaltensverantwortlichkeit bejaht. Der anderen Auffassung, die die konkretisierte Verhaltensverantwortlichkeit als grundsätzlich personengebundene, nicht nachfolgefähige Pflicht ansieht,[611] kann nicht gefolgt werden.[612]

b) Übergang abstrakter Verhaltensverantwortlichkeit

418   Im Fall 2 war gar keine Abrissverfügung ergangen. Eine Inanspruchnahme kann nur dadurch gerechtfertigt werden, dass die abstrakte Verhaltensverantwortlichkeit des Erblassers mit dem Erbfall auf den S übergegangen ist. Auch hier ist die Lösung umstritten.

419   Die Autoren, die eine Verhaltensverantwortung für **höchstpersönlich** und somit für nicht übergangsfähig halten,[613] werden eine Inanspruchnahme des S ablehnen. Diejenigen Autoren, die eine Verhaltensverantwortung **nicht** für **höchstpersönlich** halten, beurteilen unterschiedlich, ob die abstrakte Ordnungspflicht übergehen kann. Teilweise wird die abstrakte Ordnungspflicht als verwaltungsrechtliche Position gesehen, die auch **übergehen** kann.[614] Die Vertreter dieser Auffassung würden eine Verpflichtung des S im Fall 2 bejahen. Nach zutreffender Ansicht stellt die abstrakte Ordnungspflicht jedoch **keine übergangsfähige „Pflicht"** dar. Vor Erlass der konkreten Verfügung ergibt sich aus der Stellung als Verhaltensstörer noch keine nachfolgefähige Verpflichtung, sondern nur eine bloße Eingriffsbefugnis der Behörde.[615] Somit ist eine Verpflichtung des S abzulehnen.

3. Rechtsnachfolge bei Zustandsverantwortlichkeit

420   Auch bei der Zustandsverantwortlichkeit ergeben sich Probleme im Zusammenhang mit der Rechtsnachfolge. Diese sollen anhand von drei weiteren Fällen aufgezeigt werden.

Fall 3:
Erblasser E ist Eigentümer eines Autos, welches ständig Öl und Benzin verliert. Er erhält kurz vor seinem Tod die ordnungsbehördliche Verfügung, sein Auto zu reparieren oder es reparieren zu lassen. Sein Alleinerbe A möchte nun wissen, ob er durch die an E ergangene Ordnungsverfügung verpflichtet ist, das Auto zu reparieren.

---

[610] So *Drews/Wacke/Vogel/Martens*, Gefahrenabwehr, S. 301; Denninger, in: Lisken/ Denninger, E Rn. 126; *Rau*, Jura 2000, 37, 43; *Schoch*, JuS 1994, 1026 (1031 m.w.N.).
[611] So *Tettinger/Erbguth/Mann*, BesVerwR, Rn. 516; *Möller/Wilhelm*, 3. Abschnitt 4.4.2; wohl auch *Schenke*, in: Steiner, BesVerwR, Rn. 188.
[612] Vgl. oben Rn. 412.
[613] *Tettinger/Erbguth/Mann*, BesVerwR, Rn. 516; *Möller/Wilhelm*, 3. Abschnitt 4.4.2.
[614] So z.B. *Stadie*, DVBl. 1990, 501 (505); *Würtenberger*, in: Achterberg/Püttner, BesVerwR, Rn. 216.
[615] Vgl. oben Rn. 411; ebenso *Rau*, Jura 2000, 37, 43; *Papier*, NVwZ 1986, 256 (262); *Scholler*/Schloer, Grundzüge des Polizei- und Ordnungsrechts, S. 270.

Fall 4:
Z ist Eigentümer eines mit giftigen Stoffen kontaminierten Grundstücks. Er will das Grundstück an den K veräußern. Kurz bevor es zum Eigentumswechsel kommt, wird Z von der zuständigen Ordnungsbehörde aufgefordert, zum Schutz der Grundwasserreinheit das giftige Erdreich abzutragen und zu entsorgen. K möchte wissen, ob er als neuer Eigentümer auch ohne besondere Aufforderung der Behörde zur Sanierung verpflichtet ist, oder ob er abwarten kann, bis an ihn eine Ordnungsverfügung ergeht.

Fall 5:
Y ist Pächter eines kontaminierten Grundstücks, durch das die Grundwasserreinheit gefährdet wird. Als Y verstirbt, macht seine Alleinerbin Tochter T von dem vertraglich vereinbarten Kündigungsrecht Gebrauch und beendet den Pachtvertrag mit dem Eigentümer kurzfristig. Als die Ordnungsbehörde später von der Grundwassergefährdung erfährt, möchte sie die Sanierung des Grundstücks anordnen. Sie möchte T zur Sanierung verpflichten, da der Eigentümer nicht über ausreichende finanzielle Mittel verfügt, die eine effektive Gefahrenabwehr garantieren.

a) Übergang konkretisierter Zustandsverantwortlichkeit

Im Fall 3 ist die Ordnungsverfügung an den Erblasser E ergangen. Diese 421 beruhte auf dessen Zustandsverantwortlichkeit. Es ist hier die Frage zu klären, ob die durch Verwaltungsakt konkretisierte Zustandsverantwortlichkeit auf den Alleinerben A übergegangen ist. Wie im Fall 1 stellen auch hier die §§ 1922, 1967 BGB in analoger Anwendung einen tauglichen Nachfolgetatbestand dar. Durch die Verfügung wurde E zu einer **vertretbaren Handlung** verpflichtet; sie ist daher auch nachfolgefähig. A ist zur Reparatur somit auch dann verpflichtet, wenn an ihn keine gesonderte Verfügung ergangen ist. Entsprechend diesem Ergebnis wird die Rechtsnachfolge in die konkretisierte Zustandsverantwortlichkeit im Falle der Gesamtrechtsnachfolge von der herrschenden Meinung bejaht.[616] Einige Autoren halten die Konstruktion einer Rechtsnachfolge in diesem Fall sogar für unnötig.[617] Die Zustandsverantwortlichkeit ende nämlich mit dem Verlust des Eigentums und werde beim Erwerber der Sache unmittelbar kraft Gesetzes neu begründet. Sie treffe also *eo ipso* den jeweiligen Eigentümer. Ein Bedürfnis nach einer Rechtsnachfolge bestehe daher nicht. Nur wenige Autoren lehnen die Nachfolgefähigkeit der konkretisierten Zustandsverantwortlichkeit ab, weil es sich um eine höchstpersönliche Stellung handele.[618]

Im Fall 4 lag demgegenüber keine Gesamtrechtsnachfolge, sondern eine 422 Einzelrechtsnachfolge vor. Der alte Eigentümer Z war kurz vor der Veräußerung des Grundstücks durch eine Ordnungsverfügung verpflichtet worden. Für den neuen Eigentümer stellt sich die Frage, ob auch er durch diese

---
[616] *Möller/Wilhelm*, 3. Abschnitt 4.4.1; *Scholler*/Schloer, Grundzüge des Polizei- und Ordnungsrechts, S. 271; *Drews/Wacke/Vogel/Martens*, Gefahrenabwehr, S. 300 m. N.
[617] *Rau*, Jura 2000, 37, 40.
[618] *Oldiges*, JA 1978, 617 (618); *Schenke*, GewArch. 1976, 1 ff.; *ders.* in: Steiner, BesVerwR, Rn. 187 ff.

Verfügung verpflichtet ist. Wie oben dargestellt,[619] ist es im Hinblick auf die Gesetzmäßigkeit der Verwaltung für den Übergang der verwaltungsrechtlichen Pflichtenstellung erforderlich, dass ein gesetzlicher **Nachfolgetatbestand** vorliegt. Mangels Erbfalls kann im Fall 4 nicht auf §§ 1922, 1967 BGB zurückgegriffen werden. Der einschlägige Übertragungstatbestand der §§ 925, 873 BGB bezieht sich nur auf den Übergang des Eigentums; der Übergang anderer Rechtspositionen wird hier nicht angeordnet. Dementsprechend ist hier ein Übergang der konkretisierten Zustandsverantwortlichkeit auf K zu verneinen. Die Behörde muss diesem eine neue Sanierungsverfügung bekanntgeben.

423 Dieses Ergebnis wird von der Rechtsprechung und einem Teil der Literatur als untragbar empfunden. Eigentümer könnten sich einer Ordnungspflicht durch einfache Weiterveräußerungen wirksam entziehen.[620] Eine Beendigung der Ordnungspflicht durch Veräußerung des Gegenstandes sei nicht hinnehmbar. Vielmehr sei davon auszugehen, dass Ordnungsverfügungen, die sich auf Grundstücke beziehen, eine gewisse „Dinglichkeit" besäßen; sie gingen daher mit dem Eigentum auf den Erwerber der Sache über.[621] Ein besonderer Nachfolgetatbestand sei beim Übergang der durch Verwaltungsakt konkretisierten Zustandsverantwortlichkeit nicht erforderlich.[622] Nach dieser Auffassung wäre K durch die Ordnungsverfügung gebunden, obwohl diese an den Z ergangen ist.

424 Dem kann jedoch nicht gefolgt werden. Der Übergang einer konkretisierten Zustandsverantwortlichkeit ohne ausdrücklichen Nachfolgetatbestand ist dogmatisch nicht haltbar.[623] Zum Teil wird ein Übergang bereits deshalb abgelehnt, weil eine sachbezogene Verfügung immer auch personenbezogene Elemente enthalte und deshalb nicht von einer „Dinglichkeit der Verfügung" gesprochen werden dürfe.[624] Entscheidend ist aber vielmehr, dass für die Belastung eines Bürgers mit einer Pflicht eine **besondere gesetzliche Grundlage** in Gestalt eines Nachfolgetatbestandes erforderlich ist.[625] Fehlt es an einer solchen Grundlage, so geht auch keine Pflicht mit dem Eigentum an der gefahrverursachenden Sache über.[626] Soweit hierdurch die Effektivität der Gefahrenabwehr beeinträchtigt ist, liegt es beim jeweils zuständigen Gesetzgeber, die erforderlichen Nachfolgetatbestände zu schaffen.[627]

---

[619] Siehe oben unter Rn. 405 ff.
[620] *Tettinger/Erbguth/Mann*, BesVerwR, Rn. 518 mit Hinweis auf die Möglichkeit der „Kettenveräußerung".
[621] *BVerwG*, NJW 1971, 1624; *OVG NRW*, DVBl. 1973, 326.
[622] *Denninger*, in: Lisken/Denninger, E Rn. 125 f.; *Möller/Wilhelm*, 3. Abschnitt 4.4.1.
[623] Vgl. *Drews/Wacke/Vogel/Martens*, Gefahrenabwehr, S. 300; *Schoch*, JuS 1994, 1026 (1031 m. w. N.).
[624] *Gusy*, Rn. 364.
[625] Hierzu oben Rn. 407.
[626] *Würtenberger*, in: Achterberg/Püttner, BesVerwR, Rn. 215; *Scholler*/Schloer, Grundzüge des Polizei- und Ordnungsrechts, S 271; *Stadie*, DVBl. 1990, 501 (507).
[627] *Schoch*, JuS 1994, 1026 (1031).

b) Übergang abstrakter Zustandsverantwortlichkeit

Im Fall 5 soll die Alleinerbin Tochter T in Anspruch genommen werden, weil Erblasser Y als Inhaber der tatsächlichen Gewalt zum Zeitpunkt des Erbfalls zustandsverantwortlich war. Da Y vor seinem Tode noch nicht durch konkrete Ordnungsverfügung verpflichtet worden ist, geht es hier um die Rechtsnachfolge in die abstrakte Zustandsverantwortlichkeit. 425

Ein tauglicher **Nachfolgetatbestand** kann hier wieder in den §§ 1922, 1967 BGB in Form der Gesamtrechtsnachfolge gesehen werden. Da die Sanierung auch eine vertretbare Handlung darstellt, könnte man in Betracht ziehen, eine Zustandsverantwortlichkeit der T zu bejahen. Doch wird die Rechtsnachfolge in die abstrakte Zustandsverantwortlichkeit fast einhellig abgelehnt.[628] 426

Wie bereits ausgeführt, muss die Eigenschaft als Zustandsstörer im Zeitpunkt des behördlichen Einschreitens gegeben sein. Mit dem Verlust des Eigentums oder der Sachherrschaft endet die Störereigenschaft. Die Zustandsverantwortung trifft nur den jeweiligen Eigentümer bzw. Sachherrn.[629] Da T hier die tatsächliche Gewalt über die Sache durch die Kündigung des Pachtvertrages aufgegeben hat, kann die Behörde sie auch aus diesem Grund nicht zur Sanierung des Grundstückes verpflichten.

Zusammenfassender Überblick zum Meinungsstand:[630]

Bei der Rechtsnachfolge in die Zustands- oder Verhaltensverantwortlichkeit ist zwischen konkreter und abstrakter Pflichtigkeit zu unterscheiden. 427–430

– Die durch einen Verwaltungsakt **konkretisierte** Pflichtigkeit geht sowohl bei der Zustandshaftung als auch bei der Verhaltenshaftung über, soweit ein Nachfolgetatbestand besteht.

– Das BVerwG und Teile der Literatur verzichten auf einen Nachfolgetatbestand bei sachbezogenen Verfügungen, die auf einer Zustandsverantwortlichkeit beruhen („**Dinglichkeit der Verfügung**").

– Beim Übergang der **abstrakten** (= noch nicht durch Verwaltungsakt konkretisierten) Polizei- und Ordnungspflicht ist eine Nachfolgefähigkeit ausnahmsweise bei der Verhaltensverantwortlichkeit gegeben (str.); unter der Voraussetzung eines Nachfolgetatbestandes. Im Falle der Zustandsverantwortlichkeit ist eine Nachfolgefähigkeit ausgeschlossen.

---

[628] Vgl. Nachweis bei *Schoch*, JuS 1994, 1026 (1030); a. A. nur *Stadie*, DVBl. 1990, 501 (504 f.).
[629] *Schoch*, JuS 1994, 1026 (1031).
[630] Vgl. hierzu auch die Übersicht 7 im Anhang.

VII. Inanspruchnahme von Nichtstörern

431 Nach § 6 PolG NRW und § 19 OBG NRW kann die Polizei- bzw. die Ordnungsbehörde unter bestimmten Voraussetzungen Maßnahmen gegen Personen richten, die weder Verhaltensstörer noch Zustandsstörer sind.[631]

1. Einordnung

432 Bei einer Gefahr für die öffentliche Sicherheit oder Ordnung kann die zuständige Gefahrenabwehrbehörde einerseits Störer zur Gefahrenbeseitigung verpflichten; sie kann andererseits selbst bzw. durch Beauftragte zur Beseitigung der Gefahr tätig werden.[632] Es sind aber Situationen denkbar, in denen weder das eine noch das andere möglich ist. Die Inanspruchnahme eines Störers ist beispielsweise ausgeschlossen, wenn dieser nicht feststellbar oder nicht auffindbar ist. Eine eigene behördliche Abwehr der Gefahr kann daran scheitern, dass der Behörde die erforderlichen technischen Mittel fehlen. Trotz allem ist auch in diesen Fällen eine effektive Gefahrenabwehr notwendig. Für einen solchen Fall des **gefahrenabwehrrechtlichen Notstands** sehen das PolG NRW und das OBG NRW vor, dass unbeteiligte Dritte, d. h. Personen, die weder Verhaltens- noch Zustandsstörer sind, unter bestimmten Umständen verpflichtet werden dürfen.

433 Einem gefahrenabwehrrechtlichen Notstand liegen **divergierende Interessen** zugrunde.[633] Auf der einen Seite besteht ein Bedürfnis nach effektiver Gefahrenabwehr, welches durch den Dritten befriedigt werden kann. Andererseits ist der Dritte für die Gefahr nicht verantwortlich. Er hat daher ein berechtigtes Interesse daran, nicht die Lasten der Gefahrenabwehr tragen zu müssen. PolG NRW und OBG NRW lösen den Interessenkonflikt wie folgt: Der Dritte kann nur unter erheblich **strengeren Voraussetzungen** als ein Störer in Anspruch genommen werden („gegenwärtige erhebliche Gefahr" usw.). Bei Inanspruchnahme steht ihm nach § 39 I lit. a OBG NRW (ggf. i. V. m. § 67 PolG NRW) ein **Entschädigungsanspruch** zu.

434 Beispiele:

Klassische Fälle, in denen die Inanspruchnahme von Nichtstörern regelmäßig eine Rolle spielt:
– Einweisung von Obdachlosen in leerstehenden Wohnraum;[634]
– Bekämpfung der Folgen von Naturkatastrophen;
– Bekämpfung der Folgen von Unfällen;
– Auflösung einer Demonstration zur Vermeidung einer gewalttätigen Gegendemonstration.

---

[631] *OVG NRW*, NJW 2006, 1830; *Schoch*, Jura 2007, 676.
[632] *Schoch*, JuS 1995, 30 (31).
[633] *Schoch*, in: Schmidt-Aßmann/Schoch, BesVerwR, 2. Kap. Rn. 178.
[634] *VGH Mannheim*, VBlBW 1997, 187 (188).

2. Tatbestandsvoraussetzungen der Inanspruchnahme

§ 6 PolG NRW und § 19 OBG NRW knüpfen die Inanspruchnahme des 435
Nichtstörers im Wesentlichen an fünf Tatbestandsvoraussetzungen.
Eine Inanspruchnahme nach diesen Vorschriften kommt in Betracht, wenn der Betroffene:
1. weder Verhaltens- noch Zustandsstörer ist,
2. eine gegenwärtige erhebliche Gefahr vorliegt,
3. die Heranziehung der Störer aussichtslos ist,
4. die Gefahrenabwehrbehörde selbst oder deren Beauftragte die Gefahr nicht effektiv abwehren können und
5. die Opfergrenze zugunsten des Betroffenen gewahrt bleibt.

Die Voraussetzungen müssen **kumulativ**, d.h. nebeneinander, erfüllt 436
sein.[635] Da hier Sondersituationen[636] geregelt werden, bei denen ausnahmsweise ein unbeteiligter Dritter verpflichtet werden kann,[637] sind die einzelnen Merkmale restriktiv auszulegen.[638]

a) Kein Verhaltens- oder Zustandsstörer

In der Rechtsfolge ordnen § 6 PolG NRW und § 19 OBG NRW an, dass 437
Personen, die weder verhaltens- noch zustandsverantwortlich sind, in Anspruch genommen werden dürfen. Negative Voraussetzung auf Tatbestandsebene ist dementsprechend, dass der Betroffene weder Verhaltens- noch Zustandsstörer ist.[639]

Eine Person kann unproblematisch als Nichtstörer in Anspruch genommen 438
werden, wenn eindeutig erkennbar ist, dass sie weder Verhaltens- noch Zustandsstörer ist. Doch auch wenn nicht eindeutig feststeht, ob der Betroffene Verhaltens- oder Zustandsstörer ist, kommt eine Inanspruchnahme als Nichtstörer in Betracht. Denn solange unklar ist, ob die Störereigenschaft gegeben ist, scheidet eine Verpflichtung nach §§ 4 und 5 PolG NRW bzw. §§ 17 und 18 OBG NRW aus. Eine Inanspruchnahme nach § 6 PolG NRW bzw. § 19 OBG NRW ist möglich.[640]

Wenn die Gefahrenabwehrbehörde in Unglücksfällen unbeteiligte Dritte 439
zu **Rettungsmaßnahmen** auffordert, liegt hierin nicht zwingend eine Inanspruchnahme als Nichtstörer (mit den entsprechenden entschädigungsrechtlichen Konsequenzen[641]). Nach § 323 c StGB besteht bei Unglücksfällen un-

---

[635] *Möller/Wilhelm*, 3. Abschnitt 4.6; *Wagner*, PolG NRW, § 6 Rn. 7; *Enders*, Jura 1998, 365, 367.
[636] Vgl. *Drews/Wacke/Vogel/Martens*, Gefahrenabwehr, S. 332.
[637] *Schoch*, in: Schmidt-Aßmann/Schoch, BesVerwR, 2. Kap. Rn. 180.
[638] *Drews/Wacke/Vogel/Martens*, Gefahrenabwehr, S. 332.
[639] *Gusy*, Rn. 302; *Schoch*, JuS 1995, 30 (33).
[640] So *Gusy*, Rn. 381.
[641] Für erlittene Schäden besteht ein Entschädigungsanspruch gem. § 39 I lit. a OBG (ggf. i.V.m. § 67 PolG), zur Vertiefung s. unten Rn. 622 ff.

ter bestimmten Umständen eine strafbewehrte Hilfeleistungspflicht. Diese Pflicht besteht für jedermann,[642] also auch für am Unglücksfall Unbeteiligte. Kommt eine strafrechtlich zur Hilfeleistung verpflichtete Person dieser Pflicht nicht nach, so liegt durch sie eine Störung der objektiven Rechtsordnung (§ 323 c StGB) und somit eine Störung der öffentlichen Sicherheit vor.[643] Die Person, die das rechtlich gebotene Verhalten unterlässt, ist als Verhaltensstörer zu qualifizieren.[644] Soweit sie von der Behörde in den Grenzen der strafrechtlichen Handlungspflicht zur Hilfeleistung aufgefordert wird, ist hierin eine Inanspruchnahme als Verhaltensstörer zu sehen, mit der verhindert wird, dass es zu einer Verletzung der Rechtsordnung (§ 323 c StGB) kommt. Es geht dann also um die Durchsetzung der strafbewehrten Hilfeleistungspflicht und nicht um eine Inanspruchnahme als Nichtstörer.[645] Der Entschädigungsanspruch, der einem Nichtstörer u. U. zustünde, entsteht in diesen Fällen nicht.[646]

b) Gegenwärtige erhebliche Gefahr

440   Nach § 6 I Nr. 1 PolG NRW bzw. § 19 I Nr. 1 OBG NRW ist weitere Voraussetzung für die Verpflichtung eines Nichtstörers, dass eine gegenwärtige erhebliche Gefahr abzuwehren ist. Der hiernach erforderliche Gefahrenzustand ist also in doppelter Weise qualifiziert.[647] Zunächst muss die Gefahr gegenwärtig sein. Dieses Merkmal qualifiziert die Gefahr durch eine besondere **zeitliche Nähe der Gefahrenverwirklichung.** Eine gegenwärtige Gefahr liegt vor, wenn die befürchtete Störung der öffentlichen Sicherheit (bzw. Ordnung) bereits eingetreten ist oder in allernächster Zeit mit an Sicherheit grenzender Wahrscheinlichkeit bevorsteht.[648] Die Gefahr muss überdies auch erheblich sein. Dieses Merkmal betrifft die besondere **Wertigkeit des bedrohten Rechtsgutes.** Eine erhebliche Gefahr liegt vor, wenn bedeutsame Rechtsgüter bedroht werden. Sie ist gegeben bei Gefahren für wichtige Rechtsgüter wie Leben, Gesundheit oder bedeutsame Vermögenswerte.[649]

---

[642] *Cramer/Sternberg-Lieben,* in: Schönke-Schröder, StGB, 27. Aufl., 2006, § 323 c Rn. 31.

[643] So ausdrücklich zu § 323 c StGB *Würtenberger,* in: Achterberg/Püttner, BesVerwR, Rn. 200; zur Verletzung von Strafrechtsnormen als Teil der öffentlichen Sicherheit vgl. oben Rn. 62.

[644] *Drews/Wacke/Vogel/Martens,* Gefahrenabwehr, S. 307; zur Störereigenschaft durch Unterlassen vgl. oben Rn. 349 f.

[645] *Götz,* § 10 Rn. 3.

[646] Dieses Ergebnis stimmt bedenklich, die Argumentation wirkt stellenweise konstruiert; zur Diskussion vgl. *Götz,* § 10 Rn. 3; a. A. *Wagner,* PolG NRW, § 6 Rn. 30. Hierzu und zur Art der Entschädigung eines solchen unbeteiligten Dritten s. auch unten Rn. 689.

[647] *Schoch,* JuS 1995, 30 (33).

[648] Zur gegenwärtigen Gefahr siehe oben Rn. 270 f.

[649] Zur erheblichen Gefahr siehe oben Rn. 274.

VII. Inanspruchnahme von Nichtstörern

c) Aussichtslosigkeit der Heranziehung Verantwortlicher

Nach § 6 I Nr. 2 PolG NRW bzw. § 19 I Nr. 2 OBG NRW müssen Maßnahmen gegen Verhaltens- oder Zustandsstörer nicht oder nicht rechtzeitig möglich sein oder keinen Erfolg versprechen. Hieraus ergibt sich das Gebot, dass **vorrangig Störer** zur Gefahrenabwehr heranzuziehen sind.[650]

d) Aussichtslosigkeit behördlicher Gefahrenbekämpfung

Weiter ist erforderlich, dass die Gefahrenabwehrbehörde die Gefahr nicht oder nicht rechtzeitig selbst oder durch Beauftragte abwehren kann (§ 6 I Nr. 3 PolG NRW bzw. § 19 I Nr. 3 OBG NRW). Hierdurch kommt zum Ausdruck, dass die **Verwaltung vorrangig** gehalten ist, die Gefahr mit eigenen Mitteln oder durch Beauftragte abzuwehren.[651] Was die Behörde selbst erledigen kann, darf sie nicht von Nichtstörern verlangen.[652] Auch Beauftragte müssen vorrangig zur Gefahrenbekämpfung herangezogen werden. Hierunter fallen zum einen Hoheitsträger, die im Rahmen der Amts- bzw. Vollzugshilfe verpflichtet werden (z.B. die Feuerwehr), aber auch private Personen, die nach Maßgabe zivilrechtlicher Verträge herangezogen werden (z.B. der Abschleppunternehmer).[653] So ist die Ordnungsbehörde vor der Einweisung von Obdachlosen in die Wohnung von Nichtstörern vorrangig zur Anmietung von Zimmern bei Privaten (Hotels, Pensionen) verpflichtet.[654]

e) Wahrung der Opfergrenze

Zuletzt ist nach § 6 I Nr. 4 PolG NRW bzw. § 19 I Nr. 4 OBG NRW erforderlich, dass die Opfergrenze des Nichtstörers nicht überschritten wird. Der Nichtstörer darf nicht in Anspruch genommen werden, wenn er erheblich gefährdet würde oder durch die Inanspruchnahme eigene höherwertige Pflichten verletzt würden. Was unter „erheblich" oder „höherrangig" zu verstehen ist, ist eine Frage der Abwägung im konkreten Einzelfall.[655]

3. Rechtsfolge der Notstandspflicht

Wenn die beschriebenen Voraussetzungen des gefahrenabwehrrechtlichen Notstandes vorliegen, kann der Nichtstörer in Anspruch genommen werden. Ob er tatsächlich in Anspruch genommen wird und wie (d.h. mit welcher konkreten Maßnahme), ist eine Frage des Ermessens. Es geht hierbei um das in der jeweiligen Befugnisnorm eingeräumte **Ermessen**.[656] Nur die in der Befugnisnorm vorgesehenen Maßnahmen dürfen ergriffen werden.

---

[650] *Schoch*, JuS 1995, 30 (33).
[651] *Gusy*, Rn. 382.
[652] Vgl. *BGH*, DVBl. 1957, 864.
[653] *Gusy*, Rn. 382.
[654] *Schoch*, JuS 1995, 30 (34).
[655] *Gusy*, Rn. 382.
[656] *Schoch*, JuS 1995, 30 (34).

445 § 6 II PolG NRW und § 19 II OBG NRW begrenzen die Inanspruchnahme jedoch in **zeitlicher Hinsicht**. Die angeordneten Maßnahmen dürfen nur aufrechterhalten werden, solange nicht die Abwehr der Gefahr auf andere Weise möglich ist. Die Behörde muss daher ständig prüfen, ob die Inanspruchnahme nicht beendet werden kann.[657]

4. Folgen einer Inanspruchnahme als Nichtstörer

446 Aus der Inanspruchnahme als Nichtstörer können sich insbesondere Entschädigungsansprüche gemäß § 39 I lit. a OBG NRW (ggf. i. V. m. § 67 PolG NRW) sowie Folgenbeseitigungsansprüche ergeben.

a) Entschädigungsanspruch

447 Wird eine Person als Nichtstörer in Anspruch genommen, so hat sie nach § 39 I lit. a OBG NRW (ggf. i. V. m. § 67 PolG NRW) einen Anspruch auf Ersatz des Schadens, den sie durch die **rechtmäßige** Inanspruchnahme als Nichtstörer erleidet. Erfolgt die Inanspruchnahme **rechtswidrig**, so hat ein Nichtstörer – wie auch der Verhaltens- oder Zustandsstörer – nach § 39 I lit. b OBG NRW (ggf. i. V. m. § 67 PolG NRW) ebenfalls einen Entschädigungsanspruch.[658]

b) Folgenbeseitigungsanspruch

448 Nach dem allgemein anerkannten Institut des Folgenbeseitigungsanspruchs[659] hat der Bürger einen Anspruch auf Beseitigung der unmittelbaren Folgen eines rechtswidrigen Eingriffs in ein subjektives Recht.[660] Voraussetzung hierfür ist, dass durch einen hoheitlichen Eingriff in ein subjektives Recht ein rechtswidriger Zustand eingetreten ist, der noch andauert.[661]

449 Beispiel:
Ein in der Praxis des Polizei- und Ordnungsrechts bedeutsamer Fall ist die Einweisung von Obdachlosen in eine beschlagnahmte Wohnung des betroffenen Bürgers.[662] Ist die Beschlagnahme der Wohnung ausgelaufen und verweilen die Eingewiesenen weiter in der Wohnung, so muss der Wohnungsinhaber die noch andauernden Folgen der Einweisung nicht mehr dulden. Er hat gegen die Behörde einen Folgenbeseitigungsanspruch auf Beseitigung der Folgen der Einweisung; die Behörde ist gegenüber dem

---

[657] *Möller/Wilhelm*, 3. Abschnitt 4.6.4.
[658] Hierzu ausführlicher unten Rn. 571 ff.
[659] Siehe dazu *Stangl*, JA 1997, 138.
[660] Vgl. *Schoch*, Jura 1993, 478.
[661] Vgl. im einzelnen *Schoch*, Jura 1993, 478 (482 f.).
[662] Vgl. *Schoch*, JuS 1995, 30 (35); *ders.*, Jura 1993, 478 (479); *Schenke*, in: Steiner, BesVerwR, Rn. 198; ausführlich zur Nutzung der bisherigen Mietwohnung bei drohender Obdachlosigkeit: *Peppersack*, Rechtsprobleme der Unterbringung Obdachloser in Räumlichkeiten Privater, Diss. iur. Münster 1998; *Wieser*, Die polizeiliche Wiedereinweisung des Räumungsschuldners, Diss. iur. Heidelberg 1999.

VIII. Nichtanwendbarkeit der Vorschriften bei Sonderregelungen 135

Wohnungsinhaber verpflichtet, die noch in der Wohnung verweilenden Personen zur Räumung zu bewegen.[663] Ermächtigungsgrundlage für eine Räumungsverfügung gegenüber den Obdachlosen ist § 14 I OBG NRW.[664]

VIII. Nichtanwendbarkeit der Vorschriften bei Sonderregelungen

Die Vorschriften über die Inanspruchnahme von Störern und Nichtstörern in den §§ 4–6 PolG NRW und §§ 17–19 OBG NRW sind nicht anzuwenden, wenn andere Vorschriften bestimmen, gegen wen die Maßnahmen zu richten sind.[665] Dies ist Ausdruck der **subsidiären Stellung** der genannten Vorschriften.[666] Der Adressat der Gefahrenabwehrmaßnahme ist nur dann nach den allgemeinen Vorschriften zu bestimmen, wenn für die Befugnisnorm, auf die die Einzelmaßnahme gestützt wird, keine spezielle, abschließende Adressatenregelung existiert. Die Generalklauseln im PolG NRW und OBG NRW enthalten keine Regelung zum Adressaten der behördlichen Maßnahme, so dass bei ihrer Anwendung die allgemeinen Vorschriften über die Inanspruchnahme von Störern und Nichtstörern relevant sind.[667] Soweit andere Befugnisnormen selbst schon eine Adressatenbestimmung enthalten, ist hierauf abzustellen. 450

Beispiel: 451
In § 10 I Nr. 1 PolG NRW ist genau geregelt, unter welchen Voraussetzungen eine Person vorgeladen werden kann („wenn Tatsachen die Annahme rechtfertigen, dass die Person sachdienliche Hinweise machen kann"). Hier werden die allgemeinen Bestimmungen der §§ 4–6 PolG NRW verdrängt.

In vielen anderen Fällen ist durch **Gesetzesinterpretation** zu ermitteln, ob auf die allgemeinen Vorschriften zurückgegriffen werden darf.[668] Selbst wenn zu der einschlägigen Befugnisnorm gesonderte Vorschriften über die Adressaten behördlicher Maßnahmen existieren, heißt das nicht, dass nicht trotzdem auf die allgemeinen Vorschriften zurückgegriffen werden darf. 452

Beispiel: 453
§ 56 BauO NRW regelt, dass die am Bau Beteiligten (§§ 58, 59 BauO NRW) für die Einhaltung der öffentlich-rechtlichen Vorschriften verantwortlich sind. Trotz dieser

---

[663] So die wohl h. M., vgl. *Schoch*, JuS 1995, 30 (35 m. w. N.), a. A. *VGH BW*, NJW 1990, 2770 (hiernach ist ein FBA im dreiseitigen Rechtsverhältnis nicht anwendbar).
[664] So die h. M., z. B. *OVG NRW*, NVwZ 1991, 905 (906); *Schoch*, JuS 1995, 30 (35 m. w. N.), a. A. *Schenke*, DVBl. 1990, 328 ff.; *ders.* in: Steiner, BesVerwR, Rn. 198 (Ermächtigung ergibt sich bereits aus dem FBA).
[665] So die eindeutige Regelung in § 4 IV, § 5 IV und § 6 III PolG NRW sowie § 17 IV, § 18 IV und § 19 III OBG NRW.
[666] Vgl. *Knemeyer*, Rn. 320.
[667] *Möller/Wilhelm*, 3. Abschnitt 4.
[668] Vgl. *Götz*, § 9 Rn. 9.

Regelung sind Maßnahmen gegen die in den §§ 17–19 OBG NRW genannten Personen zulässig.[669]

454 Als Faustformel kann davon ausgegangen werden, dass **im Zweifel die allgemeinen Adressatenregelungen** der §§ 4–6 PolG NRW und §§ 17–19 OBG NRW Anwendung finden, wenn die Maßnahmen zur Abwehr einer konkreten Gefahr dienen.[670]

IX. Völkerrechtliche Grenzen der Pflichtigkeit

455–460 Auch wenn nach Polizei- und Ordnungsrecht die Voraussetzungen für eine Inanspruchnahme von Personen vorliegen, so kann dies durch speziellere Regelungen ausgeschlossen sein. Von Bedeutung sind hier z.B. **völkerrechtliche Regelungen**. So sind nach dem „Wiener Übereinkommen über das Recht der diplomatischen Beziehungen"[671] die Mitglieder diplomatischer Missionen zwar nicht ganz von einer Inanspruchnahme durch Polizei- oder Ordnungsbehörden ausgenommen; Maßnahmen sind jedoch nur eingeschränkt zulässig. **Sonderrechte** kraft Völkergewohnheitsrechts genießen z.B. auch Staatsoberhäupter oder Mitglieder der Regierungen anderer Staaten.[672]

---

[669] *Schoch*, JuS 1994, 849 (851, dort Fn. 32).
[670] Vgl. *Götz*, § 9 Rn. 9.
[671] BGBl. II 1964, S. 957.
[672] Vgl. zum ganzen Komplex: *Drews/Wacke/Vogel/Martens*, Gefahrenabwehr, S. 296.

# Kapitel J. Gefahrenabwehrrechtliche Handlungsformen

Literatur: *Drews/Wacke/Vogel/Martens,* Gefahrenabwehr, S. 341; *Knemeyer,* Rn. 49 ff.; *Leidinger,* Hoheitliche Warnungen, Empfehlungen und Hinweise im Spektrum staatlichen Informationshandelns – Zum aktuellen Stand der Diskussion in Rechtsprechung und Literatur; *Maurer,* AllgVerwR, §§ 9 ff., 15; *Möller/Wilhelm,* 3. Abschnitt 1.; *Peine,* AllgVerwR, §§ 6–11; *Rachor,* in: Lisken/Denninger, F Rn. 4 ff.; *Rasch,* Der Realakt insbesondere im Polizeirecht, DVBl. 1992, 207; *Schenke,* in: Steiner, BesVerwR, Rn. 263 ff.; *Schoch,* in: Schmidt-Aßmann/Schoch, BesVerwR, 2. Kapitel Rn. 265 ff.; *ders.,* JuS 1995, 215 ff.; *ders.,* Verordnungen zur Gefahrenabwehr, Jura 2005, 600 ff.; *Scholler/Schloer,* Grundzüge des Polizei- und Ordnungsrechts, S. 275 ff.; *Wagner,* PolG NRW, Vor §§ 2 und 3; *Würtenberger,* in: Achterberg/Püttner, BesVerwR, Rn. 290 ff.

Rechtsprechung: *BVerwG,* NVwZ 1989, 872 (Einsatz von Reizgas als Realakt); *BayVerfGH,* NVwZ-RR 2005, 176 ff. (Erlaubnispflicht für Kampfhunde); *VGH BW,* NVwZ-RR 1992, 19 (Taubenfütterungsverbot durch Rechtsverordnung); *VGH BW,* JuS 2010, 373 (Normenkontrollantrag; Unwirksamkeit einer Polizeiverordnung); *Nds.OVG,* NVwZ 1991, 693 (Rechtsverordnung mit dem Gebot Hunde anzuleinen); *Nds.OVG,* NVwZ 1988, 1055 (Einsatz von Reizgas als Realakt); *OVG NRW,* JA 2010, 398 (Verbot von Glasflaschen durch Allgemeinverfügung).

Einige der bisher angesprochenen Befugnisnormen im Polizei- und Ordnungsrecht ordnen in ihrer Rechtsfolge ein genau bestimmtes behördliches Verhalten an. Vor allem die Ermächtigungsgrundlagen im Bereich der Standardmaßnahmen enthalten regelmäßig eine genaue Beschreibung des konkreten Verwaltungshandelns. Bei den Generalklauseln und einigen anderen Befugnisnormen hingegen begnügt sich das Gesetz damit, das behördliche Verhalten als „Maßnahme" zu beschreiben. So können nach § 8 I PolG NRW, § 14 I OBG NRW und § 61 I 2 BauO NRW die „notwendigen Maßnahmen" getroffen werden. Über die tatsächliche oder rechtliche Qualität der „Maßnahmen" wird in diesen Vorschriften nichts gesagt. Im Folgenden soll gezeigt werden, in welchen rechtlichen Handlungsformen Gefahrenabwehrmaßnahmen im Wesentlichen vorgenommen werden dürfen und welche Rechtmäßigkeitsanforderungen an die einzelnen Handlungsformen zu stellen sind. 461

I. Überblick

Gefahrenabwehrmaßnahmen können in allen Formen des Verwaltungshandelns vorgenommen werden.[673] Neben dem Verwaltungsakt und der Rechtsverordnung ist in den einschlägigen Gesetzen auch das Verwaltungshandeln durch Realakt vorgesehen. Dabei handelt es sich beim Verwaltungsakt wie beim Realakt um Einzelfallmaßnahmen. Die Rechtsverordnung hin- 462

---

[673] *Schoch,* JuS 1995, 215 (216).

gegen hat abstrakt-generelle Wirkung.⁶⁷⁴ Verwaltungsverträge haben im Polizei- und Ordnungsrecht bisher keine große Bedeutung erlangt.⁶⁷⁵

463   Die Handlungsform ist entscheidend für die Rechtmäßigkeitsanforderungen an das staatliche Handeln und für die Folgen von Rechtsverstößen (z. B. Nichtigkeit oder Wirksamkeit trotz Rechtswidrigkeit). Des Weiteren hängen die Rechtsschutzmöglichkeiten des Bürgers davon ab, welche Handlungsform konkret vorliegt.

Beispiel:
Eine Anfechtungsklage setzt voraus, dass der Kläger die Aufhebung eines Verwaltungsaktes begehrt (§ 42 I 1. Fall VwGO).

II. Gefahrenabwehr durch Verwaltungsakt

464   Die bedeutendste Handlungsform bei der Gefahrenabwehr ist der Verwaltungsakt.⁶⁷⁶ Der Verwaltungsakt ist in § 35 VwVfG definiert. Bei der Gefahrenabwehr wird von ihm vor allem Gebrauch gemacht, um die Beseitigung einer Gefahr durch Anordnung eines Handelns, Duldens oder Unterlassens sicherzustellen.

Beispiele:
Untersagung gefahrbringender Tätigkeiten; Aufforderung, Schwarzbauten abzureißen.

Ein belastender Verwaltungsakt ist rechtmäßig, wenn er auf einer Ermächtigungsgrundlage beruht und diese sowohl formell als auch materiell richtig angewendet wurde.⁶⁷⁷ Ein wesentliches Charakteristikum des Verwaltungsaktes ist das Merkmal der Regelung (vgl. § 35 S. 1 VwVfG NRW); ein Verwaltungsakt hat Regelungscharakter. Regelung ist eine rechtsverbindliche Anordnung, die auf die Setzung einer Rechtsfolge gerichtet ist.⁶⁷⁸

III. Gefahrenabwehr durch Verwaltungsrealakt

465   Vielfach besteht die Tätigkeit einer Gefahrenabwehrbehörde jedoch nicht darin, rechtsverbindliche Anordnungen (s. o.) zu treffen. Die Behörde wird zur Herbeiführung eines tatsächlichen und nicht eines rechtlichen Erfolges tätig. In diesen Fällen liegt kein Verwaltungsakt vor, sondern ein sog. Verwaltungsrealakt (auch **„schlichtes Verwaltungshandeln"** genannt).⁶⁷⁹

---

⁶⁷⁴ Vgl. hierzu die Übersicht bei *Maurer*, AllgVerwR, vor § 9.
⁶⁷⁵ *Schenke*, in: Steiner, BesVerwR, Rn. 336.
⁶⁷⁶ *Möller/Wilhelm*, 4. Abschnitt 1.; *Rachor*, in: Lisken/Denninger, F Rn. 26.
⁶⁷⁷ Zu den einzelnen Merkmalen eines rechtmäßigen Verwaltungsaktes siehe die Lehrbücher zum allgemeinen Verwaltungsrecht, z. B. *Maurer*, AllgVerwR, § 10.
⁶⁷⁸ *Maurer*, AllgVerwR, § 9 Rn. 6.
⁶⁷⁹ *Schoch*, JuS 1995, 215 (218).

III. Gefahrenabwehr durch Verwaltungsrealakt

Beispiele:
Überwachende Maßnahmen der Polizei wie Kontrollgänge und Streifenfahrten.[680] Wissenserklärungen wie Presseerklärungen, Auskünfte und Warnungen.[681]

Einige Befugnisnormen im nordrhein-westfälischen Polizei- und Ordnungsrecht sehen behördliche Handlungen vor, die auf einen **tatsächlichen** und nicht auf einen rechtlichen Erfolg gerichtet sind. **466**

Beispiel:
Die in § 24 PolG NRW geregelte Speicherung personenbezogener Daten hat keinen Anordnungscharakter und ist somit kein Verwaltungsakt.

In den **Generalklauseln** von PolG NRW und OBG NRW ist normiert, dass die „notwendigen Maßnahmen" ergriffen werden können. Dass dies in Form des Verwaltungsaktes erfolgt, ist nicht zwingend. Die Generalklauseln ermächtigen insofern ebenfalls zur Gefahrenabwehr durch Verwaltungs*real*akt.[682] **467**

Im Bereich der **Standardmaßnahmen** und der **Verwaltungsvollstreckung** ist oft umstritten, ob die direkt gegenüber dem Bürger wirkende Maßnahme nur als schlichtes Verwaltungshandeln zu beurteilen ist, oder ob (auch) ein Verwaltungsakt vorliegt. Teilweise wird vertreten, schlichtes Handeln gegenüber dem Bürger beinhalte immer auch einen Verwaltungsakt, der konkludent die Duldung der jeweiligen Maßnahme anordne. Die gegenteilige Auffassung sieht hierin die unnötige und unzulässige Fiktion eines Verwaltungsaktes (siehe auch Rn. 115 ff.).[683] **468**

1. Rechtmäßigkeit belastender Realakte

Belastende Verwaltungsrealakte müssen wie Verwaltungsakte nach dem Vorbehalt des Gesetzes durch eine **Ermächtigungsgrundlage** gedeckt sein, von der formell und materiell fehlerfrei Gebrauch gemacht werden muss. Als Ermächtigungsgrundlagen kommen die Generalklauseln, spezialgesetzliche Rechtsgrundlagen, die Befugnisnormen der Standardmaßnahmen und Vorschriften aus dem Bereich der Verwaltungsvollstreckung in Betracht. Bezüglich der formellen Rechtmäßigkeit ist vor allem die Zuständigkeit von Bedeutung; in materieller Hinsicht müssen die Eingriffsvoraussetzungen erfüllt sein, und der Realakt muss von der angeordneten Rechtsfolge gedeckt sein.[684] **469**

2. Rechtmäßigkeit nicht belastender Realakte

Bei nicht belastenden Maßnahmen muss der Realakt zwar nicht auf einer Ermächtigungsgrundlage beruhen; er muss jedoch mit dem **geltenden Recht** **470**

---
[680] Vgl. *Drews/Wacke/Vogel/Martens*, Gefahrenabwehr, S. 341.
[681] *Schenke*, in: Steiner, BesVerwR, Rn. 332 m. N.
[682] *Schenke*, in: Steiner, BesVerwR, Rn. 332.
[683] *Schenke*, in: Steiner, BesVerwR, Rn. 77 f. und *Schoch*, JuS 1995, 215 (218 m. w. N.).
[684] *Schoch*, JuS 1995, 215 (218); *Schenke*, in: Steiner, BesVerwR, Rn. 333.

in Einklang stehen.⁶⁸⁵ Soweit sie nicht in Rechte des Bürgers eingreifen, sind Realakte durch die Aufgabenzuweisungsnorm und das kompetenzmäßige behördliche Handeln gedeckt.⁶⁸⁶

3. Rechtsschutz bei Realakten

471 Da Verwaltungsrealakte keine Verwaltungsakte sind, scheiden verwaltungsprozessuale Rechtsbehelfe aus, die einen Verwaltungsakt zum Gegenstand haben; Anfechtungs-, Verpflichtungs- und Fortsetzungsfeststellungsklage sind unstatthaft.⁶⁸⁷ Der Bürger kann jedoch durch negative **Leistungsklage** auf Unterlassung des schlichten Verwaltungshandelns klagen. Hat sich die Beeinträchtigung durch den Realakt schon erledigt, kommt eine **Feststellungsklage** i.S.d. § 43 I VwGO in Betracht.⁶⁸⁸

IV. Gefahrenabwehr durch Rechtsverordnung

472 Nach § 26 I bzw. § 27 I i.V.m. § 25 S. 1 OBG NRW können bestimmte Ministerien bzw. die Ordnungsbehörden zur Abwehr von Gefahren für die öffentliche Sicherheit oder Ordnung ordnungsbehördliche Verordnungen erlassen. Durch diese Vorschriften werden die genannten Stellen zu der dritten bedeutenden Handlungsform der Gefahrenabwehr ermächtigt: der Rechtsverordnung.⁶⁸⁹

473 Rechtsverordnungen sind Rechtsnormen, die von Exekutivorganen erlassen werden. Sie unterscheiden sich von formellen Gesetzen dadurch, dass sie nicht direkt vom Parlament, sondern von einem anderen Normgeber – der Verwaltung – gesetzt werden.⁶⁹⁰ Bei der Abgrenzung der Rechtsverordnung vom Verwaltungsakt in Form der Allgemeinverfügung gem. § 35 S. 2 VwVfG NRW können Probleme auftreten.⁶⁹¹ Eine Rechtsverordnung liegt nur vor, wenn durch die staatliche Maßnahme eine **unbestimmte Anzahl von Fällen** geregelt wird und hierdurch eine **unbestimmte Anzahl von Personen betroffen** ist; sie hat als Gesetz im materiellen Sinne abstrakt-generelle Wirkung.⁶⁹²

---

⁶⁸⁵ *Peine,* AllgVerwR, Rn. 313.
⁶⁸⁶ *Schoch,* JuS 1995, 215 (218).
⁶⁸⁷ Vgl. *Schoch,* JuS 1995, 215 (218).
⁶⁸⁸ *Maurer,* AllgVerwR, § 15 Rn. 7; *Schenke,* in: Steiner, BesVerwR, Rn. 335.
⁶⁸⁹ *BayVerfGH,* NVwZ-RR 2005, 176; *Schoch,* Jura 2005, 600ff.
⁶⁹⁰ *Maurer,* AllgVerwR, § 4 Rn. 16.
⁶⁹¹ *OVG NRW,* JA 2010, 398 (Verbot von Glasflaschen durch Allgemeinverfügung); *Götz,* § 22 Rn. 14., *Schenke,* in: Steiner, BesVerwR, Rn. 319ff. m.w.N.
⁶⁹² *Schenke,* in: Steiner, BesVerwR, Rn. 319; *Maurer,* AllgVerwR, § 4 Rn. 16; vgl. auch die Umschreibung in § 25 S. 1 OBG NRW: „... Gebote oder Verbote, die für eine unbestimmte Anzahl von Fällen an eine unbestimmte Anzahl von Personen gerichtet sind ...".

IV. Gefahrenabwehr durch Rechtsverordnung

Merke:
Sobald
- ein Organ der Exekutive
- mit einer Anordnung eine unbestimmte Anzahl von Fällen regelt
- und hierdurch eine unbestimmte Anzahl von Personen betroffen ist,

liegt eine **Rechtsverordnung** vor.

474

Die Gefahrenabwehr durch Rechtsverordnung war bereits im preußischen Polizeiverwaltungsgesetz (prPVG) vorgesehen. § 24 prPVG definierte: *Polizeiverordnungen sind polizeiliche Gebote oder Verbote, die für eine unbestimmte Anzahl von Fällen an eine unbestimmte Anzahl von Personen gerichtet sind.*[693] Rechtsverordnungen zur Gefahrenabwehr hatten seit jeher eine große Bedeutung. In den letzten Jahrzehnten ist ihre Relevanz allerdings zurückgegangen, da viele Materien, die zuvor Gegenstand von Gefahrenabwehrverordnungen waren, in eigenen Gesetzen (z.B. BauO NRW, BImSchG) niedergelegt wurden. In Teilbereichen ist jedoch nach wie vor Raum und Bedarf für den Erlass von polizei- oder ordnungsbehördlichen Verordnungen.[694]

475

Beispiele:
Verordnungen zum Verkehrsrecht auf Skipisten; Umwelt-Schadensanzeige-Verordnung.

1. Rechtmäßigkeitsanforderungen

Bei der Rechtsverordnung handelt es sich um eine Maßnahme der Exekutive. Diese ist nach Art. 20 III GG an Gesetz und Recht gebunden. Eine Rechtsverordnung ist – wie ein belastender Verwaltungsakt – rechtmäßig, wenn sie auf einer Ermächtigungsgrundlage beruht und weder formell noch materiell zu beanstanden ist.

476

a) Ermächtigungsgrundlage

Nach Art. 70 Verf NRW[695] kann die Ermächtigung zum Erlass einer Rechtsverordnung nur durch Gesetz erteilt werden, welches Inhalt, Zweck und Ausmaß der erteilten Ermächtigung bestimmt. Zum Erlass einer Rechtsverordnung ist daher eine formell-gesetzliche Ermächtigungsgrundlage erforderlich, die diesen Anforderungen genügt.

477

Im nordrhein-westfälischen Gefahrenabwehrrecht ergibt sich aus den §§ 25–27 OBG NRW die Befugnis, zur Abwehr von Gefahren Verordnun-

478

---
[693] Vgl. *Drews/Wacke/Vogel/Martens*, Gefahrenabwehr, S. 357f.
[694] *Schenke*, in: Steiner, BesVerwR, Rn. 317.
[695] Pendant zu Art. 80 GG, der unmittelbar nur für Rechtsverordnungen gilt, die auf einem Bundesgesetz beruhen.

gen zu erlassen. Soweit in anderen Bundesländern keine besondere Ermächtigungsgrundlage existiert, wird zu ihrem Erlass auf die Generalklauseln zurückgegriffen.[696] In Nordrhein-Westfalen scheidet ein Rückgriff auf § 14 I OBG NRW aus, da die §§ 25–27 OBG NRW spezieller sind. Auch auf § 8 I PolG NRW kann keine Verordnung gestützt werden. Zum einen hängt dies mit der generellen Subsidiarität polizeilichen Handelns gegenüber dem Einschreiten der Ordnungsbehörden zusammen; zudem legitimiert § 8 I PolG NRW nur zur Gefahrenbekämpfung „im einzelnen Fall", d. h. nicht zu abstrakt-generellen Anordnungen.[697] In Nordrhein-Westfalen gibt es daher **nur ordnungsbehördliche Verordnungen** und keine Polizeiverordnungen.

b) Formelle Rechtmäßigkeit

479   Eine Rechtsverordnung ist formell rechtmäßig, wenn sie von einer zuständigen Stelle im richtigen Verfahren und in der richtigen Form erlassen worden ist.[698] Für die ordnungsbehördlichen Verordnungen ergibt sich die **Zuständigkeit** aus § 26 und § 27 OBG NRW. Sie können vom Innenministerium im Benehmen mit dem betroffenen Fachministerium, den Landesordnungsbehörden, den Kreisen oder den örtlichen Ordnungsbehörden erlassen werden.[699] Bezüglich des **Verfahrens** sind vor allem die Vorlagepflichten zu beachten. So ist vorgesehen, dass ministerielle Verordnungen dem Landtag vorzulegen und auf dessen Verlangen hin aufzuheben sind (§ 26 III OBG NRW). Die Verkündung der ordnungsbehördlichen Verordnungen ist in § 33 OBG NRW geregelt. Sie erfolgt im Gesetz- und Verordnungsblatt bzw. in den Regierungsamtsblättern. Verordnungen der örtlichen Ordnungsbehörden oder der Kreisordnungsbehörden sind an der Stelle zu verkünden, die für die öffentliche Bekanntmachung von Satzungen vorgesehen ist (§ 33 S. 2 OBG NRW). Die zu beachtende **Form** ist in § 30 OBG NRW niedergelegt. Einzelne Formanforderungen sind hier genau beschrieben. So muss die Verordnung beispielsweise nach § 30 Nr. 2 OBG NRW in der Überschrift als „ordnungsbehördliche Verordnung" bezeichnet sein.

c) Materielle Rechtmäßigkeit

480   Eine Rechtsverordnung ist materiell rechtmäßig, wenn sie inhaltlich mit der Ermächtigungsgrundlage vereinbar ist. Je nach normsetzender Stelle beruht eine ordnungsbehördliche Verordnung in Nordrhein-Westfalen auf § 26 I i. V. m. § 25 OBG NRW oder auf § 27 I i. V. m. § 25 OBG NRW. Tatbestandsvoraussetzung ist jeweils eine „Gefahr für die öffentliche Sicherheit oder Ordnung". Anders als in § 14 I OBG NRW verwendet der Gesetzgeber hier nicht die Worte „eine im einzelnen Falle bestehende Gefahr". Es

---

[696] *Schoch*, JuS 1995, 215 (220); *Schoch*, in: Schmidt-Aßmann/Schoch, BesVerwR, 2. Kap. Rn. 271, 273.
[697] *Wagner*, PolG NRW, Rn. 28 vor §§ 2 und 3.
[698] *Schenke*, in: Steiner, BesVerwR, Rn. 323 f.
[699] Vgl. *Gusy*, Rn. 405.

IV. Gefahrenabwehr durch Rechtsverordnung

muss also keine konkrete Gefahr vorliegen, wie dies bei der Generalklausel der Fall ist. Vielmehr reicht es für den Erlass einer Verordnung aus, dass eine **abstrakte Gefahr** vorliegt.[700]

Da die abstrakte Gefahr nicht auf den konkreten Einzelfall bezogen ist, muss von einem abstrakt umschriebenen Sachverhalt ausgegangen werden. Es kommt daher nicht darauf an, dass eine weniger intensive Gefahr vorliegt als bei der konkreten Gefahr; vielmehr ist der zu untersuchende Bezugspunkt ein anderer. Bei der Frage, ob eine konkrete Gefahr vorliegt, ist ein Einzelfall zu untersuchen; bei der Frage, ob eine abstrakte Gefahr vorliegt, sind **Fallgruppen** der Bezugspunkt.[701] Eine abstrakte Gefahr kann bejaht werden, wenn die Sachverhalte, an welche die Rechtsverordnung anknüpft, nach der Lebenserfahrung geeignet sind, im Regelfall Gefahren zu verursachen.[702]

481

Liegen die tatbestandlichen Voraussetzungen der Ermächtigungsgrundlage vor, so steht es im **Ermessen des Verordnungsgebers,** ob und wie er durch abstrakt-generelle Anordnungen tätig wird; er hat sein Entschließungs- und sein Auswahlermessen rechtmäßig auszuüben.[703] Insbesondere ist darauf zu achten, dass hierbei nicht gegen höherrangiges Recht, z. B. das Übermaßverbot oder gegen die Grundrechte verstoßen wird.[704] Aber auch gegen die sonstigen inhaltlichen Vorgaben des OBG NRW darf nicht verstoßen werden. Die Verordnung muss nach § 29 I 1 OBG NRW inhaltlich hinreichend bestimmt sein. Sie darf nicht lediglich den Zweck verfolgen, die den Ordnungsbehörden obliegenden Aufgaben zu erleichtern (§ 29 I 2 OBG NRW). Sie muss mit Verordnungen höherer Behörden vereinbar sein (§ 28 OBG NRW).

482

Da auch die Vorschriften über die Inanspruchnahme von Störern und Nichtstörern (§§ 17 bis 19 OBG NRW) anwendbar sind, darf sich eine ordnungsbehördliche Verordnung grundsätzlich nur an Personen richten, die abstrakt für die potentielle Gefahr **verantwortlich** sind.[705] Eine Verpflichtung von Nichtstörern kommt nur in ganz seltenen Ausnahmefällen in Betracht.[706]

483

In ordnungsbehördlichen Verordnungen können nicht nur Ge- und Verbote ausgesprochen werden, sondern gemäß § 31 OBG NRW auch Geldbußen für Fälle schuldhafter Zuwiderhandlung angeordnet werden. Eine Bestimmung der Verordnung muss dann ausdrücklich die Ordnungswidrigkeit der Handlung feststellen und auf das Ordnungswidrigkeitengesetz verweisen.[707]

484

---

[700] *Gusy,* Rn. 407.
[701] *Götz,* § 6 Rn. 21; *Gusy,* Rn. 407.
[702] *Schenke,* in: Steiner, BesVerwR, Rn. 327; *Schoch,* in: Schmidt-Aßmann/Schoch, BesVerwR, 2. Kap. Rn. 275; vgl. auch oben Rn. 235 ff.
[703] *Schoch,* JuS 1995, 215 (220 m. w. N.).
[704] *Schenke,* in: Steiner, BesVerwR, Rn. 331.
[705] *Schoch,* JuS 1995, 215 (220); *Drews/Wacke/Vogel/Martens,* Gefahrenabwehr, S. 448 f.
[706] *Schenke,* in: Steiner, BesVerwR, Rn. 329.
[707] *Gusy,* Rn. 408.

485 | Merke:
— Zum Erlass einer ordnungsbehördlichen Verordnung ist keine konkrete Gefahr erforderlich; es reicht das Vorliegen einer abstrakten Gefahr aus.
— Die abstrakte Gefahr bestimmt sich nicht einzelfall-, sondern fallgruppenbezogen. Eine abstrakte Gefahr liegt vor, wenn die Fallgruppen, an die die Verordnung anknüpft, nach der Lebenserfahrung geeignet sind, im Regelfall Gefahren zu verursachen.
— Eine ordnungsbehördliche Verordnung darf sich grundsätzlich nur an Störer und nur unter den Voraussetzungen des § 19 OBG NRW an Nichtstörer richten.

2. Folgen von Rechtsverstößen

486 Ist die ordnungsbehördliche Verordnung **rechtmäßig**, so ist sie wirksam und muss von den Normadressaten beachtet werden. Wird gegen eine wirksame Rechtsverordnung verstoßen, so liegt eine Verletzung der Rechtsordnung und damit eine Störung der öffentlichen Sicherheit vor. Gegen diese Störung der öffentlichen Sicherheit kann im Wege einer Einzelverfügung vorgegangen werden (sog. unselbständige Verfügung).[708] Ist die ordnungsbehördliche Verordnung jedoch **rechtswidrig**, so ist sie nichtig.[709] Sie entfaltet in einem solchen Fall keine Rechtswirkung und braucht dann von niemandem beachtet zu werden.[710]

3. Rechtsschutzmöglichkeiten

487–500 Wird gegen den Bürger aufgrund einer ordnungsbehördlichen Verordnung ein Verwaltungsakt erlassen, so kann er nach durchgeführtem Widerspruchsverfahren Anfechtungsklage vor dem Verwaltungsgericht erheben. Hat sich der Verwaltungsakt bereits erledigt, kommt eine Fortsetzungsfeststellungsklage in Betracht. Das Gericht prüft in beiden Fällen **inzident** die Wirksamkeit — also Rechtmäßigkeit — der Verordnung. Rechtsschutzmöglichkeiten, direkt gegen Verordnungen vorzugehen, bestehen in Nordrhein-Westfalen nicht. Das Landesrecht enthält keine nach § 47 I Nr. 2 VwGO erforderliche Bestimmung zur Zulässigkeit eines Normenkontrollantrages.[711]

---

[708] Vgl. *Würtenberger*, in: Achterberg/Püttner, BesVerwR, Rn. 306 u. 314.
[709] *Drews/Wacke/Vogel/Martens*, S. 360; siehe auch *Maurer*, AllgVerwR, § 13 Rn. 17.
[710] Zur Überprüfung der Rechtmäßigkeit eines auf einer ordnungsbehördlichen Verordnung beruhenden Verwaltungsaktes vgl. Übersicht 8 im Anhang.
[711] Zum Normenkontrollantrag, *VGH BW*, JuS 2010, 373 (Normenkontrollantrag; Unwirksamkeit einer Polizeiverordnung).

Kapitel K. Vollstreckung

Literatur: *Arzt,* Europäische Menschenrechtskonvention und polizeilicher Todesschuss, DÖV 2007, 230; *ders.*, Die Polizei 2009, Gezielter Todesschuss – Zulässigkeit und Voraussetzungen nach der EMRK, 52; *Beisel,* Straf- und verfassungsrechtliche Problematiken des finalen Rettungsschusses, JA 1998, 721; *Bergmann/Schumacher,* Die Kommunalhaftung, 2. Auflage 1996; *Brühl,* Die Prüfung der Rechtmäßigkeit des Verwaltungszwangs im gestreckten Verfahren, JuS 1997, 926, 1021; JuS 1998, 65; *Buschmann/Schiller,* Rechtsstaatliche Regelung für den polizeilichen Todesschuss in NRW, NWVBl. 2007, 249; *Drews/Wacke/Vogel/Martens,* Gefahrenabwehr, S. 520 ff.; *Erichsen,* Vorläufiger Rechtsschutz nach § 80 Abs. 1–4 VwGO, Jura 1984, 414; *Erichsen/Rauschenberg,* Verwaltungsvollstreckung, Jura 1998, 31; *Gintzel,* Gezielter Todesschuss – Zulässigkeit und Voraussetzungen nach der EMRK, Die Polizei 2009, 114; *Gusy,* Verwaltungsvollstreckungsrecht am Beispiel der Vollstreckung von Polizeiverfügungen, JA 1990, 296 u. 339; *Kästner,* Unmittelbare Maßnahmen der Gefahrenabwehr, JuS 1994, 361; *Klenke,* Rechtsfragen im Zusammenhang mit ordnungsbehördlichen Reaktionen auf das verbotswidrige Abstellen von Kraftfahrzeugen im öffentlichen Verkehrsraum, NWVBl. 1994, 288; *Knemeyer,* Rn. 355 ff.; *Kugelmann,* Unmittelbare Ausführung von Maßnahmen und sofortige Anwendung von Verwaltungszwang durch die Polizei, DÖV 1997, 153; *Lisken,* Pro&Contra, Einführung des polizeilichen Todesschusses?, ZRP 2004, 31; *Maurer,* AllgVerwR, § 20; *Möller/Wilhelm,* 4. Abschnitt 5; *Oldiges,* Kostenerstattung einer Gemeinde für polizeiliche Gefahrenabwehr, JuS 1989, 616; *Peters,* Das Eilverfahren – Vollstreckung von Verwaltungsakten bei Gefahr in Verzug, VBlBW 1988, 54; *Pewestorf,* Die Berufung des Amtsträgers auf die Jedermannsrechte, JA 2009, 43; *Pielow,* Der sog. finale Todes- oder Rettungsschuß – Dargestellt am Beispiel des Polizeigesetzes Nordrhein-Westfalen, Jura 1991, 482; *Pietzner,* Rechtsschutz in der Verwaltungsvollstreckung, Verwaltungsarchiv Bd. 84 (1993), 261; *Schenke,* in: Steiner, BesVerwR, Rn. 281 ff.; *Schenke/Baumeister,* Probleme des Rechtsschutzes bei der Vollstreckung von Verwaltungsakten, NVwZ 1993, 1; *Schmitt-Kammler,* Die Sofortbefugnisse im Polizei- und Ordnungsbehördenrecht – Insbesondere: unmittelbare Ausführung und sofortiger Vollzug, NWVBl. 1989, 389; *Schoch,* JuS 1995, 307; *Schwabe,* Rechtsfragen zum Abschleppen verbotswidrig abgestellter Fahrzeuge, NJW 1983, 369; *Westenberger,* Der Einsatz des finalen Rettungsschusses in Hamburg, DÖV 2003, 627; *Witzstrock,* Der polizeiliche Todesschuß, Diss. iur. Bremen 2001; *Würtenberger,* in: Achterberg/Püttner, BesVerwR, Rn. 316 ff.

Rechtsprechung: *EGMR,* NJW 2005, 3405 (Schusswaffengebrauch der Polizei beim Anhalten eines Fahrers nach einem Verkehrsverstoß); *BVerfGE* 115, 118 (Ermächtigung zum Abschuss eines Flugzeuges); *BVerwG,* NJW 1978, 656 (Kosten der Ersatzvornahme); *BVerwGE* 26, 162 („Verwaltungsakt, gerichtet auf Duldung"); *BVerwG,* NJW 1997, 1021 (Ersatzvornahme); *OVG Hamburg,* NVwZ-RR 2009, 995 (Sicherstellung eines verbotswidrig abgestellten Fahrzeugs); *OVG Koblenz,* NVwZ 1994, 715 (Ersatzvornahme); *OVG Nds,* NVwZ 1984, 323 (*Heranziehung* zu Polizeikosten); *OVG NRW,* DVBl. 1986, 784 (Erstattung von Polizeikosten bei Zwangsmittel gegen Behörden); *OVG Sachsen,* NJW 2009, 2551 (Abschleppmaßnahme als Ersatzvornahme); *VGH BW,* VBlBW 1995, 486 (Abgrenzung der Handlungshaftung von der Zustandshaftung); *VGH BW,* VBlBW 1996, 32 (Sofortvollzug, mehraktige Vollstreckung); *VGH BW,* VBlBW 1998, 19 (Dereliktion während der Verwaltungsvollstreckung).

I. Einführung

501 Durch Verwaltungsakt begründete Pflichten werden in der Regel dadurch erfüllt, dass der Adressat die behördliche Anordnung befolgt und das geforderte Verhalten vornimmt. Möglich ist aber auch, dass der Adressat die Verfügung nicht befolgt. Dies kann daran liegen, dass er sich nicht für verpflichtet hält, weil er z. B. annimmt, die Anordnung sei unwirksam. Es kann auch sein, dass er sein individuelles Interesse über die rechtliche Verpflichtung stellt und er die Anordnung aus diesem Grunde nicht beachten will. Das Recht darf in diesen Fällen jedoch nicht dem Unrecht weichen. Zur effektiven Gefahrenabwehr muss die Möglichkeit bestehen, noch nicht vollzogene Verwaltungsakte mit Zwang durchzusetzen.[712] Befolgt ein Adressat die behördliche Anordnung nicht, so kommt der Vollzug des Verwaltungsaktes im Rahmen der sog. Verwaltungsvollstreckung in Betracht. Verwaltungsvollstreckung ist die **zwangsweise Durchsetzung öffentlich-rechtlicher Verpflichtungen durch eine Behörde** in einem verwaltungseigenen Verfahren.[713]

502 Bei den **Rechtsgrundlagen** des Verwaltungszwangs ist in Nordrhein-Westfalen zu differenzieren. Die **§§ 55 ff. VwVG NRW** enthalten allgemeine Regelungen darüber, wie Landesbehörden Handlungen, Duldungen oder Unterlassungen erzwingen können. Da sich im OBG NRW keine eigenen Vorschriften zur Verwaltungsvollstreckung finden, ist bei Zwangsmaßnahmen von Ordnungsbehörden auf die §§ 55 ff. VwVG NRW zurückzugreifen. Im Polizeirecht hingegen sind seit 1980 in den **§§ 50 ff. PolG NRW** Vorschriften niedergelegt, die die Erzwingung von Polizeiverfügungen regeln.[714] Diese Vorschriften sind bei Zwangsmaßnahmen von Polizeibehörden einschlägig. Die §§ 55 ff. VwVG NRW und die §§ 50 ff. PolG NRW sind in ihren wesentlichen Zügen inhaltsgleich.

II. Vollstreckbare Verwaltungsakte

503 Sowohl nach den §§ 55 ff. VwVG NRW als auch nach den §§ 50 ff. PolG NRW können nur Verwaltungsakte durchgesetzt werden, die auf die Vornahme einer Handlung, auf Duldung oder auf Unterlassung gerichtet sind (vgl. § 55 I VwVG NRW und § 50 I PolG NRW). Vollstreckbar sind daher nur **befehlende Verwaltungsakte,** die ein Ge- oder Verbot enthalten; diese stellen materiell vollstreckbare Verwaltungsakte dar.[715] Feststellende oder

---

[712] Vgl. zur Rechtfertigung des Verwaltungszwangs im Polizei- und Ordnungsrecht: *Würtenberger,* in: Achterberg/Püttner, BesVerwR, Rn. 316; *Drews/Wacke/Vogel/Martens,* Gefahrenabwehr S. 520 ff.
[713] *Maurer,* AllgVerwR, § 20 Rn. 1.
[714] Mit den Änderungen des PolG im Jahre 1980 sollte das Gesetz dem ME PolG angeglichen werden; vgl. *Tegtmeyer/Vahle,* PolG NRW, Einführung 1.3.
[715] *Erichsen,* Jura 1998, 31, 33; *Schoch,* JuS 1995, 307 (309).

gestaltende Verwaltungsakte verwirklichen sich „von selbst". Sie sind nicht auf ein Handeln, Dulden oder Unterlassen gerichtet und daher auch nicht vollstreckbar.[716] Zu den vollstreckbaren Verwaltungsakten gehören nach verbreiteter Auffassung auch Verkehrszeichen und Verkehrseinrichtungen (z. B. die Parkuhr).[717] Standardmaßnahmen können vollstreckt werden, soweit es sich hierbei um befehlende Verwaltungsakte handelt.[718]

III. Zwangsmittel

Zur Durchsetzung eines vollstreckbaren Verwaltungsaktes stehen der Polizei- oder Ordnungsbehörde drei Zwangsmittel zur Verfügung: die Ersatzvornahme, das Zwangsgeld und der unmittelbare Zwang (vgl. § 51 I PolG NRW und § 57 I VwVG NRW).[719]   504

1. Ersatzvornahme

Die Ersatzvornahme dient der Durchsetzung einer dem Pflichtigen obliegenden **vertretbaren Handlung**. Vertretbar ist eine Handlung, wenn ihre Vornahme auch durch einen anderen als den Verpflichteten möglich ist (vgl. Legaldefinition in § 52 I 1 PolG NRW und § 59 I VwVG NRW).   505

Beispiele:
Der Verpflichtung, ein baurechtswidriges Haus abzureißen, kann nicht nur der Adressat einer Abrissverfügung nachkommen; das Haus kann auch durch eine andere Person abgerissen werden. Es liegt daher eine vertretbare Handlung vor, die grundsätzlich durch eine Ersatzvornahme erzwungen werden kann. Anders ist der Fall zu beurteilen, wenn eine bestimmte Person von der Polizei vorgeladen wird (z. B. zur Durchführung erkennungsdienstlicher Maßnahmen). Hier kann nur die vorgeladene Person selbst (d. h. sie höchstpersönlich) die Pflicht erfüllen, an Amtsstelle zu erscheinen. Mangels Vertretbarkeit scheidet eine Durchsetzung der Vorladung durch eine Ersatzvornahme aus.

Liegen die Voraussetzungen zur Durchführung einer Ersatzvornahme vor, so hat die jeweilige Behörde das Recht, die angeordnete Handlung **selbst** auszuführen (sog. Selbstvornahme) oder sie durch einen **Dritten** ausführen zu lassen (sog. Fremdvornahme).[720] Bei der Fremdvornahme wird i. d. R. zwischen der Behörde und dem Dritten ein zivilrechtlicher Vertrag geschlossen, der die Behörde zur Zahlung eines Entgelts an den Dritten verpflichtet.[721] Jedoch ist die Behörde – unabhängig davon, ob es sich um einen   506

---

[716] *Erichsen/Rauschenberg*, Jura 1998, 31; *Peine*, AllgVerwR, Rn. 1277; *Maurer*, AllgVerwR, § 20 Rn. 6.
[717] Vgl. *Würtenberger*, in: Achterberg/Püttner, BesVerwR, Rn. 322.
[718] Vgl. hierzu im einzelnen Rn. 191 ff.
[719] Ebenso § 9 I VwVG des Bundes.
[720] *Erichsen/Rauschenberg*, Jura 1998, 31 (34); *Gusy*, JA 1990, 296 (298); *Schenke*, in: Steiner, BesVerwR, Rn. 294.
[721] *Möller/Wilhelm*, 4. Abschnitt 5.3.1; *Erichsen/Rauschenberg*, Jura 1998, 31 (34).

Fall der Selbst- oder Fremdvornahme handelt – berechtigt, die entstandenen Kosten vom Pflichtigen einzufordern (vgl. § 52 I PolG NRW und § 59 I VwVG NRW; jeweils auf der Grundlage von § 77 VwVG NRW i.V.m. § 20 II 2 Nr. 7 VO VwVG).[722]

507 Beispiel:
Die Polizei fordert den Eigentümer eines Kfz auf, seinen verbotswidrig geparkten Wagen aus dem Parkverbot zu entfernen. Als sich der Eigentümer weigert, beauftragt die Polizei ein privates Abschleppunternehmen damit, das Auto zu entfernen. Das Entfernen des Wagens durch das Abschleppunternehmen stellt eine (kostenpflichtige) Ersatzvornahme i.S.d. § 52 I 1 PolG NRW dar.

2. Zwangsgeld

508 PolG NRW und VwVG NRW sehen als weiteres Zwangsmittel das Zwangsgeld vor. Das Zwangsgeld ist unabhängig davon zulässig, ob eine vertretbare oder eine unvertretbare Handlung durchgesetzt werden soll. Es ist ein psychologisch wirkendes Druckmittel, welches den **Willen des Pflichtigen beugen** soll.[723] Durch die Androhung, die Festsetzung bzw. die Einforderung eines zu zahlenden Geldbetrages soll der Pflichtige dazu bewegt werden, seine aus einem Verwaltungsakt resultierende Pflicht zu erfüllen. Ziel des Zwangsgeldes ist also die Herbeiführung eines rechtmäßigen Verhaltens in der Zukunft. Hierin liegt der wesentliche Unterschied zur Geldstrafe oder Geldbuße; diese sanktionieren geschehenes Unrecht, sind also primär an der Vergangenheit orientiert.[724] Anders als Geldstrafe oder Geldbuße ist das Zwangsgeld auch nicht abhängig vom Verschulden des Betroffenen.[725]

509 Beispiel:
X wird von der Polizei zur Durchführung erkennungsdienstlicher Maßnahmen vorgeladen (vgl. § 10 I Nr. 2 PolG NRW). Er weigert sich, der Vorladung Folge zu leisten. Die Polizeibehörde droht die Festsetzung eines Zwangsgeldes i.H.v. 50 Euro an, wenn X sich weiterhin weigert, bei der Behörde zu erscheinen.

510 Die Behörde hat die Höhe des Zwangsgeldes unter Berücksichtigung seines Zweckes zu bestimmen. Hinsichtlich der Höhe des Zwangsgeldes hat der Gesetzgeber einen Rahmen vorgegeben (vgl. § 53 I PolG NRW und § 60 I VwVG NRW). Innerhalb dieses Rahmens ist unter Beachtung des Grundsatzes der Verhältnismäßigkeit ein Betrag zu wählen, der den Pflichtigen voraussichtlich dazu bewegen wird, seine Pflicht zu erfüllen. Hierbei kann auf die Hartnäckigkeit und die finanzielle Leistungsfähigkeit des Be-

---

[722] *VG Düsseldorf,* NWVBl. 2001, 152 ff.; Vgl. dazu unten Rn. 661 ff.
[723] *Erichsen/Raschenberg,* Jura 1998, 31 (36); *Möller/Wilhelm,* 4. Abschnitt 5.3.2.
[724] *Würtenberger,* in: Achterberg/Püttner, BesVerwR, Rn. 339; *Drews/Wacke/Vogel/ Martens,* Gefahrenabwehr S. 535.
[725] *Gusy,* Rn. 444.

troffenen abgestellt werden.[726] Kommt der Pflichtige trotz Festsetzung des Zwangsgelds seinen Verpflichtungen immer noch nicht nach, kann das Zwangsgeld beliebig oft wiederholt werden (vgl. § 60 I 3 VwVG NRW). Zur Verstärkung des Druckmittels kann das weitere Zwangsgeld auch betragsmäßig höher festgesetzt werden.

Ist ein festgesetztes Zwangsgeld uneinbringlich, so kann das zuständige Verwaltungsgericht nach § 54 PolG NRW bzw. § 61 VwVG NRW **Ersatzzwangshaft** auf Antrag der Vollzugsbehörde anordnen. Der Pflichtige kann hiernach inhaftiert werden, um seinen Willen zu beugen. Ein festgesetztes Zwangsgeld ist „uneinbringlich", wenn die Beitreibung des Zwangsgeldes erfolglos versucht worden ist oder die Erfolglosigkeit der Beitreibung von vornherein feststeht (z. B. bei mittellosen Pflichtigen).[727] Die Ersatzzwangshaft soll auch in diesen Fällen die willensbeugende Wirkung des festgesetzten Zwangsgeldes sichern. Die Höchstdauer der Inhaftierung ist auf zwei Wochen begrenzt (§ 54 I 2 PolG NRW und § 61 I 2 VwVG NRW). Da die Ersatzzwangshaft ein uneinbringliches Zwangsgeld voraussetzt, ist sie **kein eigenständiges Zwangsmittel** (vgl. auch die Aufzählung in § 52 I PolG NRW und § 57 I VwVG NRW); sie knüpft an die Zwangsgeldfestsetzung an und führt lediglich die Zwangsvollstreckung durch Zwangsgeld fort.[728] 511

3. Unmittelbarer Zwang

Das dritte Zwangsmittel zur Durchsetzung von Verwaltungsakten, die auf die Vornahme einer Handlung, auf Duldung oder Unterlassung gerichtet sind, ist der unmittelbare Zwang (§ 55 PolG NRW und § 62 VwVG NRW). Unmittelbarer Zwang ist der Einsatz körperlich wirkender **Gewalt** gegen die Person des Pflichtigen oder gegen ihm gehörende Sachen.[729] Nicht erforderlich ist, dass der unmittelbare Zwang durch Amtsträger angewendet wird. Bei der Zwangsausübung können auch Dritte als Hilfspersonen hinzugezogen werden.[730] 512

PolG NRW und VwVG NRW unterscheiden beim unmittelbaren Zwang zwischen der Einwirkung durch einfache körperliche Gewalt einerseits, der Einwirkung durch Hilfsmittel körperlicher Gewalt andererseits sowie der Einwirkung durch Waffengebrauch (vgl. § 58 PolG NRW und § 67 VwVG NRW). **Einfache körperliche Gewalt** liegt vor, wenn der Beamte unmittelbar auf eine Sache oder eine Person einwirkt (z. B. durch das Wegführen einer Person oder durch Wegtragen einer Sache).[731] **Hilfsmittel körperlicher Gewalt** sind insbesondere Fesseln, Wasserwerfer, technische Sperren, 513

---

[726] *Möller/Wilhelm*, 4. Abschnitt 5.3.2.
[727] Vgl. *Möller/Wilhelm*, 4. Abschnitt 5.3.2.
[728] *Drews/Wacke/Vogel/Martens*, Gefahrenabwehr, S. 537; *Möller/Wilhelm*, 4. Abschnitt 5.3.2.
[729] *Drews/Wacke/Vogel/Martens*, Gefahrenabwehr, S. 541.
[730] *Gusy*, Rn. 446.
[731] Vgl. *Drews/Wacke/Vogel/Martens*, Gefahrenabwehr, S. 543.

Diensthunde, Dienstpferde, Dienstfahrzeuge, Reiz- und Betäubungsmittel sowie Sprengmittel (vgl. § 58 III PolG NRW und § 67 III VwVG NRW). Die im Rahmen des unmittelbaren Zwangs zugelassenen **Waffen** sind Schlagstock, Pistole und Revolver; die Polizei ist darüber hinaus berechtigt, Gewehr und Maschinenpistole einzusetzen (vgl. § 58 IV PolG NRW und § 67 IV VwVG NRW).

514 Unmittelbarer Zwang darf nach § 55 I PolG NRW bzw. § 62 I VwVG NRW nur angewendet werden, wenn andere Zwangsmittel nicht in Betracht kommen oder keinen Erfolg versprechen. Die Anwendung unmittelbaren Zwangs ist demnach gegenüber der Ersatzvornahme und der Androhung oder der Festsetzung von Zwangsgeld subsidiär. Es ist als Zwangsmittel grundsätzlich **ultima ratio** (§ 58 III 1 VwVG NRW).[732] Über den Einsatz einzelner Varianten des unmittelbaren Zwangs existieren besondere Vorschriften. So enthalten die §§ 62–66 PolG NRW konkrete Regelungen zur Fesselung von Personen, den Einsatz von Schusswaffen oder den von besonderen Waffen und Sprengmitteln.

515 Bei der Einwirkung der Behörde auf eine Sache zur Durchsetzung einer **vertretbaren Handlung durch Einwirken auf eine Sache** kann es im Einzelfall problematisch sein, ob hierin unmittelbarer Zwang oder eine Ersatzvornahme in Form der Selbstvornahme zu sehen ist. Das Problem taucht regelmäßig dann auf, wenn die Gefahrenabwehrbehörde selbst Gewalt gegen eine Sache ausübt, um eine vertretbare Handlung zu erzwingen. Die Frage, welches Zwangsmittel hier vorliegt, ist nicht nur deshalb entscheidend, weil die Anwendung beider Mittel unter unterschiedlichen Voraussetzungen zulässig ist. Die mit einer Ersatzvornahme verbundenen Kosten kann die Polizei von Pflichtigen ersetzt verlangen; ein Anspruch auf Ersatz der durch unmittelbaren Zwang verursachten Kosten besteht hingegen nicht.[733]

516 Teilweise wird angenommen, es handele sich immer dann um eine **Ersatzvornahme,** wenn die mit Zwang durchzusetzende Maßnahme eine **vertretbare Handlung** sei.[734] Das würde im Ergebnis bedeuten, dass Ersatzvornahme und unmittelbarer Zwang in einem Exklusivitätsverhältnis stehen. Ein Exklusivitätsverhältnis ist jedoch mit den Vorschriften über die Verwaltungsvollstreckung nicht zu vereinbaren. Nach § 51 I PolG NRW[735] stehen der Verwaltung im Grundsatz drei verschiedene Zwangsmittel zur Verfügung (Ersatzvornahme, Zwangsgeld, unmittelbarer Zwang).[736] Die Befugnis zur Anwendung unmittelbaren Zwangs besteht nach § 55 I 1 PolG NRW,[737]

---

[732] *Erichsen/Rauschenberg,* Jura 1998, 31 (37); *Schenke,* in: Steiner, BesVerwR, Rn. 299.
[733] Hierzu ausführlich Rn. 667 ff.
[734] So *Tegtmeyer/Vahle,* PolG NRW § 52 Rn. 9.
[735] Wortgleich mit § 57 I VwVG NRW.
[736] Bei der Ersatzzwangshaft handelt es sich um kein eigenständiges Zwangsmittel, vgl. Rn. 513.
[737] Wortgleich mit § 62 I 1 VwVG NRW.

wenn andere Zwangsmittel – also das Zwangsgeld und die Ersatzvornahme – nicht in Betracht kommen, keinen Erfolg versprechen oder unzweckmäßig sind. Der Gesetzgeber macht hier deutlich, dass Ersatzvornahme und unmittelbarer Zwang in keinem Exklusivitätsverhältnis stehen, sondern von der Verwaltung im Einzelfall auch unter Beachtung von Zweckmäßigkeitserwägungen alternativ angewendet werden können. Da mit der Ersatzvornahme nach § 52 I PolG NRW nur eine vertretbare Handlung durchgesetzt werden kann, bei Unzweckmäßigkeit nach § 55 I 1 PolG NRW im selben Fall aber eine Anwendung unmittelbaren Zwangs zulässig ist, kann bei der Abgrenzung zwischen diesen beiden Zwangsmitteln das Kriterium der Vertretbarkeit der durchzusetzenden Handlung nicht entscheidend sein.

Die Abgrenzung muss stattdessen anhand der gesetzlichen Begriffsbestimmung der Maßnahmen erfolgen. Unter den für eine Ersatzvornahme vorgesehenen Tatbestandsvoraussetzungen ist die Behörde berechtigt, die vom Pflichtigen geforderte Handlung selbst auszuführen (so die Rechtsfolgenanordnung des § 52 I 1 PolG NRW). Soweit die Behörde zur Anwendung unmittelbaren Zwangs berechtigt ist, darf sie durch körperliche Gewalt auf Personen oder Sachen einwirken (vgl. § 58 I PolG NRW). Übt die Behörde körperlichen Zwang aus, um eine vertretbare Handlung auszuüben, so heißt dies nicht, dass automatisch eine Ersatzvornahme vorliegt. Vielmehr darf sich die Vollstreckungsbehörde nur dann auf die Rechtsgrundlagen der Ersatzvornahme stützen, wenn sie – wie § 52 I 1 PolG NRW es formuliert – die vom Pflichtigen geforderte „Handlung selbst ausführt". Eine Ersatzvornahme liegt also nur vor, wenn die Art und Weise der behördlichen **Zwangsanwendung mit der dem Pflichtigen obliegenden Handlung identisch** ist.[738] Sind geforderte Handlung und behördliche Maßnahme nicht identisch, so kann es sich nur um unmittelbaren Zwang handeln.

Beispiel:
Der betrunkene Wohnungseigentümer W verprügelt seine Frau. Ein von den Nachbarn herbeigerufener Polizist fordert W auf, die Wohnungstür zu öffnen. Dieser lässt sich hiervon nicht beeindrucken und schlägt weiter auf seine Frau ein. Daraufhin wirft sich der Polizist gegen die Tür und bricht sie auf. Er gelangt ins Innere der Wohnung und kann W überwältigen. Später möchte W gerichtlich klären lassen, ob der Polizist berechtigt war, die Tür aufzubrechen. Im Rahmen der Überprüfung stellt sich die Frage, ob es sich um eine Ersatzvornahme oder die Anwendung unmittelbaren Zwangs gehandelt hat.
Eine Ersatzvornahme liegt nur dann vor, wenn die Behörde oder ein Beauftragter die dem Pflichtigen obliegende Handlung ausführt, die obliegende Handlung und die behördliche Maßnahme also identisch sind. Der Polizist hatte W aufgefordert, die Tür zu öffnen. Als W der Aufforderung nicht nachkam, brach der Polizist die Tür auf. Zwangsmittelanwendung und geschuldete Handlung waren nicht identisch. Geschul-

---

[738] Zutreffend *Rachor*, in: Lisken/Denninger, F Rn. 892; *Erichsen/Rauschenberg*, Jura 1998, 31 (37); ähnlich *Gusy*, Rn. 443, 446, ders. JA 1990, 296 (299); anders *Möller/Wilhelm*, 4. Abschnitt 5.3.3., mit einer typisierenden Unterscheidung.

det gewesen wäre nicht das Aufbrechen, sondern das Öffnen der Tür. Eine Ersatzvornahme liegt daher nicht vor. Das Aufbrechen der Tür ist als Anwendung unmittelbaren Zwangs einzuordnen.[739]

518a Der finale Todesschuss wird in § 63 II 2 PolG NRW n. F. gesetzlich geregelt.[740] Damit erübrigt sich in Nordrhein-Westfalen der bisherige Streit, ob für die Zulässigkeit des finalen Todesschusses zwingend eine ausdrückliche Gesetzesgrundlage notwendig ist[741] oder ob die allgemeine Regelung zum Schusswaffengebrauch in § 63 PolG NRW als Ermächtigungsgrundlage ausreicht.[742]

§ 63 II 2 PolG NRW ist nach der hier vertretenen Auffassung abschließende Regelung für den finalen Todesschuss, so dass die strafrechtlichen Befugnisse aus §§ 32, 34 StGB nicht als Ermächtigungsgrundlage anzusehen sind.[743] Denn ein Rückgriff auf §§ 32, 34 StGB würde gegen das Bestimmtheitsgebot gem. Art. 20 III GG verstoßen.[744] Zudem handelt es sich beim gezielten Rettungsschuss um eine Maßnahme der Gefahrenabwehr, die nicht durch das StGB als Bundesrecht, sondern durch das landesrechtliche PolG zu regeln ist, vgl. Art. 70 GG.[745]

Nach § 63 II 2 PolG NRW ist ein Schuss, der mit an Sicherheit grenzender Wahrscheinlichkeit tödlich wirken wird, zulässig, wenn er das einzige Mittel zur Abwehr einer gegenwärtigen Lebensgefahr oder der gegenwärtigen Gefahr einer schwerwiegenden Körperverletzung ist. Der Wortlaut der Norm ist mit dem Musterentwurf eines einheitlichen Polizeigesetzes identisch, der auch von der Mehrheit der anderen Bundesländer übernommen wurde.[746] Aktualität gewinnt die aus Geiselnahmen in den siebziger Jahren hervorgegangene Diskussion durch Amokläufe und neue Formen des Terrorismus. Die Zulässigkeit des finalen Todesschusses ist seit jeher umstritten.[747]

---

[739] Ebenso *Rachor*, in: Lisken/Denninger, F Rn. 892 mit instruktiver Kasuistik zum gewaltsamen Öffnen einer Tür; i. E. ebenso *Möller/Wilhelm*, 4. Abschnitt 5.3.3.; anders *Tegtmeyer/Vahle*, PolG NRW § 52 Rn. 9, nach dem unmittelbarer Zwang vorliegt.
[740] Vgl. zur Wiedereinführung des finalen Todesschusses auch: § 46 II BremPolG, § 76 II Nds. SOG.
[741] *Arzt*, DÖV 2007, 230; *Buschmann/Schiller*, NWVBl. 2007, 249 (253); *Pieroth/Schlink/Kniesel*, § 24 Rn. 20; *Rachor*, in: Lisken/Denninger, F Rn. 1012.
[742] *Drews/Wacke/Vogel/Martens*, Gefahrenabwehr, S. 549; *Gintzel*, Die Polizei 2009, 114.
[743] Differenzierend: Nach *Lenckner*-Schönke/Schröder, StGB, 27. Aufl., Vorbem §§ 32 ff., Rn. 85 ergibt sich die Ermächtigungsgrundlage aus den polizeirechtlichen Befugnisnormen; davon unabhängig kann sich für die Polizeibeamten aus § 32 StGB ein Rechtfertigungsgrund für den Schusswaffengebrauch ergeben, *Lenckner*-Schönke/Schröder, § 32, Rn. 42 c; zum Konflikt zwischen Gesetzesvorbehalt und Notsituation des Beamten, *Pewestorf*, JA 2009, 43.
[744] Zustimmend: *Westenberger*, DÖV 2003, 627 (631).
[745] *Beisel*, JA 1998, 721 (722).
[746] Z. B. § 76 II 2 Nds. SOG, Art. 66 II 2 PAG BY, § 65 II 2 SOG LSA.
[747] Vertiefend: *Witzstrock*, Der polizeiliche Todesschuß, Diss. iur. Bremen 2001.

III. Zwangsmittel

Einigkeit besteht insoweit, als dass der Eingriff nicht durch eine **Grundrechtsverwirkung** des Betroffenen gerechtfertigt werden kann. Die Grundrechte, die verwirkt werden können, sind in Art. 18 GG abschließend aufgezählt; das Recht auf Leben kann danach nicht verwirkt werden.[748] Ebenso ist die Konstruktion einer **eigenverantwortlichen Selbstgefährdung** des Täters abzulehnen, da von einem Grundrechtsverzicht nicht ohne weitere Anhaltspunkte ausgegangen werden darf.

Eine Pflicht zur Anwendung des finalen Todesschusses lässt sich auch nicht aus der **Schutzpflicht des Staates nach Art. 2 II 1 Var. 1 GG** herleiten und ist daher abzulehnen. Eine Strafbarkeit des Polizeibeamten aus einem Unterlassungsdelikt ist bei Nichtanwendung des finalen Todesschusses zu verneinen.[749] Fraglich ist, ob ein Polizeibeamter sich auf seine **Gewissensfreiheit nach Art. 4 I Var. 2 GG** berufen kann und damit die Abgabe eines zielgerichteten Todesschusses verweigern darf.[750] Eine gesetzliche Regelung besteht insoweit nicht. Der Problematik wird in der Praxis die Brisanz dadurch genommen, dass bei Geiselnahmen und vergleichbaren Fällen Sondereinsatzkommandos tätig werden. Diese Kräfte sind auf entsprechende Situationen vorbereitet und willigen freiwillig in die Abgabe eines auch tödlich wirkenden Schusses ein.

Nach hier vertretener Auffassung begegnet der finale Todesschuss insgesamt keinen unüberwindbaren völker- oder verfassungsrechtlichen Bedenken.[751] Der gezielte Todesschuss ist mit **Art. 2 I 1 EMRK** vereinbar.[752] Denn vom Tötungsverbot ist nach **Art. 2 II lit. a) EMRK** im Fall der Verteidigung eines Menschen gegen rechtswidrige Gewalt eine Ausnahme zu machen. Der Begriff der „rechtswidrigen Gewalt" erfordert dabei Eingriffe von gewisser Erheblichkeit; die bloße Freiheitsentziehung oder geringfügige Körperverletzung sind nicht ausreichend.[753] Der Gesetzgeber hat der Vorgabe Rechnung getragen, indem er die Fälle der Körperverletzung ausdrücklich auf die Fälle der „schwerwiegenden Verletzung der körperlichen Unversehrtheit" beschränkt hat, § 63 II 2 PolG NRW. Die Regelung des § 63 II 2 PolG NRW genügt den Anforderungen der EMRK, da sie hinreichend bestimmt ist und im Voraus in erkennbarer Weise festlegt, unter welchen Voraussetzungen ein tödlicher Schusswaffeneinsatz zulässig ist.[754]

Durch den finalen Todesschuss wird in das in **Art. 2 II 1 Var. 1 GG** garantierte Recht auf Leben in denkbar schwerster Form eingegriffen. Er

---

[748] *Drews/Wacke/Vogel/Martens*, Gefahrenabwehr, S. 546.
[749] *Witzstrock*, Der polizeiliche Todesschuß, Diss. iur. Bremen 2001, 170 f.
[750] *Buschmann/Schiller*, NWVBl. 2007, 249 (255).
[751] Ebenso: *Götz*, § 13 Rn. 50.
[752] *EGMR*, NJW 2005, 3405; klarstellend *BVerfG*, NJW 2004, 3407 (3408): die EMRK und ihre Zusatzprotokolle sind völkerrechtliche Verträge; die EMRK gilt in der deutschen Rechtsordnung im Range eines Bundesgesetzes, da sie gem. Art. 59 II GG in die nationale Rechtsordnung eingeführt wurde.
[753] *Rachor*, in: Lisken/Denninger, F Rn. 1004 f.
[754] *Arzt*, Die Polizei 2009, 52 (54).

stützt sich auf den Gesetzesvorbehalt in **Art. 2 II 3 GG**. Die Beeinträchtigung der aus Art. 1 GG jedem Menschen unterschiedslos zukommenden Menschenwürde steht damit in unmittelbarem Zusammenhang. Der Wortlaut des § 63 II 2 PolG NRW entspricht den verfassungsrechtlichen Anforderungen des **Verhältnismäßigkeits- und Bestimmtheitsgebots aus Art. 20 III GG** und der Wesentlichkeitstheorie nach Art. 19 GG. Der denkbar intensivste Eingriff kann nach dem Verhältnismäßigkeitsgrundsatz nur im Fall einer unverzichtbaren Verteidigung gerechtfertigt sein.[755] Da nach dem Wortlaut der finale Todesschuss nur zulässig ist, „wenn er das einzige Mittel zur Abwehr" ist, § 63 II 2 PolG NRW, wird das Gebot der Verhältnismäßigkeit hinreichend gewahrt. Der verfassungsrechtlichen Rechtfertigung steht auch nicht die in **Art. 19 II GG verbürgte Wesensgehaltsgarantie** des Grundrechts entgegen, da durch die Zulässigkeit des finalen Todesschusses das Recht auf Leben nicht seines Menschenwürdegehalts beraubt wird. Denn die Wesensgehaltsgarantie beinhaltet keine absolute Begrenzung jeglichen Eingriffs, sondern eine besondere Ausformung des Verhältnismäßigkeitsprinzips. Einzig die Menschenwürde darf danach nicht relativiert werden. Dementsprechend ist das Recht auf Leben nicht abwägungsfest, sondern kann bis auf seinen Menschenwürdegehalt gegenüber bedeutsamen, entgegenstehenden Interessen zurücktreten.

Die Abgabe eines gezielten Rettungsschusses verstößt auch nicht gegen das **Verbot der Todesstrafe nach Art. 102 GG**. Zwar bestimmt Art. 102 GG, dass die Tötung als Form der Bestrafung abgeschafft ist. Bei einem finalen Todesschuss handelt es sich jedoch nicht um eine Kriminalstrafe, sondern um ein präventives Mittel zur Gefahrenabwehr.[756]

Erhebliche Bedeutung kommt in der Diskussion um die Verfassungsmäßigkeit des Rettungsschusses einer **Entscheidung des BVerfG zur Abschussermächtigung** eines für einen Terroranschlag entführten Flugzeugs zu. Nach Entscheidung des Gerichts beinhaltet die notwendigerweise tödlich wirkende Verteidigung des Staates keine Beeinträchtigung der Menschenwürde des Angreifers.[757] Er wird nicht als bloßes Objekt staatlichen Handelns in seiner Subjektqualität in Frage gestellt, wenn der Staat in Erfüllung seiner Schutzpflicht gegenüber unschuldigen Dritten den rechtswidrigen Angriff abwehrt. Vielmehr entspreche es der Subjektqualität des Angreifers, dass ihm die Folgen seines selbstbestimmten Verhaltens zugerechnet werden und er dafür in Verantwortung genommen wird.[758] Das BVerfG erklärt, dass der Täter selbst durch sein Handeln das staatliche Eingreifen erforderlich macht und es jederzeit durch Aufgeben seiner Pläne beenden kann. Der Geschehensablauf liege maßgeblich in der Hand des Täters.[759] Soweit Unbeteiligte nicht gefährdet

---

[755] *Pieroth/Schlink/Kniesel*, § 24 Rn. 18.
[756] *Schenke*, in: Steiner, BesVerwR, Rn. 300.
[757] *BVerfGE* 115, 118 (161) (= *BVerfG*, NJW 2006, 751 [761]).
[758] *BVerfGE* 115, 118 (161).
[759] *BVerfGE* 115, 118 (161).

III. Zwangsmittel

werden, dürfte damit die Zulässigkeit des finalen Todesschusses nach der Argumentation des Gerichts zu bejahen sein. Die Vereinbarkeit mit der Menschenwürdegarantie aus Art. 1 GG lässt eine präzise Überprüfung der Verhältnismäßigkeit nicht entfallen. Angesichts der Schwere des Eingriffs bedarf es bei der Beurteilung des finalen Todesschusses einer äußerst sorgsamen **Verhältnismäßigkeitsprüfung**. Die „Abwehr einer gegenwärtigen Lebensgefahr oder der gegenwärtigen Gefahr einer schwerwiegenden Verletzung der körperlichen Unversehrtheit" nach § 63 II 2 PolG NRW ist ohne Zweifel ein legitimer Zweck. Allerdings wird bereits die Geeignetheit in vielen Fällen fraglich sein. Denn auch ein „mit an Sicherheit grenzender Wahrscheinlichkeit tödlich" wirkender Schuss, § 63 II 2 PolG NRW, kann fehlgehen und dadurch unmittelbar oder mittelbar durch die gesteigerte Erregung des Täters Unbeteiligte gefährden. Andererseits sind ebenso akute Konflikte von Geiselnahmen und terroristischen Handlungen denkbar, bei denen gerichtliche Hilfe nicht rechtzeitig einzuholen ist und die Exekutive raschen Ersatz bieten muss.[760] In zahlreichen Fallgestaltungen wird die Abgabe eines Todesschusses nicht erforderlich sein. Als milderes, ebenso wirksames Mittel kommt das kalkulierte Eingehen auf Forderungen des Täters, das Angebot an den Täter, durch Freilassung des Opfers die Situation gewaltlos zu beenden, oder ein nicht tödlich wirkender Schuss, der gleichfalls die Angriffsunfähigkeit herbeiführt, in Betracht. Soweit diese Überlegungen Eingang in die Abwägung finden, ist der Verhältnismäßigkeitsgrundsatz gewahrt. Der finale Todesschuss ist insgesamt zulässig.

Merke:
- die zwangsweise Durchsetzung öffentlich-rechtlicher Verpflichtungen durch eine Behörde in einem verwaltungseigenen Verfahren nennt man Verwaltungsvollstreckung;
- die Vollstreckung durch die Polizei richtet sich nach den §§ 50 ff. PolG NRW;
- die Vollstreckung durch Ordnungsbehörden richtet sich nach dem VwVG NRW (insbes. §§ 55 ff. VwVG NRW);

Zwangsmittel nach PolG NRW bzw. VwVG NRW

Ersatzvornahme	Zwangsgeld	Unmittelbarer Zwang
Def.:	Def.:	Def.:
Vornahme der geforderten Handlung durch die Behörde selbst oder einen Beauftragten	Begründung einer Geldleistungsverpflichtung zur Willensbeugung	Einsatz körperlich wirkender Gewalt gegen die Person des Pflichtigen oder gegen ihm gehörende Sachen

519

---

[760] Mit einem ärztlichen Notdienst vergleichend: *Lisken*, ZRP 2004, 31.

Beachte:	Beachte:	Beachte:
– nur zur Durchsetzung einer vertretbaren (auch einem anderen möglichen) Handlung	– bei Uneinbringlichkeit besteht die Möglichkeit der Ersatzzwangshaft	– subsidiär gegenüber Ersatzvornahme und Zwangsgeld

IV. Rechtmäßigkeit der Vollstreckung[761]

520 Aus der Befugnis, einen Verwaltungsakt zu erlassen, ergibt sich noch nicht die Befugnis, diesen auch zu vollstrecken. Als selbständiges belastendes Verwaltungshandeln bedarf auch eine Vollstreckungsmaßnahme einer gesonderten gesetzlichen Ermächtigungsgrundlage.[762] Die Befugnis zur Vollstreckung ergibt sich im Polizeirecht aus § 50 PolG NRW i. V. m. den Vorschriften zu den jeweiligen Zwangsmitteln; für Ordnungsbehörden ist § 55 VwVG NRW einschlägig. Es ist zu unterscheiden zwischen der Vollstreckung im **gestreckten Verfahren** nach § 50 I PolG NRW bzw. § 55 I VwVG NRW und dem **Sofortvollzug** nach § 50 II PolG NRW bzw. § 55 II VwVG NRW. Bei der Vollstreckung handelt es sich um die zwangsweise Durchsetzung von öffentlich-rechtlichen Pflichten durch die Behörde.

1. Vollstreckung im gestreckten Verfahren

521 Im Rahmen des gestreckten Verfahrens ist nach § 50 I PolG NRW bzw. § 55 I VwVG NRW die Durchsetzung eines Verwaltungsaktes zulässig, wenn dieser unanfechtbar ist oder wenn ein Rechtsmittel keine aufschiebende Wirkung hat. Das Verfahren ist hier grundsätzlich dreistufig.[763] Nach § 56 I PolG NRW bzw. § 63 I VwVG NRW sind die Zwangsmittel zunächst **anzudrohen**. Als zweiter Schritt hat i. d. R. die **Festsetzung** des Zwangsmittels zu erfolgen. Festsetzung ist die verbindliche Erklärung der Behörde, dass die Androhung des Zwangsmittels erfolglos geblieben und die Anwendung des Zwangsmittels nunmehr zulässig ist.[764] Als letztes erfolgt die **Anwendung** des jeweiligen Zwangsmittels.

522 Die gutachterliche Prüfung von Vollstreckungshandlungen kann unterschiedlich dargestellt werden.[765] Zur Prüfung der Rechtmäßigkeit einer Voll-

---

[761] Vgl. hierzu auch Übersicht 9 im Anhang.
[762] *Würtenberger*, in: Achterberg/Püttner, BesVerwR, Rn. 321.
[763] *Würtenberger*, in: Achterberg/Püttner, BesVerwR, Rn. 330 ff.; *Drews/Wacke/Vogel/Martens*, Gefahrenabwehr, S. 527.
[764] *Gusy*, Rn. 453 m. w. N.
[765] Vgl. z. B. die unterschiedliche Prüfungsreihenfolge bei *Pielow*, Jura 1991, 482 ff., *Gornig/Jahn*, Sicherheits- und Polizeirecht, S. 279 ff. und *Brühl*, JuS 1997, 926 (927).

IV. Rechtmäßigkeit der Vollstreckung

streckung im gestreckten Verfahren wird folgende **Prüfungsreihenfolge** vorgeschlagen:

a) Ermächtigungsgrundlage

Da es sich bei Vollstreckungsmaßnahmen um belastendes staatliches Verhalten handelt, ist eine Ermächtigungsgrundlage erforderlich. Hier sind § 50 I PolG NRW bzw. § 55 I VwVG NRW und die Vorschriften über das jeweils einschlägige Zwangsmittel zu nennen. 523

b) Formelle Rechtmäßigkeit

Im Rahmen der formellen Rechtmäßigkeit ist vor allem die **Zuständigkeit** der Behörde zu prüfen. Da das PolG NRW im Abschnitt über den Verwaltungszwang keine Zuständigkeitsregelungen enthält, sind hier die allgemeinen Zuständigkeitsvorschriften zu beachten. Bei der Vollstreckung durch eine Ordnungsbehörde ist nach § 56 I VwVG NRW grundsätzlich die Behörde Vollzugsbehörde, die auch den zu vollziehenden Verwaltungsakt erlassen hat. 524

c) Materielle Rechtmäßigkeit

Im Rahmen der materiellen Rechtmäßigkeit stellt sich die Frage, ob die Vollstreckung inhaltlich mit den gesetzlichen Vorgaben zu vereinbaren ist. Hierbei ist zunächst zu prüfen, ob eine Vollstreckung im gestreckten Verfahren überhaupt zulässig ist. Anschließend stellt sich die Frage, ob die Vollstreckung in ordnungsgemäßer Art und Weise stattgefunden hat. 525

aa) Zulässigkeit der Vollstreckung

§ 50 PolG NRW und § 55 VwVG NRW regeln laut amtlicher Überschrift die Zulässigkeit des Verwaltungszwangs. Nach § 50 I PolG NRW bzw. § 55 I VwVG NRW kann ein Verwaltungsakt, der auf die Vornahme einer Handlung oder auf Duldung oder Unterlassung gerichtet ist, mit Zwangsmitteln durchgesetzt werden, wenn er unanfechtbar ist oder ein Rechtsmittel keine aufschiebende Wirkung hat. 526

(1) Materiell vollstreckbarer, wirksamer Verwaltungsakt

Nur befehlende Verwaltungsakte sind materiell vollstreckbar.[766] Erforderlich ist nach dem ausdrücklichen Wortlaut des Gesetzes ein Verwaltungsakt, der auf die Vornahme einer Handlung, auf Duldung oder Unterlassung gerichtet ist. Jedoch muss der Verwaltungsakt rechtlich auch beachtlich, d.h. wirksam (§ 43 III VwVfG) sein. Ein nichtiger Verwaltungsakt kann nicht „durchgesetzt" werden.[767] 527

---
[766] Siehe oben Rn. 503.
[767] Vgl. *Möller/Wilhelm*, 4. Abschnitt 5.4.1.2.

(2) Unanfechtbarkeit/kein Suspensiveffekt eines Rechtsmittels

528 Der Verwaltungsakt darf nur vollstreckt werden, wenn er unanfechtbar ist oder ein Rechtsmittel keine aufschiebende Wirkung hat. **Unanfechtbar** ist ein Verwaltungsakt mit Eintritt der formellen Bestandskraft. Diese tritt ein, wenn innerhalb der Rechtsbehelfsfrist kein Rechtsbehelf eingelegt worden ist oder wenn über einen eingelegten Rechtsbehelf rechtskräftig ablehnend entschieden worden ist.[768] Ist der Verwaltungsakt noch anfechtbar, so ist nur dann eine Vollstreckung zulässig, wenn ein Rechtsmittel gegen den Verwaltungsakt keine aufschiebende Wirkung hat – sog. **Suspensiveffekt**. Die grundsätzlich aufschiebende Wirkung von Widerspruch oder Anfechtungsklage ist durch § 80 II VwGO beschränkt. Im Polizei- und Ordnungsrecht sind vor allem § 80 II 1 Nr. 2 und Nr. 4 VwGO von Bedeutung.

529 Nach § 80 II 1 **Nr. 2** VwGO entfällt der Suspensiveffekt bei unaufschiebbaren Anordnungen und Maßnahmen von Polizeivollzugsbeamten. Polizeivollzugsbeamte im Sinne dieser Vorschrift sind solche der Kriminal-, Verkehrs-, Wasserschutz-, Bereitschafts- oder Grenzpolizei (also der Polizei im institutionellen Sinne).[769] Anordnungen und Maßnahmen der Ordnungsbehörden werden von dieser Vorschrift nicht erfasst.[770] Anordnungen der Straßenverkehrsbehörde durch Verkehrszeichen und Verkehrseinrichtungen sind funktionsgleich mit verkehrsregelnden Einzelanweisungen der Vollzugspolizei. Auf sie wird daher § 80 II 1 Nr. 2 VwGO analog angewendet.[771]

530 Der Suspensiveffekt entfällt auch, wenn die Behörde nach § 80 II 1 **Nr. 4** VwGO die sofortige Vollziehung des Verwaltungsaktes anordnet. Dies ist vor allem bei Verwaltungsakten von Ordnungsbehörden bedeutsam.[772] Die sofortige Vollziehung muss im öffentlichen Interesse oder im überwiegenden Interesse eines Beteiligten liegen. Ein einfaches Vollzugsinteresse ist im Rahmen der Gefahrenabwehr dafür nicht ausreichend. Vielmehr muss das Interesse an der sofortigen Vollziehung über die Notwendigkeit des Erlasses von Gefahrenabwehrmaßnahmen hinausgehen. Voraussetzung der Rechtmäßigkeit der Anordnung ist, dass die Behörde das besondere Interesse an der sofortigen Vollziehung des Verwaltungsaktes grundsätzlich schriftlich begründet (§ 80 III VwGO). Einer solchen Begründung bedarf es nur dann nicht, wenn Gefahr im Verzug vorliegt.

(3) Rechtmäßigkeit des durchzusetzenden Verwaltungsaktes

531 Auf die Rechtmäßigkeit des durchzusetzenden Verwaltungsaktes kommt es nach dem Wortlaut von § 50 I PolG NRW bzw. § 55 I VwVG NRW nicht an. Ob die Rechtmäßigkeit dennoch Voraussetzung für die Zulässigkeit von

---

[768] *Möller/Wilhelm*, 4. Abschnitt 5.4.1.2.
[769] Siehe oben Rn. 27 f.
[770] *Erichsen*, Jura 1984, 414 (419 f.).
[771] *Würtenberger*, in: Achterberg/Püttner, BesVerwR, Rn. 326; *Erichsen*, Jura 1984, 414 (420); *BVerwG*, NJW 1978, 656.
[772] *Möller/Wilhelm*, 4. Abschnitt 5.4.1.2.

IV. Rechtmäßigkeit der Vollstreckung

Zwangsmaßnahmen ist, ist umstritten. Nach **einer Auffassung** kommt es nie auf die Rechtmäßigkeit des durchzusetzenden Verwaltungsaktes an.[773] Begründet wird dies mit dem Wortlaut von § 50 I PolG NRW bzw. § 55 I VwVG NRW. Nach **anderer Auffassung** ist bei Vollstreckungsmaßnahmen der Polizei immer ein rechtmäßiger Grundverwaltungsakt erforderlich, weil ansonsten das Unrecht aus dem Verwaltungsakt durch seine Vollstreckung „vertieft" würde.[774] Eine **dritte Auffassung** stellt solange auf die Rechtmäßigkeit des Verwaltungsaktes ab, wie dieser noch anfechtbar ist. Wenn der Vollstreckungsschuldner die Rechtmäßigkeit des Verwaltungsaktes in diesen Fällen noch (durch einen Rechtsbehelf) bestreiten könne, dürfe dieser nicht ohne weiteres vollstreckt werden; vielmehr bestehe ein „Rechtswidrigkeitszusammenhang" zwischen der Grundverfügung und deren Durchsetzung.[775]

Hinweis zur Fallbearbeitung: 532
Zur Klärung, ob die verschiedenen Auffassungen im konkreten Fall zu unterschiedlichen Ergebnissen kommen, ist grundsätzlich die Rechtmäßigkeit des durchzusetzenden Verwaltungsaktes zu prüfen.

bb) Ordnungsgemäße Art und Weise der Vollstreckung

Ist die Vollstreckung nach § 50 I PolG NRW bzw. § 55 I VwVG NRW 533 zulässig, so stellt sich noch die Frage, ob sie in ordnungsgemäßer Art und Weise stattgefunden hat. Hierbei ist zunächst zu prüfen, ob das **richtige Zwangsmittel** angewendet wurde. Unzulässig ist beispielsweise unmittelbarer Zwang zur Durchsetzung einer Erklärung (§ 55 II PolG NRW und § 62 II VwVG NRW). Als Nächstes stellt sich die Frage, ob eine **Androhung** und eine **Festsetzung** des Zwangsmittels erforderlich sind und – soweit erforderlich – ob die Behörde das Zwangsmittel rechtmäßig angedroht und festgesetzt hat. Zuletzt ist zu prüfen, ob die **Anwendung** des Zwangsmittels rechtmäßig erfolgt ist. Sind an die Anwendung des Zwangsmittels besondere Tatbestandsvoraussetzungen geknüpft, so stellt sich die Frage, ob diese vorliegen (z. B. „Fluchtgefahr" bei der Fesselung von Personen nach § 62 S. 1 Nr. 2 PolG NRW). Des Weiteren ist darauf einzugehen, ob sich die Maßnahme gegen den **richtigen Adressaten** wendet. Da die Anwendung von Zwangsmitteln im **Ermessen** der Behörde steht (vgl. § 50 I PolG NRW und § 55 I VwVG NRW: „kann mit Zwangsmitteln durchgesetzt werden"), ist auch auf Ermessensfehler zu achten. In jedem Falle sollte

---

[773] *OVG Lüneburg,* NVwZ 1984, 323; *von Arnauld,* Jura 2003, 53, 57; *Pietzner,* Verwaltungsarchiv Bd. 84 (1993), 261 (268); *Schenke,* in: Steiner, BesVerwR, Rn. 283; *Schenke/Baumeister,* NVwZ 1993, 1.
[774] *Knemeyer,* Rn. 358.
[775] *Würtenberger,* in: Achterberg/Püttner, BesVerwR, Rn. 328; *Möller/Wilhelm,* 4. Abschnitt 5.4.1.2; *Götz,* § 13 Rn. 4, 8.

die **Verhältnismäßigkeit** der Anwendung des Zwangsmittels überprüft werden.

534 | Übersicht 9 stellt die Überprüfung der Rechtmäßigkeit von Vollstreckungsmaßnahmen im gestreckten Verfahren dar.

2. Vollstreckung im Sofortvollzug

535 Wie erörtert ist die Vollstreckung im sog. gestreckten Verfahren nur zulässig, wenn zuvor der durchzusetzende Verwaltungsakt erlassen wurde. Es kann aber auch vorkommen, dass noch kein Verwaltungsakt besteht bzw. aufgrund Zeitmangels nicht erlassen wurde und/oder die ggf. notwendige Androhung und Festsetzung fehlen. Dann kann nach § 50 II PolG NRW bzw. § 55 II VwVG NRW **Verwaltungszwang auch ohne vorausgehenden Verwaltungsakt** angewendet werden, wenn dies zur Abwehr einer gegenwärtigen Gefahr notwendig ist. Man spricht von der Vollstreckung durch Sofortvollzug.[776] Androhung und Festsetzung des Zwangsmittels sind im Sofortvollzug entbehrlich.[777]

536 Die Tatsache, dass bereits eine **Grundverfügung** vorliegt, bedeutet nicht, dass die Behörde gezwungen ist, diese nur im Rahmen des gestreckten Vollstreckungsverfahrens (dann ggf. mit Androhung und Festsetzung) durchzusetzen. Vielmehr kann auch ein schon bestehender Verwaltungsakt nach § 50 II PolG NRW bzw. § 55 II VwVG NRW sofort vollzogen werden. Denn wenn der sofortige Vollzug schon ohne Existenz einer Grundverfügung zulässig ist, so muss er erst recht zulässig sein, wenn eine Grundverfügung bereits ergangen ist.[778] Es wäre sinnwidrig, die Befugnis der Behörde zu beschleunigtem Handeln auszuschließen, weil diese bereits eine Verfügung erlassen hat.[779] Das bloße Vorhandensein eines durchzusetzenden Verwaltungsaktes steht daher der Zwangsmittelanwendung im sofortigen Vollzug nicht entgegen.[780]

537 In der Grundstruktur ist die Rechtmäßigkeit der Vollstreckung im Sofortvollzug ähnlich zu prüfen wie die Rechtmäßigkeit der Vollstreckung im gestreckten Verfahren. Es wird folgende Prüfungsreihenfolge vorgeschlagen:

---

[776] *Gusy*, Rn. 454; *Schenke*, in: Steiner, BesVerwR, Rn. 304; *Möller/Wilhelm*, 4. Abschnitt 5.4.2.
[777] *Gusy*, Rn. 454.
[778] Natürlich müssen auch in diesem Fall alle in § 50 II PolG NRW bzw. § 55 II VwVG NRW genannten Voraussetzungen vorliegen (d. h. der sofortige Vollzug muss zur Abwehr einer gegenwärtigen Gefahr notwendig sein und die Behörde muss innerhalb ihrer Befugnisse handeln).
[779] *Erichsen/Rauschenberg*, Jura 1998, 31 (41).
[780] *Schmitt-Kammler*, NWVBl. 1989, 389 (396); *Möller/Wilhelm*, 4. Abschnitt 5.4.2.1.

IV. Rechtmäßigkeit der Vollstreckung 161

a) Ermächtigungsgrundlage

Natürlich ist auch bei der Vollstreckung im Sofortvollzug eine Ermächtigungsgrundlage erforderlich. Hier sind § 50 II PolG NRW bzw. § 55 II VwVG NRW und die Vorschriften über das jeweils einschlägige Zwangsmittel zu nennen. **538**

b) Formelle Rechtmäßigkeit

Im Rahmen der formellen Rechtmäßigkeit ist wiederum auf die **Zuständigkeit** der Behörde einzugehen. Bei der Vollstreckung durch Polizeibeamte sind die allgemeinen Zuständigkeitsvorschriften zu beachten. Bei der Vollstreckung durch eine Ordnungsbehörde kann es mangels Grundverfügung nicht darauf ankommen, welche Behörde den zu vollstreckenden Verwaltungsakt erlassen hat (vgl. § 56 I VwVG NRW). Vielmehr ist § 56 I VwVG NRW so auszulegen, dass für den Sofortvollzug die Behörde zuständig ist, die eine entsprechende Grundverfügung nach ihrer Aufgabenzuweisung erlassen dürfte. **539**

c) Materielle Rechtmäßigkeit

Im Rahmen der materiellen Rechtmäßigkeit ist – wie bei der Vollstreckung im gestreckten Verfahren – zunächst zu prüfen, ob eine Vollstreckung überhaupt zulässig ist. Anschließend stellt sich die Frage, ob die Vollstreckung in ordnungsgemäßer Art und Weise stattgefunden hat. **540**

aa) Zulässigkeit der Vollstreckung durch Sofortvollzug

Nach § 50 II PolG NRW bzw. § 55 II VwVG NRW kann Verwaltungszwang ohne vorausgehenden Verwaltungsakt angewendet werden, wenn dies zur Abwehr einer gegenwärtigen Gefahr notwendig ist und die Vollzugsbehörde hierbei innerhalb ihrer Befugnisse handelt. Das Gesetz macht die Zulässigkeit des Sofortvollzuges also von drei Voraussetzungen abhängig. Es empfiehlt sich, zunächst zu prüfen, ob die Behörde innerhalb ihrer Befugnisse handelt.[781] **541**

(1) Handeln innerhalb der Befugnisse

Die Behörde handelt beim Sofortvollzug innerhalb ihrer Befugnisse, wenn sie berechtigt wäre, gegen den Betroffenen einen Verwaltungsakt mit dem Inhalt zu erlassen, den sie im Rahmen des Sofortvollzuges vollstreckt.[782] Das, was die Behörde mit Zwang und ohne vorausgehenden Verwaltungsakt durchsetzt, müsste sie vom Betroffenen auch durch einfachen Verwaltungsakt verlangen dürfen. Man spricht hierbei von der „Rechtmäßigkeit einer **542**

---

[781] Ebenso *Möller/Wilhelm*, 4. Abschnitt 5.4.2.3.
[782] *Gusy*, Rn. 441.

hypothetischen Grundverfügung".[783] An dieser Stelle ist also zu prüfen, ob ein Verwaltungsakt rechtmäßig wäre, der das von dem Betroffenen verlangt, was zwangsweise durchgesetzt wird. Die hypothetische Grundverfügung muss also auf einer Ermächtigungsgrundlage beruhen, die die Behörde sowohl formell als auch materiell berechtigt, das durchgesetzte Verhalten zu fordern.

(2) Vorliegen einer gegenwärtigen Gefahr

543 Ein Sofortvollzug setzt nach § 50 II PolG NRW bzw. § 55 II VwVG NRW weiter das Vorliegen einer gegenwärtigen Gefahr voraus. Eine „einfache" konkrete Gefahr im Sinne der Generalklausel reicht also nicht aus. Vielmehr muss die Gefahr in zeitlicher Hinsicht derart gesteigert sein, dass es sich um eine gegenwärtige Gefahr handelt. Eine Gefahr ist gegenwärtig, wenn die Einwirkung des schädigenden Ereignisses begonnen hat oder unmittelbar bzw. in allernächster Zeit mit einer an Sicherheit grenzenden Wahrscheinlichkeit bevorsteht, so dass sofortiges Einschreiten geboten ist.[784]

(3) Notwendigkeit des sofortigen Vollzuges

544 Zuletzt ist erforderlich, dass der sofortige Vollzug zur Abwendung der gegenwärtigen Gefahr „notwendig" ist. Das bloße Vorliegen einer Gefahr genügt nicht, wenn diese auch im gestreckten Verfahren rechtzeitig beseitigt werden könnte.[785] Vielmehr ist Voraussetzung, dass ein sofortiger Vollzug erforderlich ist, weil der Zweck der Maßnahme im gestreckten Verfahren selbst bei größtmöglicher Beschleunigung nicht zu erreichen wäre.[786]

bb) Ordnungsgemäße Art und Weise der Vollstreckung

545 Ist die Vollstreckung nach § 50 II PolG NRW bzw. § 55 II VwVG NRW zulässig, so stellt sich noch die Frage, ob sie in ordnungsgemäßer Art und Weise stattgefunden hat. Wie bei der Vollstreckung im gestreckten Verfahren ist hier wieder zu prüfen, ob das **richtige Zwangsmittel** angewendet wurde. Des Weiteren ist aufzuzeigen, dass **Androhung und Festsetzung** des Zwangsmittels entbehrlich sind (vgl. z. B. § 56 I 3 PolG NRW oder § 63 I 3 VwVG NRW und § 64 S. 2 VwVG NRW). Zuletzt ist wiederum zu prüfen, ob die **Anwendung** des Zwangsmittels rechtmäßig erfolgt ist (besondere Tatbestandsvoraussetzungen, richtiger Adressat, Ermessensfehler, Verhältnismäßigkeit usw.).[787]

546 Übersicht 9 stellt die Überprüfung der Rechtmäßigkeit von Vollstreckungsmaßnahmen im Sofortvollzug dar.

---

[783] Vgl. *Möller/Wilhelm*, 4. Abschnitt 5.4.2.2; *Gusy*, Rn. 441.
[784] Vgl. oben Rn. 270.
[785] *Gusy*, Rn. 439.
[786] *Möller/Wilhelm*, 4. Abschnitt 5.4.2.2.
[787] Siehe bereits oben Rn. 533.

V. Besondere Rechtmäßigkeitsanforderungen

In Einzelfällen können sich noch besondere Rechtmäßigkeitsanforderungen ergeben, auf die nur einzugehen ist, wenn sie problematisch sind. So ist beispielsweise bei der **Vollstreckung gegen Behörden und juristische Personen des öffentlichen Rechts** im Rahmen der Zulässigkeit der Vollstreckung auf § 76 VwVG NRW einzugehen. Hiernach sind Zwangsmittel gegen Behörden und juristische Personen des öffentlichen Rechts grundsätzlich unzulässig. Im PolG NRW existiert keine entsprechende Vorschrift, jedoch ist auch bei der Vollstreckung nach dem Polizeigesetz § 76 VwVG NRW zu beachten. Denn im PolG NRW existieren zwar eigene Vollstreckungsvorschriften; es ist jedoch nicht davon auszugehen, dass der Gesetzgeber durch die Niederlegung polizeilicher Vollstreckungsvorschriften einen Rückgriff auf § 76 VwVG NRW ausschließen wollte.[788]

547

VI. Rechtsschutz gegen Vollstreckungsmaßnahmen

Für Streitigkeiten über die Rechtmäßigkeit der Verwaltungsvollstreckung ist nach § 40 I 1 VwGO grundsätzlich der Verwaltungsrechtsweg eröffnet.[789] Bei der Frage des statthaften Rechtsbehelfes ist von entscheidender Bedeutung, ob es sich bei der fraglichen Maßnahme um einen Verwaltungsakt handelt oder nicht. Die **Androhung** und die **Festsetzung** von Zwangsmitteln werden als **Verwaltungsakt** angesehen.[790] Bei der Anwendung eines Zwangsmittels ist die Einordnung umstritten. Teilweise wird angenommen, auch die Anwendung eines Zwangsmittels sei ein Verwaltungsakt.[791] Überwiegend wird jedoch die **Anwendung** unmittelbaren Zwangs und die Ersatzvornahme als **Verwaltungsrealakt** gesehen.[792]

548

Soweit ein Verwaltungsakt vorliegt, kann der Bürger mit Widerspruch, Anfechtungsklage bzw. Fortsetzungsfeststellungsklage hiergegen vorgehen. Allerdings ist zu beachten, dass Widerspruch und Anfechtungsklage gegen Vollstreckungsmaßnahmen in Nordrhein-Westfalen nach §§ 80 II Satz 1 Nr. 3 VwGO bzw. § 80 II 2 VwGO i.V.m. § 8 AG VwGO NRW bzw. seit dem 1.1. 20111 § 112 S. 1 JustG NRW) keine aufschiebende Wirkung

549–560

---
[788] Vgl. *OVG NRW*, DVBl. 1986, 784.
[789] *Knemeyer*, Rn. 364.
[790] *Möller/Wilhelm*, 4. Abschnitt 5.4.1.3 und 5.4.1.4.; *OVG Koblenz*, NVwZ 1994, 715.
[791] *Drews/Wacke/Vogel/Martens*, Gefahrenabwehr, S. 530; auch *BVerwGE* 26, 162 (164 f.) („Verwaltungsakt, gerichtet auf Duldung").
[792] So z.B. *Gusy*, Rn. 453; *ders.* JA 1990, 296 (302); *Erichsen/Rauschenberg*, Jura 1998, 31 (40); *Brühl*, JuS 1997, 1021 (1023); *Würtenberger*, in: Achterberg/Püttner, BesVerwR, Rn. 334; *Möller/Wilhelm*, 4. Abschnitt 5.4.1.5 m.w.N.; ausführlich hierzu *Pietzner*, Verwaltungsarchiv 84 (1993), 261 (271 ff.).

haben.⁷⁹³ Liegt kein Verwaltungsakt vor, so kommen die übrigen Klagearten (z. B. Leistungsklage, Feststellungsklage, vorbeugende Unterlassungsklage usw.) in Betracht.

---

⁷⁹³ *Erichsen,* Jura 1984, 414 (420).

Kapitel L. Staatshaftung

Literatur: *Drews/Wacke/Vogel/Martens*, Gefahrenabwehr, S. 624 ff.; *Götz*, § 15 Rn. 1 ff.; *Gusy*, Rn. 467 ff.; *Knemeyer*, Rn. 379 ff.; *Maurer*, AllgVerwR, §§ 25–31; *Möller/Wilhelm*, 9. Abschnitt; *Peine*, AllgVerwR, § 17; *Schenke*, in: Steiner, BesVerwR, Rn. 339 ff.; *Schoch*, in: Schmidt-Aßmann/Schoch, BesVerwR, 2. Kapitel Rn. 298 ff.; *ders.*, JuS 1995, 307; *ders.*, Entschädigung bei Inanspruchnahme wegen Verdachts- oder Anscheinsgefahr – BGHZ 117, 303, JuS 1993, 724; *ders.*, Der Folgenbeseitigungsanspruch, Jura 1993, 478; *Scholler/Schloer*, Grundzüge des Polizei- und Ordnungsrechts, S. 355 ff.; *Würtenberger*, in: Achterberg/Püttner, BesVerwR, Rn. 361 ff.
Rechtsprechung: *BGH*, DVBl. 1992, 1158 (Entschädigung bei Gefahrenverdacht); *BGH*, NJW 1994, 2355 (Unterschiedliche Beurteilung des Anscheinsstörers auf „Primär-" und „Sekundärebene"); *BGH*, NJW 1995, 2918 (Risikozuweisungen bei Wiedereinweisung zur Vermeidung von Obdachlosigkeit); *BGH*, NJW 1996, 315 (Ersatzanspruch des Notstandspflichtigen); *OVG NRW*, NWVBL 1993, 351 (Unterschiedliche Beurteilung des Anscheinsstörers auf „Primär-" und „Sekundärebene").

I. Einführung

Die Inanspruchnahme des Bürgers durch Polizei- oder Ordnungsbehörden kann zu Eingriffen in dessen Rechtsgüter führen. Sofern diese Eingriffe Schäden bewirken, kommt das Staatshaftungsrecht zum Zuge, das Entschädigungs- und Schadensersatzansprüche regelt. Zunächst ist ebenso wie bei der Suche nach Ermächtigungsgrundlagen immer zu prüfen, ob spezialgesetzlich normierte Entschädigungsregeln eingreifen. Ist das nicht der Fall, kann auf das allgemeine Staatshaftungsrecht sowie auf die allgemeinen Vorschriften des Polizei- und Ordnungsrechts zurückgegriffen werden.[794] Um die Systematik und die landesrechtlichen Besonderheiten der Entschädigungs- und Ersatzregelungen zu verdeutlichen, werden in den Teilabschnitten zunächst das allgemeine staatliche Recht der Ersatzleistungen und dem folgend die besonderen Vorschriften in Nordrhein-Westfalen dargestellt.

561

II. Ansprüche bei rechtswidrigen Maßnahmen

Entschädigungsansprüche einer Person kommen in Betracht, wenn dieser durch eine behördliche rechtswidrige Maßnahme ein Schaden entstanden ist.[795] Hierbei ist zu differenzieren nach **verschuldensunabhängiger** und **verschuldensabhängiger** Haftung der Behörde.

562

---

[794] Zu einigen exemplarisch aufgeführten Spezialgesetzen vgl. *Möller/Wilhelm*, 9. Abschnitt 1.1.
[795] *Schenke*, in: Steiner, BesVerwR, Rn. 343.

1. Verschuldensunabhängige Staatshaftung

563 Sofern das Rechtsgut eines Betroffenen durch behördliche Maßnahmen beeinträchtigt wird, kann diesem unter Verzicht auf behördliches Verschulden Entschädigung gewährt werden.

a) Allgemeines staatliches Recht der Ersatzleistungen

564 Auf der Ebene des allgemeinen Staatshaftungsrechts kommen der enteignungsgleiche Eingriff für die rechtswidrige Beeinträchtigung des Eigentums sowie der Aufopferungsanspruch für die Beeinträchtigung nicht-vermögenswerter Rechte als Anspruchsgrundlagen in Betracht.

aa) Institut des enteignungsgleichen Eingriffs

565 Unter einem enteignungsgleichen Eingriff versteht man eine **rechtswidrige, hoheitliche Maßnahme**, die unmittelbar eine Eigentumsposition des Betroffenen beeinträchtigt.[796]

(1) Herleitung und Begriff

566 Wurde der enteignungsgleiche Eingriff früher unter den weiten Begriff der „Enteignung" gefasst, wird er heute als Ersatzanspruch für entzogene Eigentumspositionen betrachtet. Die hoheitliche Maßnahme kann dabei sowohl in Gestalt eines Verwaltungsaktes als auch in Gestalt eines Realaktes in eine durch Art. 14 I GG geschützte Eigentumsposition eingreifen. Wesentliches Merkmal der das Eigentum beeinträchtigenden Maßnahme ist ihre Rechtswidrigkeit. Abzustellen ist insoweit auf den Erfolg der behördlichen Maßnahme, wobei die Rechtswidrigkeit jedoch in der Regel durch die Eingriffshandlung indiziert wird.[797] Gerade in der Rechtswidrigkeit der Maßnahme liegt eine besondere, nicht zuzumutende Belastung (**Sonderopfer**).[798] Auf ein schuldhaftes Verhalten seitens des handelnden Organs kommt es nicht an.

(2) Voraussetzung und Umfang der Leistung

567 Es reicht aus, dass die tatbestandlichen Voraussetzungen des enteignungsgleichen Eingriffs vorliegen und der Betroffene diesen auch wegen fehlender Rechtsschutzmöglichkeiten dulden muss. Der betroffene Bürger muss jedoch zunächst alles ihm Mögliche tun, um durch Anfechtung des Eingriffsaktes oder Einlegung sonstiger Rechtsmittel den drohenden Schaden an seinen Eigentumspositionen abzuwenden oder zu mildern. Wenn der Anspruch besteht, bestimmt sich der Leistungsumfang nach den allgemeinen Grundsätzen über die Enteignungsentschädigung und muss im Ergebnis

---

[796] *Maurer*, AllgVerwR, § 27 Rn. 88.
[797] *Maurer*, AllgVerwR, § 27 Rn. 94.
[798] *BGHZ* 32, 208 (212); *BGHZ* 58, 124 (127).

zum vollen Ausgleich des Schadens führen.[799] Entschädigungspflichtig ist der Verwaltungsträger, dessen Organ den Eingriff vorgenommen hat und somit verantwortlich ist.[800]

bb) Institut des aufopferungsgleichen Eingriffs

Eine weitere allgemeine staatshaftungsrechtliche Entschädigungsregel ist die Figur des aufopferungsgleichen Eingriffs. Hiernach wird verschuldensunabhängig eine Entschädigung für die **Beeinträchtigung nicht-vermögenswerter Positionen** gewährt.

568

(1) Herleitung und Begriff

Der Aufopferungsgedanke fand bereits in §§ 74, 75 Einl. ALR seinen positiv-rechtlichen Ausdruck. Bei einem Konflikt zwischen Allgemeininteresse und Individualinteresse muss das letztgenannte weichen, der Rechtsverlust jedoch entschädigt werden. Der Aufopferungsanspruch bezieht sich nur auf nicht-vermögenswerte Rechte. Er ist gewohnheitsrechtlich anerkannt und genießt unter Hinblick auf Art. 14 III GG Verfassungsrang.[801]

569

(2) Voraussetzung und Umfang der Leistung

Grundvoraussetzung dieses Anspruchs ist zunächst die Beeinträchtigung einer nicht-vermögenswerten Position durch eine hoheitliche Maßnahme. Geschützte Positionen sind die in Art. 2 II GG genannten Rechtsgüter: das Recht auf Leben, die körperliche Unversehrtheit und die Freiheit der Person. Folge der Beeinträchtigung muss ein Sonderopfer sein. Ein solches liegt vor, wenn der Betroffene im Vergleich zu anderen ungleich und unzumutbar belastet wird und es dadurch zur **Überschreitung der Opfergrenze** kommt.[802] Die nach diesem Institut zu gewährende Entschädigung umfasst nur den **Vermögensschaden,** der durch den Eingriff in die nicht-vermögenswerte Position entstanden ist (z.B.: Arztkosten, Pflegekosten, Verdienstausfall). Ein Ersatz für immaterielle Schäden wie z.B. Schmerzensgeld ist davon nicht umfasst. Ein Mitverschulden des Betroffenen ist ggf. zu berücksichtigen. Entschädigungspflichtig ist der Verwaltungsträger, dessen Organ den Eingriff vorgenommen hat und somit verantwortlich ist.

570

b) Gefahrenabwehrrechtliche Besonderheit: § 39 I lit. b OBG NRW[803]

Einen verschuldensunabhängigen Entschädigungsanspruch in Fällen einer rechtswidrigen Maßnahme gewährt in Nordrhein-Westfalen ausdrücklich § 39 I lit. b OBG NRW.

571

---

[799] Vgl. vertiefend hierzu *Schoch,* Jura 1989, 529 ff.; ders. in Jura 1990, 140 ff.
[800] *Maurer,* AllgVerwR, § 26 Rn. 40 ff.
[801] *Maurer,* AllgVerwR, § 28 Rn. 1.
[802] *Maurer,* AllgVerwR, § 28 Rn. 13 f.
[803] Vgl. hierzu auch Übersicht 11 im Anhang.

aa) Herleitung und Anwendungsbereich

572   In den Bereich der polizeilichen Unrechtshaftung gehören die Fälle, in denen demjenigen[804] ein angemessener Ausgleich zu gewähren ist, der durch eine **rechtswidrige Inanspruchnahme** der Polizei (§ 67 PolG NRW i.V.m. § 39 I lit. b OBG NRW) oder der Ordnungsbehörde (§ 39 I lit. b OBG NRW) einen Schaden erleidet.[805] Diese verschuldensunabhängige Unrechtshaftung wurde aus dem allgemeinen Aufopferungsgedanken entwickelt und ist **lex specialis** zum enteignungsgleichen Eingriff und zum aufopferungsgleichen Eingriff. Die Rechtswidrigkeit des hoheitlichen Handelns stellt dabei bereits eine die Sonderopferlage konstituierende, sachlich nicht gerechtfertigte Ungleichbehandlung gegenüber anderen dar.[806]

bb) Tatbestandliche Haftungsvoraussetzungen

573   Die tatbestandlichen Voraussetzungen des § 39 I lit. b OBG NRW müssen vorliegen, damit ein Ersatzanspruch gewährt werden kann. Nach § 39 I lit. b OBG NRW ist ein Schaden, den jemand durch eine rechtswidrige Maßnahme einer Gefahrenabwehrbehörde erleidet, zu ersetzen.

(1) Handeln einer Gefahrenabwehrbehörde

574   Zunächst muss das Handeln einer Ordnungsbehörde vorliegen. **Ordnungsbehörden** sind die Behörden, die gem. § 1 I OBG NRW die Aufgaben haben, Gefahren für die öffentliche Sicherheit oder Ordnung abzuwehren. Als allgemeine Ordnungsbehörden sind damit die Gemeinden, die Kreise, die kreisfreien Städte und die Bezirksregierungen gemeint. Auch das Handeln der **Sonderordnungsbehörden** fällt hierunter; es handelt sich dabei um Behörden, denen durch Gesetz oder Verordnung auf bestimmten Sachgebieten Aufgaben der Gefahrenabwehr übertragen sind. Für diese gelten gem. § 12 II OBG NRW die Bestimmungen des OBG NRW, soweit Gesetze oder Verordnungen nichts anderes bestimmen. Gem. § 67 PolG NRW findet § 39 I lit. b OBG NRW auch auf Maßnahmen der **Polizeibehörden** im Bereich des PolG NRW entsprechende Anwendung.

(2) Rechtswidrige Maßnahme

575   Die behördliche Maßnahme muss rechtswidrig sein. Unabhängig von der Finalität bzw. einer enteignenden Wirkung muss die Maßnahme als Konkretisierung des enteignungsgleichen Eingriffs unmittelbar die Rechte des Einzelnen beeinträchtigen.[807]

---

[804] Unabhängig von dessen Stellung als Jedermann, Störer, Nichtstörer oder unbeteiligter Dritter.
[805] *Wernsmann*, JuS 2002, 582; *Rachor*, in: Lisken/Denninger, L Rn. 67.
[806] *Rachor*, in: Lisken/Denninger, L Rn. 67.
[807] *Bergmann/Schumacher*, Rn. 1507.

Beispiele:[808]

Als Maßnahmen in diesem Sinne gelten daher erteilte bzw. versagte Baugenehmigungen, Teilungsgenehmigungen, die Inanspruchnahme eines Grundstücks zur Abwehr einer vom Nachbargrundstück drohenden Gefahr, die Abgabe widersprechender Lichtzeichen einer Ampel (sog. „feindliches Grün").

Die Rechtswidrigkeit der Beeinträchtigung ist eine weitere anspruchsbegründende Voraussetzung dieser Vorschrift. Bezugspunkt der Rechtswidrigkeit ist nicht unmittelbar das menschliche Handeln; es kommt nämlich nicht darauf an, dass sich die Person, die für die Behörde gehandelt hat, rechtmäßig oder rechtswidrig verhalten hat. Entscheidend ist allein, dass die getroffene Regelung im Ergebnis sachlich falsch ist und gegen die **objektive Rechtslage** verstößt.[809]

(3) Kausaler Schaden

§ 39 I lit. b OBG NRW knüpft die Entschädigungspflicht an die Rechtswidrigkeit der behördlichen Maßnahme. Die Rechtswidrigkeit der Maßnahme muss kausal für den an den Rechtsgütern des Betroffenen eingetretenen Schaden sein (sog. Pflichtwidrigkeitszusammenhang). Entschädigungsansprüche gem. § 39 I lit. b OBG NRW scheiden folglich aus, wenn sich die handelnde Behörde rechtmäßig verhalten hätte und der eingetretene Schaden dennoch in gleicher Weise entstanden wäre.[810] Zu den Anforderungen an die **Kausalität** gelten die allgemeinen Grundsätze des zivilrechtlichen Deliktsrechts; eine äquivalente Kausalität mit der Folge, auch ganz entfernt liegende Beeinträchtigungen zu entschädigen, reicht somit nicht aus; zugerechnet werden nur adäquat kausale Schäden.[811]

(4) Einwendung des § 39 II OBG NRW

Dem Entschädigungsanspruch können gem. § 39 II lit. a oder lit. b OBG NRW Einwendungen entgegenstehen, wenn der Geschädigte auf andere Weise Ersatz erlangt hat oder durch die Maßnahme seine Person oder sein Vermögen geschützt wurde.

(a) Subsidiarität

Dem Entschädigungsanspruch nach § 39 I OBG NRW kann eine Einwendung gem. § 39 II lit. a OBG NRW entgegenstehen. Nach dieser Vorschrift ist ein Anspruch ausgeschlossen, wenn der Geschädigte **auf andere Weise Ersatz erlangt** hat. Maßgeblich ist, dass nicht lediglich ein Anspruch des Geschädigten besteht, sondern vielmehr, dass der Geschädigte tatsächlich Ersatz erlangt hat, z. B. aufgrund eines Versicherungsvertrages oder eines privatrechtlichen Ersatzanspruches.[812] Es handelt sich insoweit um einen

---
[808] Vgl. die weiteren Beispiele bei *Bergmann/Schumacher*, Rn. 1509 ff.
[809] *BGH* NJW 1993, 2615 ff.
[810] *Bergmann/Schumacher*, Rn. 1526.
[811] Vgl. Rn. 585.
[812] *Tegtmeyer/Vahle*, PolG NRW, § 67 Rn. 7.

subsidiären Anspruch. In diesem Ausschlussgrund zeigt sich der gesetzgeberische Gedanke der Vorteilsanrechnung.

(b) Vorteilsanrechnung

580 Des Weiteren kann die Einwendung gem. § 39 II lit. b OBG NRW geltend gemacht werden. Danach ist ein Anspruch ausgeschlossen, wenn durch die schadensverursachende Maßnahme **die Person oder das Vermögen des Geschädigten geschützt** worden ist. Damit realisiert sich in dieser Vorschrift ebenfalls der Gedanke der Vorteilsanrechnung.[813]

581 Die Anwendung dieser Vorschrift ist in Fällen problematisch, in denen ein Amtswalter ex ante von einer Gefahrenlage ausgeht und sich ex post herausstellt, dass nie eine Gefahr vorgelegen hat. Es stellt sich dann die Frage, ob die Person oder das Vermögen des Geschädigten durch eine Maßnahme „geschützt worden ist".[814] Einerseits lässt sich auf die tatsächlichen Verhältnisse abstellen und – **ex post** – feststellen, das objektiv zu keinem Zeitpunkt eine Gefahr bestand und folglich auch kein Schutz vor einer Gefahr erzielt werden konnte. Damit stünde § 39 II lit. b OBG NRW (mangels tatsächlich erzielten Schutzes vor einer Gefahr) dem Entschädigungsanspruch nach § 39 I OBG NRW nicht entgegen. Andererseits kann wie bereits bei der Auslegung des Gefahrenbegriffes im Sinne der Generalklauseln auch auf die **ex-ante**-Betrachtung abgestellt werden. Bei dieser Sichtweise hätte die handelnde Behörde die Person und das Vermögen geschützt; ein Anspruch nach § 39 II lit. b OBG NRW wäre dann ganz oder teilweise ausgeschlossen.[815] Es muss somit entschieden werden, welche Sichtweise bei der Anwendung des § 39 II lit. b OBG NRW maßgeblich ist.

582 Der Wortlaut der nordrhein-westfälischen Klausel zur Vorteilsanrechnung ist objektiv gefasst. Es kommt nach dem Wortlaut nicht darauf an, dass die Maßnahme den Schutz des Geschädigten bezweckt hat. Vielmehr wird (objektiv) darauf abgestellt, dass der Geschädigte durch die Maßnahme (tatsächlich) „geschützt worden ist". Nach grammatikalischer Interpretation kommt es also bei der Auslegung des § 39 II lit. b OBG NRW nicht auf die Willensrichtung der handelnden Behörde, sondern auf den **objektiven Schutzerfolg** an.

583 Dieses Ergebnis ist auch mit teleologischen Überlegungen zu vereinbaren. Bei den Entschädigungsregelungen des Polizei- und Ordnungsrechts (auf der sog. Sekundärebene der Gefahrenabwehr) geht es, anders als bei den eigentlichen Gefahrenabwehrmaßnahmen (auf der sog. Primärebene), nicht um eine effektive Gefahrenabwehr, sondern um einen gerechten Schadensausgleich.[816]

---

[813] *Gusy*, Rn. 469.
[814] Vgl. hierzu *OLG Stuttgart*, NJW 1992, 1396; vgl. Fall 3 „Bombenstimmung in der Disco".
[815] Die Frage, ob trotz des Wortlautes der Ersatzanspruch nach § 39 IIb OBG NRW auch *anteilig* entfallen kann, wird unterschiedlich beurteilt (vgl. hierzu *Wagner*, PolG NRW, § 45 Rn. 40 f. m. w. N.).
[816] *Schoch*, JuS 1995, 504 (510).

II. Ansprüche bei rechtswidrigen Maßnahmen   171

Auf Sekundärebene ist der Begriff des Nichtstörers objektiv, d. h. aus ex-post-Sicht zu bestimmen. Eine Person ist hiernach zu entschädigen, wenn sie als Störer in Anspruch genommen wurde, obwohl sie tatsächlich keine Gefahr verursacht hat.[817] Im Verhältnis zur Allgemeinheit trägt sie durch die Inanspruchnahme (objektiv) ein Sonderopfer, welches im Rahmen eines gerechten Ausgleichs einen Entschädigungsanspruch rechtfertigt.[818] Von einem Sonderopfer kann aber dann nicht mehr gesprochen werden, wenn eine Person (objektiv) in ihrem eigenen Interesse in Anspruch genommen wird. Hier schließt § 39 II lit. b OBG NRW den Entschädigungsanspruch im Rahmen einer Vorteilsanrechnung[819] aus. Bei der Anwendung des § 39 II lit. b OBG NRW auf die subjektive Rettungsabsicht der Gefahrenabwehrbehörde abzustellen, wäre inkonsequent. Es ist nämlich kein sachlicher Grund dafür ersichtlich, bei den anspruchsbegründenden Voraussetzungen zutreffend auf die objektive Lage abzustellen, bei den Voraussetzungen eines Ausschlusstatbestandes aber eine subjektive Betrachtung zugrunde zu legen.[820] Vielmehr sind die Tatbestandsmerkmale auf der Sekundärebene auch aus teleologischer Sicht einheitlich objektiv anzuwenden.

Nach allem kommt es bei der Anwendung des § 39 II lit. b OBG NRW nicht auf die Schutzabsicht der Gefahrenabwehrbehörde, sondern auf den objektiven Schutzerfolg[821] an. § 39 II lit. b OBG NRW steht dem Ersatzanspruch in den problematischen Fallkonstellationen damit nicht entgegen.

cc) Inhalt und Umfang des Anspruchs

Die Entschädigung ist in Geld zu leisten (§ 40 II 1 OBG NRW). Der Umfang des Anspruchs richtet sich nach § 40 I OBG NRW und gewährt entgegen dem Wortlaut des § 39 I OBG NRW keinen Anspruch auf Schadensersatz, sondern einen Anspruch auf Entschädigung.   584

(1) Unmittelbarer Vermögensschaden

§ 40 I 1 OBG NRW billigt eine Entschädigung nur für Vermögensschäden zu; der Ersatz immaterieller Schäden, wie z. B. der Anspruch auf Schmerzensgeld, ist hiervon nicht umfasst. Gem. § 40 I 2 OBG NRW muss zudem grundsätzlich ein unmittelbarer Zusammenhang zwischen der Maßnahme und dem Vermögensschaden bestehen. Mittelbare Vermögensschäden sind nur entschädigungspflichtig, wenn und soweit dies zur Abwendung unbilliger Härten geboten erscheint. Schäden sind unmittelbar, wenn sie sich **typischerweise** aus der behördlichen Maßnahme ergeben; tritt der Schaden erst aufgrund weiterer Umstände ein, so fehlt es an der Unmittelbarkeit.[822]   585

---
[817] *Schoch*, JuS 1993, 724; BGHZ 117, 303.
[818] *Sailer*, in: Lisken/Denninger, M Rn. 48.
[819] *Gusy*, Rn. 469.
[820] Ähnlich *OLG Köln*, NJW-RR 1996, 860 (861).
[821] *Gusy*, Rn. 469; *OLG Köln*, NJW-RR 1996, 860 (861).
[822] *Möller/Wilhelm*, 9. Abschnitt 4.

(2) Entgangener Gewinn

586 Im Rahmen zu entschädigender Einkommenseinbußen ist der gewöhnliche Verdienst, bei Zugriff auf eine Sache ist das gewöhnliche Nutzungsentgelt zu entschädigen. Ein über den Ausfall des gewöhnlichen Verdienstes oder des Nutzungsentgelts hinausgehender entgangener Gewinn wird gem. § 40 I 2 OBG NRW nur dann entschädigt, wenn dies zur Abwendung unbilliger Härten geboten erscheint.

dd) Mitverschulden

587 Bei der Bemessung der Entschädigung ist ein eventuelles Mitverschulden des Betroffenen gem. § 40 IV OBG NRW zu berücksichtigen. Die Ersatzansprüche des Betroffenen mindern sich, sofern er den Schaden sorgfaltswidrig mitverursacht hat. Der Betroffene ist nicht schutzwürdig, wenn er erkennt oder es sich ihm aufdrängen muss, dass die behördliche Maßnahme geltendes Recht verletzt, „er aber vor dieser Erkenntnis die Augen verschließt".[823]

ee) Aktiv- und Passivlegitimation

588 Aktiv legitimiert ist die Person, die durch die rechtswidrige behördliche Maßnahme einen Schaden erleidet. Schuldner des Entschädigungsanspruchs und damit passiv legitimiert ist gem. § 42 OBG NRW (ggf. i.V.m. § 67 PolG NRW) der Rechtsträger der handelnden Behörde. In Fallkonstellationen, in denen ein Handeln einer Polizeibehörde vorlag, ist dies gem. § 1 POG NRW das Land Nordrhein-Westfalen.[824] Über die Entschädigungsansprüche entscheiden gem. § 43 I OBG NRW grundsätzlich die ordentlichen Gerichte.

ff) Verjährung

589 Der Entschädigungsanspruch verjährt gem. § 41 OBG NRW in drei Jahren von dem Zeitpunkt an, von dem der Geschädigte Kenntnis von dem Schaden und von der zur Entschädigung verpflichtenden Körperschaft erlangt hat, spätestens jedoch 30 Jahre nach Entstehung des Entschädigungsanspruchs.[825]

gg) Konkurrenzen

590 Aufgrund der Stellung des § 39 I lit. b OBG NRW als **lex specialis** scheidet ein Rückgriff auf den enteignungsgleichen Eingriff und den aufopferungsgleichen Eingriff als legi generali aus. Diese allgemeinen Grundsätze sind von vornherein nicht anwendbar.[826] Gem. § 40 V OBG NRW bleiben weitergehende Amtshaftungsansprüche unberührt.

---

[823] *Bergmann/Schumacher*, Rn. 1544.
[824] *Gusy*, Rn. 471.
[825] Zu Einzelheiten der Verjährungsfrist vgl. m.w.N. *Bergmann/Schumacher*, Rn. 1547.
[826] *BGHZ* 72, 273 (276); *OLG Hamm* NJW 1988, 1690; *Bergmann/Schumacher*, Rn. 1551; *Maurer*, AllgVerwR, § 27 Rn. 103.

2. Verschuldensabhängige Staatshaftung

Neben den verschuldensunabhängigen Ansprüchen auf Entschädigung rechtswidriger Maßnahmen, wird auch ein Anspruch auf Ersatz eines Schadens für eine rechtswidrige, schuldhafte behördliche Maßnahme gewährt. **591**

a) Allgemeiner staatshaftungsrechtlicher Amtshaftungsanspruch

Der Amtshaftungsanspruch findet seine Grundlage in § 839 BGB und Art. 34 S. 1 GG. Dabei regeln diese Vorschriften nur die verschuldensabhängige Schadensersatzpflicht im Verhältnis zwischen Staat und Bürger; ein Rückgriff des Staates auf den verantwortlichen Amtswalter ist gem. Art. 34 S. 2 GG bei Vorsatz oder grober Fahrlässigkeit möglich. Voraussetzung für diesen Anspruch ist, dass ein Beamter schuldhaft eine ihm gegenüber einem Dritten obliegende Amtspflicht verletzt hat. **592**

aa) „Jemand" in Ausübung eines öffentlichen Amtes

Als „jemand" i. S. d. Art. 34 GG wird bezeichnet, wer als Beamter im haftungsrechtlichen Sinne gehandelt hat. Der **haftungsrechtliche Beamtenbegriff** bezieht sich auf die funktionelle Position des Beamten, in der er öffentlich-rechtliche Aufgaben wahrnimmt. Er ist zu unterscheiden vom Beamten im beamtenrechtlichen Sinn. Diese Bezeichnung bezieht sich dabei lediglich auf seine statusrechtliche Position im Sinne einer öffentlich-rechtlichen Rechtsstellung auf Grundlage der jeweiligen Beamtengesetze.[827] Als Beamter im funktionellen Sinne kann danach „jemand in Ausübung eines öffentlichen Amtes" in Anspruch genommen werden, unabhängig davon, ob der handelnde Bedienstete Beamter, Angestellter oder Arbeiter war. Zur Ausübung eines öffentlichen Amtes gehört nicht nur das Ausführen von Befehl und Zwang, sondern auch die Gewährung von Schutz und Fürsorge, sofern und soweit diese Gewährung sich nicht privatrechtlicher sondern öffentlich-rechtlicher Formen bedient.[828] Die schadensverursachende Handlung muss „in Ausübung" eines öffentlichen Amtes erfolgt sein. Das ist dann nicht mehr der Fall, wenn die Handlung nicht mehr in einem inneren und äußeren Zusammenhang mit der Amtsausübung steht; die Handlung darf also nicht nur „bei Gelegenheit" erfolgen.[829] **593**

bb) Verletzung einer drittschützenden Amtspflicht

Der Amtswalter muss eine Amtspflicht verletzt haben. Eine Amtspflichtverletzung liegt vor, wenn der Amtswalter die sich aus seinem amtlichen Verhältnis zum Staat ergebenden Pflichten verletzt.[830] Das ist insbesondere **594**

---

[827] *Maurer*, AllgVerwR, § 26 Rn. 14; *Drews/Wacke/Vogel/Martens*, Gefahrenabwehr, S. 628.
[828] *Drews/Wacke/Vogel/Martens*, Gefahrenabwehr, S. 629.
[829] *Maurer*, AllgVerwR, § 26 Rn. 15; *Drews/Wacke/Vogel/Martens*, Gefahrenabwehr, S. 629 f.
[830] *Maurer*, AllgVerwR, § 26 Rn. 16.

immer dann der Fall, wenn bei der Ausübung eines öffentlichen Amtes eine unerlaubte Handlung gem. §§ 823 und 826 BGB begangen wird, ferner wenn die Amtshandlung im Widerspruch zu den §§ 138 oder 242 BGB steht.[831]

595 Die Amtspflicht muss „drittschützend" gewesen sein, um eine Schadensersatzpflicht auslösen zu können. Der haftungsbegrenzende, drittschützende Charakter einer Amtspflicht ist dann gegeben, wenn die verletzte **Amtspflicht gegenüber dem Geschädigten** bestand und dessen Schutz bezweckte. Maßgeblich für die Beurteilung, ob eine Amtspflicht Drittschutzcharakter hat, ist, ob und inwieweit der Schutz von Interessen des Betroffenen bezweckt ist.[832]

cc) Verschulden

596 Bei der Amtshaftung handelt es sich um eine Verschuldenshaftung; diese setzt ein **vorsätzliches oder fahrlässiges Verhalten** eines Amtswalters voraus. Die Fahrlässigkeit bestimmt sich nach dem objektiven Fahrlässigkeitsmaßstab des § 276 II BGB. Bei der Fahrlässigkeitsbeurteilung ist somit als Maßstab auf die für die Amtsführung im jeweiligen Amt erforderlichen, durchschnittlichen Kenntnisse und Fähigkeiten eines pflichtgemäß handelnden Amtswalters abzustellen.[833] Dieser handelt fahrlässig, wenn er bei Beobachtung der erforderlichen Sorgfalt hätte voraussehen müssen, dass er seiner Amtspflicht zuwiderhandelt.[834]

dd) Kausaler Schaden

597 Die Amtspflichtverletzung muss für den eingetretenen Schaden ursächlich geworden sein.

ee) Keine Einwendungen

598 Sofern der Verletzte es schuldhaft unterlassen hat, den Schaden durch **Gebrauch eines Rechtsmittels** abzuwenden, tritt die Ersatzpflicht gem. § 839 III BGB nicht ein. Darüber hinaus besteht ein Schadensersatzanspruch gem. § 839 I 2 BGB bei fahrlässigen Amtspflichtverletzungen nicht, wenn der Verletzte auf andere Weise Ersatz zu erlangen vermag (sog. **Verweisungsprivileg**).[835] Nach § 839 II BGB ist der Anspruch bei Amtspflichtverletzungen durch Organe der Rechtsprechung auf Fälle begrenzt, in denen vorsätzliche Rechtsbeugung oder vorsätzliche Richterbestechlichkeit (z.B. §§ 339, 332 II StGB) vorliegt.[836]

---

[831] *Drews/Wacke/Vogel/Martens*, Gefahrenabwehr, S. 631.
[832] *Maurer*, AllgVerwR, § 26 Rn. 19.
[833] *Maurer*, AllgVerwR, § 26 Rn. 24; *Drews/Wacke/Vogel/Martens*, Gefahrenabwehr, S. 635.
[834] *Sprau*, in: Palandt, BGB, 69. Aufl., München 2010, § 839 Rn. 52.
[835] *Rachor*, in: Lisken/Denninger, L Rn. 94.
[836] Zum Richterprivileg vgl. *Maurer*, AllgVerwR, § 26 Rn. 49.

ff) Rechtsfolge

Die Rechtsfolge des Amtshaftungsanspruches ist auf Ersatz des Schadens gerichtet. Der Umfang des Schadensersatzes bestimmt sich nach den §§ 249 ff. BGB. Der Schadensersatzanspruch richtet sich nicht auf Naturalrestitution, sondern nur auf **Geldersatz**.[837]

599

b) Besonderheiten des Gefahrenabwehrrechts in Nordrhein-Westfalen

Besondere Entschädigungs- oder Ersatzregelungen, die als anspruchsbegründendes Tatbestandsmerkmal ein Verschulden voraussetzen, sind im OBG NRW und im PolG NRW **nicht normiert**.

600

III. Ansprüche bei rechtmäßigen Maßnahmen

Grundsätzlich ist einem rechtmäßig durch die Polizei oder Ordnungsbehörde herangezogenen Störer kein Ersatz für den diesem durch die Inanspruchnahme entstandenen Schaden zu gewähren. Die Inanspruchnahme ist im Hinblick auf Art. 14 GG unproblematisch, da der Verpflichtete lediglich in die von vornherein bestehenden **Schranken seines Eigentums** zurückverwiesen bzw. seine **Sozialpflichtigkeit** konkretisiert wird.[838]

601

1. Allgemeines staatshaftungsrechtliches Institut des enteignenden Eingriffs

Als allgemeiner staatshaftungsrechtlicher Anspruch bei rechtmäßigen beeinträchtigenden Maßnahmen ist der enteignende Eingriff zu nennen.[839]

602

a) Herleitung und Begriff

Dieses Institut ist an die zivilrechtliche Regelung des § 906 BGB angelehnt.[840] Es regelt Beeinträchtigungen des Eigentums durch meist atypische, unvorhergesehene Nebenfolgen eines ansonsten rechtmäßigen Verwaltungshandelns. Die Beeinträchtigung überschreitet die enteignungsrechtliche Opfergrenze und ist daher zu entschädigen.[841]

603

---

[837] *Sprau*, in: Palandt, BGB, 69. Aufl., München 2010, § 839 Rn. 78.
[838] *Steiner*, in Schenke, Rn. 339.
[839] *Schoch*, Jura 1989, 529 ff.
[840] *Schoch*, Jura 1989, 529 (530).
[841] *Maurer*, AllgVerwR § 27 Rn. 107 ff. m.w.N. zum dogmatischen Vergleich mit der ausgleichspflichtigen Inhaltsbestimmung und zur Diskussion um die Existenzberechtigung dieses Instituts; hierzu ebenfalls grundlegend: *Schoch*, Jura 1989, 529 (530 f.).

b) Voraussetzung und Umfang

604–620 Der Schutz umfasst jede vermögenswerte Rechtsposition im Sinne des Art. 14 I GG. Diese Rechtsposition muss aufgrund einer **atypischen und unbeabsichtigten Nebenfolge** beeinträchtigt worden sein, wobei eine unmittelbare Beeinträchtigung des Eigentums herbeigeführt worden sein muss. Das Ausmaß der entstandenen Beeinträchtigung muss für den Betroffenen eine übermäßige Belastung und damit ein **Sonderopfer** darstellen. Bezüglich des Entschädigungsumfangs gilt das zum enteignungsgleichen Eingriff Gesagte entsprechend.

2. Besonderheiten des Gefahrenabwehrrechts in Nordrhein-Westfalen

621 In Nordrhein-Westfalen normiert § 39 I lit. a OBG NRW (ggf. i. V. m. § 67 PolG NRW) die anspruchsbegründenden Voraussetzungen für Ersatzansprüche aufgrund rechtmäßiger polizeilicher oder ordnungsbehördlicher Maßnahmen. Die Besonderheit dieser Regelung liegt in ihrem tatbestandlichen Verzicht auf eine Rechtswidrigkeit der Maßnahme und auf ein Verschulden der Behörde oder des handelnden Organs.

a) Anspruch aus § 39 I lit. a OBG NRW[842]

622 Die Vorschrift des § 39 I lit. a OBG NRW begründet einen Ausgleichsanspruch für einen Nichtstörer.

aa) Herleitung und Begriff

623 Wird ein **Nichtstörer** in einem polizei- oder ordnungsbehördlichen Notstand **rechtmäßig** zu einer Gefahrenabwehrmaßnahme in Anspruch genommen, so hat er einen Anspruch auf eine angemessene Entschädigung für den durch die Inanspruchnahme entstandenen Schaden.[843] Der Haftungsgrund liegt in dem **Sonderopfer** für die Allgemeinheit, das der Nichtstörer durch die Rechtsbeeinträchtigung erlitten hat. Der Ausgleichsanspruch des Notstandspflichtigen ergibt sich dabei aus § 39 I lit. a OBG NRW[844] (ggf. i. V. m. § 67 PolG NRW). Die Vorschrift umfasst nur die rechtmäßige Inanspruchnahme als Notstandspflichtiger; bei einer rechtswidrigen Inanspruchnahme greift § 39 I lit. b OBG NRW (ggf. i. V. m. § 67 PolG NRW) ein.[845]

bb) Tatbestandliche Haftungsvoraussetzungen

624 Die tatbestandlichen Voraussetzungen des § 39 I lit. a OBG NRW müssen vorliegen, damit ein Ersatzanspruch gewährt werden kann. Danach ist ein

---

[842] Vgl. hierzu auch Übersicht 10 im Anhang.
[843] *Schoch*, JuS 1995, 504 (509).
[844] Vgl. hierzu Rn. 571 ff.
[845] *Möller/Wilhelm*, 9. Abschnitt 1.2.

III. Ansprüche bei rechtmäßigen Maßnahmen

Schaden, den jemand aufgrund einer Inanspruchnahme als Nichtstörer durch eine Gefahrenabwehrbehörde erlitten hat, zu ersetzen.

(1) Handeln einer Gefahrenabwehrbehörde

§ 39 I OBG NRW setzt das Handeln einer Gefahrenabwehrbehörde voraus; hierzu gehören die allgemeinen Ordnungsbehörden, die Sonderordnungsbehörden und die Polizeibehörden.[846]

625

(2) Rechtmäßige Inanspruchnahme als Nichtstörer

Der Geschädigte muss den Schaden aufgrund einer rechtmäßigen Inanspruchnahme als Nichtstörer nach § 19 OBG NRW (ggf. nach § 6 PolG NRW) erlitten haben. Umfasst werden in diesem Zusammenhang jedoch nur die Fälle, in denen der Betroffene rechtmäßig als Notstandspflichtiger in Anspruch genommen wurde. Eine Inanspruchnahme als Nichtstörer in diesem Sinne liegt nur bei einem **zielgerichteten**, mit rechtlichem Befehl oder Zwang durchgesetzten Eingriff der Gefahrenabwehrbehörde vor.[847] Wird jemand nicht gezielt zur Gefahrenabwehr in Anspruch genommen, sondern unbeabsichtigt aus Anlass einer rechtmäßigen Maßnahme geschädigt, steht ihm zwar ein direkter Ersatzanspruch gem. § 39 I lit. a OBG NRW nicht zu.[848] Ein Entschädigungsanspruch wird aber nach allgemeiner Ansicht bejaht.[849] Zur Anspruchsbegründung wird teilweise auf den allgemeinen Aufopferungsanspruch zurückgegriffen,[850] andere befürworten eine analoge Anwendung des § 39 I lit. a OBG NRW.[851]

626

Beispiel:
Im Rahmen einer ansonsten rechtmäßigen Verfolgung trifft die von einem Polizisten auf den flüchtenden Bankräuber abgefeuerte Kugel den PKW eines unbeteiligten Dritten. Die Beschädigung des PKW erfolgte nicht zielgerichtet. Zwar scheidet ein Anspruch aus § 39 I lit. a OBG NRW in direkter Anwendung aus, dem Dritten steht aber ein Entschädigungsanspruch zu, der sich entweder aus dem allgemeinen Aufopferungsanspruch oder analog § 39 I lit. a OBG NRW ergibt.

Fordert die Gefahrenabwehrbehörde in Unglücksfällen am Unglücksort anwesende Dritte zu Rettungsmaßnahmen auf, liegt hierin nicht zwingend eine Inanspruchnahme als Nichtstörer. In Unglücksfällen besteht gem. § 323 c StGB unter bestimmten Voraussetzungen eine allgemeine strafbewehrte Hilfeleistungspflicht. Sie besteht für jedermann, also auch für **am Unglücksfall unbeteiligte Personen**. Kommt eine strafrechtlich zur Hilfe-

627

---

[846] Vgl. Rn. 574.
[847] *Rachor,* in: Lisken/Denninger, L Rn. 32.
[848] *Schoch,* JuS 1995, 504 (509 m. w. N.).
[849] *Götz,* § 15 Rn. 27.
[850] *Rachor,* in: Lisken/Denninger, L Rn. 40; *Schenke,* in: Steiner, BesVerwR, Rn. 350.
[851] Vgl. hierzu auch Rn. 533 ff.; *Schoch,* in: Schmidt-Aßmann/Schoch, BesVerwR, 2. Kap. Rn. 29, *ders.,* JuS 1995, 509.

leistung verpflichtete Person dieser Pflicht nicht nach, liegt hierin eine Störung der objektiven Rechtsordnung (§ 323 c StGB) und somit eine Störung der öffentlichen Sicherheit.[852] Wird die unterlassende Person von der Behörde zu Hilfeleistungen aufgefordert, ist hierin eine Inanspruchnahme als Verhaltensstörer zu sehen, mit der verhindert wird, dass es zu einer Verletzung der Rechtsordnung (§ 323 c StGB) kommt. Es handelt sich nicht um eine entschädigungsbegründende Inanspruchnahme als Nichtstörer i. S. v. § 39 I lit. a OBG NRW.[853] Erleidet der Hilfeleistende Personen- oder Sachschäden oder hat er besondere Aufwendungen, so steht ihm lediglich ein sozialversicherungsrechtlicher Ersatzanspruch nach den Vorschriften des SGB VII zu.

(3) Sonstige Voraussetzungen und Einwendungen

628 Nach § 39 I lit. a OBG NRW wird eine Entschädigung nur für einen durch die Inanspruchnahme hervorgerufenen **kausalen Schaden** gewährt. In Fällen des § 39 II lit. a OBG NRW ist der Anspruch ausgeschlossen, soweit der Geschädigte **auf andere Weise Schadensersatz erlangt hat** (Subsidiarität). Gem. § 39 II lit. b OBG NRW besteht dann kein Entschädigungsanspruch, wenn durch die schadensverursachende Maßnahme **die Person oder das Vermögen des Geschädigten geschützt** worden ist.[854]

cc) Inhalt, Umfang des Anspruchs

629 siehe Rn. 584, 585

dd) Aktiv- und Passivlegitimation

630 siehe Rn. 588

ee) Verjährung

631 siehe Rn. 589

ff) Konkurrenzen

632 siehe Rn. 590

gg) Rückgriff der Behörde bei Inanspruchnahme eines Nichtstörers (§ 67 PolG NRW i. V. m. § 42 II i. V. m. § 39 I lit. a OBG NRW)

633 Wird ein Nichtstörer zur Beseitigung der Gefahrenlage in Anspruch genommen und hat die Behörde diesem einen Schadensausgleich für die rechtmäßige Inanspruchnahme gewährt, kann sie gem. § 42 II OBG NRW Aufwendungsersatz vom verantwortlichen Störer verlangen. Auf diesen Anspruch finden die Vorschriften des Bürgerlichen Gesetzbuches über die Geschäftsführung ohne Auftrag entsprechende Anwendung. Gem. § 43 I OBG NRW entscheiden die ordentlichen Gerichte über streitige Entschädigungsansprüche nach den §§ 39 bis 42 OBG NRW.

---

[852] *Schenke* in: Steiner, BesVerwR, Rn. 353.
[853] Vgl. Rn. 439, m. w. N.; im Ergebnis bedenklich stimmend.
[854] Vgl. Rn. 578 ff.

III. Ansprüche bei rechtmäßigen Maßnahmen 179

b) Anspruch aus § 39 I lit. a OBG NRW analog

Es werden mehrere Fallkonstellationen diskutiert, in denen eine Entschä- 634
digung für einen Schaden analog § 39 I lit. a OBG NRW bestehen soll.
Zu diesen gehören die Entschädigungsansprüche des Anscheinsstörers, des
Gefahrenverdachtsstörers, des unbeteiligten Dritten sowie des freiwilligen
Nothelfers.

aa) Entschädigungsanspruch des Anscheinsstörers

Eine analoge Anwendung des § 39 I lit. a OBG NRW wird in den Fällen 635
diskutiert, in denen beeinträchtigende Maßnahmen gegenüber einem Anscheinsstörer ergehen.

In Fällen der Anscheinsgefahr stellt sich eine Situation aus ex-ante-Sicht 636
als objektiv gefährlich dar, im Nachhinein wird jedoch deutlich, dass
eine Gefahr in Wirklichkeit nicht gegeben war.[855] Die Anscheinsgefahr stellt
eine Gefahr im Sinne der gefahrenabwehrrechtlichen Eingriffstatbestände
dar.[856] Die Person, die ex-ante betrachtet bei einem fähigen, besonnenen
Amtswalter den Eindruck erweckte, sie habe die Gefahr verursacht, darf als
Störer (in der Form des Anscheinsstörers) in Anspruch genommen werden.
Fraglich ist, ob dem Anscheinsstörer auf Sekundärebene eine Entschädigung
versagt werden kann. Denn er würde durch die Inanspruchnahme dann endgültig die Lasten der Gefahrenabwehr tragen, obwohl er die Gefahr tatsächlich nicht zu verantworten hatte.

Beispiel: 637
Die zuständige Ordnungsbehörde vermutet bei Viehhändler V die Verabreichung verbotener Masthilfemittel an seine Kälber. Bei einem Verzehr des Fleisches sind bei den Verbrauchern Gesundheitsgefahren zu befürchten. Die Behörde ordnet wegen des Verdachts der unzulässigen Hormonbehandlung die Schlachtung der Kälber an. Nur auf diesem Wege kann der Nachweis erbracht werden, ob tatsächlich Hormone an die Tiere verabreicht wurden. Es stellt sich heraus, dass eine Hormonbehandlung bei keinem der Tiere stattgefunden hat. V verlangt Schadensersatz für die geschlachteten Kälber.[857]
Ein Entschädigungsanspruch nach § 39 I lit. b OBG NRW scheidet aus, da die Maßnahme zur Abwehr der Anscheinsgefahr rechtmäßig war. Ein Anspruch aus § 39 I lit. a OBG NRW in direkter Anwendung entfällt, weil der V nicht als Nichtstörer, sondern als Anscheinsstörer zur Duldung der Schlachtung verpflichtet worden ist. Fraglich ist, ob sich ein Entschädigungsanspruch aus einer analogen Anwendung des § 39 I lit. a OBG NRW auf der Sekundärebene ergibt.

Ob einem Anscheinsstörer ein Entschädigungsanspruch analog § 39 I 638
lit. a OBG NRW zusteht, wird unterschiedlich beurteilt. Teilweise wird
ein solcher Anspruch abgelehnt. Die Entschädigungsvorschrift des § 39 I

---
[855] Zum Begriff der Anscheinsgefahr vgl. Rn. 241.
[856] Vgl. Rn. 241 ff.
[857] Fall nach *BGHZ* 117, 303.

OBG NRW greife beim Anscheinsstörer weder in direkter noch in analoger Anwendung.[858] In der Pflichtigkeit des Anscheinsstörers konkretisiere sich lediglich die allgemeine Sozialpflichtigkeit.[859] Selbst endgültige Maßnahmen gegen den Anscheinsstörer seien entschädigungslos hinzunehmen.[860]

639 Dem kann jedoch nicht gefolgt werden. Bei der Frage nach der Entschädigung ist nicht die Beurteilung zum Zeitpunkt des Eingriffs maßgeblich, sondern die wirkliche Sachlage, wie sie sich später bei rückschauender Betrachtung (ex post) objektiv darstellt. Die Entschädigungspflicht nach § 39 OBG NRW knüpft tatbestandlich an die Primärmaßnahmen zur Gefahrenabwehr an. Hiernach werden auch Maßnahmen gegen den Anscheinsstörer als rechtmäßig angesehen; dies führt dazu, dass Personen, die bei der „ex-ante-Betrachtung" auf der Primärebene ordnungspflichtig sind, keine Entschädigung erhalten, selbst wenn sie (bei ex post-Betrachtung) tatsächlich keine Gefahr zu verantworten haben. Die Situation des Anscheinsstörers ist insofern mit der des Nichtstörers vergleichbar; beide werden zur Gefahrenabwehr in Anspruch genommen, obwohl sie für die (vermeintliche) Gefahrenlage objektiv nicht verantwortlich sind. Sie tragen insoweit im Verhältnis zur Allgemeinheit ein Sonderopfer.[861] Entgegen der Interessenlage ist für den Anscheinsstörer jedoch kein anspruchsbegründender Tatbestand normiert. Daraus folgt, dass § 39 I lit. a OBG NRW in derartigen Fällen entsprechende Anwendung finden muss. Somit hat der Staat und nicht der Bürger im Ergebnis das finanzielle Risiko des ersten Zugriffs zu tragen.[862] Die analoge Anwendung führt auch dann zu einer gerechten Lastenverteilung auf der Sekundärebene, wenn der Anscheinsstörer den Anschein der Gefahr selbst schuldhaft gesetzt hat. Hier kommt als Korrektiv § 40 IV OBG NRW zur Anwendung, nach dem der Entschädigungsanspruch mitverschuldensabhängig ganz oder teilweise ausgeschlossen ist.

bb) Entschädigungsanspruch des Gefahrenverdachtsstörers

640 In Fällen des Gefahrenverdachts verfügt die Polizei- oder Ordnungsbehörde über Anhaltspunkte, die auf das Vorliegen einer Gefahr hindeuten. Dabei ist sich die handelnde Behörde jedoch bewusst, dass ihre Erkenntnisse diesbezüglich unvollständig sind und eine Gefahr deshalb möglicherweise

---

[858] *Gerhard,* Jura 1987, 521 (526); *Drews/Wacke/Vogel/Martens,* Gefahrenabwehr, S. 668.
[859] *Knemeyer* Rn. 383.
[860] *Drews/Wacke/Vogel/Martens,* Gefahrenabwehr, S. 668 jedoch mit Ausnahmekonstellationen.
[861] *Sailer,* in: Lisken/Denninger, M Rn. 48.
[862] So im Ergebnis auch *Tettinger/Erbguth/Mann,* BesVerwR, Rn. 773 und *Schoch,* JuS 1995, 504 (510); vgl. die sehr zahlreichen Nachweise bei: *Schenke/Ruthig,* VerwArch, 1996, 329 (333).

III. Ansprüche bei rechtmäßigen Maßnahmen

doch nicht vorliegt.[863] Sofern hochrangige Rechtsgüter betroffen sind, reicht der Gefahrenverdacht allerdings schon aus, um eine Gefahr im Sinne der gefahrenabwehrrechtlichen Generalklauseln zu bejahen.

Auch bei der Frage nach dem Entschädigungsanspruch des Verdachtsstörers ist nicht die Beurteilung zum Zeitpunkt des Eingriffs maßgeblich, sondern die wirkliche Sachlage, wie sie sich später bei rückschauender Betrachtung (ex post) objektiv darstellt. Die Situation des Gefahrenverdachtsstörers ist mit der des Nichtstörers vergleichbar; wird er in Anspruch genommen, trägt er im Verhältnis zur Allgemeinheit ein Sonderopfer.[864] Daraus folgt, dass § 39 I lit. a OBG NRW in derartigen Fällen entsprechende Anwendung finden muss. Die zur Entschädigung bei einer Inanspruchnahme als Anscheinsstörer dargelegten Ausführungen lassen sich daher vom Grundsatz her auf **Gefahrenverdachtssachverhalte** übertragen. Auch in diesen Fällen findet § 39 I lit. a OBG NRW entsprechende Anwendung.[865]

641

cc) Entschädigungsanspruch des unbeteiligten Dritten

In direkter Anwendung des § 39 I lit. a OBG NRW werden nur Personen entschädigt, die zielgerichtet von der Gefahrenabwehrbehörde als Nichtstörer in Anspruch genommen worden sind. Unbeteiligte Dritte, die unbeabsichtigt durch rechtmäßige Gefahrenabwehrmaßnahmen einen Schaden erleiden, werden vom Wortlaut der Vorschrift nicht erfasst.[866]

642

Beispiel:
Z wird Zeuge eines Banküberfalls. Bei der Flucht der Bankräuber wird er von einer Kugel im Arm getroffen, die ein Polizist auf die Reifen des Fluchtautos abgefeuert hat. Der Einsatz der Schusswaffe durch den Polizisten war rechtmäßig. Ein Entschädigungsanspruch aus § 67 PolG i.V.m. § 39 I lit. b OBG NRW scheitert an der Rechtmäßigkeit des Schusswaffeneinsatzes. Ein Anspruch aus § 39 I lit. a OBG NRW in direkter Anwendung ist ebenfalls ausgeschlossen, weil Z nicht zielgerichtet in Anspruch genommen worden ist.

Einige Landesgesetze sehen ausdrücklich einen Entschädigungsanspruch des unbeteiligten Dritten vor.[867] In Nordrhein-Westfalen ist ein solcher Anspruch nicht positiv normiert; es stellt sich jedoch die Frage, ob sich ein Entschädigungsanspruch eines unbeteiligten Dritten zumindest aus einer analogen Anwendung des § 39 I lit. a OBG NRW (ggf. i.V.m. § 67 PolG NRW) ergibt. Dies ist zu bejahen. Aus Wertungsgesichtspunkten ist nicht einzusehen, weshalb der zielgerichtet in Anspruch genommene Nichtstörer entschädigungsrechtlich anders einzuordnen sein soll als der unabsichtlich ge-

643

---

[863] Vgl. Rn. 247 ff.
[864] *Sailer*, in: Lisken/Denninger, M Rn. 48.
[865] *BGH*, DVBl. 1992, 1158.
[866] Siehe oben Rn. 626.
[867] So z.B. Art. 70 II BayPAG.

schädigte Dritte. Die Vorschrift kommt daher analog zur Anwendung, wenn unbeteiligte Dritte in Folge einer rechtmäßigen Inanspruchnahme einen Schaden erleiden.[868]

dd) Entschädigungsanspruch des Polizeihelfers und des freiwilligen Nothelfers

644–660   Dem freiwilligen Nothelfer könnte ebenfalls in entsprechender Anwendung des § 39 I lit. a OBG NRW ein Entschädigungsanspruch zustehen. Der freiwillige Nothelfer ist eine Person, die zur Abwehr einer gegenwärtigen Gefahr oder Störung freiwillig Hilfe leistet, ohne hierzu von der Gefahrenabwehrbehörde verpflichtet worden zu sein.[869] In § 45 II MEPolG ist vorgesehen, dass dem freiwilligen Nothelfer Entschädigung wie dem Nichtstörer zu gewähren ist, wenn er durch die Hilfe einen Schaden erlitten hat. Diese Vorschrift wurde nicht in das PolG NRW übernommen.[870] Eine analoge Anwendung des § 39 I lit. a OBG NRW ist abzulehnen, weil wegen der Freiwilligkeit (damit kein Sonderopfer) keine mit den dort geregelten Fällen vergleichbare Interessenlage vorliegt.[871] Erleidet der Hilfeleistende Personen- oder Sachschäden oder hat er besondere Aufwendungen, so steht ihm lediglich ein sozialversicherungsrechtlicher Ersatzanspruch nach den Vorschriften des SGB VII zu.

---

[868] Ebenso *LG Köln*, NVwZ 1992, 1125 (1126); *Schoch*, in: Schmidt-Aßmann/Schoch, BesVerwR, 2. Kap. Rn. 298 ff.; *Möller/Wilhelm*, 9. Abschnitt, 1.2.; *Schoch*, JuS 1995, 504 (509); i. E. auch *Schenke*, in: Steiner, BesVerwR, Rn. 350.

[869] *Schenke*, in: Steiner, BesVerwR, Rn. 353; nach *Rachor*, in: Lisken/Denninger, L Rn. 63 schließt bereits jede behördliche Einwirkung auf den Willensentschluß des Betroffenen die Freiwilligkeit aus.

[870] Anders z. B. in Bremen, § 56 II bremPolG; Niedersachsen, § 80 II ndsSOG.

[871] Im Ergebnis ebenso *Schoch*, JuS 1995, 504 (509); *Schenke*, in: Steiner, BesVerwR, Rn. 353; a. A. *Rachor*, in: Lisken/Denninger, L Rn. 63.

# Kapitel M. Kostenrecht[872]

Literatur: *Beaucamp,* Kosten für die Blockade, Jura 2007, 619; *Drews/Wacke/ Vogel/Martens,* Gefahrenabwehr, S. 676 ff.; *Enders,* Der Verwaltungsakt als Titel für die Anforderung der Kosten seiner Vollstreckung. Selbstverständlicher Rechtsgrundsatz oder grundsätzliches Missverständnis?, NVwZ 2009, 958; *Finger,* Die Kostentragungspflicht des Anscheinsstörers in der Verwaltungsvollstreckung am Beispiel eines Abschleppfalls, DVP 2006, 361 ff.; *Götz,* § 14 Rn. 1 ff.; *Gusy,* Rn. 456 ff.; *Kästner,* Unmittelbare Maßnahmen der Gefahrenabwehr, JuS 1994, 361; *Knemeyer,* Polizeikosten im System von Verwaltungsabgaben und -kosten, JuS 1988, 866; *Möller/Wilhelm,* 4. Abschnitt 5.5; *Remmert,* Vollzugspolizeiliches Abschleppen bei Verkehrszeichenverstößen, Zugleich eine Anmerkung zu VGH Bad-Württ., Urt. v. 17. 6. 2003, VBlBW 2004, 213 f., VBlBW 2005, 41 ff.; *Schenke,* in: Steiner, BesVerwR, Rn. 354 ff.; *ders.,* Geschäftsführung ohne Auftrag zum Zwecke der Gefahrenabwehr, in: Festschrift für Bartlsperger, 2006, 529; *Oldiges,* Kostenerstattung einer Gemeinde für polizeiliche Gefahrenabwehr; JuS 1989, 616; *Schoch,* in: Schmidt-Aßmann/Schoch, BesVerwR, 2. Kapitel, Rn. 292 ff.; *ders.,* JuS 1995, 307; *Scholler/Schloer,* Grundzüge des Polizei- und Ordnungsrechts, S. 373 ff.; *Spannowsky,* Das Prinzip gerechter Lastenverteilung und die Kostentragungslast des Zustandsstörers, DVBl. 1994, 560; *Würtenberger,* in: Achterberg/Püttner, BesVerwR, Rn. 388 ff.

Rechtsprechung: *BVerwG,* NJW 1986, 2524 f. (Kostenersatz für die Beseitigung einer Ölverschmutzung auf einer Bundesstraße); *BGH,* NJW 2006, 1804 (Abschleppkosten-Inkasso); *OVG Hamburg,* NJW 2005, 2247 (Kostenerstattung für das Abschleppen eines Fahrzeugs); *OVG Hamburg,* NordÖR 2009, 156 (Abschleppkosten bei Abstand von drei Tagen zwischen Einrichtung eines Halteverbots und Abschleppmaßnahme); *OVG NRW,* NJW 1986, 2526 (Kostenerstattung einer Gemeinde für polizeiliche Gefahrenabwehr); *OVG NRW,* NWVBl. 2005, 176 f.; *HessVGH,* NVwZ-RR 1995, 29 (Kosten für eingeleitete Abschleppmaßnahme); *VGH BW,* NJW 1991, 1698 (Kosten einer durchgeführten Abschleppmaßnahme); *VGH BW,* VBlBW 2004, 213 (Rechtswidrigkeit des Kostenbescheids wegen sachlicher Unzuständigkeit der anordnenden Behörde).

I. Einführung

Nach der gesetzlichen Konzeption der Lastenverteilung im Polizei- und 661
Ordnungsrecht trägt die wirtschaftlichen Lasten der Gefahrenabwehr nicht in jedem Falle die Allgemeinheit. Soweit verantwortliche Personen durch Gefahrenabwehrbehörden verpflichtet werden, besteht grundsätzlich kein Ersatzanspruch für die hiermit verbundenen finanziellen Belastungen. Prinzipiell hat der Pflichtige nach dem Modell des Polizei- und Ordnungsrechts die Gefahr auf eigene Kosten zu beseitigen.[873] Diese Verteilung der Kostenlast soll auch dann gelten, wenn Gefahrenabwehrbehörden anstelle des Verantwortlichen tätig werden. Denn ein Verantwortlicher soll durch das staat-

---

[872] Vgl. hierzu Übersicht 12 im Anhang.
[873] *Götz,* § 14 Rn. 1.

liche Handeln nicht von den finanziellen Lasten befreit werden. Die mit dem staatlichen Handeln verbundene Entlastung soll durch das Kostenrecht zugunsten der Allgemeinheit ausgeglichen werden (Gedanke des Vorteilsausgleichs).[874] Sofern der Störer selbst – also mit eigenen Mitteln – für die Gefahrenbeseitigung eingetreten ist, ist die Lastenzuordnung nach dem oben erwähnten Grundgedanken nicht zu beanstanden. Er und nicht die Allgemeinheit wird mit den finanziellen Aufwendungen der Gefahrenabwehr belastet. Oft ist es jedoch erforderlich, dass die Polizei- oder Ordnungsbehörde selbst zur Gefahrenabwehr tätig wird. Dann werden für die Vollstreckungshandlungen gemäß § 77 I VwVG NRW Kosten von dem Verantwortlichen erhoben. § 77 I VwVG NRW wird durch die Ausführungsverordnung VwVG, insbesondere § 20 II VO VwVG, ergänzt.

662 Da die Kostenersatzansprüche der Verwaltung gegen den Bürger gesetzlich geregelt sind (VwVG NRW, VO VwVG NRW, GebG NRW), kann die Verwaltung diese nicht auf das Institut der öffentlich-rechtlichen Geschäftsführung ohne Auftrag stützen.[875] Ob die Regeln der öffentlich-rechtlichen GoA hingegen bei einem Kostenerstattungsanspruch gegen einen anderen Hoheitsträger anwendbar sind, ist umstritten.[876]

II. Voraussetzungen eines Kostenanspruchs der Verwaltung

663 Ein Anspruch auf Kostenerstattung der Verwaltung besteht aufgrund der jeweils einschlägigen Anspruchsgrundlage, wenn überhaupt Verwaltungskosten entstanden sind und diese auf einer kostenpflichtigen und rechtmäßigen Handlung beruhen.[877]

1. Entstehung von Verwaltungskosten

Beispiel:

Mitarbeiter des Oberbürgermeisters O der Stadt M beauftragten das Abschleppunternehmen U, den verkehrsbehindernd abgestellten Pkw des A abzuschleppen. U stellt O für das Abschleppen des Pkw einen Betrag in Höhe von 28,20 € in Rechnung. Daraufhin ergeht gegen A ein Leistungsbescheid des O, in dem die Kosten des Abschleppdienstes in Höhe von 28,20 € und eine Gebühr in Höhe von 30,00 € geltend gemacht werden.

664 Der Begriff der **Kosten** ist legaldefiniert in § 77 I 1 VwVG NRW; Kosten in diesem Sinne sind Gebühren und Auslagen. **Auslagen** sind Leistungen, welche die Behörde im Zusammenhang mit einer Gefahrenabwehrmaßnah-

---

[874] *Gusy*, Rn. 456.
[875] *Möller/Wilhelm*, 4. Abschnitt 5.5.3.; *Schoch*, JuS 1995, 504 (507); zum Verhältnis des Kostenrechts zum Institut der Geschäftsführung ohne Auftrag im Einzelnen *Oldiges*, JuS 1989, 616 (620).
[876] Bejahend: *BVerwG*, NJW 1986, 2524 f.; ablehnend: *OVG NRW*, NJW 1986, 2526.
[877] Vgl. *Gusy* Rn. 458.

II. Voraussetzungen eines Kostenanspruchs der Verwaltung

me an Dritte gezahlt hat oder zu zahlen verpflichtet ist.[878] Hierunter fallen z. B. Beträge, die der Behörde dadurch entstehen, dass sie ein verbotswidrig geparktes Fahrzeug durch einen privaten Abschleppunternehmer abschleppen lässt, § 20 II 2 Nr. 7 VO VwVG NRW, im Beispielsfall also der Rechnungsbetrag in Höhe von 28,20 €. Bei **Gebühren** handelt es sich um Geldabgaben im Zusammenhang mit individuell zurechenbaren Handlungen der Verwaltung, die aufgrund einer konkreten gesetzlichen Anordnung gefordert werden dürfen.[879] In § 15 I 2 VO VwVG NRW werden die Amtshandlungen im Zusammenhang mit dem Verwaltungszwang aufgezählt, für die Gebühren erhoben werden. Nicht zu diesen Kosten zählen die darüber hinausgehenden eigenen Aufwendungen der Gefahrenabwehrbehörde, die dadurch entstehen, dass besondere Kräfte eingesetzt oder herangezogen werden müssen; hier geht es um Kosten des Einsatzes, nicht um Kosten bei einem Einsatz. Im genannten Beispielsfall kann für das Abschleppen eines Pkw gemäß § 15 I 2 Nr. 7 VO VwVG NRW eine Gebühr im Rahmen von 25 bis 150 € erhoben werden. Anspruchsgrundlage für die Auslagen in Höhe von 28,20 € ist §§ 77 I 1, II 1 VwVG NRW, 20 II 2 Nr. 7 VO VwVG NRW. Die Gebühr in Höhe von 30,00 € kann auf §§ 77 I 1 VwVG NRW, 15 I 2 Nr. 7 VO VwVG NRW gestützt werden.

2. Vorliegen einer kostenpflichtigen Handlung

Entstandene Kosten sind nur dann zu ersetzen, wenn die Handlung kostenpflichtig ist. Die Kostenpflicht einer Handlung ist im Hinblick auf die Gesetzmäßigkeit der Verwaltung nur zu bejahen, wenn ein gesetzlicher Tatbestand dies vorschreibt.

665

a) Ausdrücklich kostenpflichtige Handlungen

Kostenpflichtig sind gemäß § 77 I VwVG NRW Amtshandlungen nach dem VwVG. § 77 I VwVG NRW ermöglicht seinem Wortlaut nach nur einen Kostenersatz für Handlungen nach dem VwVG. Eine Kostenerstattung für Maßnahmen der Polizeibehörden nach dem PolG NRW wird durch die Verweisungsnormen der §§ 46 III 3, 52 I 2 PolG NRW ermöglicht. Zu den kostenpflichtigen Handlungen zählt die **Ersatzvornahme durch Polizei- und Ordnungsbehörden** (§§ 51 I Nr. 1, 52 PolG NRW bzw. §§ 57 I Nr. 1, 59 VwVG NRW). Das gleiche gilt für die **Sicherstellung** gem. § 46 III PolG NRW, ggf. i. V. m. § 24 Nr. 13 OBG NRW. Die Kosten des **unmittelbaren Zwangs**, die **durch die Maßnahme einer Ordnungsbehörde** gem. §§ 57 I Nr. 3, 62 VwVG NRW an Beauftragte oder Hilfspersonen zu zahlen sind, hat der Kostenpflichtige gem. §§ 77 I 1, II 1 VwVG NRW, 20 II 2 Nr. 8 VO VwVG NRW zu erstatten.[880]

666

---

[878] *Gusy*, Rn. 458.
[879] Vgl. § 15 VO VwVG NRW; *Knemeyer*, JuS 1988, 866 (867).
[880] *Gusy*, Rn. 458.

b) Ersatzfähigkeit der Kosten bei unmittelbarem Zwang durch die Polizei

667 Ob die Kosten des unmittelbaren Zwangs, der durch die Polizeibehörde gem. § 55 I PolG NRW angewendet wurde, ebenfalls ersatzfähig sind, ist umstritten. § 55 I PolG NRW regelt nicht ausdrücklich, dass derartige Kosten ersatzfähig sind; ein entsprechender Verweis auf § 77 VwVG NRW fehlt.

668 Nach einer Ansicht handelt es sich um ein **Redaktionsversehen,** dass der (nachträglich in das PolG NRW eingefügte) § 52 I 2 PolG NRW nicht auch den von der Polizei vollzogenen unmittelbaren Zwang erfasst.

669 Nach anderer Auffassung muss der **Grundsatz der Kostenfreiheit** bei der Vollstreckung von Gefahrenabwehrmaßnahmen durch den unmittelbaren Zwang beachtet werden. Der Staat müsse in den Bundesländern, die eine Kostenerstattungspflicht für Maßnahmen des unmittelbaren Zwangs nicht normiert haben (hierzu gehört auch das PolG NRW), derartige Kosten selbst tragen.[881] Ein Verzicht auf die Kostenpflicht des Störers bei Maßnahmen unmittelbaren Zwangs sei darin begründet, dass unmittelbarer Zwang von dem ohnehin vorhandenen Polizeipersonal und mit den normalen, eigenen Mitteln der Polizei angewendet wird und damit außer Personal- und Sachkosten keine sonstigen zusätzlichen Kosten verursache.[882]

670 Der erstgenannten Ansicht folgend, könnte man in weitergedachter Konsequenz eine analoge Anwendung des § 52 I 2 PolG NRW vornehmen, um auf dieser Grundlage eine Ersatzfähigkeit der Kosten gemäß §§ 77 I VwVG NRW, 20 II 2 Nr. 8 VO VwVG NRW herbeizuführen. Das von dieser Ansicht geäußerte „Redaktionsversehen" könnte eine planwidrige Regelungslücke, die für eine analoge Anwendung Voraussetzung ist, darstellen. Der Landesgesetzgeber hat jedoch eine Regelung getroffen (§§ 52 I 2 PolG NRW, 77 I 1, II 1 VwVG NRW, 20 II 2 Nr. 7 VO VwVG NRW),[883] die eine Ersatzfähigkeit für unmittelbaren Zwang durch die Polizeibehörde ausdrücklich nicht mit einschließt. Hinweise darauf, dass dies planwidrig war, sind nicht ersichtlich. Ebenso ist nach dem oben Gesagten nicht erkennbar, weshalb es sich bei dem fehlenden Verweis in § 55 PolG NRW um ein „Redaktionsversehen" handeln sollte. Der unmittelbare Zwang steht als stärkster Eingriff in die Sphäre des Einzelnen als „ultima ratio" am Ende einer Mehrzahl von möglichen Handlungsalternativen, auf die die Polizei zur Abwehr einer Gefahr zurückgreifen kann.[884] Tut sie dies, so folgt aus dem Charakter einer „ultima ratio" ein derart besonderes öffentliches Interesse an der Gefahrenabwehr, dass die durch die Anwendung der Maßnahme entstandenen Kosten insgesamt nicht mehr im Vordergrund stehen. Zudem folgt aus dem Prinzip vom Vorbehalt des Gesetzes, dass belastende Maßnahmen nicht ohne eine gesetzliche Grundlage ergehen dürfen. Je

---

[881] *Schoch*, JuS 1995, 504 (506).
[882] *Sailer*, in: Lisken/Denninger, M Rn. 47.
[883] Zu weiteren Beispielen der Gebührenerhebung vgl.: *Götz*, § 14 Rn. 30.
[884] *Scholler/Schloer*, Grundzüge des Polizei- und Ordnungsrechts, S. 338.

nach Art des konkreten Einzelfalls und der dort entstandenen Kosten könnten diese Kostenbescheide weitreichende, nicht unerhebliche Einschnitte in das Vermögen des Adressaten nach sich ziehen. Dies widerspräche auch der vom *BVerfG* entwickelten Wesentlichkeitstheorie,[885] wonach derartige Belastungen des Bürgers dem Vorbehalt des Gesetzes unterliegen. Sofern der zuständige Landesgesetzgeber auf eine ausdrückliche Rechtsnormierung verzichtet hat, darf diese Entscheidung nicht durch Leistungsbescheide ohne ausdrückliche Rechtsgrundlage umgangen werden. Daher ist der zweitgenannten Ansicht im Ergebnis zuzustimmen, dass in Nordrhein-Westfalen die **Kosten** einer polizeilichen Maßnahme **unmittelbaren Zwangs nicht ersatzfähig** sind.

3. Rechtmäßigkeit der Handlung

War die kostenverursachende Handlung rechtswidrig, so dürfen weder Auslagen noch Gebühren erhoben werden. Dies kann aus § 77 I VwVG NRW gefolgert werden, der bestimmt, dass Kosten nur für „Amtshandlungen nach diesem Gesetz" erhoben werden dürfen.[886] 671

Problematisch ist, ob jeder Rechtsverstoß einen Kostenerstattungsanspruch kategorisch ausschließt.[887] Umstritten ist dabei, ob **ein reiner Zuständigkeitsmangel** der handelnden Behörde einem Ersatzanspruch entgegensteht. Nach zutreffender Auffassung ist es bei einer Handlung, die durch eine unzuständige Behörde vorgenommen wurde, nicht gerechtfertigt, dem Pflichtigen nur wegen dieses Zuständigkeitsmangels die Kostenlast abzunehmen.[888] Der Grundsatz, dass der Ersatzanspruch die Rechtmäßigkeit z. B. der Ersatzvornahme voraussetze, muss in dieser Hinsicht eingeschränkt werden. Diese Einschränkung gilt für solche Fälle, in denen ein Zusammenhang zwischen der Rechtswidrigkeit der Ersatzvornahme und dem Entstehen der Kosten ausgeschlossen werden kann und es damit auch bei rechtmäßigem Verhalten der (zuständigen) Behörde zu der kostenaufwendigen Ersatzvornahme gekommen wäre.[889] 672

Zutreffend ist eine differenzierte Lösung: Ein Mangel der örtlichen Zuständigkeit schließt einen Kostenerstattungsanspruch nicht aus. Dieses Ergebnis lässt sich auf § 46 VwVfG NRW stützen,[890] wonach die Aufhebung eines zu vollstreckenden Verwaltungsaktes oder einer Vollstreckungsmaß- 673

---

[885] *BVerfGE* 47, 49 (79); *BVerfGE* 49, 89 (126).
[886] Zur Verhältnismäßigkeit einer Abschleppmaßnahme, *OVG HH*, JuS 2010, 279 (Verhältnismäßigkeit einer Abschleppmaßnahme); zur Beachtung des Übermaßverbots, *OVG Sachsen*, NJW 2009, 2551 (Abschleppmaßnahme als Ersatzvornahme); *Gusy*, Rn. 464; zum Verhältnis von Grundverfügung und Rechtmäßigkeit des Kostenbescheids: *Enders*, NVwZ 2009, 958.
[887] Hierzu auch: *OVG NRW*, NWVBl. 2005, 176.
[888] *Gusy*, Rn. 464.
[889] *Schenke*, in: Steiner, BesVerwR, Rn. 355 dort i. V. m. Fn. 864.
[890] Vgl.: *Möller/Wilhelm*, 4. Abschnitt 5.5.3., die ein Urteil zur Gegenauffassung zitieren und einen Beispielsfall zu diesem Problemkreis darstellen.

nahme nicht deshalb beansprucht werden kann, weil beim Erlass „Vorschriften über das Verfahren, die Form oder die örtliche Zuständigkeit" verletzt worden sind, sofern diese Maßnahmen in der Sache zwingend geboten waren.[891] Fehler im Verwaltungsverfahren, die gem. § 46 VwVfG NRW unbeachtlich sind, lassen damit sowohl die polizeiliche Verantwortlichkeit als auch deren Handlungspflicht unberührt; der Kostenersatzanspruch der Behörde stellt damit nur die „Verlängerung" der unerfüllten Polizeipflicht dar.[892] Ein Mangel der sachlichen Zuständigkeit lässt hingegen den Kostenersatzanspruch entfallen.[893] Eine Heilung gem. § 45 VwVfG NRW oder Unbeachtlichkeit nach § 46 VwVfG NRW ist im Fall der sachlichen Unzuständigkeit ausgeschlossen. Eine Maßnahme, die unheilbar formell rechtswidrig ist, die zu Unrecht angeordnet wurde, kann nach rechtsstaatlichen Grundsätzen nicht Grundlage für einen Kostenbescheid sein.

4. Passivlegitimation des Pflichtigen

674 Der Schuldner der Kosten ist in den nordrhein-westfälischen Anspruchsgrundlagen näher bestimmt. Aus § 20 II 1 VO VwVG NRW geht hervor, dass der Anspruch auf Auslagenersatz sich gegen den „Pflichtigen" richtet. Auch der im Zusammenhang mit Kostenansprüchen regelmäßig relevante § 77 I VwVG NRW begrenzt die Kostentragungspflicht auf den „Pflichtigen". Fraglich ist jedoch, welche Personen als Pflichtige in diesem Sinne anzusehen sind. Pflichtig ist nach allgemeinem Verständnis sowohl der Störer als auch der Nichtstörer (sog. „Notstandspflichtiger"),[894] da auch dieser durch die Verfügungen der Gefahrenabwehrbehörde verpflichtet werden kann.[895] Trotz allem ist der Nichtstörer nicht als Pflichtiger im Sinne der genannten Vorschriften anzusehen. Die gesetzgeberische Konzeption, dass der Nichtstörer die wirtschaftlichen Lasten der Gefahrenabwehr nicht endgültig tragen soll, zeigt schon § 39 I a OBG NRW, wonach bei der Inanspruchnahme eines Nichtverantwortlichen ein Entschädigungsanspruch besteht.[896] Dass der Gesetzgeber diese Wertung auch dem Kostenrecht zugrunde gelegt hat, ergibt sich aus § 46 III 1 PolG NRW.[897] Hiernach sind die Kosten einer Sicherstellung oder Verwahrung nur vom Verhaltens- und Zustandsstörer zu tragen; der Nichtstörer ist von der Kostentragungspflicht nach dieser Vorschrift ausgenommen. Ein weiteres Argument für die grundsätzliche Kostenfreiheit des Nichtstörers ist der im nordrhein-westfälischen Kostenrecht

---

[891] *Würtenberger,* in: Achterberg/Püttner, Rn. 319.
[892] *Würtenberger,* in: Achterberg/Püttner, Rn. 319.
[893] So auch: *VGH BW,* VBlBW 2004, 213 (214).
[894] *Schoch,* JuS 1995, 30 (31).
[895] Vgl. oben Rn. 431 ff.
[896] Hierzu im einzelnen Rn. 622 ff.
[897] Die Vorschrift gilt über § 24 Nr. 13 PolG auch für Ordnungsbehörden.

verankerte Gedanke des Vorteilsausgleichs.[898] Nur der für eine Gefahr Verantwortliche – und nicht der Nichtstörer – soll die finanziellen Lasten dafür tragen, dass eine von ihm zu verantwortende Gefahr durch ein Handeln der Verwaltung abgewehrt wird. Damit ergibt sich, dass der Nichtstörer zwar auf der Primärebene zur Gefahrenabwehr verpflichtet werden kann; auf der Sekundärebene aber darf er keine finanziellen Nachteile erleiden. Der **Nichtstörer** ist daher nicht als Pflichtiger im Sinne der Kostenvorschriften anzusehen; er **ist kein Kostenschuldner**.[899] Grundsätzlich trifft die Kostentragungspflicht nur Verhaltens- und Zustandsstörer.

Bei der Frage nach der Kostentragungspflicht des Anscheinsstörers ist zu differenzieren. Wie im Bereich des Entschädigungsrechts ist es sachgerecht, bei der Frage nach der Kostentragungspflicht zwischen der Primärebene und der Sekundärebene zu unterscheiden. Es bedarf insoweit einer haftungsbegrenzenden teleologischen Korrektur, wenn sich im Nachhinein herausstellt, dass objektiv keine Gefahr bestand.[900] In diesen Fällen widerspräche es dem Verhältnismäßigkeitsgrundsatz, den Anscheinsstörer zu den Kosten heranzuziehen.[901] Sofern seine Pflichtigkeit auf der Sekundärebene verneint wird, ist er im Ergebnis wie ein Nichtstörer zu behandeln. Setzt der Anscheinsstörer jedoch selbst Anhaltspunkte, aufgrund derer die Gefahrenabwehrbehörde tätig geworden ist, hat er selbst Veranlassung zu seiner Inanspruchnahme gegeben und die Kosten hierfür zu tragen.[902] Diese Grundsätze sind in entsprechender Weise auf Gefahrenverdachtssachverhalte anzuwenden, wenn der Betroffene nicht zu Gefahrerforschungseingriffen, sondern zur Abwehr von Gefahren herangezogen wird.

Die Kostentragungspflicht bei Gefahrerforschungseingriffen wird unterschiedlich beurteilt. Sofern die Behörde gem. § 24 I 1 VwVfG NRW (sog. Untersuchungsgrundsatz) selbst tätig wird, um einen Sachverhalt aufzuklären, hat sie die hierbei entstandenen Kosten selbst zu tragen. Führen die Sachverhaltsaufklärungen zu dem Ergebnis, dass tatsächlich eine Gefahr vorliegt, ist der Betroffene ordnungspflichtig und hat die Kosten der Gefahrerforschungsmaßnahme zu tragen.[903] Ergibt die Untersuchung jedoch, dass tatsächlich keine Gefahr vorgelegen hat, kann der Betroffene für die hierbei entstandenen Kosten nicht herangezogen werden.[904] Es handelt sich nicht um eine Maßnahme zur Abwehr einer Gefahr; die Regeln über die

---

[898] Vgl. oben Rn. 661.
[899] Im Ergebnis ebenso: *Gusy*, Rn. 460; *Oldiges*, JuS 1989, 616 (617); *Sailer*, in: Lisken/Denninger, M Rn. 28 a; *Schoch*, JuS 1995, 504 (507); a. A. *Schenke*, in: Steiner, Rn. 354.
[900] *Schoch*, JuS 1995, 504 (507).
[901] *Möller/Wilhelm*, 4. Abschnitt 5.5.4.2.
[902] *Gusy*, Rn. 460.
[903] Voraussetzung ist selbstverständlich, dass der Sachverhalt durch eine nach dem Gesetz kostenpflichtige Maßnahme aufgeklärt werden soll.
[904] OVG NRW, NVwZ 2001, 1314; Vgl. mit weiteren Hinweisen zur früher vertretenen Gegenmeinung: OVG RhPf, DÖV 1992, 270.

Ordnungspflicht kommen somit nicht zur Anwendung. Lediglich in den spezialgesetzlich geregelten Fällen kann der zur Erforschung des Sachverhalts Inanspruchgenommene zu den Kosten der Maßnahme herangezogen werden (vgl. z. B. § 36 AbfG NRW).

III. Anspruch auf Kostenersatz als Rechtsfolge

677 Sind die Tatbestandsvoraussetzungen der jeweiligen Anspruchsgrundlage erfüllt, so besteht zugunsten der Verwaltung der Kostenersatzanspruch. Die Höhe ist durch das sog. Kostendeckungsprinzip begrenzt.[905] Hiernach bestimmt sich die Höhe der Kosten statt nach dem Wert der Leistung aus Sicht des Schuldners nach den Aufwendungen der Leistungserstellung, die beim Staat entstanden sind. Eine Erstattungspflicht besteht also nur in Höhe der bei der Behörde durch die kostenpflichtige Maßnahme tatsächlich angefallenen Aufwendungen.

IV. Durchsetzung des Kostenerstattungsanspruchs

678 Auf welchem Wege die Verwaltung einen Kostenerstattungsanspruch durchsetzen kann, ist nicht in allen Ländern ausdrücklich geregelt.[906] Fraglich ist, ob auch ohne gesetzliche Normierung die Kosten mittels Leistungsbescheid angefordert werden können oder ob die Verwaltung dann mangels Verwaltungsaktkompetenz gezwungen ist, Leistungsklage gerichtet auf Zahlung der geschuldeten Beträge zu erheben.[907] In der Praxis[908] hat sich zulässigerweise die Durchsetzung von Kostenansprüchen mittels Leistungsbescheid etabliert. Auch ohne ausdrückliche Ermächtigungsgrundlage ist diese Form der Erhebung zulässig. Der Gesetzgeber hat vorgesehen, dass Vollstreckungskosten im Verwaltungsverfahren beigetrieben werden können (vgl. z. B. § 6 IV a VwVG NRW für die Beitreibung der Kosten der Ersatzvornahme). Dadurch macht er ausreichend deutlich, dass nach seinem Willen auch der für eine Verwaltungsvollstreckung im Regelfall erforderliche Leistungsbescheid (vgl. § 6 I Nr. 1 VwVG NRW) zulässig ist. Auch ohne ausdrückliche Befugnisnorm ist somit die Anforderung der Kosten mittels Leistungsbescheid möglich.[909]
In Nordrhein-Westfalen leitet sich die Verwaltungsaktbefugnis zudem aus § 77 IV 1 VwVG NRW i. V. m. § 14 I 1 GebG NRW ab.[910] Die Sonderregeln

---

[905] *Würtenberger*, in: Achterberg/Püttner, Rn. 337.
[906] *Knemeyer*, JuS 1988, 866 (868).
[907] Vgl. *Gusy*, Rn. 465.
[908] *Sailer*, in: Lisken/Denninger, M Rn. 37.
[909] *Götz*, § 14 Rn. 6; *Schoch*, JuS 1995, 504 (508); *Sailer*, in: Lisken/Denninger, M Rn. 37.
[910] Zum öffentlichen Erstattungsanspruch, § 77 IV VwVG NRW i. V. m. § 21 GebG NRW.

IV. Durchsetzung des Kostenerstattungsanspruchs

der § 28 II Nr. 5 VwVfG NRW, § 112 JustG NRW und § 80 II 2 Nr. 1 VwGO finden keine Anwendung.

Nach Zahlung der Entschädigung des Hoheitsträgers gemäß § 39 I lit. a OBG NRW kann dieser nach § 42 II OBG NRW vom wirklichen Störer Ersatz verlangen. Außerdem besteht die Möglichkeit des Kostenersatzes nach entsprechender Anwendung der §§ 683, 680 BGB i.V.m. § 42 II OBG NRW, die subsidiär Anwendung finden. Ob eine Anwendung auch für Fälle in Betracht kommt, in denen die Anscheinsgefahr dem Betroffenen nicht zuzurechnen ist oder ein Unbeteiligter in Anspruch genommen wird, ist unklar. Angesichts des Vorbehalts des Gesetzes ist eine Anwendbarkeit in diesen Fallgruppen eher abzulehnen.

Stehen der Behörde nach Durchführung der Gefahrenabwehrmaßnahme **679** mehrere Kostenschuldner gegenüber, so hat sie nach pflichtgemäßem Ermessen zu bestimmen, wen sie durch Leistungsbescheid in Anspruch nimmt. Anders als auf der Primärebene steht bei der Erhebung der Kosten nicht eine effektive Gefahrenabwehr, sondern eine gerechte Lastenverteilung im Vordergrund.[911] Grundrechte der Kostenschuldner können dabei im Einzelfall einer Erhebung ganz oder teilweise entgegenstehen. Aus der Schutzwirkung des Art. 2 I GG i.V.m. Art. 14 GG folgt, dass die Erhebung von Polizeikosten dann nicht mehr zulässig ist, wenn sie zu einer Existenzvernichtung des Betroffenen führen würde.

---

[911] *Schoch*, JuS 1995, 504 (507f.).

2. Teil. Beispielsfälle

Fall 1: Waschtag

(Schutzgut der öffentlichen Sicherheit; Sonn- und Feiertagsarbeit)

Sachverhalt:

W betreibt in einem Gewerbegebiet der nordrhein-westfälischen Stadt S weitab von der nächstgelegenen Wohnbebauung eine Selbstbedienungsautowaschanlage mit sechs Waschplätzen. Das Grundstück, auf dem W die Anlage betreibt, ist mit selbsttätig öffnenden Schranken bei der Ein- und Ausfahrt versehen. Wegen der starken Nachfrage hält W die Anlage seit kurzem auch an Sonn- und Feiertagen geöffnet. Als das Ordnungsamt der kreisangehörigen Stadt S von dieser Tatsache Kenntnis erhält, erlässt es nach vorheriger Anhörung des W eine schriftliche und mit einer Rechtsmittelbelehrung versehene Ordnungsverfügung, in der W aufgegeben wird, den Betrieb der Anlage wegen eines Verstoßes gegen das FeiertagsG unverzüglich einzustellen. W meint, dass die eigentliche Tätigkeit nicht von ihm, sondern von seinen Kunden ausgeübt werde, so dass ihm selbst kein Verstoß gegen das Arbeitsverbot an Sonn- und Feiertagen anzulasten sei.

Ist die Verfügung rechtmäßig?

Auszug: Gesetz über die Sonn- und Feiertage (FeiertagsG NRW)
i. d. F. v. 23. 4. 1989 (v. Hippel/Rehborn Nr. 155)

§ 3 Arbeitsverbote. An Sonn- und Feiertagen sind alle öffentlich bemerkbaren Arbeiten verboten, die geeignet sind, die äußere Ruhe des Tages zu stören, sofern sie nicht besonders erlaubt sind. Bei erlaubten Arbeiten sind unnötige Störungen und Geräusche zu vermeiden. Verboten sind auch Treib-, Lapp- und Hetzjagden.

§ 4 Ausnahmen von Arbeitsverboten. An Sonn- und Feiertagen sind erlaubt:
1. Alle gewerblichen Arbeiten einschließlich des Handelsgewerbes, deren Ausführung an Sonn- und Feiertagen nach Bundes- oder Landesrecht allgemein oder im Einzelfall ausdrücklich zugelassen ist;
2. die Arbeiten der öffentlichen und privaten Unternehmen des Verkehrs, einschließlich der den Bedürfnissen des Verkehrs dienenden Nebenbetriebe und Hilfseinrichtungen des Verkehrs (z. B. Tankstellen, Reparatur-

werkstätten, Ersatzteillager, Fahrzeugbewachung); Instandsetzungsarbeiten an Verkehrsmitteln sind jedoch nur zugelassen, soweit sie für die Weiterfahrt erforderlich oder nach Ziffer 1 erlaubt sind;
3. unaufschiebbare Arbeiten, die erforderlich sind
    a) zur Verhütung eines Notstandes oder im Interesse öffentlicher Einrichtungen und Anstalten,
    b) zur Abwendung eines erheblichen Schadens an Gesundheit oder Eigentum,
    c) zur Befriedigung dringender häuslicher oder landwirtschaftlicher Bedürfnisse;
4. Gartenarbeiten, die nicht gewerbsmäßig verrichtet werden, und die nicht gewerbsmäßige Säuberung von Flächen, die der Erholung dienen;
5. Arbeiten, die der Erholung im Rahmen der Freizeitgestaltung dienen. Dazu gehört insbesondere der Betrieb von Saunas, Bräunungs- und Fitnessstudios.
(...)

§ 11 Bußgeldvorschrift. (1) Ordnungswidrig handelt, wer
1. entgegen § 3 Satz 1 an Sonn- und Feiertagen öffentlich bemerkbare Arbeiten ausführt, die geeignet sind, die äußere Ruhe des Tages zu stören, oder entgegen § 3 Satz 2 bei erlaubten Arbeiten (§ 4) vermeidbare Störungen oder Geräusche verursacht;
2. (...)

Fall nach: OVG NRW, NJW 1983, 2209; OVG Lüneburg, NJW 1989, 1235 (Einschreiten gegen den Betrieb einer Autowaschanlage am Sonntag);

Zur Vertiefung: *Gehrmann,* Maßvoller Schutz der Sonntage und der staatlich anerkannten Feiertage, GewArch. 1989, 317; *Schoch,* JuS 1994, 570 (572); *BVerfG,* GewArch 2010, 29; *OLG Hamm,* NJW 1989, 2478; *BayObLG* NJW 1989, 2483 = NVwZ 1989, 1199 L (Nr. 58); *VG Karlsruhe,* NJW 1989, 2487; *VGH BW,* NVwZ-RR 1990, 559 m.w.N. in der dortigen Anm. der Schriftleitung; *OVG Hamburg,* NVwZ 1991, 180; *VG Neustadt,* NVwZ 1993, 98; *OVG Saarlouis,* NVwZ 1993, 201.

Fall 1: Waschtag 195

Gliederung:

A. Ermächtigungsgrundlage für das Verbot
B. Formelle Rechtmäßigkeit
   I. Zuständigkeit
   II. Form und Verfahren
C. Materielle Rechtmäßigkeit
   I. Ermächtigungsgrundlage § 14 I OBG NRW
      1. Schutzgut „öffentliche Sicherheit"
      2. Gefahr für das Schutzgut
   II. Richtige Ermessensausübung
   III. Störer
   IV. Ergebnis

Lösung:

A. Ermächtigungsgrundlage für das Verbot

Als Ermächtigungsgrundlage für das Verbot kommt § 14 OBG NRW i.V.m. §§ 3, 11 I Nr. 1 FeiertagsG NRW in Betracht.[1]

B. Formelle Rechtmäßigkeit

Die Ordnungsverfügung müsste formell rechtmäßig sein. Das ist der Fall, wenn die zuständige Behörde unter Einhaltung der Form- und Verfahrensvorschriften gehandelt hat.

I. Zuständigkeit

Es müsste die zuständige Behörde gehandelt haben. Im FeiertagsG ist keine Behörde genannt. Nach § 1 II OBG NRW ist daher die allgemeine Ordnungsbehörde zuständig; also der Bürgermeister der Stadt S gem. §§ 3 I, 5 I 1 OBG NRW sachlich und gem. § 4 I OBG NRW örtlich. Gem. § 63 I GO NRW handelt der Bürgermeister für die Stadt S.

II. Form und Verfahren

Des Weiteren müssten die Form- und Verfahrensvorschriften gewahrt sein. Eine *Anhörung* gem. § 28 I VwVfG ist erfolgt. Die erforderliche *Schriftform* gem. § 20 I Satz 1 OBG NRW ist gewahrt. Die Verfügung ist auch inhaltlich *bestimmt*; damit liegt kein Verstoß gegen § 37 VwVfG NRW vor. Die Ordnungsverfügung ist somit formell rechtmäßig.

---

[1] Zur Gesetzgebungskompetenz der Länder und den landesrechtlichen Ausgestaltungen vgl. *Gehrmann*, GewArch. 1989, 317 (320).

C. Materielle Rechtmäßigkeit

Die Ordnungsverfügung müsste auch materiell rechtmäßig sein. Das ist der Fall, wenn die Maßnahme der Behörde auf einer Ermächtigungsgrundlage beruht und die Behörde diese rechtsfehlerfrei angewendet hat.

I. Ermächtigungsgrundlage § 14 I OBG NRW

Mangels besonderer Vorschriften kommt die ordnungsbehördliche Generalklausel als Ermächtigungsgrundlage für die Ordnungsverfügung in Betracht. Es müsste die öffentliche Sicherheit oder Ordnung als Schutzgut betroffen sein, und eine Gefahr für eines dieser Schutzgüter bestehen.

1. Schutzgut „öffentliche Sicherheit" betroffen

Vorliegend könnte das Schutzgut der öffentlichen Sicherheit betroffen sein. Als möglicherweise betroffenes Schutzgut der öffentlichen Sicherheit kommt die objektive Rechtsordnung (Rn. 60) in Gestalt der Vorschriften des FeiertagsG NRW in Betracht. Daraus folgt das Gebot der Sonntagsruhe im Rahmen des Arbeitsverbotes des § 3 S. 1 FeiertagsG NRW.

2. Gefahr für das Schutzgut

Es müsste eine Gefahr für das Schutzgut der öffentlichen Sicherheit vorliegen. Unter den Begriff der Gefahr fällt auch die schon eingetretene Störung (Rn. 89). In Bezug auf die objektive Rechtsordnung ist eine Störung anzunehmen, wenn ein Verstoß gegen eine Vorschrift vorliegt. Hier könnte eine Gefahr vorliegen, wenn ein Verstoß gegen § 3 S. 1 FeiertagsG NRW zu befürchten oder bereits eingetreten ist. Das wäre der Fall, wenn eine bemerkbare Arbeit vorliegt, die geeignet ist, die äußere Ruhe zu stören und die Tätigkeit nicht besonders erlaubt ist.

a) Arbeit i. S. d. § 3 S. 1 FeiertagsG NRW

Fraglich ist, ob der Betrieb einer Autowaschanlage als solcher eine „Arbeit" i. S. d. Vorschrift ist, da es sich um einen vollautomatischen Betrieb handelt und insofern keine menschliche Betätigung ersichtlich ist. Nach umgangssprachlichem Verständnis setzt der Begriff der Arbeit jedoch eine menschliche Betätigung voraus. Das Waschen wird hier jedoch nicht von W vorgenommen, sondern erfolgt selbsttätig durch seine Kunden; W verrichtet diesbezüglich somit keine Arbeit im umgangssprachlichen Sinne.

Nach allgemeiner Auffassung ist jedoch eine Ausdehnung des Begriffs der Arbeit erforderlich.[2] Ein völliger Wegfall menschlicher Tätigkeit ist nicht möglich, da immer noch Kontrollfunktionen verbleiben. Diese Auslegung folgt mittelbar aus § 4 Nr. 2 FeiertagsG NRW und der dortigen Einstufung. Der von W in erster Linie geltend gemachte Einwand, die eigentliche Tätigkeit des Wagenwaschens erfolge ausschließlich durch seine Kunden, so dass

---
[2] *OVG NRW*, NJW 1983, 2209 f.

ihm selbst keine gegen § 3 FeiertagsG NRW verstoßende Tätigkeit anzulasten sei, greift nicht durch. Die ihm im Sinne des § 3 FeiertagsG NRW zuzurechnende Tätigkeit liegt in dem gewerblichen Überlassen (Vermieten) von insgesamt sechs Selbstbedienungswaschplätzen einschließlich der für das Reinigen der Fahrzeuge erforderlichen Geräte. Der Betrieb ist nach seinem durch Zweck und Ausgestaltung geprägten Gesamtcharakter darauf gerichtet, die typisch werktäglichen Vorgänge zu ermöglichen.[3] Gerade dem Erscheinungsbild, dass ein Betrieb wie an den Werktagen weiterläuft (wobei es auf den Umfang nicht ankommt), will der Feiertagsschutz entgegenwirken. Deshalb ist in der Rechtsprechung anerkannt, dass auch gewerbliche, automatisierte Arbeitsabläufe an Sonn- und Feiertagen vom Feiertagsschutz und damit auch von § 3 FeiertagsG erfasst werden.[4] Es besteht kein rechtlich erheblicher Unterschied zu den vollautomatisierten Autowaschbetrieben, bei denen der Anlagenbetreiber nach allgemeiner Meinung als für die Arbeit der Anlage verantwortlich angesehen wird.[5]

b) Bemerkbare Arbeit
Der Betrieb einer automatischen Selbstbedienungsautowaschanlage auf einem zu diesem Zweck dem Publikumsverkehr geöffneten Grundstück müsste auch das Merkmal der öffentlichen Bemerkbarkeit erfüllen. Der Betriebsvorgang einer solchen Anlage ist, wie dies § 3 S. 1 FeiertagsG NRW erfordert, von unbestimmt vielen und beliebigen Personen wahrnehmbar.[6] Das Merkmal der öffentlichen Bemerkbarkeit kann auch nicht im Hinblick darauf verneint werden, dass das Grundstück vom sonstigen Straßenverkehr durch die Schranken abgetrennt sei und darüber hinaus weitab von der nächsten Wohnbebauung liege. Denn die mit der Nutzung der Anlage notwendig verbundenen Begleitumstände, wie etwa das Herein- und Herausfahren der Fahrzeuge in die Waschplätze sowie das Öffnen und Schließen der Schranken, vermitteln Passanten und sonstigen Verkehrsteilnehmern den Eindruck, dass die Autowaschanlage an Sonntagen in gleicher Weise wie an Werktagen genutzt wird. Ob der Waschvorgang als solcher bemerkt oder aufgrund der Entfernung der Wohnbebauung nicht beobachtet werden kann, ist dagegen unerheblich.[7] Schließlich deutet die begriffliche Eigenschaft der Arbeit als abstrakt „bemerkbar" im Gegensatz zu einer Tätigkeit, die konkret „bemerkt" wird, daraufhin, dass der Gesetzgeber hier lediglich auf eine abstrakte Eignung zur Wahrnehmbarkeit der Tätigkeit in einem un-

---

[3] Vgl. dazu: *BVerwGE* 79, 118 (127) = NJW 1988, 2254.
[4] *OVG Hamburg*, NVwZ 1991, 180 (182); *BVerwG*, NVwZ 1987, 678; ebenso *OVG NRW*, NJW 1983, 2209; *OLG Düsseldorf*, DAR 1984, 263; *OLG Hamm*, GewArch. 1985, 310f.; *OVG RhPf*, DAR 1986, 127; *VG Frankfurt*, GewArch. 1987, 278; *BayObLG*, NJW 1987, 3146 L; *VGH BW*, NJW 1988, 1234f.; *BayVGH*, GewArch. 1988, 67f.; *HessVGH*, NJW 1988, 2257f.; *Pahlke*, WiVerw 1988, 69.
[5] Vgl. u.a. *OVG Lüneburg*, NJW 1989, 1235 (1236).
[6] *BVerwG*, NVwZ 1987, 678.
[7] *BVerwG*, NVwZ 1987, 678.

bestimmten Zeitpunkt abstellen wollte. Es handelt sich folglich um eine öffentlich bemerkbare Tätigkeit.

c) Eignung dieses Betriebes zur Störung
Der Betrieb der Anlage des W müsste geeignet sein, die äußere Ruhe des Tages zu stören. Hierbei ist zu berücksichtigen, dass die dem Sonn- und Feiertagsschutz dienenden Bestimmungen nicht die Abwehr konkreter Gefährdungen oder Störungen der Sonntagsruhe zum Gegenstand haben.[8] Maßgeblich ist vielmehr, dass der Schutz der Sonn- und Feiertage das öffentliche Leben seiner werktäglichen Elemente entkleiden und dadurch die Begehung des Sonntags als Nicht-Werktag ermöglichen soll.[9] Er erfüllt diesen Zweck nur, wenn am Sonntag die werktägliche Geschäftigkeit ruht, sofern sie nicht gerade der Befriedigung sonntäglicher (nicht werktäglicher) Bedürfnisse dient oder durch Gesetz oder aufgrund eines Gesetzes in Einklang mit Art. 140 GG, 139 WRV besonders zugelassen ist.[10] Eine Betätigung, wie sie auf Autowaschplätzen und Waschanlagen in der Regel üblich ist, entspricht nicht dem äußeren Bild der Sonn- und Feiertage, wie es den genannten Schutzvorschriften zugrunde liegt.[11] Die dem W zuzurechnende gewerbliche Tätigkeit widerspricht demnach entgegen der Meinung des W ersichtlich dem Sonn- und Feiertagsschutz, wie er nach Einschätzung des Landesgesetzgebers in den Regelungen der §§ 3, 4 FeiertagsG NRW Ausdruck gefunden hat. In diesem Sinne stellt jedenfalls das gewerblich veranstaltete Autowaschen eine für Werktage typische gewerbliche Betätigung dar (Arbeit i. S. d. § 3 S. 1 FeiertagsG NRW), die auch nach heutiger allgemeiner Verkehrsauffassung nicht dem äußeren Bild der Sonn- und Feiertage entspricht, wie es den genannten Schutzvorschriften zugrunde liegt.

Der Betrieb einer automatischen Autowaschanlage an Sonn- und Feiertagen steht damit im Widerspruch zu der besonderen Natur dieser Tage und ist geeignet, die äußere Ruhe dieser Tage zu stören.

d) Ausnahme des Arbeitsverbots gem. § 4 Nr. 2 FeiertagsG NRW
Fraglich ist, ob eine Ausnahme gem. § 4 Nr. 2 FeiertagsG NRW vorliegt. Es könnte sich insoweit um Instandsetzungsarbeiten an Verkehrsmitteln handeln. Dies ist jedoch nicht anzunehmen, da das Fahrzeugwaschen weder auf die Fahrtauglichkeit bezogen noch für die Weiterfahrt erforderlich ist. Eine vollständige Autopflege dient vornehmlich ästhetischen Zwecken und nicht unmittelbar den Sicherheitsbedürfnissen des privaten Autoverkehrs an Sonn- und Feiertagen. Die Verkehrssicherheit wird vielmehr bereits dadurch gewahrt, dass etwaige verschmutzte Wagenscheiben und Scheinwerfer an der

---

[8] *BVerwG*, NJW 1982, 899.
[9] *OVG Hamburg*, NVwZ 1991, 180 (182).
[10] *BVerwGE* 79, 118 (126) = NJW 1988, 2254; *BVerwGE* 79, 236 (242) = NJW 1988, 2252.
[11] *BVerwG*, NVwZ 1987, 678; *BayVGH*, GewArch. 1988, 67 f.; *HessVGH*, NJW 1988, 2257 f.

Tankstelle von Hand gereinigt werden. Eine vollständige Kraftfahrzeugreinigung kann daher auch auf Werktage verschoben werden.[12] Auch unter Berufung des W auf die große Entfernung zur nächsten Wohnbebauung (besondere örtliche Verhältnisse der Betriebsstätte) lässt sich eine Duldung der nach dem FeiertagsG verbotenen Arbeiten nicht herleiten.[13] Denn auch bei Betriebsstätten weit außerhalb jeder Wohnbebauung bleibt das werktägliche Erscheinungsbild für den Kundenverkehr erhalten. Dementsprechend dürfte allein der Umstand, dass eine Autowaschanlage in weiter Entfernung zu einer Wohnbebauung betrieben wird, die Behörde auch nicht zur Zulassung einer Ausnahme i.S.d. § 4 FeiertagsG NRW berechtigen. Eine Ausnahme bezüglich des Arbeitsverbots kommt somit nicht in Betracht.

Damit liegt ein Verstoß gegen § 3 FeiertagsG NRW vor; eine Gefahr für die öffentliche Sicherheit (Verstoß gegen die objektive Rechtsordnung) ist folglich gegeben.

II. Richtige Ermessensausübung

Es sind keine Fehler bezüglich der Ermessensausübung (Entschließungs- und Auswahlermessen) erkennbar. Bezüglich der Verhältnismäßigkeit der ordnungsbehördlichen Maßnahme bestehen ebenfalls keine Bedenken.

III. Störer

W könnte gem. § 17 OBG NRW Verhaltensstörer sein. Dann müsste W durch ein polizei- und ordnungsrechtlich relevantes Verhalten eine Gefahr für ein Schutzgut verursacht haben (Rn. 233 ff.). Das von W gezeigte und polizei- und ordnungsrechtlich relevante Verhalten liegt in der Überlassung der Waschplätze; hierdurch hat er gegen die Vorschriften des FeiertagsG NRW verstoßen.

IV. Ergebnis

Die Ordnungsverfügung ist rechtmäßig.

---

[12] *OVG Hamburg*, NVwZ 180, 182; *BVerwG*, NVwZ 1987, 678; *OVG NRW*, NJW 1983, 2209; *HessVGH*, NJW 1988, 2257f.; *VG Frankfurt*, GewArch. 1987, 278.
[13] *BVerwGE* 79, 118f.; *OLG Düsseldorf*, DAR 1984, 263f.; *BayObLG*, GewArch. 1987, 348f.; a.A. wohl nur *OLG Frankfurt*, DAR 1986, 331.

Fall 2: Berberfall

(Öffentliche Sicherheit oder Ordnung, Individualgüter Leib und Leben, Schutzpflicht des Staates)

Sachverhalt

A führt seit einigen Monaten im Gebiet der Stadt M ein Leben unter freiem Himmel. Er hat seine vormals zivilisatorisch geprägte Lebensweise aufgegeben und verachtet nunmehr als echter „Berber" jede feste Behausung als Unterkunft. Er ist besonders stolz darauf, auch in kalten Wintermonaten eigene Formen des Überlebens zu finden, ohne die Einrichtungen der Zivilisation in Anspruch nehmen zu müssen.

Die zuständige Ordnungsbehörde der Stadt M hält diese Lebensweise für eine Form der Land- und Stadtstreicherei, die nicht zuletzt im Interesse der Gesundheit der Beteiligten zu unterbinden sei. Sie erlässt gegenüber A deshalb eine formell ordnungsgemäße Verfügung mit dem Inhalt, künftig nicht mehr im Freien zu schlafen, sondern von 22.00 bis 6.00 Uhr ein Obdachlosenasyl am Stadtrand von M aufzusuchen. Ist das Vorgehen der Behörde rechtmäßig?

Zur Vertiefung: *OVG Lüneburg,* NVwZ 1992, 502f.; *Hess. VGH,* NVwZ 1992, 503ff.; *VGH BW,* NJW 1984, 507ff.

Gliederung:

A. Ermächtigungsgrundlage
  I. Spezialgesetz
  II. Standardmaßnahme § 24 Nr. 13 OBG NRW
    i.V.m. § 34 PolG NRW
  III. Generalklausel § 14 I OBG NRW
B. Formelle Rechtmäßigkeit
C. Materielle Rechtmäßigkeit
  I. Generalklausel § 14 I OBG NRW
    1. Schutzgut der öffentlichen Sicherheit betroffen
      a) Schutzgut betroffen
      b) Gefahr für das Schutzgut
    2. Schutzgut der öffentlichen Ordnung betroffen
    3. Zwischenergebnis
  II. Endergebnis

Fall 2: Berberfall

Lösung:

Die Verfügung der Behörde ist rechtmäßig, wenn sie auf einer Ermächtigungsgrundlage beruht, die formell und materiell richtig angewendet worden ist.

A. Ermächtigungsgrundlage

Die Behörde müsste sich auf eine Ermächtigungsgrundlage stützen können.

I. Spezialgesetz

Eine spezialgesetzliche Ermächtigungsgrundlage ist nicht ersichtlich.

II. Standardmaßnahme § 24 Nr. 13 OBG NRW i. V. m. § 34 PolG NRW

Es könnte jedoch eine Standardmaßnahme als Ermächtigungsgrundlage einschlägig sein. Zu denken ist an den Platzverweis gem. § 24 Nr. 13 OBG NRW i. V. m § 34 PolG NRW. Hiernach kann die Ordnungsbehörde Verfügungen über den Aufenthaltsort von Personen treffen. Die Vorschrift berechtigt die Behörde jedoch nur dazu, eine Person von einem Ort zu verweisen oder ihr das Betreten eines Ortes zu verbieten. (Rn. 152). Die Befugnis, einen bestimmten Aufenthaltsort vorzuschreiben, ergibt sich hieraus jedoch nicht.[14] Die Verfügung kann daher nicht auf § 24 Nr. 13 OBG NRW i. V. m § 34 PolG NRW gestützt werden. Die Vorschrift scheidet hier als Ermächtigungsgrundlage aus.

III. Generalklausel § 14 I OBG NRW

Als Ermächtigungsgrundlage kommt daher nur die Generalermächtigung des § 14 I OBG NRW in Betracht.

B. Formelle Rechtmäßigkeit

Laut Sachverhalt war die gegenüber A ergangene Verfügung formell rechtmäßig.

C. Materielle Rechtmäßigkeit

Die Ordnungsverfügung müsste zudem materiell rechtmäßig gewesen sein. Das ist der Fall, wenn die Tatbestandsvoraussetzungen der Ermächtigungsgrundlage vorliegen und die Behörde eine von der Rechtsfolge gedeckte Maßnahme getroffen hat.

---

[14] *Rachor,* in: Lisken/Denniger, F Rn. 492; *Habermehl,* 576.

I. Generalklausel § 14 I OBG NRW

Die Tatbestandsvoraussetzungen der Ermächtigungsgrundlage müssten vorliegen. Es muss also eine Gefahr für die öffentliche Sicherheit oder Ordnung bestehen.

1. Schutzgut der öffentlichen Sicherheit betroffen

Es könnte die öffentliche Sicherheit betroffen sein. Diese umfasst kollektive Rechtsgüter, die objektive Rechtsordnung, den Bestand und die Funktionsfähigkeit des Staates sowie den Schutz der Individualrechtsgüter (Rn. 54 ff.).

a) Schutzgut betroffen

Das Schutzgut der Individualrechtsgüter (Rn. 55 ff.) könnte betroffen sein. Schutzgüter sind Leben, Körper, Freiheit, Eigentum, Besitz oder Vermögenspositionen des Einzelnen grundsätzlich dann, wenn es sich dabei nicht um Schutzgüter des Störers selbst handelt. Im vorliegenden Fall sind vor allem die Gesundheit sowie das Leben (Art. 2 II 1 GG) und damit die Individualrechtsgüter des A betroffen.

b) Gefahr für das Schutzgut

Für die Individualrechtsgüter des A müsste eine Gefahr vorliegen. Diese könnte darin liegen, dass A ständig der Witterung ausgesetzt und seine Gesundheit dadurch gefährdet ist. Problematisch ist in diesem Zusammenhang die Konstellation, in der eine reine Selbstgefährdung vorliegt, durch die nicht zugleich unmittelbar die Individualrechtsgüter Dritter bedroht werden. Im vorliegenden Fall sind vor allem die Gesundheit sowie das Leben (Art. 2 II GG) und damit die eigene Sicherheit des A betroffen. Man könnte eine Schutzpflicht des Staates für in Obdachlosigkeit lebende Personen in Betracht ziehen, und aus dieser Pflicht ein Gebot an den Staat herleiten, geeignete Aufenthaltsräume bereitzustellen. Bei einer wertenden Gesamtbetrachtung muss der Schutzpflicht in diesem Falle jedoch die grundrechtlich durch Art. 2 I GG geschützte allgemeine Handlungsfreiheit des A entgegengehalten werden. Das öffentliche Interesse an der Gefahrenabwehr hat in einem solchen Fall den grundgesetzlich geschützten Freiheitsspielraum des Einzelnen zu akzeptieren.[15] Es liegt kein Fall unfreiwilliger Obdachlosigkeit vor.[16] Eine Störung liegt nicht vor, wenn Land- oder Stadtstreicher ohne Unterkunft leben *wollen*.[17] A hat diese Lebensform bewusst gewählt. Dieser Ausprägung der allgemeinen Handlungsfreiheit ist Rechnung zu tragen. Eine Gefahr oder Störung kann in diesem Verhalten nicht gesehen werden.

---

[15] *Möller/Wilhelm*, 3. Abschnitt 3.1.1.
[16] Vgl. hierzu auch: *HessVGH*, NVwZ 1992, 503 ff.; *Götz*, § 4 Rn. 23; zum Anspruch auf polizeiliches Handeln allg.: *Knemeyer*, Rn. 131 ff.
[17] Vgl. hierzu *VGH BW*, NJW 1984, 507 = NVwZ 1984, 255 L = DVBl. 1983, 1070 (1072).

Eine ordnungsbehördlich relevante Verletzung von Individualrechtsgütern (auch der eigenen Individualrechtsgüter des A) kommt somit durch A's Verhalten nicht in Betracht.

2. Schutzgut der öffentlichen Ordnung betroffen

Durch das Verhalten des A könnte jedoch die öffentliche Ordnung betroffen sein. Unter den Begriff der öffentlichen Ordnung fällt die Gesamtheit der ungeschriebenen Wertvorstellungen für das Verhalten des Einzelnen in der Öffentlichkeit, deren Beachtung nach den jeweils herrschenden Anschauungen in einem bestimmten Gebiet als unerlässliche Voraussetzung eines geordneten staatsbürgerlichen Gemeinschaftslebens betrachtet wird (vgl. auch Übersicht 2 sowie Rn. 67 ff.).

Das „freie Leben" auf offener Straße mag vielleicht bei einer Bürgermehrheit auf Unverständnis stoßen. Grundsätzlich wird aber durch solches Verhalten nicht die Grenze zur Störung der öffentlichen Ordnung überschritten. Wer kraft freien Entschlusses ohne ein Dach über dem Kopf lebt, stört nicht ohne Weiteres die öffentliche Ordnung.[18] Dies gilt auch in Gemeinden, deren Stadtbild besondere wirtschaftliche Bedeutung hat und durch die Anwesenheit von „Gammlern" beeinträchtigt wird. Ein solches Verhalten ist harmlos und wegen seiner Unangepasstheit allenfalls lästig.[19] Bloße Belästigungen hingegen scheiden aus dem ordnungs- und polizeirechtlichen Gefahren- und Schadensbegriff aus. Ein Verstoß des A gegen die öffentliche Ordnung ist damit nicht ersichtlich.

3. Zwischenergebnis

Ein in der Generalklausel des § 14 I OBG NRW benanntes Schutzgut ist folglich nicht betroffen. Die Tatbestandsvoraussetzungen der Ermächtigungsgrundlage liegen somit nicht vor.

II. Endergebnis

Das Vorgehen der Behörde gegen A ist somit rechtswidrig.

---

[18] OVG Lüneburg NVwZ 1992, 502 (503); *Drews/Wacke/Vogel/Martens* Gefahrenabwehr § 16 3 c, S. 298 m. Hinw. auf *BVerfGE* 22, 180 (220), wonach für jeden Eingriff in Freiheitsrechte eine Störung der öffentlichen Ordnung gegeben sein muss.
[19] *VGH BW*, NJW 1984, 507 (509).

Fall 3: Bombenstimmung in der Disco

(Anscheinsgefahr; Gefahrenverdacht; Störereigenschaft; Entschädigung für polizeiliches Handeln)

Sachverhalt:

D betreibt in Köln eine Diskothek. Zum fünften Mal innerhalb von zwei Wochen geht am Samstagabend bei der Polizei ein anonymer Anruf ein, wonach innerhalb der nächsten 20 Minuten in der Diskothek eine Bombe explodieren solle. Bisher hatte es sich immer um einen Fehlalarm gehandelt; eine Bombe wurde nie gefunden. Trotzdem ordnet die Polizei sicherheitshalber die sofortige Räumung des von etwa 800 Personen besuchten Etablissements an. Aufgrund der Räumungsverfügung muss D dulden, dass die meisten Gäste die Räumlichkeiten verlassen, ohne zu bezahlen. Als alle Personen die Diskothek geräumt haben, suchen Experten mit Hilfe von Sprengstoffspürhunden nach dem Sprengkörper. Ein Sprengkörper wird jedoch auch diesmal nicht gefunden.

D macht einen Entschädigungsanspruch in Höhe von 2620 € gegen das Land mit der Begründung geltend, aufgrund der angeordneten Räumung hätten 524 Gäste ohne Bezahlung die Diskothek verlassen. Jeder Gast blieb D im Durchschnitt 5 € schuldig. Das Land Nordrhein-Westfalen bestreitet, dass D einen Anspruch hat. Wie ist die Rechtslage?

Fall nach OLG Stuttgart, NJW 1992, 1396

Zur Vertiefung: *Götz,* Allgemeines Polizei- und Ordnungsrecht, § 6 Rn. 28 ff.; OLG Köln, NJW-RR 96, 860; *Schoch,* in: Schmidt-Aßmann/ Schoch, Bes. VerwR, 2. Kap. Rn. 92 ff.

Fall 3: Bombenstimmung in der Disco

Gliederung:

Teil 1: Anspruch aus § 67 PolG NRW i. V. m. § 39 I lit. b OBG NRW
A. Maßnahme der Polizei
B. Rechtswidrigkeit der Maßnahme
  I. Ermächtigungsgrundlage
  II. Formelle Rechtmäßigkeit
    1. Zuständigkeit
    2. Verfahren
    3. Form
  III. Materielle Rechtmäßigkeit
    1. Tatbestandsvoraussetzungen
      a) Betroffenes Schutzgut
      b) Gefahr für das Schutzgut
        (1) Objektive Gefahrenlage
        (2) Anscheinsgefahr
        (3) Gefahrenverdacht
          (a) Vorliegen eines Gefahrenverdachts
          (b) Einordnung des Gefahrenverdachts
    2. Richtige Rechtsfolge
      a) Ermessen
      b) Störerqualität
        (1) D als Verhaltensstörer
        (2) D als Zustandsstörer
        (3) D als Nichtstörer

Teil 2: Anspruch aus § 67 PolG NRW i. V. m. § 39 I lit. a OBG NRW
A. Polizeiliche Inanspruchnahme als Nichtstörer
B. Schaden
C. Kausalität
D. Rechtsfolge
E. Einwendung des § 39 II OBG NRW

Teil 3: Anspruch aus § 839 BGB i. V. m. Art. 34 GG

Teil 4: Anspruch aus dem Institut des enteignungsgleichen Eingriffs

Teil 5: Anspruch aus dem Institut des enteignenden Eingriffs

Lösung:

Dem A könnte ein Ersatzanspruch gegen das Land Nordrhein-Westfalen zustehen.

Teil 1:

Anspruch aus § 67 PolG NRW i. V. m. § 39 I lit. b OBG NRW[20]

D könnte gegen das Land Nordrhein-Westfalen einen Anspruch auf Ersatz des entstandenen Schadens aus § 67 PolG NRW i. V. m. § 39 I lit. b OBG NRW haben.

Nach § 39 I lit. b OBG NRW hat eine Person einen Anspruch auf Ersatz des Schadens, den sie durch rechtswidrige Maßnahmen der Ordnungsbehörden erleidet. Nach § 67 PolG NRW finden die §§ 39 ff. OBG NRW auf Maßnahmen der Polizei entsprechende Anwendung.

Ein Anspruch des D gem. § 67 PolG NRW i. V. m. § 39 I lit. b OBG NRW ist zu bejahen, wenn D durch die Polizei rechtswidrig in Anspruch genommen worden ist. Die rechtswidrige Maßnahme könnte in der Räumungsverfügung zu sehen sein, durch die D verpflichtet wurde zu dulden, dass viele Gäste die Diskothek verließen, ohne zu bezahlen.

A. Maßnahme der Polizei

Zunächst muss es sich um eine Maßnahme der Polizei handeln. Im vorliegenden Fall ist die Räumungsverfügung von der Polizei erlassen worden.

B. Rechtswidrigkeit der Maßnahme

Die Maßnahme muss rechtswidrig gewesen sein. Bei der Räumungsverfügung und der darin enthaltenen Duldungsverfügung an den D handelte es sich um belastendes staatliches Handeln. Dies ist rechtmäßig, wenn es auf einer Ermächtigungsgrundlage beruht und sowohl in formeller als auch materieller Hinsicht nicht zu beanstanden ist.

I. Ermächtigungsgrundlage

Als Ermächtigungsgrundlage der Räumungsverfügung kommt zunächst § 34 S. 1 1. Fall PolG NRW in Betracht. Hiernach kann die Polizei Personen zur Abwehr einer Gefahr vorübergehend von einem Ort verweisen. Aus

---

[20] **Aufbauhinweis:** Aus dem systematischen Verhältnis von lit. a und lit. b in § 39 I OBG ergibt sich, dass lit. a nur den Schaden aus einer *rechtmäßigen* Inspruchnahme als Nichtstörer meint. Da bei einer rechtswidrigen Inanspruchnahme – auch als Nichtstörer – ein Ersatzanspruch aus lit. b besteht und die Rechtmäßigkeit der behördlichen Maßnahme regelmäßig in Frage steht, empfiehlt es sich, grundsätzlich mit einem Anspruch aus § 39 I lit. b OBG zu beginnen.

Sicht der Gäste der Diskothek könnte sich die Räumungsverfügung durchaus als Platzverweisung i.S.d. § 34 S. 1 1. Fall PolG NRW darstellen. D hat seinen Schaden jedoch dadurch erlitten, dass er verpflichtet wurde, zu dulden, dass viele Gäste, ohne zu bezahlen, die Räumlichkeiten der Diskothek verließen. Diese Duldungsverfügung beruht offensichtlich nicht auf § 34 PolG NRW. Auch andere Spezialvorschriften sind nicht einschlägig. Daher kommt als Ermächtigungsgrundlage nur § 8 I PolG NRW in Betracht.

II. Formelle Rechtmäßigkeit

Die Duldungsverfügung könnte formell rechtmäßig sein.

1. Zuständigkeit

Die Polizei müsste für den Erlass der Duldungsverfügung zuständig gewesen sein. Nach § 1 I S. 1 PolG NRW hat die Polizei die Aufgabe, Gefahren für die öffentliche Sicherheit abzuwehren. Diese Vorschrift regelt die Frage der *sachlichen Zuständigkeit*. Die sachliche Zuständigkeit ist hiernach gegeben, wenn die Behörde zur Gefahrenabwehr tätig werden will.[21] Ob im Einzelfall überhaupt eine Gefahr vorliegt, braucht daher nicht geprüft zu werden. Da die Behörde tätig wird, um Gefahren für das Leben der Diskothekenbesucher abzuwehren, ist sie grundsätzlich sachlich zuständig. Das Eingreifen der allgemeinen Ordnungsbehörde ist in einem solch dringenden Fall nicht rechtzeitig möglich. Die Subsidiaritätsklausel des § 1 I 3 PolG NRW steht der sachlichen Zuständigkeit der Polizei daher nicht entgegen. Durch den Einsatz sollten auch strafbare Handlungen (Totschlag bzw. Körperverletzungsdelikte) unterbunden werden. Die Polizei wurde daher nicht nur zum Schutz privater Rechte tätig (vgl. § 1 II PolG NRW).

Es bestehen keine Anhaltspunkte, an der *örtlichen* (§ 7 POG NRW) oder *instanziellen* (§§ 10ff. POG NRW) Zuständigkeit der Behörde zu zweifeln.

Die handelnde Polizeibehörde war somit zuständig.[22]

2. Verfahren

Bevor ein Verwaltungsakt erlassen wird, der in Rechte eines Beteiligten eingreift, muss dieser nach § 28 I VwVfG NRW angehört werden. Die Duldungsverfügung ist ein Verwaltungsakt im Sinne des § 35 S. 1 VwVfG NRW.

---

[21] *Möller/Wilhelm*, 2. Abschnitt 2.1.2.
[22] **Darstellungshinweis:** Zuständigkeitsfragen stellen regelmäßig nicht den inhaltlichen Schwerpunkt einer Fallbearbeitung dar. Sie sind daher möglichst knapp, aber vollständig darzustellen. Wichtig ist, dass die Aufgabenzuweisungsnormen (die die sachliche Zuständigkeit regeln) wie z.B. § 1 I PolG zwar auf eine Gefahr für die öffentliche Sicherheit (oder Ordnung) abstellen, es aber auf das tatsächliche Vorliegen einer solchen Gefahr nicht ankommt. Es ist also verfehlt, schon bei der Zuständigkeit genauer darauf einzugehen, ob überhaupt eine Gefahr vorliegt. Dies ist erst bei der Frage der materiellen Rechtmäßigkeit genauer zu untersuchen (ebenso *Möller/Wilhelm*, 2. Abschnitt 2.1.2.).

Da D durch die Verfügung den Verlust von Einnahmen in Kauf nehmen musste, griff der Akt in seine Rechte ein. Eine Anhörung war demnach grundsätzlich erforderlich. Sie ist im vorliegenden Fall jedoch nicht erfolgt. Nach § 28 II Nr. 1 VwVfG NRW kann von der Anhörung abgesehen werden, wenn eine sofortige Entscheidung wegen Gefahr im Verzug notwendig erscheint. Die angeblich in der Diskothek befindliche Bombe konnte aus Sicht der Polizisten jederzeit explodieren. Es erschien daher notwendig, die Diskothek sofort, d. h. ohne vorherige zeitaufwendige Anhörung, zu räumen. Eine Anhörung war nach § 28 II Nr. 1 VwVfG NRW entbehrlich. Verfahrensfehler liegen nicht vor.

3. Form

Besondere Formvorschriften für eine Gefahrenabwehrmaßnahme nach § 8 I PolG NRW bestehen nicht. Daher konnte die Duldungsverfügung nach § 37 II VwVfG NRW auch mündlich erlassen werden.

III. Materielle Rechtmäßigkeit

Ein Verwaltungsakt ist materiell rechtmäßig, wenn der Tatbestand der Ermächtigungsgrundlage erfüllt ist und sich das behördliche Verhalten aus der angeordneten Rechtsfolge ergibt. Die Duldungsverfügung war daher rechtmäßig, wenn sie inhaltlich mit § 8 I PolG NRW zu vereinbaren ist.

1. Tatbestandsvoraussetzungen

Zunächst müssen die Tatbestandsvoraussetzungen des § 8 I PolG NRW erfüllt sein. Erforderlich ist hiernach eine im Einzelfall bestehende konkrete Gefahr für die öffentliche Sicherheit.

a) Betroffenes Schutzgut

Die öffentliche Sicherheit umfasst die Rechte und Rechtsgüter des Einzelnen, kollektive Rechtsgüter, die objektive Rechtsordnung und den Bestand des Staates sowie seine Einrichtungen und Veranstaltungen.

Von der Detonation einer Bombe wären zunächst Individualrechtsgüter beeinträchtigt, nämlich das Leben bzw. die Gesundheit der Gäste der Diskothek, des Betreibers selbst und der Angestellten. Darüber hinaus wäre die objektive Rechtsordnung in Form der einschlägigen Straftatbestände (§§ 223 ff. StGB oder § 212 StGB, u. U. § 211 StGB sowie u. U. auch §§ 306 ff. StGB) verletzt. Betroffene Schutzgüter sind hier demnach sowohl Individualrechtsgüter als auch die objektive Rechtsordnung.

b) Gefahr für das Schutzgut

Für die genannten Schutzgüter muss eine konkrete Gefahr bestanden haben. Unter Gefahr ist eine Sachlage zu verstehen, bei der bei ungehindertem Ablauf des Geschehens in absehbarer Zeit mit hinreichender Wahrscheinlichkeit ein Schaden für ein Schutzgut eintreten wird (Rn. 77). Konkret ist die Gefahr, die in einem Einzelfall, d. h. an einem bestimmten Ort zu einer bestimmten Zeit, besteht (Rn. 233).

Fall 3: Bombenstimmung in der Disco

(1) *Tatsächliche Gefahrensituation.* Eine tatsächliche Gefahrensituation liegt vor, wenn bei objektiver Betrachtung ex ante die Wahrscheinlichkeit eines Schadenseintritts bejaht werden kann (Rn. 240). Nach der Bombendrohung stellte sich der Sachverhalt für die Polizisten so dar, dass diese von einem Risiko für die Personen in der Diskothek ausgehen durften. Bei objektiver Betrachtung existierte jedoch keine Bombe, so dass zu keinem Zeitpunkt tatsächlich eine Gefährdung bestand. Eine tatsächliche Gefahrensituation ist daher zu verneinen.

(2) *Anscheinsgefahr.* Die Polizei ist jedoch nicht nur bei einer objektiven Gefahrenlage berechtigt nach § 8 I PolG NRW tätig zu werden. Da Gefahrenabwehrbehörden eine Entscheidung über die Sachlage immer nur vor ihrem eventuellen Einschreiten treffen können, sie aber nicht nur eingreifen sollen, wenn sie sicher sind, dass *objektiv* eine Gefahr vorliegt, ist der Begriff der Gefahr i.S.d. Generalklausel weit auszulegen.[23] Unter den Begriff der Gefahr im Sinne des § 8 I PolG NRW fällt auch die sog. Anscheinsgefahr. Eine Anscheinsgefahr liegt vor, wenn die Gefahrenabwehrbehörde im Zeitpunkt ihres Handelns bei verständiger Würdigung der objektiven Anhaltspunkte eine Gefahrenlage annehmen durfte, obgleich sich im Nachhinein herausstellt, dass eine Gefahr in Wirklichkeit nicht vorlag (Rn. 241). Gefahr bedeutet auch die hinreichende Wahrscheinlichkeit eines Schadenseintritts. Ein Schadenseintritt ist hinreichend wahrscheinlich, wenn er nach der Lebenserfahrung zu erwarten bzw. nicht nur entfernt möglich ist (Rn. 82).

Nach Eingang der Bombendrohung bestanden objektive Anhaltspunkte dafür, dass die Personen in der Diskothek durch eine Sprengstoffexplosion verletzt oder sogar getötet werden konnten. Im Hinblick auf den Telefonanruf schien der Eintritt dieses schädigenden Ereignisses auch möglich. Es handelte sich jedoch um die fünfte anonyme Bombendrohung bezüglich der Diskothek des D innerhalb kürzester Zeit. Die vorangegangenen Drohungen stellten sich im Nachhinein jeweils als Fehlalarm heraus. Vor diesem Hintergrund erschien es wahrscheinlich, dass auch diesmal wieder keine tatsächliche Bedrohung vorlag, es sich vielmehr um eine Fortsetzung der Serie bisheriger Fehlalarme handeln würde. Die Detonation einer Bombe war aus ex-ante-Sicht nach der Lebenserfahrung nicht zu erwarten; es lag vielmehr nur die entfernte Möglichkeit eines Schadenseintritts vor.[24] Eine Anscheinsgefahr ist daher zu verneinen.

(3) *Gefahrenverdacht.* Es könnte sich hier um den Fall eines Gefahrenverdachts handeln.

(a) Vorliegen eines Gefahrenverdachts. Ein Gefahrenverdacht liegt vor, wenn die Behörde über Anhaltspunkte verfügt, die auf eine Gefahr hindeuten, sie sich aber bewusst ist, dass ihre Erkenntnis unvollständig ist und eine

---
[23] Vgl. *Schoch,* JuS 1994, 667 (668).
[24] Nach *Götz,* § 6 Rn. 28 existiert bei mehr als 90% aller Bombendrohungen in Wahrheit keine Bombe.

Gefahr daher möglicherweise nicht vorliegt. Die Behörde hält den Eintritt eines Schadens in diesen Fällen nur für *möglich* und nicht für *wahrscheinlich* (Rn. 247).

Die der Polizei vorliegenden Anhaltspunkte (die telefonisch übermittelte Bombendrohung) ließen es nicht wahrscheinlich erscheinen, dass tatsächlich Menschen zu Schaden kommen würden. Bei der Serie „falscher" Bombendrohungen war eine solche Schädigung nicht wahrscheinlich, sondern lediglich möglich. Die Behörde war sich dessen bewusst. Es ist daher von einem Gefahrenverdacht auszugehen.

(b) Einordnung des Gefahrenverdachts. Es stellt sich die Frage, ob ein Gefahrenverdacht – ebenso wie die Anscheinsgefahr – als Gefahr im Sinne des § 8 I PolG NRW einzuordnen ist. Ob ein Gefahrenverdacht zu Gefahrenabwehrmaßnahmen berechtigt, wird unterschiedlich beurteilt. Im Wesentlichen werden hierzu drei Meinungen vertreten (vgl. Rn. 249).

(aa) Nie Gefahr im Sinne der Generalermächtigung. Nach einer Auffassung stellt ein Gefahrenverdacht nie eine Gefahr im Sinne der gefahrenabwehrrechtlichen Generalklauseln dar.[25] Ein Verdacht sei etwas anderes als eine Gefahr; beides sei daher nicht gleichzusetzen.[26] Schon per definitionem wisse der handelnde Beamte nicht genau, ob eine Gefahr tatsächlich vorliege; die Annahme einer Gefahr scheide daher aus.[27] Der im vorliegenden Fall gegebene Gefahrenverdacht wäre unter Zugrundelegung dieser Auffassung nicht als Gefahr im Sinne des § 8 I PolG NRW zu sehen.

(bb) Immer Gefahr im Sinne der Generalermächtigung. Nach anderer Auffassung ist der Gefahrenverdacht *immer* als Gefahr im Sinne der Generalklauseln anzusehen.[28] Denn letztlich sei der Gefahrenverdacht nichts anderes als eine Gefahr mit geringerer Eintrittswahrscheinlichkeit.[29] Die Ungewissheit sei Teil der Gefahrendefinition. Auch im Falle minderer Wahrscheinlichkeit sei eine Gefahr im Sinne der Generalklauseln anzunehmen.[30] Legt man diese Meinung zugrunde, so wäre im vorliegenden Fall eine Gefahr im Sinne des § 8 I PolG NRW anzunehmen.

(cc) Differenzierende Betrachtung. Nach einem dritten Ansatz sind bei einem Gefahrenverdacht über die Klärung der Gefahrensituation hinaus Gefahrabwehrmaßnahmen zulässig, wenn bedeutende Rechtsgüter (z.B. Gesundheit, Leben) bedroht sind.[31] Die Generalklauseln seien mit Rücksicht

---

[25] So z.B. *Möller/Wilhelm*, 3. Abschnitt 3.3.3.3., ebenso *Götz*, § 6 Rn. 29, der jedoch eine entsprechende Anwendung der Generalklauseln für möglich hält.
[26] *Götz*, § 6 Rn. 29.
[27] *Möller/Wilhelm*, 3. Abschnitt 3.3.3.3.
[28] *Darnstädt*, Gefahrenabwehr und Gefahrenvorsorge, 1983, S. 94ff.; *Schneider*, DVBl. 1980, S. 406ff.; *Brandt/Smeddinck*, Jura 1994, 225 (230); *Gerhardt*, Jura 1987, 521 (525).
[29] *Darnstädt* a.a.O. und *Brandt/Smeddinck* a.a.O.
[30] *Darnstädt* a.a.O.
[31] *Lisken*, in: Lisken/Denninger, E Rn. 48; *Schoch*, in: Schmidt-Aßmann/Schoch, BesVerwR, 2. Kap. Rn. 98.

auf das Bedürfnis nach einer effektiven Gefahrenabwehr auszulegen. Dieses Bedürfnis sei bei bedeutenden Rechtsgütern so hoch, dass Gefahrenabwehrmaßnahmen zulässig sein müssten.[32]

Nach der differenzierenden Auffassung ist bei der Frage, ob eine Gefahr im Sinne der Generalklauseln vorliegt, also auf die Wertigkeit der betroffenen Rechtsgüter abzustellen. Im vorliegenden Fall bestand zumindest die Möglichkeit, dass die Personen in der Diskothek getötet bzw. erheblich verletzt werden würden. Mit Rücksicht auf die große Wertigkeit von Leben und körperlicher Unversehrtheit (vgl. Art. 2 II 1 GG) wäre demnach im Hinblick auf einen effektiven Rechtsgüterschutz von einer Gefahr im Sinne des § 8 I PolG NRW auszugehen.

(dd) Stellungnahme. Ob der Gefahrenverdacht als Gefahr im Sinne der Generalklauseln zu sehen ist, ist durch Auslegung zu ermitteln.

Die grammatikalische Interpretation des Begriffs „Gefahr" kommt zu keinem eindeutigen Ergebnis. Denn mit dem Wortsinn ist es sowohl zu vereinbaren, die Gefahr als „Wahrscheinlichkeit" eines Schadenseintrittes als auch als „Möglichkeit" eines Schadenseintrittes zu verstehen.

Die aufgeworfene Frage lässt sich jedoch anhand von teleologischen Überlegungen beantworten. Die Aufgabe der Polizei ist die Gefahrenabwehr, d.h. Schutz bestimmter Rechtsgüter (vgl. § 1 I 1 PolG NRW). Diese Aufgabe muss auch in Fällen erfüllt werden, in denen Unsicherheit besteht, ob überhaupt eine tatsächliche Gefährdung eines Rechtsgutes vorliegt. Hier kollidiert das Bedürfnis eines effektiven Rechtsgüterschutzes mit dem grundrechtlich geschützten Anspruch des Bürgers auf Freiheit vor ungesetzlichen staatlichen Eingriffen. Es ist davon auszugehen, dass der Gesetzgeber die Effektivität der Gefahrenabwehr höher bewertet, soweit es um den Schutz bedeutender Rechtsgüter geht. Geht es also um den Schutz bedeutender Rechtsgüter, ist aufgrund der teleologischen Überlegungen eine Gefahrenabwehrmaßnahme auch schon bei einem Gefahrenverdacht zu ergreifen.[33] In anderen Fällen reicht die bloße Möglichkeit eines Schadenseintritts nicht für die Annahme einer Gefahr aus. Mit anderen Worten: Je gewichtiger das Schutzgut ist, desto geringer sind die Anforderungen, die an die Wahrscheinlichkeit eines Schadenseintritts zu stellen sind.

Es ist daher der dritten Auffassung zu folgen. Mit ihr ist davon auszugehen, dass eine Gefahr im Sinne des § 8 I PolG NRW vorliegt.[34]

---

[32] *Schoch*, in: Schmidt-Aßmann/Schoch, BesVerwR, 2. Kap. Rn. 98.
[33] So auch *Schoch*, in: Schmidt-Aßmann/Schoch, BesVerwR, Rn. 98.
[34] **Hinweis:** Das dargestellte Problem ist nicht zu verwechseln mit der Problematik über die Zulässigkeit von Gefahrerforschungseingriffen. Hierbei geht es um die Frage, ob bei bloßem Gefahrenverdacht Eingriffe zulässig sind, die primär das Ziel haben zu klären, ob eine objektive Gefahrenlage gegeben ist (vgl. Rn. 253 ff.). Die Räumung diente hier aber nicht der Sachverhaltsaufklärung, sondern der Sicherung der möglicherweise gefährdeten Personen. Die Sachverhaltsaufklärung wäre auch grundsätzlich möglich gewesen, wenn die Diskothek nicht geräumt worden wäre.

2. Richtige Rechtsfolge

a) Ermessen

Nach § 8 I PolG NRW „kann" die Polizei die „notwendigen Maßnahmen" zur Gefahrenabwehr treffen. In ihrer Rechtsfolge stellt die Vorschrift die Gefahrenabwehr in das Ermessen der Polizei. Mit der Räumungsverfügung gegenüber den Personen in der Diskothek und der Duldungsverfügung gegenüber D hat die Polizei Maßnahmen zur Abwehr der Gefahr ergriffen. Sie hat ihr Ermessen rechtmäßig ausgeübt, wenn keine Ermessensfehler i. S. d. § 40 VwVfG NRW vorliegen. Als Ermessensfehler kommt hier allenfalls ein Verstoß gegen das Verhältnismäßigkeitsprinzip in Betracht. Die Maßnahme war jedoch geeignet, die durch die vermeintliche Bombe bestehende Gefahr für Leib oder Leben abzuwehren. Ein milderes, ebenso wirksames Mittel wie die sofortige Räumung war nicht ersichtlich. Denn hätten die Gäste des D die Diskothek erst nach einer Begleichung aller noch zu zahlenden Verbindlichkeiten verlassen dürfen, so hätte die Möglichkeit bestanden, dass sich zum Zeitpunkt der Detonation noch Gäste in den gefährdeten Räumlichkeiten befunden hätten. Bei Abwägung der finanziellen Interessen des D und dem Interesse der Gäste an körperlicher Unversehrtheit ist die Maßnahme auch als angemessen anzusehen. Die Maßnahme war daher verhältnismäßig.

b) Störerqualität

Die Behörde müsste ihr Ermessen auch hinsichtlich der Störerauswahl fehlerfrei ausgeübt haben. Maßnahmen nach § 8 I PolG NRW können sich nur gegen Personen richten, die nach den §§ 4–6 PolG NRW in Anspruch genommen werden dürfen.

(1) *D als Verhaltensstörer.* D könnte als Verhaltensstörer i. S. d. § 4 PolG NRW in Anspruch genommen worden sein. Nach § 4 I PolG NRW können Maßnahmen gegen die Person gerichtet werden, die eine Gefahr verursacht. Eine Gefahr in diesem Sinne verursacht grundsätzlich nur, wer mit seinem Verhalten die Gefahr unmittelbar bedingt. Es ist zu berücksichtigen, dass hier eine Gefahr im Sinne eines Gefahrenverdachts vorliegt. Verhaltensverantwortlicher Verdachtsstörer ist, wer sich den Verdacht zugezogen hat, er habe die (vermeintliche) Gefahr verursacht (Rn. 367).

Im vorliegenden Sachverhalt war als Gefahr die Möglichkeit zu sehen, dass die Personen in der Diskothek durch die Detonation einer Bombe zu Schaden kommen konnten. Aus Sicht der Polizei lagen jedoch keine Anhaltspunkte dafür vor, dass D durch sein Verhalten die vermeintliche Bedrohung seiner Gäste *unmittelbar* verursacht hat. D konnte somit nicht als Verhaltensstörer in Anspruch genommen werden.

(2) *D als Zustandsstörer.* Es kommt jedoch eine Inanspruchnahme als Zustandsstörer in Betracht. Nach § 5 I PolG NRW können Gefahrenabwehrmaßnahmen gegen den Inhaber der tatsächlichen Gewalt der Sache gerichtet werden, von der die Gefahr ausgeht. Nach § 5 II PolG NRW gilt das Glei-

che für den Eigentümer der Sache. Auch hierbei ist allerdings zu beachten, dass eine Gefahr im Sinne eines Gefahrenverdachts vorliegt. Zustandsverantwortlicher Verdachtsstörer ist, wem als (vermeintlicher) Eigentümer oder Inhaber der tatsächlichen Sachgewalt der Verdacht zuzurechnen ist, die Gefahr werde durch seine Sache verursacht (Rn. 384).

Als Gefahr bringende Sache stellte sich aus ex-ante-Sicht die vermeintlich existente Bombe in der Diskothek des D dar. Dafür, dass die Bombe im Eigentum des D stand, lagen keine Anhaltspunkte vor, so dass eine Inanspruchnahme nach § 5 II PolG NRW ausscheidet. Für eine Inanspruchnahme nach § 5 I PolG NRW müssten Anhaltspunkte dafür vorgelegen haben, dass D Inhaber der tatsächlichen Gewalt über die Bombe war. Inhaber der tatsächlichen Gewalt ist, wer die Sache in Besitz oder Gewahrsam hat.[35] Für Besitz oder Gewahrsam an einer Sache ist jedoch zumindest erforderlich, dass der Besitzer oder Gewahrsamsinhaber weiß, wo sich die Sache befindet. Zum Zeitpunkt der Räumung der Diskothek bestanden keine Anhaltspunkte dafür, dass D wusste, wo sich eine Bombe in seiner Diskothek befand. Der Verdacht einer tatsächlichen Sachherrschaft über die Sache war somit abzulehnen. D war damit auch kein Zustandsstörer im Sinne des § 5 PolG NRW.

(3) *D als Nichtstörer.* D könnte jedoch als Nichtstörer nach § 6 I PolG NRW in Anspruch genommen worden sein, da er weder als Verhaltensstörer noch als Zustandsstörer einzuordnen ist. Nach § 6 I Nr. 1 PolG NRW ist hierfür zunächst das Vorliegen einer *gegenwärtigen erheblichen* Gefahr erforderlich. Gegenwärtig ist eine Gefahr bei besonderer zeitlicher Nähe zur Gefahrenverwirklichung (Rn. 270). Da die Bombe aus ex-ante-Sicht jederzeit hätte detonieren können, ist von einer gegenwärtigen Gefahr auszugehen. Erheblich ist die Gefahr, wenn sie für ein bedeutsames Rechtsgut besteht (Rn. 274). Durch die vermeintliche Bombe waren scheinbar Leib und Leben der Personen in der Diskothek bedroht. Wegen der Bedeutsamkeit dieser Rechtsgüter war die Gefahr erheblich.

Nach § 6 I Nr. 2 PolG NRW ist erforderlich, dass Maßnahmen gegen die Verhaltens- oder Zustandsstörer nicht oder nicht rechtzeitig möglich sind oder keinen Erfolg versprechen. Da keine Anhaltspunkte dafür bestanden, wer im vorliegenden Fall als Verhaltens- oder Zustandsstörer in Betracht kam, waren Maßnahmen gegen Störer von vornherein nicht möglich.

Die Inanspruchnahme eines Nichtstörers ist nach § 6 I Nr. 3 PolG NRW nur zulässig, wenn die Polizei selbst oder Beauftragte der Polizei die Gefahr nicht oder nicht rechtzeitig abwehren können. Im Falle einer Bombendetonation ist es weder der Polizei noch potentiellen Beauftragten möglich, Schäden von den Personen in der Diskothek abzuhalten. Eigene Gefahrenabwehrmaßnahmen waren daher weder der Polizei noch potentiellen Beauftragten möglich.

---

[35] *Gusy*, Rn. 350.

Nach § 6 I Nr. 4 PolG NRW ist eine Verpflichtung als Nichtstörer nur zulässig, wenn die Person ohne erhebliche eigene Gefährdung und ohne Verletzung höherwertiger Pflichten in Anspruch genommen werden kann. Eine Gefahr ist grundsätzlich erheblich, wenn bedeutende Rechtsgüter wie Leben, Gesundheit, Freiheit oder nicht unwesentliche Vermögenswerte gefährdet werden. Was im Einzelfall genau unter „erheblich" zu verstehen ist, ist eine Frage der Abwägung (Rn. 443).

Durch die an D ergangene Duldungsverfügung bestand die Gefahr, dass dieser durch den Ausfall von Forderungen einen Vermögensschaden erleiden würde. Verglichen mit der möglichen Tötung oder Verletzung seiner Gäste ist der Vermögensschaden jedoch nicht als erheblich anzusehen. Da auch keine Verletzung anderer Pflichten des D ersichtlich ist, steht § 6 I Nr. 4 PolG NRW einer Inanspruchnahme des D nicht entgegen.

Demnach lagen die Tatbestandsvoraussetzungen für eine Inanspruchnahme des D als Nichtstörer vor.

Andere Anhaltspunkte für Ermessensfehler liegen nicht vor. Die sofortige Räumung der Diskothek war daher rechtmäßig. Ein Ersatzanspruch aus § 67 PolG NRW i. V. m. § 39 I lit. b OBG NRW wegen eines Schadens durch eine rechtswidrige Maßnahme der Polizei ist somit zu verneinen.

Teil 2:

Anspruch aus § 67 PolG NRW i. V. m. § 39 I lit. a OBG NRW

Der Anspruch könnte sich jedoch aus § 67 PolG NRW i. V. m. § 39 I lit. a OBG NRW ergeben. Nach § 39 I lit. a OBG NRW hat eine Person einen Anspruch auf Ersatz des Schadens, den sie durch Maßnahmen der Ordnungsbehörden infolge einer Inanspruchnahme als Nichtstörer erleidet.

Ein Anspruch besteht, wenn die Tatbestandsvoraussetzungen der Anspruchsgrundlage erfüllt sind und dem Anspruch keine Einwendungen entgegenstehen. Ein Anspruch des D gem. § 67 PolG NRW i. V. m. § 39 I lit. a OBG NRW ist zu bejahen, wenn D durch die polizeiliche Inanspruchnahme als Nichtstörer ein Schaden entstanden ist. Dem Anspruch dürften des Weiteren keine Einwendungen entgegenstehen.

A. Polizeiliche Inanspruchnahme als Nichtstörer

Zunächst müsste D von der Polizei als Nichtstörer in Anspruch genommen worden sein. Wie bereits gesehen (siehe Teil 1 des Gutachtens) ist D im Rahmen der Räumung der Diskothek von der Polizei als Nichtstörer verpflichtet worden.

B. Schaden

Weiter müsste dem D ein Schaden entstanden sein. Schaden ist jedes unfreiwillige Vermögensopfer. D musste dulden, dass die Gäste seine Diskothek ohne Begleichung ihrer Verbindlichkeiten verließen. Dies führte zu einer unfreiwilligen Vermögensminderung bei D. Ein Schaden ist somit zu bejahen.

C. Kausalität

Der Schaden muss auf der Inanspruchnahme als Nichtstörer beruhen. Wäre der D nicht von der Polizei als Nichtstörer verpflichtet worden, wäre ihm der Schaden nicht entstanden. Somit liegen die den Anspruch begründenden Voraussetzungen des § 39 I lit. a OBG NRW und § 67 PolG NRW vor.

D. Rechtsfolge

Nach § 39 I lit. a i. V. m. § 40 I 1, § 42 I 1 und § 45 I 1 OBG NRW hat der Geschädigte gegen das Land einen Anspruch auf Ersatz des Vermögensschadens. Ersatzfähig sind dabei gem. § 40 I 2 OBG NRW nur Schäden, die in einem unmittelbaren Zusammenhang mit der fraglichen Maßnahme stehen. Zum ersatzfähigen Schaden gehört auch der entgangene Gewinn, der aber gem. § 40 I 2 OBG NRW auf den Ausfall des gewöhnlichen Verdienstes (Rn. 629 und 584 ff.) begrenzt ist.

Durch die Räumung der Diskothek hat D eine unmittelbare unfreiwillige Vermögenseinbuße i. H. v. 2620 € erlitten. In Höhe dieses Betrages liegt ein unmittelbarer Vermögensschaden vor. Eine Begrenzung auf den gewöhnlichen Verdienst nach § 40 I 2 OBG NRW ist nicht vorzunehmen, da die 2620 € schon erwirtschaftetes Vermögen (in Form entstandener Geldansprüche) und nicht nur entgangener Gewinn waren.

Nach § 40 IV OBG NRW ist bei der Bemessung der Entschädigung zu berücksichtigen, ob bei der Entstehung des Schadens ein Verschulden des Geschädigten mitgewirkt hat. Anhaltspunkte für ein Mitverschulden liegen nicht vor.

Soweit keine Einwendungen entgegenstehen, hat D gem. § 39 I lit. a i. V. m. § 40 I 1, § 42 I 1 und § 45 I 1 OBG NRW einen Anspruch gegen das Land Nordrhein-Westfalen auf Zahlung von 2620 €.

E. Einwendung des § 39 II OBG NRW

Dem Anspruch des D könnte jedoch § 39 II OBG NRW als Einwendung entgegenstehen. Nach § 39 II lit. a OBG NRW besteht ein Anspruch nicht, soweit der Geschädigte auf andere Weise Ersatz erlangt hat. Ein solcher Ersatz des D ist nicht ersichtlich.

Einem Ersatzanspruch könnte jedoch § 39 II lit. b OBG NRW entgegenstehen. Nach dieser Vorschrift ist ein Anspruch ausgeschlossen, wenn durch die schadensverursachende Maßnahme die Person oder das Vermögen des Geschädigten geschützt worden ist.

Es stellt sich die Frage, wie diese Vorschrift auszulegen ist, wann also das Verhalten des Geschädigten durch eine Maßnahme „geschützt worden ist" (vgl. Rn. 580 ff.). Einerseits könnte man hier auf die tatsächlichen Verhältnisse abstellen und – ex post – feststellen, dass zu keinem Zeitpunkt tatsächlich eine Gefahr bestand und der D vor keiner Bedrohung „geschützt" werden konnte. Bei dieser Auslegung stünde § 39 II lit. b OBG NRW dem Anspruch des D auf Zahlung von 2620 € nicht entgegen.

Andererseits könnte man – wie bei der Auslegung des Gefahrenbegriffes im Sinne der Generalklauseln – auf die ex-ante-Betrachtung abstellen. Bei dieser Sichtweise hätte die Polizei die Person und das Vermögen des D vor der Bedrohung durch die Bombe geschützt; ein Anspruch des D wäre dann nach § 39 II lit. b OBG NRW ganz oder teilweise ausgeschlossen.[36] Es stellt sich die Frage, welche Sichtweise bei der Anwendung des § 39 II lit. b OBG NRW maßgeblich ist.

Der Wortlaut ist objektiv gefasst. Es kommt nach dem Wortsinn nicht darauf an, dass die Maßnahme „zum Schutze" des Geschädigten „getroffen worden" ist. Vielmehr wird (objektiv) darauf abgestellt, dass der Geschädigte durch die Maßnahme (tatsächlich) „geschützt worden ist". Nach grammatikalischer Interpretation kommt es also bei der Auslegung des § 39 II lit. b OBG NRW nicht auf die Willensrichtung der Polizei an, sondern auf den objektiven Schutzerfolg.

Dieses Ergebnis ist auch mit teleologischen Überlegungen zu vereinbaren. Bei den Entschädigungsregelungen des Polizei- und Ordnungsrechts (der sog. Sekundärebene der Gefahrenabwehr) geht es anders als bei den eigentlichen Gefahrenabwehrmaßnahmen (der sog. Primärebene) nicht um eine effektive Gefahrenabwehr, sondern um einen gerechten Schadensausgleich.[37] Auf Sekundärebene ist der Begriff des Nichtstörers objektiv, d. h. aus ex-post-Sicht zu bestimmen. Denn eine Person ist dann entschädigungswürdig, wenn sie als Störer in Anspruch genommen wurde, obwohl sie tatsächlich keine Gefahr verursacht hat.[38] Im Verhältnis zur Allgemeinheit trägt sie durch die Inanspruchnahme (objektiv) ein Sonderopfer, welches im Rahmen eines gerechten Ausgleichs einen Entschädigungsanspruch rechtfertigt.[39] Von einem Sonderopfer kann nicht mehr gesprochen werden, wenn eine Person (objektiv) im eigenen Interesse in Anspruch genommen wird. Hier schließt § 39 II lit. b OBG NRW den Entschädigungsanspruch im Rahmen einer Vorteilsanrechnung[40] aus. Bei der Anwendung des § 39 II lit. b OBG NRW auf die subjektive Rettungsabsicht der Gefahrenabwehrbehörde abzustellen,

---

[36] Die Frage, ob trotz des Wortlautes der Ersatzanspruch nach § 39 II lit. b OBG auch *anteilig* entfallen kann, wird unterschiedlich beurteilt (vgl. hierzu *Wagner*, PolG NRW, § 45 Rn. 40 f. m. w. N.).
[37] *Schoch*, JuS 1995, 504 (510).
[38] *Schoch*, JuS 1993, 724; BGHZ 117, 303.
[39] *Sailer*, in: Lisken/Denninger, M 48.
[40] *Gusy*, Rn. 471.

wäre inkonsequent. Denn es ist kein sachlicher Grund dafür ersichtlich, bei den anspruchsbegründenden Voraussetzungen zutreffend auf die objektive Lage abzustellen, bei den Voraussetzungen eines Ausschlusstatbestandes aber eine subjektive Betrachtung zugrunde zu legen.[41] Vielmehr sind die Tatbestandsmerkmale auf der Sekundärebene einheitlich objektiv anzuwenden. Nach allem kommt es bei der Anwendung des § 39 II lit. b OBG NRW nicht auf die Schutzabsicht der Gefahrenabwehrbehörde, sondern auf den objektiven Schutzerfolg an (Rn. 583). Da weder die Person des D noch sein Vermögen tatsächlich bedroht waren, konnte kein objektiver Schutzerfolg eintreten. § 39 II lit. b OBG NRW steht dem Ersatzanspruch des D nicht entgegen.

D hat gem. § 39 I lit. a i. V. m. § 40 I 1, § 42 I 1 und § 45 I 1 OBG NRW einen Anspruch gegen das Land Nordrhein-Westfalen auf Zahlung von 2620 €.

Teil 3:

Anspruch aus § 839 BGB i. V. m. Art. 34 GG
D könnte ein Amtshaftungsanspruch aus § 839 BGB i. V. m. Art. 34 GG zustehen. Der Anspruch scheitert jedoch an der Rechtmäßigkeit der staatlichen Maßnahme.

Teil 4:

Anspruch aus dem Institut des enteignungsgleichen Eingriffs
In Betracht kommt schließlich ein Anspruch aus dem Institut des enteignungsgleichen Eingriffs. Dies setzt eine Schädigung durch ein rechtswidriges behördliches Handeln voraus (Rn. 565). Der Anspruch scheitert an der Rechtmäßigkeit der staatlichen Maßnahme.

Teil 5:

Anspruch aus dem Institut des enteignenden Eingriffs
Zu denken ist letztlich auch noch an einen Anspruch aus dem Institut des enteignenden Eingriffs. Jedoch stellt die Regelung des § 39 I OBG NRW eine spezialgesetzliche Ausgestaltung dieses Instituts dar. Die Vorschrift ist als abschließend zu verstehen (Rn. 632). Die allgemeinen Grundsätze über den enteignenden Eingriff sind daher von vornherein nicht anwendbar.[42] Auch ein Anspruch aus dem Institut des enteignenden Eingriffs scheidet daher aus.

---

[41] Ähnlich *OLG Köln*, NJW-RR 1996, 860 (861).
[42] *Bergmann/Schumacher*, Die Kommunalhaftung, 2. Aufl. 1996, Rn. 1362.

Fall 4: Parken schwer gemacht

(Rechtmäßigkeit eines Kostenbescheids; Rechtmäßigkeit einer Ersatzvornahme im Sofortvollzug; Verhältnismäßigkeit einer Abschleppmaßnahme; Erhebung einer Verwaltungsgebühr)

Sachverhalt:

S ist Eigentümer und Halter eines PKW mit dem amtlichen Kennzeichen MS-MC 444. Diesen PKW stellte er am 3. 6. 2010 ordnungsgemäß vor seinem Wohnhaus Charlotte Weg 11 ab. Anschließend begab er sich für eine zweiwöchige stationäre Behandlung in ein Krankenhaus. Bei dem Charlotte Weg handelt es sich um eine öffentliche Straße, in der normalerweise keine Halt- oder Parkverbote bestehen. Am 10. 6. 2010 stellte die Stadt M zur Vorbereitung eines Straßenfestes mobile Halteverbotsschilder (Zeichen 283 gem. § 41 II Nr. 8 StVO) auf. Da der Beginn des Straßenfestes am 14. 6. 2010 wegen des dort parkenden PKW des S – alle anderen Anwohner hatten ihre Fahrzeuge an anderer Stelle abgestellt – zu stocken drohte, versuchte der herbeigerufene Beamte des Ordnungsamtes den S, den er als Halter des PKW ausgemacht hatte, vergebens in seinem Wohnhaus anzutreffen. Sodann veranlasste er, dass das Fahrzeug von einem Abschleppunternehmen auf dessen Betriebshof abgeschleppt wurde. Der Beginn des Straßenfestes am 14. 6. 2010 wurde bereits Wochen vorher in der lokalen Presse bekannt gemacht.

Am 28. 6. 2010 kehrte S aus dem Krankenhaus zurück. Nach ordnungsgemäßer Anhörung erging gegen S am 9. 7. 2010 ein Kostenbescheid, der ihm am 12. 7. 2010 mittels Postzustellungsurkunde zugestellt wurde. In dem Bescheid mit ordnungsgemäßer Rechtsbehelfsbelehrung macht der Oberbürgermeister O der Stadt M den an den Abschleppdienst gezahlten Betrag in Höhe von 92,70 € und ohne nähere Erklärung eine Verwaltungsgebühr in Höhe von 35,00 € geltend. S zahlte den Gesamtbetrag in Höhe von 127,70 € und holte sein Fahrzeug von dem Betriebshof des Abschleppunternehmens am 16. 7. 2010 ab.

Am 2. 8. 2010 erhob S Klage vor dem zuständigen Verwaltungsgericht. In der Klage wendet sich S gegen den Kostenbescheid und begehrt die Rückzahlung des Betrags in Höhe von 127,70 €.

Zur Begründung trug S vor: Der Kostenbescheid sei rechtswidrig, da er sein Fahrzeug ordnungsgemäß abgestellt habe und das nachträglich aufgestellte Schild für ihn nicht gelten könne. Mangels Anwesenheit sei er nicht in der Lage und schon gar nicht verpflichtet gewesen, Vorsorge für den Fall zu treffen, dass sich die verkehrsrechtliche Situation verändere. Von dem Straßenfest habe er auch nichts gewusst, da er sich für solche „Vergnügungen" nicht interessiere. S sei für die Kosten nicht verantwortlich. Schließlich sei nicht nachvollziehbar, nach welchen Grundsätzen O die Höhe der Gebühr festgelegt habe; es fehle ein Hinweis auf die Berechnungsgrundlage. O lehnte die Erstattung der Kosten ab. Das Abschleppen sei rechtmäßig erfolgt. Des Weiteren sei die Angabe der Berechnungsmaßstäbe, nach denen die Gebühr erhoben werde, unnötig, da es sich dabei um verwaltungsinterne Rechnungspositionen handele.

Bearbeitervermerk:
Die Erfolgsaussichten der Klage sind zu begutachten.
Bei der Stadt M handelt es sich um eine kreisfreie Stadt.

Zur Vertiefung: *BVerwG,* DVBl. 1998, 93 ff.; *BGH,* NJW 2006, 1804 (Abschleppkosten-Inkasso); *OVG Hamburg,* NJW 2005, 2247 (Kostenerstattung für das Abschleppen eines Fahrzeugs); *OVG Hamburg,* NordÖR 2009, 156 (Abschleppkosten bei Abstand von drei Tagen zwischen Einrichtung eines Halteverbots und Abschleppmaßnahme); *OVG Hamburg,* NVwZ-RR 2009, 995 (Sicherstellung eines verbotswidrig abgestellten Fahrzeugs); *OVG NRW,* NJW 1999, 1275 ff.; *OVG NRW,* NWVBl. 2000, 355 f.; *OVG NRW,* NWVBl. 2001, 181 ff.; *OVG NRW,* NWVBl. 2005, 176 f.; *VGH BW,* VBlBW 2004, 213 (Rechtswidrigkeit des Kostenbescheids wegen sachlicher Unzuständigkeit der anordnenden Behörde); *Gornig/Jahn,* Fall 20; *Beaucamp,* Verwaltungsgerichtliche Fragen rund um das Verkehrszeichen, JA 2008, 612 ff.; *Sasse,* Der fehlgeschlagene Abschleppschutz, NdsVBl. 2008, 329 ff.

Gliederung:

Teil 1: Zulässigkeit der Klage
A. Verwaltungsrechtsweg gem. § 40 I 1 VwGO
B. Statthafte Klageart: Anfechtungsklage mit Annexantrag
C. Klagebefugnis § 42 II VwGO analog
D. Vorverfahren
E. Klagefrist
F. Richtiger Klagegegner
G. Ergebnis zur Zulässigkeit

Teil 2: Begründetheit
A. Anfechtungsbegehren
  I. Kostenersatz für das Abschleppen des Pkw
    1. Rechtsgrundlage
    2. Formelle Rechtmäßigkeit
    3. Materielle Rechtmäßigkeit
      a) Sofortvollzug
        aa) Wirksamer Grundverwaltungsakt
        bb) Vollstreckbarer Grundverwaltungsakt
        cc) Rechtmäßiger Grundverwaltungsakt
        dd) Gegenwärtige Gefahr
        ee) Notwendigkeit
        ff) Richtiges Zwangsmittel
        gg) Verhältnismäßigkeit
      b) Kostenschuldner
      c) Kostenhöhe
    4. Ergebnis (Auslagen in Höhe von 92,70 €)
  II. Verwaltungsgebühr
    1. Rechtsgrundlage
    2. Formelle Rechtmäßigkeit
    3. Materielle Rechtmäßigkeit
    4. Ergebnis (Verwaltungsgebühr in Höhe von 35,00 €)
B. Rückzahlungsbegehren (Annexantrag)
  I. Kostenersatz für das Abschleppen des Pkw
  II. Verwaltungsgebühr
C. Gesamtergebnis

Fall 4: Parken schwer gemacht 221

Lösung:

Die Klage hat Aussicht auf Erfolg, wenn sie zulässig und begründet ist.

Teil 1: Zulässigkeit der Klage

A. Verwaltungsrechtsweg

An der Eröffnung des Verwaltungsrechtswegs nach § 40 I 1 VwGO bestehen keine Zweifel. Die streitentscheidenden Normen finden sich im Verwaltungsvollstreckungs- und Ordnungsbehördengesetz des Landes Nordrhein-Westfalen, mithin sind sie solche des öffentlichen Rechts. Auf- und abdrängende Sonderzuweisungen sind nicht ersichtlich.

B. Statthafte Klageart

Die statthafte Klageart richtet sich gem. § 88 VwGO nach dem Klagebegehren. S wendet sich gegen den Kostenbescheid in Höhe von 127,70 €. Er begehrt die Rückzahlung des Betrags. In Betracht kommt eine **Anfechtungsklage gem. § 42 I Var. 1 VwGO gegen den Leistungsbescheid verbunden mit einer Leistungsklage auf Rückzahlung des Betrags gem. § 113 I 2 VwGO (Annexantrag)**. Der Leistungsbescheid ist ein Verwaltungsakt i.S.d. § 35 S. 1 VwVfG NRW. Da die Aufhebung eines Verwaltungsakts begehrt wird, ist die Anfechtungsklage gem. § 42 I Var. 1 VwGO statthaft. Die Rückzahlung des gezahlten Betrags stellt einen Realakt dar, so dass die allgemeine Leistungsklage statthaft ist.

C. Klagebefugnis

S müsste gem. § 42 II VwGO klagebefugt sein. S ist als Adressat eines belastenden Verwaltungsakts, des Kostenbescheids vom 9. 7. 2010, möglicherweise in seinen Rechten verletzt, Art. 2 I GG.

D. Vorverfahren

Das Widerspruchsverfahren nach § 68 I 1 VwGO ist gem. § 68 I 2 HS. 1 VwGO i.V.m. § 6 I 1 AG VwGO NRW entbehrlich. (Würde der Fall nach dem 1. 1. 2011 spielen, wäre das Widerspruchsverfahren gem. § 60 I 2 HS. 1 VwGO i.V.m. § 110 I 1 JustG NRW entbehrlich).

E. Klagefrist

Die Klage ist am 2. 8. 2010 gegen den am 12. 7. 2010 bekanntgegebenen Leistungsbescheid fristgerecht erhoben worden, § 74 I 2 VwGO. Denn die Monatsfrist endet gem. § 57 II VwGO i.V.m. § 222 I ZPO i.V.m. § 188 II BGB erst am 12. 8. 2010.

F. Richtiger Klagegegner

Der Oberbürgermeister O ist die Behörde, die den Bescheid vom 9. 7. 2010 erlassen hat. O war nach dem Behördenprinzip bis zur Einführung des JustG NRW daher gem. § 78 I Nr. 2 VwGO i.V.m. § 5 II 1 AG VwGO NRW der richtige Klagegegner. Seit dem 1. 1. 2011 gilt für alle Klagearten das Rechtsträgerprinzip, gesetzlich ausgeprägt in § 78 I Nr. 1 VwGO, da keine § 5 AG VwGO NRW entsprechende Regelung Eingang in das JustG NRW gefunden hat. Die Klage ist also gegen die Stadt M als Rechtsträger der Behörde (Oberbürgermeister O) zu richten.

G. Ergebnis zur Zulässigkeit

Die Klage ist demnach zulässig.

Teil 2: Begründetheit

Die Klage ist begründet, soweit der Verwaltungsakt rechtswidrig ist und S dadurch in seinen Rechten verletzt wird, § 113 I 1 VwGO.

A. Anfechtungsbegehren

I. Kostenersatz für das Abschleppen des Pkw

1. Rechtsgrundlage

Vorab ist festzuhalten, dass O die Kosten durch einen Verwaltungsakt, nämlich den Leistungsbescheid vom 9. 7. 2010, geltend machen durfte. Denn nach allgemeiner Ansicht steht der Behörde zur Geltendmachung des **Kostenerstattungsanspruchs** eine **Verwaltungsaktbefugnis** zu.[43] Die Befugnis, die Kosten durch Verwaltungsakt geltend zu machen, ergibt sich bereits aus dem Gesetzeswortlaut: So setzt der Gesetzgeber in § 6 I Nr. 1 VwVG NRW die Zulässigkeit des „Leistungsbescheid(s)" voraus, „durch den der Schuldner zur Leistung aufgefordert worden ist".

Als Rechtsgrundlage des O für die Erhebung der Abschleppkosten in Höhe von 92,70 € kommen §§ 77 I 1, II 1 VwVG NRW, 20 II 2 Nr. 7 VO VwVG NRW oder §§ 24 Nr. 13 OBG NRW i.V.m. 46 III 1 PolG NRW i.V.m. 77 I 1, II 1 VwVG NRW, 20 II 2 Nr. 8 VO VwVG NRW in Betracht.

Die Wahl der Rechtsgrundlage hängt von der Einordnung der Abschleppmaßnahme als **Ersatzvornahme oder Sicherstellung** ab.

Gegen die Wertung als Ersatzvornahme spricht, dass durch die Ersatzvornahme nur eine Handlung anstelle des Pflichtigen vorgenommen wird, zu der dieser verpflichtet gewesen wäre. Die Pflicht des Abschleppschuldners beinhaltet allerdings nicht die Verbringung und Verwahrung des Fahrzeugs.[44] Da

---

[43] Statt vieler: *Götz*, § 6 Rn. 6.
[44] *Götz*, § 14 Rn. 26.

Fall 4: Parken schwer gemacht 223

sich der Verstoß gegen die StVO, gegen die objektive Rechtsordnung, bereits verwirklicht hatte, wäre die Abschleppmaßnahme mithin gem. § 43 Nr. 1 PolG NRW i. V. m. § 24 Nr. 13 OBG NRW auch zur Abwehr einer gegenwärtigen Gefahr erfolgt und somit als Sicherstellung zu werten.

Für die Bejahung einer Ersatzvornahme wird demgegenüber darauf hingewiesen, dass das „Wegfahrgebot" des Verkehrsschildes ein abstraktes „Räumungsgebot" enthalte. Ob die Räumung durch ein Wegfahren des Pflichtigen oder ein behördlich veranlasstes Abschleppen erreicht wird, sei dabei gleichgültig.[45] Die weit überwiegende Ansicht wertet die Abschleppmaßnahme als Ersatzvornahme.[46]

Der letzteren Ansicht wird im Folgenden der Vorzug gegeben.[47] Zweck der Abschleppmaßnahme ist die Entfernung des störenden Fahrzeugs, nicht die Begründung von Sachherrschaft über den Pkw. Wäre der Pflichtige anwesend, würde die Behörde ihn zum Entfernen des Fahrzeugs auffordern. An diesem Handlungsgebot ändert sich bei Abwesenheit des Betroffenen nichts. Die Behörde setzt in diesem Fall das Beseitigungsgebot zwangsweise um, handelt also in Form der Ersatzvornahme. Der Kostenbescheid ergeht auf Grund der §§ 77 I 1, II 1 VwVG NRW, 20 II 2 Nr. 7 VO VwVG NRW.

2. Formelle Rechtmäßigkeit

O handelte formell rechtmäßig. Insbesondere war O gem. §§ 5 I 1, 3 I OBG NRW sachlich und gem. § 4 I OBG NRW örtlich zuständig. Zudem wurde S vor Erlass des Kostenbescheids gem. § 28 I VwVfG NRW ordnungsgemäß angehört. Die Anhörung war erforderlich, sie war **nicht gem. § 28 II Nr. 5 VwVfG NRW entbehrlich**, da die Kostenerhebung keine Maßnahme in (sondern nach) der Verwaltungsvollstreckung ist.

3. Materielle Rechtmäßigkeit

Der Kostenbescheid kann nur dann materiell rechtmäßig sein, wenn die Abschleppmaßnahme rechtmäßig erfolgte.

a) Sofortvollzug

Hinsichtlich der Abschleppmaßnahme kommt ein Vorgehen im Wege des Sofortvollzugs in Betracht. Die Voraussetzungen des Sofortvollzugs ergeben sich aus § 55 II VwVG NRW. Ein Vorgehen im gestreckten Verfahren ist ausgeschlossen, da weder eine Anordnung noch eine Festsetzung erfolgt ist. Eine Anordnung kann zwar bei besonderen Umständen des Einzelfalls gem.

---

[45] *Dietlein/Burgi/Hellermann*, Rn. 245.
[46] *HessVGH*, NVwZ 1987, 904 (909); *OVG MV*, NordÖR 2005, 328; *Dietlein/Burgi/Hellermann*, Rn. 245; *Knemeyer*, Rn. 252.
[47] Wenn die Einordnung als Sicherstellung mit den genannten Argumenten auch vertretbar erscheint, ist die Annahme einer Ersatzvornahme klausurtaktisch im Regelfall klüger. Ausnahmsweise ist eine Wertung als Sicherstellung vorzugswürdig; so beispielsweise, wenn die Behörde zum Schutz des Eigentümers des abgeschleppten Fahrzeugs handelt (vgl. *BayVGH*, NJW 2001, 1960).

§ 63 I 5 VwVG NRW entbehrlich sein, eine Festsetzung ist im gestreckten Verfahren allerdings zwingend, vgl. § 64 S. 2 VwVG NRW.[48] Erforderlich für ein Vorgehen im sofortigen Vollzug ist grundsätzlich ein fiktiver Grundverwaltungsakt. Vorliegend ist es nicht notwendig, auf eine fiktive Verfügung abzustellen, wenn die Halteverbotsschilder ein vollstreckbares Wegfahrgebot beinhalten. Wenn für den Sofortvollzug bereits ein nur fiktiver Grundverwaltungsakt genügt, so ist ein vollstreckbar ergangener Verwaltungsakt in Form eines Halteverbotsschildes erst recht ausreichend.[49]

aa) Wirksamer Grundverwaltungsakt
Das Halteverbotsschild müsste ein wirksamer Verwaltungsakt sein. In Betracht kommt eine Allgemeinverfügung gem. **§ 35 S. 2 Var. 3 VwVfG NRW**. Das ist ein Verwaltungsakt, der die Benutzung einer Sache durch die Allgemeinheit betrifft, § 35 S. 2 Var. 3 VwVfG NRW. Ein Halteverbotsschild begründet sowohl ein Halteverbot als auch ein Gebot, verkehrswidrig abgestellte Fahrzeuge zu entfernen.[50] Aus dem Halteverbot am Charlotte Weg ergibt sich im vorliegenden Fall das Gebot, das in diesem Bereich parkende Fahrzeug wegzufahren. Damit ordnet das Halteverbotsschild im Einzelfall eine Rechtsfolge mit unmittelbarer Außenwirkung an, und ist damit als Verwaltungsakt zu qualifizieren. Durch die Begründung des Halte- und Parkverbots regelt das Verkehrsschild die Benutzung der öffentlichen Straße für den zugeordneten Raum. Damit liegt eine auf §§ 13, 43 I, II StVO gestützte sachbezogene Allgemeinverfügung i. S. d. § 35 S. 2 Var. 3 VwVfG NRW vor.

Fraglich ist, ob das Verkehrszeichen auch gegenüber dem abwesenden O wirksam ist. Ein Verwaltungsakt wird grundsätzlich **gem. §§ 41 I 1, 43 I VwVfG NRW** durch Bekanntgabe wirksam. Unter Bekanntgabe versteht man die Eröffnung des Verwaltungsakts gegenüber dem Betroffenen.[51] Als S sein Fahrzeug am Charlotte Weg abstellte, waren die Halteverbotsschilder noch nicht aufgestellt und für S nicht erkennbar. Daher sind unter Zugrundelegung des allgemeinen Bekanntgabebegriffs die Halteverbotsschilder dem S nicht wirksam bekannt gegeben worden.

Bei Verkehrsschildern gilt allerdings gem. § 1 StVO ein besonderer, durch die StVO geprägter Bekanntgabebegriff. **§§ 39 I, 45 IV StVO** verdrängen als

---

[48] Von der Androhung kann gem. § 63 I 5 VwVG NRW „insbesondere", aber nicht ausschließlich im Sofortvollzug abgesehen werden. Eine Androhung kann also auch im gestreckten Verfahren entfallen. Demgegenüber gestattet § 64, 2 VwVG NRW nur bei sofortigem Vollzug einen Wegfall der Festsetzung.
[49] Zur Bejahung eines fiktiven Grundverwaltungsakts ist ein Abstellen auf § 14 I OBG NRW u. U. auch vertretbar. Das verbotswidrige Parken beinhaltet einen Verstoß gegen die öffentliche Sicherheit in Form der Verletzung der objektiven Rechtsordnung. Das verbotswidrige Abstellen des Pkw stellt eine Ordnungswidrigkeit gem. §§ 12 I Nr. 6 a, 49 I Nr. 12 StVO, 24 StVG dar.
[50] *BVerwG*, NVwZ 1988, 623 f.
[51] *Kopp/Ramsauer*, VwVfG, 10. Aufl., München 2008, § 41 Rn. 6.

spezielle Regelung der Bekanntgabe die Vorschrift des § 43 VwVfG NRW.[52] Ein Verkehrsschild ist danach bereits mit Aufstellung gegenüber allen in Betracht kommenden Verkehrsteilnehmern bekannt gegeben.[53] Denn ab diesem Zeitpunkt kann jeder Verkehrsteilnehmer das Schild bei Anlegung des Sorgfaltsmaßstabes aus § 1 StVO ohne besondere Anstrengung erkennen. Auf eine tatsächliche Gelegenheit, das Verkehrsschild wahrzunehmen, kommt es dabei nicht an.[54] Allein die (theoretische) Möglichkeit der Kenntnisnahme ist ausreichend (**Sichtbarkeitsprinzip**).[55] Das Sichtbarkeitsprinzip rechtfertigt sich aus dem Grundsatz des Straßenverkehrsrechts, nach dem stets eine eindeutige, für alle Verkehrsteilnehmer einheitlich geltende Verkehrsregelung zu treffen ist.

Die tatsächliche Wahrnehmung des S ist daher ohne Bedeutung. Mit der Aufstellung der Halteverbotsschilder am 10. 6. 2010 ist der Grundverwaltungsakt gegenüber S bekanntgegeben und damit wirksam geworden.

bb) Vollstreckbarer Grundverwaltungsakt

Weiterhin ist zu prüfen, ob das aus dem Halteverbotsschild hervorgehende Wegfahrgebot vollstreckbar gewesen ist. Das ist der Fall, wenn das Wegfahrgebot sofort vollziehbar oder unanfechtbar gewesen ist. Das Halteverbotsschild ist mit einer unaufschiebbaren Anordnung eines Polizeivollzugsbeamten vergleichbar, so dass sich die **sofortige Vollziehbarkeit aus § 80 II 1 Nr. 2 VwGO analog** ergibt.[56]

cc) Rechtmäßiger Grundverwaltungsakt

Streitig ist, ob die Rechtmäßigkeit des Grundverwaltungsakts Voraussetzung für die Rechtmäßigkeit der Vollstreckung ist (**Rechtmäßigkeitszusammenhang**). Die Frage stellt sich bei dem Verwaltungsakt, der vor Unanfechtbarkeit vollziehbar ist, d.h. ein Verwaltungsakt, bei dem Rechtsmittel keine aufschiebende Wirkung haben. Das ist vorliegend analog § 80 II 1 Nr. 2 VwGO der Fall.[57]

Eine Auffassung hält den Wortlaut des § 55 I VwVG NRW für eindeutig und nicht auslegungsfähig. Der Grundsatz der Rechtssicherheit rechtfertige

---

[52] *BVerwGE* 102, 316.
[53] *BVerwGE* 102, 316.
[54] *OVG Hamburg,* NordÖR 2004, 399; *OVG NRW,* DVBl. 1996, 575; a. A. *Bitter/Konow,* NJW 2001, 1386; *Koch/Niebaum,* JuS 1997, 312 (313 f.). Die Bekanntgabe eines Verkehrsschildes durch Aufstellung entspricht allgemeiner Ansicht in der Rechtsprechung und auch weitgehend in der Literatur. Daher wird die abweichende Literaturansicht im Folgenden nicht vertiefend dargestellt.
[55] *BVerwGE* 97, 214.
[56] Vgl. *VGH BW,* NVwZ-RR 1996, 149 f.
[57] Für die beiden anderen Fällen besteht Einigkeit: Für die rechtmäßige Vollstreckung eines unanfechtbaren Verwaltungsakts ist dessen Rechtmäßigkeit nicht erforderlich. Bei einem fiktiven Grundverwaltungsakt im Rahmen des Sofortvollzugs ist die Rechtmäßigkeit hingegen stets Voraussetzung für die Rechtmäßigkeit der Vollstreckung.

eine Trennung der Rechtmäßigkeitsprüfung.[58] Anhänger dieser Position lehnen einen Rechtmäßigkeitszusammenhang zwischen Grundverwaltungsakt und Vollstreckung ab.[59] Die Vertreter der Gegenmeinung verweisen auf das Rechtsstaatsprinzip und ziehen eine Parallele zur Rechtmäßigkeit des fiktiven Grundverwaltungsakts. Sie verlangen die Rechtmäßigkeit der Grundverfügung.[60]
Der Streit muss nicht entschieden werden, wenn das Halteverbotsschild rechtmäßig aufgestellt wurde.

(1) Rechtsgrundlage ist § 45 I 1 StVO.

(2) Die Aufstellung müsste formell rechtmäßig erfolgt sein. Die Zuständigkeit der Straßenverkehrsbehörde ergibt sich aus den §§ 44 I, 45 I StVO. Eine Anhörung ist gem. § 28 II Nr. 4 VwVfG NRW, eine Begründung gem. § 39 II Nr. 5 VwVfG NRW entbehrlich.

(3) Die Aufstellung des Verkehrsschildes müsste materiell rechtmäßig sein. Straßenverkehrsbehörden können gem. § 45 I 1 StVO die Benutzung bestimmter Straßen oder Straßenstrecken aus Gründen der Sicherheit oder Ordnung des Verkehrs beschränken oder verbieten und den Verkehr umleiten. Hier wurde die Benutzung des Verkehrsraumes wegen eines Straßenfestes für eine kurze bestimmte Zeit eingeschränkt. Unter Beschränkungen nach § 45 I 1 StVO fallen auch Parkverbote.[61]

Ermessensfehler sind nicht ersichtlich.

Somit wurde das Verkehrsschild rechtmäßig aufgestellt und der Meinungsstreit muss nicht entschieden werden.

dd) Gegenwärtige Gefahr
Des Weiteren müsste eine gegenwärtige Gefahr für die öffentliche Sicherheit vorliegen, § 55 II VwVG NRW. Dies ist vorliegend der Fall, wenn sich ein Verstoß gegen die objektive Rechtsordnung bereits verwirklicht hat. Der Pkw war in einem Bereich abgestellt, in dem das Halten und Parken durch das Zeichen 283 gem. § 41 II Nr. 8 StVO verboten war.[62] Damit hat S eine Ordnungswidrigkeit gem. §§ 12 I Nr. 6a, 49 I Nr. 12 StVO, 24 StVG begangen. Durch das verbotswidrige Abstellen des Fahrzeugs, das zugleich eine Ordnungswidrigkeit verwirklichte, hat sich der **Verstoß gegen die objektive Rechtsordnung bereits realisiert**. Eine Gefahr für die öffentliche Sicherheit ist zu bejahen.

ee) Notwendigkeit
Der Sofortvollzug müsste zur Abwehr einer gegenwärtigen Gefahr auch notwendig sein. Das ist der Fall, wenn der Zeitraum zwischen der Feststellung der Gefahr und dem voraussichtlichen Schadenseintritt so gering

---

[58] So *Götz*, § 13 Rn. 8 für nicht erledigte, sofort vollziehbare Grundverfügungen.
[59] *Pieroth/Schlink/Kniesel*, § 24 Rn. 32; *Weiß*, DÖV 2001, 275.
[60] *Knemeyer*, Rn. 358; *Schoch*, JuS 1995, 307 (309).
[61] *Hentschel*, Straßenverkehrsrecht, 40. Aufl. 2008, § 45 Rn. 28a.
[62] Vgl. *BVerwG*, NJW 1997, 1021 f.

ist, dass die Durchführung des gestreckten Verfahrens den Erfolg des Zwangsmittels zumindest wesentlich beeinträchtigen würde.⁶³ Wenn zunächst die Androhung und Festsetzung der Ersatzvornahme hätte abgewartet werden müssen, wäre das Halteverbot nicht rechtzeitig zum Beginn des Straßenfestes durchgesetzt worden. Das Fahrzeug hätte den reibungslosen Ablauf des Straßenfestes gefährdet. Der Sofortvollzug war daher notwendig.

ff) Richtiges Zwangsmittel
Die Ersatzvornahme müsste das richtige Zwangsmittel i.S.d. § 57 VwVG NRW sein. Die Ersatzvornahme ist das richtige Zwangsmittel gem. § 59 VwVG NRW, wenn eine vertretbare Handlung nicht erfüllt wird. Das Wegfahren des Fahrzeugs ist eine vertretbare Handlung, die Wahl der Ersatzvornahme also rechtmäßig. Androhung und Festsetzung des Zwangsmittels waren nach §§ 63 I 5, 64, 2 VwVG NRW entbehrlich.

gg) Verhältnismäßigkeit
Es bleibt zu prüfen, ob das Einschreiten im Wege der Ersatzvornahme gem. § 58 VwVG NRW verhältnismäßig war.
Die Entfernung des Fahrzeugs war zur Abwendung der bereits eingetretenen und noch andauernden Störung geeignet. Weniger beeinträchtigende Mittel standen O nicht zur Verfügung. Die Ersatzvornahme war damit auch erforderlich. Die Abschleppmaßnahme müsste gem. § 58 II VwVG NRW auch angemessen gewesen sein. Die finanzielle Belastung in Höhe von 92,70 € steht nicht außer Verhältnis zu dem angestrebten Erfolg, das Wegfahrgebot durchzusetzen, um so ein reibungsfreies Stadtfest zu ermöglichen.
Zwar ist das Dauerparken grundsätzlich eine zulässige Form der Teilnahme am Straßenverkehr. S trifft als Dauerparker allerdings eine erhöhte Informationspflicht. Er muss bei Abstellen seines Fahrzeugs mit Änderungen der Verkehrssituation rechnen. Er hat Erkundigungen einzuholen, ob das Abstellen seines Fahrzeugs immer noch mit der aktuellen Verkehrsregelung übereinstimmt. Das Wegfahrgebot war zur Zeit der Abschleppmaßnahme durch das ordnungsgemäße Aufstellen der Halteverbotsschilder bereits vor vier Tagen wirksam geworden. Eine solche „Vorlaufzeit" kann als ausreichend bewertet werden.⁶⁴
Fraglich ist, ob der Beamte zur vorherigen Benachrichtigung des S verpflichtet war. Der herbeigerufene Beamte des Ordnungsamtes versuchte erfolglos, S an seinem Wohnhaus zu erreichen. Weitere Ermittlungen nach dem Halter oder Fahrer des Fahrzeugs waren nicht erforderlich, da deren Erfolg äußerst zweifelhaft gewesen wären und zu weiteren Verzögerungen geführt hätten.⁶⁵ An die Ermittlung des Betroffenen sind ohnehin keine hohen Anforderungen zu stellen. Ein umfassender Nachforschungsvorgang

---

⁶³ *OVG NRW*, DVBl. 1964, 684 (685).
⁶⁴ *BVerwG*, NJW 1997, 1021 (1022); *OVG NRW*, DVBl. 1996, 575.
⁶⁵ Vgl. *BVerwG*, NJW 2002, 2122 f.

würde ein effektives Eingreifen verhindern.[66] Da sich S vorliegend nicht in unmittelbarer Nähe, sondern im Krankenhaus aufhielt, ist eine Benachrichtigung äußerst zeitaufwendig. Zudem war sein Aufenthalt unbekannt, sodass das Aufsuchen des Wohnhauses von S ausreichend war.

b) Kostenschuldner
Fraglich ist, ob S zu Recht zum Kostenersatz in Anspruch genommen wurde. S ist als Fahrer des Pkw als Verhaltensstörer i. S. d. **§ 17 I OBG NRW** und als Eigentümer und Halter als Zustandsstörer i. S. d. **§ 18 I 1 OBG NRW** verantwortlich. Damit ist S der richtige Kostenschuldner.

c) Kostenhöhe
Gegen die Höhe des Kostenbetrags von 92,70 € bestehen keine Bedenken.

4. Ergebnis (Auslagen in Höhe von 92,70 €)
Die Erhebung eines Betrags in Höhe von 92,70 € für das Abschleppen des Pkw ist rechtmäßig.

II. Verwaltungsgebühr

1. Rechtsgrundlage
Rechtsgrundlage für die Erhebung einer Verwaltungsgebühr sind **§§ 77 I 1, II VwVG NRW, 15 I 2 Nr. 7 VO VwVG NRW**.

2. Formelle Rechtmäßigkeit
Die Kostenerhebung erging formell rechtmäßig, da insbesondere die erforderliche Anhörung gem. § 28 I VwVfG NRW durchgeführt wurde (s. o.).

3. Materielle Rechtmäßigkeit
Die materiell rechtmäßige Erhebung der Verwaltungsgebühr setzt zunächst die Rechtmäßigkeit der Abschleppmaßnahme voraus. Das Abschleppen des Fahrzeugs des S war rechtmäßig (s. o.).
Weiterhin müsste die Gebührenfestsetzung rechtmäßig sein.
Voraussetzung ist das Entstehen einer Gebührenschuld. Die Gebührenschuld entsteht gem. **§ 15 II VO VwVG NRW**, sobald die Anwendung des Verwaltungszwangs begonnen hat. Mit der Beauftragung des Abschleppunternehmens ist die Gebührenschuld entstanden.
Die Gebührentatbestände des § 15 VO VwVG NRW müssten auch mit **höherrangigem Recht** vereinbar sein. Die Gebühren können gem. § 77 II 6 VwVG NRW durch Rahmensätze festgelegt werden. Das ist in § 15 VO VwVG NRW geschehen. An der Beachtung des § 77 III 2 VwVG NRW, der für den Verwaltungszwang die Berücksichtigung des durchschnittlichen

---

[66] *BayVGH*, NJW 2001, 1960 (1961).

Verwaltungsaufwands ansetzt, bestehen ebenfalls keine Zweifel. Die Höhe der erhobenen Gebühr bewegt sich im Rahmen des § 15 VO VwVG NRW und ist damit unbedenklich.

Allerdings hat O die Maßstäbe, nach denen er die Höhe der Gebühr berechnet hat, nicht offen gelegt. O ist verpflichtet die Maßstäbe zu benennen, an denen er sich bei der Gebührenbemessung orientiert hat. In dem Bescheid vom 9. 7. 2010 sind die entscheidenden Berechnungsgrundlagen nicht aufgeführt. Auch wenn es sich bei der Bemessung der Gebühr um eine nur beschränkt gerichtlich überprüfbare Ermessenentscheidung handelt, ist die Darlegung der Bemessungsgrundsätze erforderlich.[67] Nur so ist eine Kontrolle, ob die Behörde ihr Ermessen fehlerfrei ausgeübt hat, überhaupt möglich. Da O die Berechnungsgrundsätze nicht offen gelegt hat, ist die Geltendmachung der Gebühr rechtswidrig.

4. Ergebnis (Verwaltungsgebühr in Höhe von 35,00 €)

Die Erhebung einer Verwaltungsgebühr in Höhe von 35,00 € ist rechtswidrig.

B. Rückzahlungsbegehren (Annexantrag)

Es bleibt zu prüfen, ob der gem. § 113 I 2 VwGO zulässige Annexantrag in Form der allgemeinen Leistungsklage auf Rückzahlung der Kosten in Höhe von 127,70 € begründet ist.

I. Kostenersatz für das Abschleppen des Pkw

Wenn der Verwaltungsakt schon vollzogen ist, kann das Gericht nach dem Wortlaut des § 113 I 2 VwGO bestimmen, dass die Behörde „die Vollziehung rückgängig zu machen hat". Voraussetzung ist die Aufhebung des Verwaltungsakts, wie sich aus § 113 I 1 VwGO ergibt. Da der Kostenbescheid bezüglich des Kostenersatzes in Höhe von 92,70 € nicht aufzuheben ist (s. o.), ist auch der Annexantrag in entsprechender Höhe unbegründet.

II. Verwaltungsgebühr

Für die Verwaltungsgebühr kommt nach Aufhebung des Kostenbescheids in Höhe des Gebührenbetrags von 35,00 € ein Annexantrag gem. § 113 I 2 VwGO in Betracht.
Anspruchsgrundlage sind §§ 77 IV VwVG NRW, 21 I GebG NRW. Danach sind zu Unrecht erhobene Kosten unverzüglich zu erstatten, soweit eine Kostenentscheidung noch nicht unanfechtbar geworden ist.
Die Verwaltungsgebühr in Höhe von 35,00 € müsste zu Unrecht erhoben worden sein. O hat vorliegend die Bemessungsgrundsätze für die Gebühren-

---

[67] Vgl. *OVG NRW*, NWVBl. 2001, 181; zur Bemessung von Verwaltungsgebühren: *OVG NRW*, NJW 2001, 1152 ff.

festsetzung nicht offengelegt. Die Gebührenerhebung war rechtswidrig (s. o.).

Weiterhin müsste die Sache gem. § 113 I 2 VwGO spruchreif sein. Das ist der Fall, da bezüglich der Rückerstattung der erhobenen Gebühr an S kein Ermessenspielraum des O besteht.

Zudem dürfte der Bescheid noch nicht unanfechtbar sein. Da S fristgerecht Klage erhoben hat (s. o.), konnte der Bescheid nicht bestandskräftig werden.

Mit Zahlung des zu Unrecht erhobenen Betrags durch S ist der Erstattungsanspruch gem. § 21 II GebG NRW entstanden. Eine Verjährung des Anspruchs gem. § 21 III GebG NRW ist ausgeschlossen.

Der Betrag in Höhe von 35,00 € ist dem S daher zu erstatten.

C. Gesamtergebnis

Die Geltendmachung eines Kostenersatzes in Höhe von 92,70 € ist rechtmäßig erfolgt. Die Erhebung der Verwaltungsgebühr in Höhe von 35,00 € ist hingegen rechtswidrig. Der Kostenbescheid ist hinsichtlich der Verwaltungsgebühr in Höhe von 35,00 € und damit teilweise rechtswidrig und verletzt S insoweit in seinen Rechten. Die zulässige Klage des S hat teilweise Erfolg.

Fall 5: Big brother

(Videoüberwachung in Innenstädten; Verfassungsmäßigkeit der Ermächtigungsgrundlage; Verhältnismäßigkeit; Zitiergebot; Bestimmtheitsgebot)

Sachverhalt:

Um eine bessere Kriminalitätsbekämpfung gewährleisten zu können, entscheidet die zuständige Behördenleiterin, auf dem Marktplatz der nordrhein-westfälischen Stadt S eine Videokamera anzubringen. Auf diesem Marktplatz sind wiederholt Straftaten verübt worden, und es besteht Grund zur Annahme, dass sich dies auch in Zukunft nicht ändern werde. Die Kamera, auf die gut sichtbare Schilder hinweisen, ist mit einem Zoom und Gelenken ausgestattet, so dass sie bei Hinweisen für eine Gefahr in verschiedene Richtungen gedreht werden und einzelne Szenen stark vergrößert dokumentieren kann. Dadurch ist es möglich, Gesichter von Passanten zu identifizieren. Die Aufnahmen der Kamera werden auf Monitore in die Polizeibehörde digital übertragen. Auf einem digitalen Videoserver werden die Aufnahmen 48 Stunden gespeichert und danach gelöscht. Die Kamera soll in erster Linie durch Anheben der Hemmschwelle für Kriminelle die Bevölkerung davor schützen, Opfer von Delikten zu werden. Darüber hinaus soll die Videoüberwachung der Polizei die Arbeit auch dadurch erleichtern, dass sie genau dort eingreifen kann, wo sie bereits eingetretene Beeinträchtigungen der öffentlichen Sicherheit und Ordnung am Monitor erkannt hat. Dies soll zu einer erhöhten Flexibilität der Polizei in einem räumlich größeren Bereich führen und so mehr Sicherheit für die Bürger gewährleisten. Sämtliche Formalitäten führt die Behörde im Rahmen dieser Maßnahme ordnungsgemäß aus.

Der mit seiner Ehefrau E verheiratete Vorsitzende A der Bürgerbewegung „Freedom and the City e.V." sitzt abends mit seiner Freundin F auf einer lauschigen Parkbank am Marktplatz im Sichtfeld der Videokamera. Am nächsten Tag ist er der Meinung, dass ihn die Aufzeichnung des Aufenthalts mit seiner Freundin in seinen Grundrechten verletze. Der Staat greife mit der Videoüberwachung in unzulässiger Weise in sein Privatleben dadurch ein, dass er sich nicht mehr unbeobachtet fühlen könne. Diese Vorgehensweise sei mit den Praktiken der Staatssicherheit in der DDR vergleichbar, lasse Szenarien, wie George Orwell sie in „1984" darstellte, Wirklichkeit werden und überschreite die Grenze zum totalitären Überwachungsstaat. Da er der Auffassung ist, dass es sich in einem Rechtsstaat gebiete, die Videokamera sofort wieder zu entfernen, erhebt A Klage beim zuständigen Gericht. Hat die Klage Erfolg?

Anmerkung:

Verstöße gegen Landesgrundrechte der nordrhein-westfälischen Landesverfassung sowie die Art. 5, 8 und 13 GG sind dabei nicht zu prüfen.

Zur Vertiefung: *Bull*, Sind Video-Verkehrskontrollen „unter keinem rechtlichen Aspekt vertretbar"?, NJW 2009, 3279; *Fischer*, Polizeiliche Videoüberwachung des öffentlichen Raums, VBlBW 2002, 89; *Götz*, Polizeiliche Videoüberwachung des öffentlichen Raumes zum Zweck vorbeugender Bekämpfung der Kriminalität, in: Festschrift für Schreiber 2003, 103; *Pieroth*, Pressefreiheit und Gefahrenabwehr, AfP 2006, 305 (310f.); *Schewe*, Die Abkehr von der Prävention bei der Videoüberwachung?, NWVBl. 2004, 415; *BVerfGE* 65, 1ff. (Volkszählung); *BVerfG*, NVwZ 2007, 688 (Videoüberwachung öffentlicher Plätze); *BVerfG*, NJW 2009, 3293 (Videoaufzeichnung zur Geschwindigkeitsmessung); *VGH BW*, JA 2009, 748 (Polizeiliche Beschlagnahme eines Films; Schutz des allgemeinen Persönlichkeitsrechts; Recht am eigenen Bild); *VGH BW*, VBlBW 2004, 20 (Rechtmäßigkeit der offenen Videoüberwachung); *OVG Hamburg*, NVwZ-RR 2009, 878 (informationelle Selbstbestimmung bei Datenverarbeitung).

Fall 5: Big brother

Gliederung

A. Zulässigkeit
  I. Verwaltungsrechtsweg
  II. Statthaftigkeit
  III. Klagebefugnis
  IV. Ergebnis zur Zulässigkeit
B. Begründetheit
  I. Rechtsgrundlage
    1. Formelle Verfassungsmäßigkeit
      a) Repressive Maßnahme
      b) Präventive Maßnahme
      c) Stellungnahme
    2. Materielle Verfassungsmäßigkeit
      a) Verstoß gegen das allgemeine Persönlichkeitsrecht
        aa) Eingriff in das informationelle Selbstbestimmungsrecht
        bb) Eingriff in das Recht am eigenen Bild
        cc) Verfassungsrechtliche Rechtfertigung
      b) Weitere Verfassungsverstöße
        aa) Zitiergebot
        bb) Bestimmtheitsgebot
    3. Ergebnis zur Rechtsgrundlage
  II. Formelle Rechtmäßigkeit
  III. Materielle Rechtmäßigkeit
  IV. Gesamtergebnis

Lösung:

Die Klage des A hat Aussicht auf Erfolg, wenn sie zulässig und begründet ist.

A. Zulässigkeit

I. Verwaltungsrechtsweg

Der Verwaltungsrechtsweg ist gem. § 40 I 1 VwGO eröffnet, da die streitentscheidenden Normen des Polizeigesetzes Teil des öffentlichen Rechts sind, Sonderzuweisungen nicht ersichtlich sind und eine verfassungsrechtliche Streitigkeit nicht vorliegt.

II. Statthaftigkeit

Als statthafte Klageart kommt die allgemeine Leistungsklage in Betracht (§§ 43 II, 111, 113 IV VwGO). Sie ist von der Anfechtungsklage gem. § 42 I Var. 1 VwGO abzugrenzen. Die Anfechtungsklage wendet sich gegen einen belastenden Verwaltungsakt. Die allgemeine Leistungsklage ist demgegenüber auf die Vornahme oder Unterlassung einer öffentlich-rechtlichen Amtshandlung gerichtet, die nicht als Verwaltungsakt zu qualifizieren ist.[68] Die statthafte Klageart richtet sich nach dem Klagebegehren gem. § 88 VwGO. A begehrt die Entfernung der am Marktplatz der Stadt S installierten Videokamera. Nach dem Gedanken des actus contrarius teilt das Rückgängigmachen einer Maßnahme die Rechtsnatur der Maßnahme. Vorliegend stellt die Installation der Videokamera ein schlichtes Verwaltungshandeln dar, so dass das Abmontieren der Kamera ebenfalls ein schlichtes Verwaltungshandeln ist. Damit ist die allgemeine Leistungsklage die statthafte Klageart.

III. Klagebefugnis

Weiterhin müsste A klagebefugt sein. A ist analog § 42 II VwGO klagebefugt, wenn er geltend machen kann, möglicherweise in einem subjektiv-öffentlichen Recht verletzt worden zu sein. In der Videoüberwachung könnte möglicherweise eine Verletzung des vom allgemeinen Persönlichkeitsrechts umfassten Rechts auf informationelle Selbstbestimmung aus Art. 2 I GG i.V.m. Art. 1 I GG liegen. Es kommt zudem eine Verletzung des Rechts am eigenen Bild aus Art. 2 I.V.m. Art. 1 I GG in Frage. Damit ist A analog § 42 II VwGO klagebefugt.

IV. Ergebnis zur Zulässigkeit

Die Klage ist zulässig.

B. Begründetheit

Die Klage ist begründet, wenn A einen Anspruch auf Entfernen der Kamera hat. Das ist der Fall, wenn die Videoüberwachung rechtswidrig ist und A in seinen Rechten verletzt.

I. Rechtsgrundlage

Als Rechtsgrundlage für die Videoüberwachung kommen **§ 15a I, II 1. HS PolG NRW und § 15a I, II 2. HS, Var. 2 PolG NRW** in Betracht. Es ist zu prüfen, ob die Ermächtigungsgrundlage formell und materiell verfassungsgemäß ist.

---

[68] *Kopp/Schenke*, Vorb. § 40 Rn. 8a.

1. Formelle Verfassungsmäßigkeit

Voraussetzung für die formelle Verfassungsmäßigkeit des § 15a I, II 1. HS PolG NRW ist, dass eine **Gesetzgebungskompetenz** des Landesgesetzgebers zum Erlass des Landesgesetzes bestand. Das ist nur der Fall, wenn es sich bei der Videoüberwachung um eine **präventive Maßnahme** handelt. Denn für eine repressive Maßnahme als Teil des gerichtlichen Verfahrens ist der Bund aus Art. 72 I i.V.m. Art. 74 I Nr. 1 GG aufgrund konkurrierender Gesetzgebungskompetenz zuständig. Von dieser hat der Bundesgesetzgeber auch abschließend hinsichtlich der polizeilichen Eingriffsermächtigungen im Ermittlungsverfahren Gebrauch gemacht. Eine landesgesetzliche Regelung ist daher im Bereich repressiver Strafverfolgung ausgeschlossen.[69] Nach der streitgegenständlichen Vorschrift kann die Polizei, „zur Verhütung von Straftaten einzelne öffentlich zugängliche Orte, an denen wiederholt Straftaten begangen wurden und deren Beschaffenheit die Begehung von Straftaten begünstigt, mittels Bildübertragung beobachten und die übertragenen Bilder aufzeichnen, solange Tatsachen die Annahme rechtfertigen, dass an diesem Ort weitere Straftaten begangen werden", § 15a I 1 PolG NRW. Sie darf gem. § 15a II 1 PolG NRW die erhobenen Daten höchstens für die Dauer von 14 Tagen speichern. Eine längere Aufbewahrung ist nur zulässig, wenn sie zur Verfolgung von Straftaten notwendig ist oder Tatsachen die Annahme einer künftigen Straftat rechtfertigen und die Aufbewahrung zur vorbeugenden Bekämpfung von Straftaten erforderlich ist. Da die Videoüberwachung damit sowohl der Gefahrenabwehr als auch der Strafverfolgung dienen kann, handelt es sich um eine sog. **doppelfunktionale Maßnahme**. Die Einordnung der Maßnahme ist umstritten:

a) Repressive Maßnahme
Nach einer Ansicht handelt es sich bei der Videoüberwachung um eine repressive Maßnahme.[70] Durch die Bildübertragung und -aufzeichnung seien Straftaten und Ordnungswidrigkeiten nicht zu verhindern. Die Dokumentation der begangenen Tat könne einzig die Strafverfolgung unterstützen. Der abschreckende Effekt ergäbe sich gerade nicht durch die visuelle Überwachung selbst, sondern durch das Wissen um die erleichterte Verfolgung. Die Betroffenen verständen, dass aufgezeichnete Taten mit höherer Wahrscheinlichkeit strafrechtlich verfolgt würden. Entsprechend würden sie aus Furcht vor Strafverfolgung an den überwachten Orten eher von verbotenem Handeln absehen, „Prävention durch Repression". Dieses Vorgehen sei als **Strafverfolgungsvorsorgemaßnahme** zu qualifizieren. Eine Strafverfolgungsmaßnahme stelle eine repressive Maßnahme dar, da die Erhebung von Daten deren Verwertung bei der Strafverfolgung diene. Bei einer repressiven Maßnahme liegt die Gesetzgebungskompetenz gem. Art. 72 I i.V.m. 74 I Nr. 1 GG beim Bund, so dass ein Landesgesetz verfassungs-

---
[69] *Denninger*, in: Lisken/Denninger, Kap. E, Rn. 175 f.
[70] *Roggan*, NVwZ 2001, 134 (138 f.).

widrig ist. § 15a PolG NRW ist nach dieser Ansicht formell verfassungswidrig.

b) Präventive Maßnahme

Die Gegenansicht geht vom **Schwerpunkt** der Maßnahme aus.[71] Sie versteht unter der Videoüberwachung eine präventive Maßnahme.[72] Dabei stützt sie sich auch auf den **Wortlaut des § 15a I 1, II 1. HS PolG NRW**: „Zur Verhütung von Straftaten kann die Polizei (...) Orte (...) beobachten und die übertragenen Bilder aufzeichnen (...)", § 15a I 1 PolG NRW. § 15a II 1. HS PolG NRW knüpft an Abs. 1 und damit an die Verhütung von Straftaten an. In § 15a II 2. HS PolG NRW wird die Unterstützung zur Strafverfolgung nur als Ausnahmefall angesehen („es sei denn"). Das gesetzlich normierte Regel-Ausnahme-Verhältnis verdeutliche, dass die Gesetzesintention eindeutig die Verhütung und vorbeugende Bekämpfung von Straftaten beinhalte. Die Erleichterung der Strafverfolgung sei eine hiervon **nicht trennbare Nebenfolge**. Da jede Prävention bei ihrem Scheitern zur Repression führe, sei der Bezug zur Strafverfolgung unvermeidbar. Die Polizei hat gem. § 1 I 2 PolG NRW die Aufgabe, „Straftaten zu verhüten sowie für die Verfolgung künftiger Straftaten vorzusorgen". Wenn aber eine klare Abgrenzung von Prävention und Repression nicht möglich sei, müsse auf den Schwerpunkt der Maßnahme abgestellt werden. Die Videoüberwachung gem. § 15a PolG NRW erfolge weit überwiegend im **Vorfeld einer Gefahr**. Die Vorverlagerung einer Präventivmaßnahme in das Vorfeld einer Gefahr (Gefahrenpotential) könne bei besonderer Sorgfalt in der Verhältnismäßigkeitsprüfung hinreichend berücksichtigt werden.[73] Nach dem Gesetzeswortlaut erfolge die Beobachtung der Orte nicht, um eine Verfolgung von Straftaten zu erleichtern, sondern um der Begehung von Straftaten vorzubeugen. Der Schwerpunkt liegt also in der Prävention. Der Landesgesetzgeber konnte sich demnach auf die Gesetzgebungskompetenz aus Art. 70 I GG für das Polizeirecht als Gefahrenabwehrrecht berufen. Demnach ist die Regelung formell verfassungsmäßig.

c) Alternativprüfung

Darüber hinaus wird vertreten, dass sich das Handeln bei Fragen der Doppelfunktionalität sowohl auf eine präventive als auch auf eine repressive Ermächtigungsgrundlage stützen kann. Dieses Resultat folgt bereits aus dem Charakter der Doppelfunktionalität. Denn die Erweiterung einer einfachrechtlichen Maßnahme um einen weiteren Zweck kann nicht zu ihrer Rechtswidrigkeit führen, sondern bietet eine weitere Möglichkeit des Einschreitens. Es schließt sich dann eine Alternativprüfung der Ermächtigungs-

---

[71] *VGH BW*, VBlBW 2004, 20; *Schoch*, Jura 2001, 628 (631).
[72] *Büllesfeld*, Polizeiliche Videoüberwachung öffentlicher Straßen und Plätze zur Kriminalitätsvorsorge, Diss. iur. Freiburg 2002, 91 f.; *Fischer*, VBlBW 2002, 89 (90 f.); *Röger/Stephan*, NWVBl. 2001, 201 (205).
[73] Vgl. *BVerfGE* 100, 313 (383).

grundlagen an. Da vorliegend § 15a I, II 1. HS PolG NRW und § 15a I, II 2. HS, Var. 2 PolG NRW auch nach dieser Ansicht eine ausreichende Ermächtigungsgrundlage darstellen, erübrigt sich eine weitere Prüfung hinsichtlich einer repressiven Ermächtigungsgrundlage.

d) Stellungnahme
Da die letztgenannten Ansichten zu dem gleichen Ergebnis führen, ist der Streit nur hinsichtlich der erstgenannten Auffassung zu entscheiden. Es besteht insoweit Einigkeit, als dass durch den Einsatz von Überwachungskameras die Begehung von Straftaten an den überwachten Orten möglicherweise verhindert werden kann. Es ist nicht auszuschließen, dass die Anzahl von Straftaten gegen das Leben und die körperliche Unversehrtheit auf diese Weise reduziert werden. Darauf weisen auch Vertreter der ersten Ansicht hin, wenn sie auf den Effekt der Prävention durch Repression aufmerksam machen. Aus welchen Gründen ein Betroffener von seiner Tat Abstand nimmt, ob aus Furcht vor Strafe, einem erhöhten Entdeckungsrisiko oder Beschämung im sozialen Umfeld, ist bei der Qualifizierung als Prävention ohne Belang. Maßgeblich ist, dass die Maßnahme straftatenverhütend wirkt. Auch ist die Frage nach dem Erfolg der Maßnahme (sog. „Verlagerungseffekt") für die Einordnung als präventive/repressive Maßnahme unerheblich. Auch der Wortlaut des § 15a PolG NRW weist auf den präventiven Charakter der Videoüberwachung hin, so dass die Regelung der Gesetzgebungskompetenz des Landes unterfällt.

Da keine weiteren Bedenken gegen die formelle Verfassungsmäßigkeit der Regelung bestehen, ist § 15a PolG NRW formell verfassungsgemäß.

2. Materielle Verfassungsmäßigkeit
Die Rechtsgrundlage ist auch materiell verfassungsgemäß, wenn sie mit höherrangigem Recht vereinbar ist.

a) Verstoß gegen das allgemeine Persönlichkeitsrecht
Die Regelung könnte gegen das allgemeine Persönlichkeitsrecht aus Art. 2 I i. V. m. Art. 1 I GG verstoßen.

aa) Eingriff in das informationelle Selbstbestimmungsrecht
In Betracht kommt ein Eingriff in das informationelle Selbstbestimmungsrecht als Ausformung des allgemeinen Persönlichkeitsrechts aus Art. 2 I i. V. m. Art. 1 I GG.
(1) *Schutzbereich.* Der Schutzbereich müsste eröffnet sein. Das informationelle Selbstbestimmungsrecht garantiert die Befugnis des Einzelnen, frei zu entscheiden, in welchem Umfang persönliche Daten der Öffentlichkeit offenbart werden.[74] Es beinhaltet einen Schutz vor Verbreitung von privaten Informationen gegen den Willen des Betroffenen, vor Indiskretion und vor der Verpflichtung, private Angelegenheiten öffentlich zu machen, sowie vor unbefugter Verarbeitung personenbezogener Daten. Von dem Schutzbereich

---
[74] *BVerfGE* 65, 1 (41 ff.).

werden nicht nur Daten des Intimbereichs, sondern unter den Bedingungen der automatisierten Datenverarbeitung können auch Informationen hinsichtlich persönlicher und sachlicher Verhältnisse des Betroffenen erfasst sein. Das Grundrecht verhindert eine unbegrenzte Erhebung, Speicherung, Verwendung und Weitergabe personenbezogener Daten. Geschützt werden sowohl Informationen der Intim- und Privatsphäre als auch Handlungen des Betroffenen in der Öffentlichkeit. Aufenthalt und Verhalten des A am Marktplatz werden als personenbezogene Information vom Schutzbereich des informationellen Selbstbestimmungsrechts erfasst.

(2) *Eingriff.* Weiterhin müsste ein Eingriff in das Recht des A auf informationelle Selbstbestimmung vorliegen. Nach dem modernen Eingriffsbegriff ist ein Eingriff bereits bei Übersichtsaufnahmen zu bejahen. Zwar beschränkt sich die Aufnahme in diesen Fällen auf eine Örtlichkeit, ohne dass eine zeitgleiche Identifizierung der Anwesenden möglich wäre. Allerdings werden die durch die Überwachungskameras übermittelten Daten auf Monitoren der Polizeibehörde beobachtet und auf einem digitalen Videoserver gespeichert. Dadurch kann aufgrund nachträglicher Bearbeitung und Auswertung eine spätere Identifizierung erfolgen. Zudem sind die Überwachungskameras mit einem Zoom und Gelenken ausgestattet, die Nahaufnahmen ermöglichen. Damit werden durch den Einsatz von Videokameras personenbezogene Daten erhoben. Ein Eingriff in das Recht auf informationelle Selbstbestimmung liegt vor.

bb) Eingriff in das Recht am eigenen Bild
Möglicherweise ist auch ein Eingriff in das Recht am eigenen Bild zu bejahen.

(1) *Schutzbereich.* Das Recht am eigenen Bild leitet sich aus dem allgemeinen Persönlichkeitsrecht gem. Art. 2 I i.V.m. Art. 1 I GG ab. Es schützt vor einer Veröffentlichung des Bildes des Betroffenen ohne seine Zustimmung. Vom Schutzbereich umfasst ist sowohl die Lösung und Verselbstständigung des Bildes vom situativen Kontext als auch die Veröffentlichung, wenn das Bild dadurch einem unbestimmten Personenkreis zur Verfügung gestellt wird. Das Bild des A wird von dem Schutzbereich ohne weiteres erfasst.

(2) *Eingriff.* Ob auch ein Eingriff in das Recht am eigenen Bild vorliegt, ist umstritten. Eine Ansicht bejaht dies unter Hinweis auf die Gefahr einer unzulässigen Grundrechtsverkürzung.[75] Vertreter der Gegenauffassung argumentieren, dass bei einer Videoüberwachung keine Verbreitung des Bildes in der Öffentlichkeit erfolge.[76] Wenn dies nicht geschehe, entfalle der selbstständige Bereich des Rechts am eigenen Bild. Es werde von dem Recht auf informationelle Selbstbestimmung vollständig erfasst bzw. trete hinter dieses

---

[75] *Büllesfeld,* Polizeiliche Videoüberwachung öffentlicher Straßen und Plätze zur Kriminalitätsvorsorge, 127 ff.; vgl. zur Thematik um Schutz des allgemeinen Persönlichkeitsrecht und des Rechts am eigenen Bild, *VGH BW,* JA 2009, 748.
[76] *Röger/Stephan,* NWVBl. 2001, 201 (206); *Fischer,* VBlBW 2002, 89 (91).

Recht zurück. Das wäre auch vorliegend der Fall, da die personenbezogenen Daten nicht veröffentlicht werden. Die Videoüberwachung diene ausschließlich der Erstellung des Bildes, die bereits durch das informationelle Selbstbestimmungsrecht geschützt werde.

Der Streit kann jedoch dahinstehen, wenn das Recht am eigenen Bild im konkreten Fall der Videoüberwachung ohnehin keinen weitergehenden Schutz vermittelt als das Recht auf informationelle Selbstbestimmung. Das ist vorliegend der Fall, da sowohl das Recht am eigenen Bild als auch das Recht auf informationelle Selbstbestimmung eine Ausformung des allgemeinen Persönlichkeitsrechts aus Art. 2 I i. V. m. Art. 1 I GG sind. Der Streit, ob ein Eingriff in das Recht am eigenen Bild vorliegt, kann somit dahinstehen.

cc) Verfassungsrechtliche Rechtfertigung
Ein Verstoß gegen das informationelle Selbstbestimmungsrecht liegt vor, wenn der Eingriff des § 15a I, II 1. HS und § 15a I, II 2. HS 2. Var. PolG NRW nicht verfassungsrechtlich gerechtfertigt ist.

Eine verfassungsrechtliche Rechtfertigung ergibt sich nicht bereits aus einem **Grundrechtsverzicht**. Zwar wissen die Betroffenen um die Überwachung, allerdings kann das Betreten der überwachten Plätze nicht als konkludente Verzichtserklärung auf den Grundrechtsschutz verstanden werden. Ein solcher Verzicht setzt ein Mindestmaß an Freiwilligkeit voraus. Davon kann nicht ausgegangen werden, wenn die oft zentral gelegenen oder gesellschaftlich relevanten Orte für Zwecke wie Arbeit oder Arztbesuch betreten werden müssen.[77]

Eine verfassungsrechtliche Rechtfertigung ist nur zu bejahen, wenn der Eingriff eine verfassungsmäßige Konkretisierung der Schranken des allgemeinen Persönlichkeitsrechts darstellt.

Das allgemeine Persönlichkeitsrecht steht unter einem allgemeinen Gesetzesvorbehalt in Form einer Schrankentrias. Als Schranke kommt vorliegend die verfassungsmäßige Ordnung aus Art. 2 I Var. 2 GG in Betracht.

Eine verfassungsmäßige Konkretisierung der Schranke liegt vor, wenn der Eingriff durch § 15a I, II 1. HS PolG NRW und § 15a I, II 2. HS, 2. Var. PolG NRW von der Einschränkungsmöglichkeit gedeckt ist. Dann müsste die Regelung Teil der verfassungsmäßigen Ordnung, also formell und materiell verfassungsmäßig sein.

Die Vorschriften sind formell verfassungsgemäß (s. o.).
§ 15a I, II 1. HS PolG NRW und § 15a I, II 2. HS, 2. Var. PolG NRW sind materiell verfassungsmäßig, wenn sie für einen legitimen Zweck geeignet, erforderlich und angemessen sind.

(1) *Legitimer Zweck*. Die generalpräventive Abschreckung und Verhütung von Straftaten, ein gesteigertes Sicherheitsgefühl und insgesamt eine verbesserte Kriminalitätsprävention begründen einen legitimen Zweck.

---

[77] *Röger/Stephan*, NVWBl. 2001, 201 (207).

(2) *Geeignetheit.* Die Videoüberwachung ist ein geeignetes Mittel, wenn sie den legitimen Zweck zumindest fördert. Fraglich ist, ob durch Videoüberwachung eine verbesserte Kriminalitätsprävention erreicht werden kann. An dieser Stelle ist eine Präzisierung des legitimen Zwecks notwendig. Denn die Bewertung hängt maßgeblich von dessen Verständnis ab: Wenn der Zweck darin besteht, eine flächendeckende Reduzierung des Kriminalitätsaufkommens zu erreichen, ist die Videoüberwachung nicht geeignet. Aufgrund des Verlagerungseffekts infolge von Videoüberwachungssystemen an ausgewählten Orten verschiebt sich das strafbare Verhalten an unbeobachtete Orte.[78] Soll die Videoüberwachung hingegen nur einen partiellen Rückgang der Kriminalität, nämlich an den überwachten Orten, bewirken, so ist die Regelung hierzu geeignet. Mit der letzteren Begründung ist von einer Geeignetheit der Regelung auszugehen. Dem Gesetzgeber kommt bei einer Geeignetheitsprognose ein erheblicher Einschätzungsspielraum zu. Nur wenn eine Maßnahme offensichtlich oder objektiv unter allen Gesichtspunkten untauglich ist, bewegt sich der Gesetzgeber nicht mehr innerhalb seines Gestaltungsspielraums.[79]

(3) *Erforderlichkeit.* Eine Maßnahme ist erforderlich, wenn kein milderes, ebenso wirksames Mittel zur Verfügung steht. Ein verstärkter Einsatz von Polizeikräften könnte angesichts angespannter Haushaltslage und Personalbesetzung bei der Polizei keine vergleichbare Überwachung gewährleisten.

Da ein ebenso effektives, aber milderes Mittel daher nicht ersichtlich ist, sind § 15a I, II 1. HS PolG NRW und § 15a I, II 2. HS, Var. 2 PolG NRW auch erforderlich.

(4) *Angemessenheit.* Die Vorschrift müsste letztlich auch angemessen sein. Das ist der Fall, wenn die angestrebten Vorteile die Nachteile, die durch die Verfolgung des Zwecks entstehen, überwiegen. Im vorliegenden Fall des Eingriffs in das informationelle Selbstbestimmungsrecht ist für die Bejahung der Angemessenheit darüber hinaus erforderlich, dass der Eingriff im überwiegenden Interesse der Allgemeinheit aufgrund einer verfassungsmäßigen Grundlage erfolgt, die dem rechtsstaatlichen Gebot der Normenklarheit entspricht.

Als widerstreitende Interessen stehen sich hier die Verhütung von Straftaten und die Beeinträchtigung des informationellen Selbstbestimmungsrechts einer Vielzahl von unschuldigen Passanten gegenüber. Mit der Videoüberwachung werden die Abschreckung vor Straftaten und die Steigerung des Sicherheitsgefühls der Bevölkerung angestrebt. Einerseits ist daher in den überwachten Bereichen mit einem Rückgang der Kriminalität und einem verbesserten Schutz des Eigentums aus Art. 14 I GG und der körperlichen Unversehrtheit aus Art. 2 II Var. 2 GG zu rechnen.

Auf der anderen Seite wird dem Staat damit die Möglichkeit eingeräumt, unterschiedslos alle Personen, die sich im Sichtfeld der Überwachungskame-

---

[78] *Vahle,* NVwZ 2001, 165 (166).
[79] BVerfGE 90, 145 (172).

ras befinden, zu beobachten und personenspezifisches Verhalten auszuspähen. Wegen dieser großen „Streubreite" der Maßnahme ist sie als intensiver Eingriff zu werten.[80] Die Überwachung kann als Belästigung empfunden werden. Es besteht das berechtigte Bedürfnis, „vom Staat in Ruhe gelassen zu werden". Durch die 24-stündige Beobachtung bestimmter Bereiche kann theoretisch ein umfassendes Persönlichkeitsprofil der Überwachten erstellt werden. Die damit verbundene Einschränkung der freien Entfaltung steht im Gegensatz zu den Grundsätzen der freiheitlich demokratischen Organisierung der Gesellschaft.

Ein unangemessener Eingriff wäre daher möglicherweise zu bejahen. Nach der Sphärentheorie des Bundesverfassungsgerichts ist für die Beurteilung der Angemessenheit danach zu unterscheiden, ob eine Beeinträchtigung der Intim-/Privatsphäre oder des sozialen Lebens in der Öffentlichkeit vorliegt. Die Videoüberwachung beobachtet die Bereiche, die der Einzelne ohnehin freiwillig offenbart. Damit werden von der Beobachtung nur Angelegenheiten erfasst, die in gleicher Weise von unbekannten Passanten wahrgenommen werden. Angesichts der großen Bedeutung für eine effektive Straftatenverhütung ist der Eingriff damit auch angemessen.

b) Weitere Verfassungsverstöße
Als weitere Verfassungsverstöße kommen die Verletzung des Zitiergebots aus Art. 19 I 2 GG und des Bestimmtheitsgrundsatzes aus Art. 20 III GG in Betracht.

aa) Zitiergebot
Da das Gesetz die eingeschränkten Grundrechte nicht ausdrücklich nennt, liegt möglicherweise ein Verstoß gegen das Zitiergebot aus Art. 19 I 2 GG vor. Ein Verstoß ist allerdings ausgeschlossen, wenn eine Pflicht zum Zitieren der eingeschränkten Grundrechte aufgrund der folgenden Ausnahmen vom Zitiergebot nicht besteht.

Das Zitiergebot gilt nicht für Gesetze, die nur immanente Schranken sichtbar machen.

Außerdem findet es keine Anwendung, wenn der Gesetzgeber nur in Ausübung des Regelungs- und Ausgestaltungsvorbehalts (so z.B. in Art. 12 I GG, Art. 4 III 1 GG) handelt.

Das Zitiergebot ist auch im Fall des Art. 2 I GG nicht zu beachten, da die Gewährleistung des Grundrechtsschutzes von vornherein unter dem Vorbehalt der „verfassungsmäßigen Ordnung" steht.[81] Das informationelle Selbstbestimmungsrecht wird aus Art. 2 I GG i.V.m. Art. 1 I GG hergeleitet und steht in Bezug zu Art. 1 I GG. Auch wenn Art. 1 I GG nicht unter dem Vorbehalt der „verfassungsmäßigen Ordnung" steht, führt der Verweis auf Art. 1 GG nicht zur Wiedereinführung des Zitiergebots. Der Verweis auf Art. 1 GG dient allein der Auslegung und Verstärkung des Schutzes aus

---
[80] BVerfG, NVwZ 2007, 688.
[81] BVerfGE 65, 1 (43 f.).

Art. 2 I GG. Die Einbeziehung des Art. 1 I GG hat keinen Einfluss auf die Anwendung des Zitiergebots. Im Fall des Art. 2 I GG ist das Zitiergebot unbeachtlich.

bb) Bestimmtheitsgebot
Zu prüfen bleibt die Vereinbarkeit der Regelung mit dem Bestimmtheitsgrundsatz aus Art. 20 III GG.[82] Demnach sind Normen so zu fassen, wie dies nach Eigenart der zu ordnenden Lebenssachverhalte mit Rücksicht auf den Normzweck möglich ist.[83]

In Betracht kommt eine Verletzung des Bestimmtheitsgrundsatzes durch eine unklare Formulierung des § 15a PolG NRW. Der Gesetzeswortlaut muss hinsichtlich Inhalt, Zweck und Ausmaß so eindeutig gefasst sein, dass für den Betroffenen das behördliche Handeln überschaubar wird. Der räumliche Anwendungsbereich ist gem. § 15a I, II 1. HS PolG NRW und § 15a I, II 2. HS, Var. 2 PolG NRW ausdrücklich beschränkt auf „öffentlich zugängliche Orte, an denen wiederholt Straftaten begangen worden sind und deren Beschaffenheit die Begehung von Straftaten begünstigt". Die Anwendung ist auf Kriminalitätsbrennpunkte begrenzt, an denen ein hinreichender Zurechnungszusammenhang zwischen der zu verhindernden Gefahr und den betroffenen Personen besteht.[84]

Auch die Höchstdauer der Datenspeicherung von grundsätzlich 14 Tagen ist in § 15a II 1. HS PolG NRW klar festgestellt.

Weitere Parameter des Einsatzes von Videokameras bleiben allerdings unklar. Die Mindestanzahl von wiederholten Straftaten, die eine Überwachung rechtfertigen, wird beispielsweise nicht genannt. Daraus resultiert u. a. die Gefahr, dass die Maßnahme häufiger als vom Gesetzgeber intendiert eingesetzt wird. Eine Verunsicherung in der Bevölkerung bezüglich der Rechtmäßigkeit des polizeilichen Handelns wäre die Folge.

Allerdings ist bei der Beurteilung der Klarheit einer Norm der tatsächlichen Regelungsfähigkeit einer Materie Rechnung zu tragen. Insbesondere im Bereich der Gefahrenabwehr ist es erforderlich, der Verwaltung einen ausreichenden Beurteilungsspielraum einzuräumen, um ein wirksames Einschreiten im konkreten Einzelfall zu ermöglichen. Auslegungsfähige unbestimmte Rechtsbegriffe sind zulässig, wenn der äußere Rahmen des Beurteilungsspielraums klar abgesteckt und gerichtlich überprüfbar ist. Das Bestimmtheitsgebot ist in diesen Fällen nur dann verletzt, wenn der Exekutive ein willkürliches Handeln in der Gesetzesanwendung gestattet wird. Nach diesen Grundsätzen ist der Wortlaut der § 15a I, II 1. HS PolG NRW, § 15a I, II 2. HS, Var. 2 PolG NRW bestimmt genug, da die Beschränkung auf „öffentliche Plätze, an denen wiederholt Straftaten begangen worden

---

[82] Vgl. zum Verstoß gegen das Bestimmtheitsgebot durch Art. 16 I, 17 I BayDSG: *BVerfG*, NVwZ 2007, 688 ff.
[83] *BVerfGE* 49, 168 (181).
[84] *VGH BW*, VBlBW 2004, 20.

sind und deren Beschaffenheit die Begehung von Straftaten begünstigt" zur Begrenzung des polizeirechtlichen Handelns ausreicht. Die Beachtung der gesetzlichen Vorgabe ist auch gerichtlicher Überprüfung zugänglich.

Darüber hinaus hat der Gesetzgeber den Umstand berücksichtigt, dass anhand von empirischen Untersuchungen Kriterien zur Erforderlichkeit der Videoüberwachung entwickelt werden können. Eine Konkretisierung der Überwachungsvoraussetzungen ist damit möglich. Die Verwaltung ist dann verpflichtet, die empirischen Untersuchungen ebenfalls ihrem Handeln zugrunde zu legen.

Es kann also überprüft werden, ob die Verwaltung entsprechend ihrer Befugnisse gehandelt hat. Damit scheidet ein Verstoß gegen das Bestimmtheitsgebot aus.

3. Ergebnis zur Rechtsgrundlage

Damit ist der Eingriff in das informationelle Selbstbestimmungsrecht durch die Regelung verfassungsmäßig gerechtfertigt und somit materiell verfassungsgemäß. § 15a I, II 1. HS PolG NRW und § 15a I, II 2. HS, Var. 2 PolG NRW sind eine wirksame Rechtsgrundlage.

II. Formelle Rechtmäßigkeit

An der formellen Rechtmäßigkeit der konkreten Maßnahme der Videoüberwachung des Marktplatzes der Stadt S bestehen keine Zweifel. Insbesondere hat die gem. §§ 4 I, 5 I 1 i. V. m. § 3 I OBG NRW zuständige Behörde über die Installation der Kamera entschieden und dabei formell ordnungsgemäß gehandelt.

III. Materielle Rechtmäßigkeit

Auf dem Marktplatz wurden gehäuft Straftaten begangen. Gut sichtbare Schilder weisen auf die Überwachungsmaßnahme hin. Zudem besteht eine hohe Wahrscheinlichkeit, dass auch zukünftig weitere Straftaten am Marktplatz begangen werden. Es handelt sich damit um einen sog. Kriminalitätsbrennpunkt.

Gegen die materielle Rechtmäßigkeit bestehen insgesamt keine Bedenken.

IV. Gesamtergebnis

Im Ergebnis ist die Videoüberwachung rechtmäßig, da sie auf einer formell und materiell verfassungsmäßigen Rechtsgrundlage beruht und selbst sowohl formell als auch materiell rechtmäßig ist. A ist nicht in seinen Rechten verletzt. Er hat keinen Anspruch auf Entfernung der Videokamera. Die Klage ist zulässig, aber unbegründet und hat daher keine Aussicht auf Erfolg.

Fall 6: Der aufmerksame Vermieter

(Betreten einer Wohnung, Anscheinsgefahr, Inanspruchnahme eines Nichtstörers, Entschädigungsanspruch)

Sachverhalt:

Bei der zuständigen Polizeibehörde in der nordrhein-westfälischen Stadt B geht am 24. 1. 2006 um 4.13 Uhr ein Anruf des in der Westenfelder Straße wohnenden Vermieters N ein. Er teilt mit, in die Penthauswohnung seines Mieters X, eines sich zurzeit im Examen befindenden Jurastudenten, werde vermutlich gerade eingebrochen. Seine Vermutung begründet N wie folgt: Er habe bemerkt, dass sich seit ca. einer Woche an der Tür des X Zeitungen angesammelt haben. Dabei handelt es sich um die Tageszeitung, die X für die Vorbereitung auf seine mündliche Prüfung in einem Sparabonnement bestellt hat. Dies ließe darauf schließen, dass X nicht anwesend sei, da er sonst die Zeitungen stets noch am selben Tag gelesen habe. Ferner habe er in der Wohnung des X Licht bemerkt und schließlich seien auch Geräusche aus dem Inneren der Wohnung zu vernehmen. X sei der Sohn eines reichen Unternehmers, der seit dessen bestandener Zwischenprüfung dafür gesorgte hatte, dass X die mit modernster und besonders wertvoller technischer Ausstattung versehene Wohnung anmieten konnte.

Die Polizisten A und B fahren um 4.45 Uhr mit ihrem Streifenwagen in die Westenfelder Straße. Tatsächlich sind aus der Penthauswohnung des X Geräusche zu hören und in der oberen Etage brennt auch Licht. Um die wertvollen Gegenstände gegen eventuelle Einbrecher schützen zu können, beschließen die Beamten, der Sache auf den Grund zu gehen. Sie betätigen mehrere Male die Türklingel an der Penthauswohnung des X. Als die Tür nicht geöffnet wird, dringen sie um 5.00 Uhr in die Wohnung des X ein. Dabei verzichten sie auf ein gewaltsames Eintreten der Haustür, nachdem sich der Vermieter N angeboten hat, die Tür mit dem Generalschlüssel zu öffnen. In der Wohnung wird niemand angetroffen. Es wird festgestellt, dass im Wohnzimmer ein Film läuft, der sich automatisch um 4.02 Uhr eingeschaltet hatte, nachdem der Downloadvorgang am Rechner des X abgeschlossen worden war. Ferner ist im Bad und Flur das Licht an. Jegliche Hinweise auf einen Einbruch fehlen aber.

Um 5.05 Uhr, als die Polizeibeamten gerade aus der Penthauswohnung herausgehen, erscheint X. Es stellte sich heraus, dass X am 17. 1. 2006 seine mündliche Prüfung abgelegt hatte und direkt danach in den Urlaub geflogen ist. Die Zeitungen hatten sich angesammelt, weil X beschlossen hatte, diese nach der Prüfung nie wieder in die Hände zu nehmen, um nicht länger an die unangenehme Vorbereitungszeit erinnert zu werden. In der Nacht des 24. 1. 2006 sei X von der Reise zurückgekehrt und, um die Urlaubsstimmung aufrechtzuerhalten, sei er direkt auf die Examensparty gegangen. Beim Verlassen des Hauses, durch den Anruf seiner Freundin abgelenkt, habe er vergessen, das Licht im Bad und Flur auszuschalten, sowie den Rechner herunterzufahren. X ist über das Vorgehen der Beamten bestürzt.

1. Ist das Betreten der Wohnung rechtmäßig gewesen? Erstellen Sie eine gutachterliche Lösung!
2. Abwandlung: Der Vermieter N hat seinen Generalschlüssel verloren. Die Polizisten dringen daher gewaltsam in die Wohnung des X ein, indem sie die Tür aufbrechen. X ist über die Beschädigung der Wohnungstür verärgert. Auf welche Anspruchsgrundlage(n) könnte er seine Entschädigungsansprüche stützen?

Bearbeitungsvermerk: Auf die Rechtmäßigkeit des Herunterladens von Filmen ist nicht einzugehen. Bei der 2. Frage ist/sind die einschlägige(n) Anspruchsgrundlage(n) nur zu nennen und die Entscheidung knapp zu begründen. Eine gutachterliche Bearbeitung der 2. Frage ist im Übrigen nicht gefordert.

Zur Vertiefung: *BGH,* NJW 1996, 3151 (Anscheinsgefahr, Entschädigung); *OLG Köln,* DÖV 1996, 86 (Anscheinsgefahr, Entschädigungsanspruch); *OVG Schleswig,* NVwZ 2000, 1196 (Kosten für Gefahrerforschungsmaßnahmen); *VG Berlin,* NJW 1991, 2854 (Aufwendungen für Polizeieinsatz); *Erichsen/Wernsmann,* Anscheinsgefahr und Anscheinsstörer, Jura 1995, 219; *Götz,* Allgemeines Polizei- und Ordnungsrecht, §§ 6, 9, 10, 15; *Schoch,* in: Schmidt-Aßmann/Schoch, 2. Kap. Rn. 84 ff., 117 ff., 229 ff., 298 ff.; *Schwabe,* Gefahrenabwehr und zeitliche Nähe des Schadens, DVBl 2001, 968.; *Schenke,* Gefahrenverdacht und polizeiliche Verantwortlichkeit, in: Festschrift für Friauf 1996, 455.

Gliederung:

A. Rechtmäßigkeit des Betretens der Wohnung
  I. Rechtsgrundlage
  II. Formelle Rechtmäßigkeit
  III. Materielle Rechtmäßigkeit
    1. Wohnung
    2. Keine Einwilligung
    3. Gegenwärtige Gefahr
       a) Schutzgut
       b) Gefahr
       c) Gegenwärtig
    4. Pflichtigkeit
       a) Verhaltensstörer
       b) Zustandsstörer
       c) Nichtstörer
    5. Keine Ermessensfehler
       a) Verhältnismäßigkeit
       b) Art. 13 GG
  IV. Ergebnis
B. Schadensersatzansprüche des X
  I. § 67 PolG NRW, § 39 I lit. a OBG NRW
    1. Rechtsgrundlage
    2. Formelle Rechtmäßigkeit
    3. Materielle Rechtmäßigkeit
       a) Hypothetischer Grundverwaltungsakt
       b) Gegenwärtige Gefahr
       c) Notwendig
       d) Zwangsmittel
       e) Verhältnismäßigkeit
    4. Kein Ausschluss
    5. Umfang
    6. Ergebnis
  II. § 839 BGB, Art. 34 GG
  III. Enteignungsgleicher/enteignender Eingriff
  IV. Ergebnis

Fall 6: Der aufmerksame Vermieter

Lösung:

A. Rechtmäßigkeit des Betretens der Wohnung

Das Betreten der Wohnung ist rechtmäßig, wenn sich das Vorgehen auf eine wirksame Rechtsgrundlage stützt und selbst formell und materiell rechtmäßig ist.

I. Rechtsgrundlage

Nach dem Vorbehalt des Gesetzes ist für ein belastendes Verwaltungshandeln eine wirksame Rechtsgrundlage erforderlich.

Als Rechtsgrundlage kommt § 41 I 1 Nr. 1 i. V. m. § 35 I Nr. 2 PolG NRW in Betracht. Danach darf die Polizei eine Wohnung ohne Einwilligung des Inhabers betreten, um eine bevorstehende Straftat zu verhindern. Die Norm würde allerdings ausscheiden, wenn sich aus § 41 II, III PolG NRW etwas anderes ergibt. Das Betreten einer Wohnung ist gem. **§ 41 II PolG NRW** zur Nachtzeit nur in den Fällen des § 41 I Nr. 3, 4 PolG NRW zulässig. Für die Zeit vom 1. Oktober bis zum 31. März umfasst die Nachtzeit gem. § 104 III StPO die Stunden von neun Uhr abends bis sechs Uhr morgens. Die Polizisten sind am 24. Januar 2006 um fünf Uhr morgens und damit in der gesetzlichen Nachtzeit in die Wohnung des X eingedrungen. Ein Fall des § 41 I Nr. 3, 4 PolG NRW liegt nicht vor. Damit ist das Betreten der Wohnung unzulässig, § 41 II PolG NRW. Etwas anderes ergibt sich auch nicht aus § 41 III Nr. 1 lit. a PolG NRW, der ein Betreten der Wohnung zu jeder Zeit bei möglicher Begehung einer Straftat von erheblicher Bedeutung gestattet. Denn bei dem von den Polizisten angenommenen Wohnungseinbruchsdiebstahl handelt es sich nicht um eine Straftat von erheblicher Bedeutung. § 244 I Nr. 3 StGB gehört nicht zu den Katalogtaten nach § 129a I, II StGB. § 41 I 1 Nr. 1 i. V. m. § 35 I Nr. 2 PolG NRW ist damit keine taugliche Ermächtigungsgrundlage.

§ 41 I 1 Nr. 4 Var. 2 PolG NRW könnte eine wirksame Ermächtigungsgrundlage sein. Danach ist die Polizei berechtigt, eine Wohnung zu betreten, wenn das zur Abwehr einer gegenwärtigen Gefahr für Sachen von bedeutendem Wert erforderlich ist. Vorliegend sollte mit dem Einsatz der Polizeibeamten die Entwendung wertvoller Gegenstände aus der Wohnung des X verhindert werden. In der Wohnung des X befinden sich äußerst hochwertige technische Geräte. Bei § 41 I 1 Nr. 4 Var. 2 PolG NRW handelt es sich mithin um eine wirksame Rechtsgrundlage.[85]

---

[85] Vorsicht, § 8 I PolG NRW ist vorliegend keine taugliche Rechtsgrundlage. Denn § 41 PolG NRW ist als lex specialis für die Fälle abschließend, in denen die Behörde die Wohnung betritt, ohne sich gewaltsamen Zugang verschaffen zu müssen (hier mit dem Generalschlüssel des Vermieters N).

II. Formelle Rechtmäßigkeit

An der Zuständigkeit der Polizisten A und B gem. § 1 I 1, 3 PolG NRW bestehen keine Zweifel. Sie waren örtlich, § 7 I 1 POG NRW, und sachlich, § 10 S. 1 POG NRA zuständig Fraglich ist allein, ob das Verfahren ordnungsgemäß durchgeführt wurde.

Grundsätzlich ist vor Erlass eines belastenden Verwaltungsakts i. S. d. § 35 S. 1 VwVfG NRW die Anhörung gem. **§ 28 I VwVfG NRW** erforderlich. Es ist umstritten, ob das Betreten einer Wohnung als Verwaltungsakt oder als Realakt zu werten ist. Bei der Qualifizierung als Realakt ist zudem streitig, ob § 28 I VwVfG NRW analoge Anwendung findet. Diese Fragen können jedoch dahinstehen, wenn eine Anhörung gem. **§ 28 II Nr. 1 Var. 1 VwVfG NRW** ohnehin entbehrlich ist. Es kann von einer Anhörung abgesehen werden, wenn eine sofortige Entscheidung wegen Gefahr im Verzug notwendig erscheint, § 28 II Nr. 1 Var. 1 VwVfG NRW. Gefahr im Verzug besteht, wenn durch die Anhörung ein Zeitverlust eintreten würde, der mit hoher Wahrscheinlichkeit zur Folge hätte, dass die in der Sache gebotene Maßnahme zu spät kommen[86] oder ihren Zweck nur noch in geringerem Umfang als erforderlich erreichen könnte.[87] Bei der Meldung eines sich gerade ereignenden Wohnungseinbruchs ist schnelles Handeln notwendig, um möglichst effektiv gegen die gegenwärtige Gefahr für Gesundheit und Eigentum vorzugehen. Eine Zeitverzögerung durch Anhörung könnte zu einer Vertiefung des Schadens und einer erschwerten Beweislage führen. Damit ist Gefahr im Verzug zu bejahen, eine Anhörung nicht notwendig.

Fraglich ist, ob zudem der Richtervorbehalt gem. **§ 42 I 1 PolG NRW** zu beachten ist. Durchsuchungen dürfen grundsätzlich nur auf Anordnung eines Richters erfolgen. Eine Durchsuchung ist das ziel- und zweckgerichtete Suchen staatlicher Organe nach Personen oder Sachen oder zur Ermittlung eines Sachverhalts, um etwas aufzuspüren, was der Inhaber der Wohnung im Verborgenen bzw. geheim hält und von sich aus nicht offen legen oder herausgeben möchte.[88] Allein das Eindringen in die Wohnung, um eine Straftat, ein Vermögensdelikt an den Wertsachen des X zu verhindern, kann nicht als Durchsuchung qualifiziert werden. Damit handelt es sich allein um ein Betreten der Wohnung, das keine richterliche Anordnung voraussetzt.

Da es sich nur um ein Betreten, nicht um eine Durchsuchung der Wohnung handelt. sind auch die Formvorschriften gem. § 42 IV, V PolG NRW unbeachtlich.

Im Ergebnis ist das Betreten der Wohnung formell rechtmäßig.

---

[86] *BVerwGE* 68, 271.
[87] *BVerwGE* 45, 57.
[88] *BVerfGE* 51, 97 (106 f.); *BVerwG*, NJW 2006, 2504.

III. Materielle Rechtmäßigkeit

Die Maßnahme müsste zudem materiell rechtmäßig sein. Das ist der Fall, wenn die tatbestandlichen Voraussetzungen des § 41 I Nr. 4 Var. 2 PolG NRW erfüllt sind. Nach dieser Vorschrift kann die Polizei eine Wohnung ohne Einwilligung des Inhabers betreten, wenn das zur Abwehr einer gegenwärtigen Gefahr für Sachen von bedeutendem Wert erforderlich ist.

1. Wohnung

Nach der Legaldefinition des **§ 41 I 2 PolG NRW** umfasst die Wohnung die Wohn- und Nebenräume, Arbeits-, Betriebs- und Geschäftsräume sowie anderes Besitztum. Es gilt also wie bei Art. 13 I GG ein weiter Wohnungsbegriff.[89] Die Penthauswohnung des X wird vom Wohnungsbegriff erfasst.

2. Keine Einwilligung

Fraglich ist, ob die Polizei die Wohnung ohne Einwilligung des Inhabers betreten hat. Wohnungsinhaber ist derjenige, der die **tatsächliche Sachherrschaft** über die Wohnung ausübt. Der Vermieter N hat das Betreten gestattet. Die tatsächliche Sachherrschaft übt allerdings X aus. X war abwesend und hat nicht ausdrücklich eingewilligt. Eine mutmaßliche Einwilligung ist nicht relevant. Eine Einwilligung i. S. d. § 41 I 1 PolG NRW liegt nicht vor.

3. Gegenwärtige Gefahr

Voraussetzung ist weiterhin eine gegenwärtige Gefahr für Sachen von bedeutendem Wert.

a) Schutzgut

Bei den technisch hochwertigen Geräten, mit denen die Wohnung ausgestattet ist, handelt es sich um **Sachen von bedeutendem Wert**. Die Ausstattung ist modern und besonders wertvoll.

b) Gefahr

Gefahr ist eine Situation, in der bei ungehindertem Ablauf des objektiv zu erwartenden Geschehens in absehbarer Zeit mit hinreichender Wahrscheinlichkeit ein Schaden für eines der Schutzgüter eintreten wird.[90] Maßgeblich ist die objektive Sachlage. Da tatsächlich kein Einbruch unmittelbar bevorstand oder begangen wurde, liegt keine Gefahr vor.

In Betracht kommt eine **Anscheinsgefahr**. Voraussetzung einer Anscheinsgefahr ist, dass die Gefahrenabwehrbehörde im Zeitpunkt ihres Handelns bei verständiger Würdigung der objektiven Anhaltspunkte eine Gefahrenlage annehmen durfte, obwohl sich später herausstellt, dass eine Gefahr tatsächlich nicht vorlag.[91] Die Figur der Anscheinsgefahr wird teilweise als

---
[89] Vgl. *BVerfGE* 97, 228 (265); *BVerfG*, DVBl 2007, 624; demgegenüber engerer Wohnungsbegriff in Art. 8 EMRK: *EGMR*, NJW 2005, 3767.
[90] *BVerwGE* 45, 51 (57).
[91] *HessVGH*, NVwZ 1993, 1009 (1010).

überflüssig kritisiert.⁹² Es komme nicht auf die subjektive Einschätzung des Beamten, sondern auf die objektive Sachlage an. Da dieser objektive Maßstab auch sonstigem behördlichen Handeln zugrunde gelegt wird, ist die Kritik an dem Begriff der Anscheinsgefahr nicht von der Hand zu weisen. Dennoch hat er sich allgemein durchgesetzt.⁹³ Argumentiert wird, dass die Anscheinsgefahr eine deutliche Abgrenzung zur Scheingefahr ermögliche. Auch sei so eine klare Differenzierung der Gefahrenart für Schadensersatz- und Entschädigungsansprüche möglich.⁹⁴ Da der Begriff der Anscheinsgefahr zu gerechten Lösungen im Einzelfall führt, ist er im Folgenden zugrunde zu legen.⁹⁵

Von der Anscheinsgefahr ist der **Gefahrenverdacht** abzugrenzen. Ein Gefahrenverdacht liegt vor, wenn die Behörde einen Schadenseintritt nur für möglich hält.⁹⁶ Sie sieht den Eintritt eines Schadens im Fall des Gefahrenverdachts also nicht als hinreichend wahrscheinlich an. Die Anscheinsgefahr ist eine echte Gefahr i.S.d. Gefahrenabwehrrechts, der Gefahrenverdacht ist hingegen nicht als Gefahr zu werten. Entsprechend steht beim Gefahrenverdacht die Gefahrerforschung im Vordergrund.

Zudem ist die Anscheinsgefahr von der **Scheingefahr** (Putativgefahr) zu unterscheiden. Eine Scheingefahr ist zu bejahen, wenn die Annahme einer Gefahr allein auf der Fehleinschätzung des handelnden Beamten beruht und ein objektiver Betrachter dem Irrtum nicht erlegen wäre.⁹⁷ Die Scheingefahr rechtfertigt kein behördliches Eingreifen.

Die Tageszeitungen häuften sich vor der Wohnungstür des X. Die Tür wird auf das Klingeln der Beamten hin nicht geöffnet. Dies sind Anhaltspunkte für die Abwesenheit des X. Da zugleich Licht und Geräusche aus der Wohnung kamen, konnten die Beamten A und B davon ausgehen, dass sich Diebe in der Wohnung des X aufhielten. Maßstab ist die ex-ante-Einschätzung der Beamten, also die Sicht vor Öffnung der Wohnungstür durch den Vermieter N. Zu diesem Zeitpunkt war ein Einbruchsdiebstahl aufgrund der genannten Anhaltspunkte nicht nur möglich, sondern sogar sehr wahrscheinlich. A und B konnten daher von einer Gefahr für die Wertgegenstände des X ausgehen.

c) Gegenwärtig

Die Gefahr müsste auch gegenwärtig sein. Voraussetzung ist, dass das schädigende Ereignis bereits begonnen hat oder unmittelbar mit an Sicherheit grenzender Wahrscheinlichkeit bevorsteht.⁹⁸ Angesichts des eingeschal-

---

⁹² *Di Fabio*, Jura 1996, 566 (569); *Götz*, § 7 Rn. 39; *Schwabe*, DVBl 2001, 968.
⁹³ *BVerwGE* 45, 51 (58); *VGH BW*, VBlVW 1993, 298 (300); *Erichsen/Wernsmann*, Jura 1995, 219 (220); *Gromitsaris*, DVBl 2005, 535 (540).
⁹⁴ *Schoch*, in: Schmidt-Aßmann/Schoch, BesVerwR, 2. Kap. Rn. 93 f.
⁹⁵ Gleiches gilt für den Begriff der Scheingefahr.
⁹⁶ *Schoch*, in: Schmidt-Aßmann/Schoch, BesVerwR, 2. Kap. Rn. 95 ff.
⁹⁷ *BayVGH*, BayVBl 1993, 429 (431).
⁹⁸ *Schoch*, in: Schmidt-Aßmann/Schoch, BesVerwR, 2. Kap. Rn. 100.

teten Lichts in der Nacht und der Geräusche ist davon auszugehen, dass die Entwendung der Sachen des X unmittelbar bevorsteht oder der Vorgang bereits begonnen hat. Damit liegen die tatbestandlichen Voraussetzungen des § 41 I 1 Nr. 4 PolG NRW vor.

4. Pflichtigkeit

Zu prüfen ist die Polizeipflichtigkeit des X.

a) Verhaltensstörer

X könnte verhaltensverantwortlicher Anscheinsstörer sein. Verhaltensstörer i.S.d. § 4 I PolG NRW ist, wer durch sein Verhalten eine Gefahr unmittelbar verursacht. Der Begriff des Anscheinsstörers ist umstritten.

Nach einer Ansicht sei derjenige **Anscheinsstörer**, von dem bei verständiger Würdigung der Situation aus der **ex-ante-Sicht** anzunehmen ist, dass er eine Gefahr verursacht habe.[99] Diese Definition des Anscheinsstörers weist eine deutliche Parallele zur Anscheinsgefahr auf. Die Anscheinsstörerschaft ist vergleichbar konstruiert. Vertreter dieser Ansicht differenzieren hinsichtlich der Zurechenbarkeit der Gefahrverursachung erst bei der Kostenfrage, auf der sog. Sekundärebene. Ausreichend ist also, dass der Betroffene die Gefahr dem Anschein nach verursacht hat. Bei verständiger Würdigung konnte nicht davon ausgegangen werden, dass X die Gefahr selbst gesetzt hat. X wurde nicht verdächtig, selbst in seine Wohnung eingebrochen zu sein. Nach dieser Ansicht ist X kein verhaltensverantwortlicher Anscheinsstörer.

Die Gegenansicht vertritt einen an der **Kausalität** orientierten Störerbegriff.[100] Danach sei derjenige Anscheinsstörer, der durch sein Verhalten objektiv für eine Sachlage verantwortlich sei, aufgrund derer die Anscheinsgefahr dem Betroffenen zuzurechnen sei. Die Wertung als Anscheinsstörer sei allerdings nur bei unmittelbarer Verursachung der Anscheinsgefahr zu rechtfertigen. X hat seine Wohnung verlassen, ohne die Tageszeitungen zu entfernen oder den Fernseher und das Licht auszuschalten. Er hat damit zu der Situation, die als Anscheinsgefahr gewertet werden kann, kausale Beiträge geleistet. Allerdings handelt es sich dabei nicht um unmittelbare Beiträge, da erst die Einschätzung des Vermieters N unter Berücksichtigung aller situativen Umstände zur Qualifizierung als Gefahr durch die Polizeibeamten führte. Das Verhalten des X hat die Einordnung als Anscheinsgefahr nur mittelbar bedingt. Eine mittelbare Verursachung ist für die Bewertung als Anscheinsstörer nicht ausreichend. Auch nach dieser Ansicht ist X kein verhaltensverantwortlicher Anscheinsstörer.

Da die Ansichten zu dem gleichen Ergebnis führen, ist der Streit nicht zu entscheiden. X ist kein verhaltensverantwortlicher Anscheinsstörer.

---

[99] *BayVGH*, BayVBl 1998, 500 (501); *OVG NRW*, NVwZ-RR 1994, 386 (387); *Erichsen/Wernsmann*, Jura 1995, 219 (221); *Schoch*, JuS 1994, 934.
[100] *Schenke*, in: Festschrift für Friauf 1996, 455 (469 ff.).

b) Zustandsstörer

X könnte gem. § 5 I, II PolG NRW zustandsverantwortlicher Anscheinsstörer sein. So wird derjenige bezeichnet, der Eigentümer oder Inhaber der tatsächlichen Gewalt über eine Sache ist, von der der Anschein einer Gefahr ausgeht. Da auch niemand glaubte, dass von der Wohnung des X selbst die Gefahr ausging, ist X kein zustandsverantwortlicher Anscheinsstörer.

c) Nichtstörer

Da X weder Verhaltens- noch Zustandsstörer ist, kann er nur als Nichtstörer gem. § 6 I PolG NRW in Anspruch genommen werden. Voraussetzung ist das Vorliegen einer **gegenwärtigen und erheblichen Gefahr**, § 6 I Nr. 1 PolG NRW. In dem andauernden oder unmittelbar bevorstehenden Diebstahl wertvoller Gegenstände des X liegt eine gegenwärtige Gefahr (s. o.). Unter einer erheblichen Gefahr wird eine Gefahr für ein bedeutsames Rechtsgut verstanden.[101] Da es sich vorliegend um wesentliche Vermögenswerte des X handelte, ist auch die Erheblichkeit der Gefahr zu bejahen.

Außerdem müssten gem. § 6 I Nr. 2 PolG NRW **Maßnahmen gegen den Störer** ausgeschlossen sein. Da es nicht möglich war, das Vorgehen der vermeintlichen Einbrecher ohne direkten Kontakt durch Betreten der Wohnung zu unterbrechen, war eine andere erfolgversprechende Maßnahme nicht ersichtlich.

Die Polizei dürfte die Gefahr nicht selbst oder durch Beauftragte abwehren können, § 6 I Nr. 3 PolG NRW. Für eine anderweitige Gefahrenabwehr bestehen keine Anhaltspunkte.

Letztlich kann der Nichtstörer gem. § 6 I Nr. 4 PolG NRW nur ohne erhebliche eigene Gefährdung und ohne Verletzung höherwertiger Pflichten in Anspruch genommen werden. Für X hat zu keinem Zeitpunkt eine Gefährdung bestanden. Höherrangige Pflichten des X liegen nicht vor.

Demnach kann X als Nichtstörer gem. § 6 I PolG NRW in Anspruch genommen werden.

5. Keine Ermessensfehler

Die Polizeibeamten A und B müssten das gem. § 41 I 1 PolG NRW eingeräumte Ermessen nach § 3 I PolG NRW i. V. m. § 40 VwVfG NRW ermessensfehlerfrei ausgeübt haben.

a) Verhältnismäßigkeit

Vorliegend könnten die Beamten ihr Ermessen überschritten haben, indem sie gegen den Verhältnismäßigkeitsgrundsatz verstoßen haben. Dem Übermaßverbot kommt im Fall der Anscheinsgefahr als Korrektiv eine große Bedeutung zu. Die Behörde hat sich in ihrem Handeln auf notwendige, meist vorläufige Maßnahmen zu beschränken.

---

[101] *Schoch*, in: Schmidt-Aßmann/Schoch, BesVerwR, 2. Kap. Rn. 100.

Eine Maßnahme ist verhältnismäßig, wenn sie einen legitimen Zweck verfolgt, geeignet, erforderlich und angemessen ist.

In der Verhinderung eines Diebstahls an den Wertsachen des X ist ein legitimer Zweck zu sehen.

Die Maßnahme ist geeignet, wenn sie den Zweck fördert. Durch das Aufsuchen des Tatorts, hier das Betreten der Wohnung, kann das Eigentum vor Diebstahl geschützt werden.

Fraglich ist, ob die Maßnahme auch erforderlich ist. Voraussetzung ist, dass kein milderes, ebenso effektives Mittel zur Verfügung steht. Die Polizisten A und B sind in die Wohnung mittels des Generalschlüssels des N gelangt. Sie haben die Wohnung bei dem Eindringen also nicht beschädigt. Gegenüber dem gewaltsamen Öffnen von Türen und Fenstern ist dies bereits ein milderes Mittel. Eine vollständige Umstellung des Hauses wäre nicht ebenso effektiv gewesen, da das Fluchtrisiko dann erhöht gewesen wäre. Damit ist auch die Erforderlichkeit zu bejahen.

Schließlich müsste das Betreten der Wohnung auch angemessen sein. Da die Vorteile, die Sicherung des Eigentums des X, die Nachteile, die Beeinträchtigung der Unverletzlichkeit der Wohnung aus Art. 13 GG, überwiegen, ist die Maßnahme auch angemessen.

Damit ist das Betreten der Wohnung durch A und B insgesamt eine verhältnismäßige Maßnahme.

b) Art. 13 GG

Möglicherweise liegt in dem Betreten der Wohnung des X ein Verstoß gegen Art. 13 GG. Das Grundrecht der Unverletzlichkeit der Wohnung schützt die „**räumliche Privatsphäre**" des Einzelnen, innerhalb derer er das Recht hat, „in Ruhe gelassen zu werden".[102] Die Penthauswohnung des X ist als Ort der Privatheit vom Schutzbereich des Art. 13 I GG erfasst (s. o.). Das Betreten der Wohnung durch die Polizeikräfte beinhaltet zweifelsohne einen Eingriff. Fraglich ist, ob der Eingriff verfassungsrechtlich gerechtfertigt ist. Das ist dann der Fall, wenn der Eingriff eine verfassungsmäßige Konkretisierung der Schranken des Art. 13 GG ist.

Zunächst ist zu prüfen, ob das Eindringen in die Wohnung unter dem Richtervorbehalt des **Art. 13 II GG** steht. Danach dürfen Durchsuchungen grundsätzlich nur durch den Richter angeordnet werden. Da es sich bei dem Eindringen von A und B in die Wohnung des X nur um ein einfaches Betreten und nicht um eine Durchsuchung handelt (s. o.), war eine richterliche Anordnung nicht notwendig.

Das Betreten der Wohnung müsste den Anforderungen aus **Art. 13 VII Var. 3 GG** genügen. Eingriffe dürfen auf Grund eines Gesetzes zur Verhütung dringender Gefahren für die öffentliche Sicherheit und Ordnung vorgenommen werden. § 41 I 1 Nr. 4 Var. 2 PolG NRW ist eine taugliche Rechtsgrundlage. Es bestand eine Gefahr für die im Eigentum des X stehenden

---

[102] *BVerfGE* 51, 97 (110).

Wertsachen (s. o.). Diese Gefahr müsste auch dringend gewesen sein. Nach verbreiteter Ansicht setzt eine dringende Gefahr eine Situation voraus, bei der mit großer Wahrscheinlichkeit einem besonders hochrangigen Rechtsgut ein Schaden droht.[103] Die Definitionen einer dringenden Gefahr weichen teilweise im Einzelnen voneinander ab.[104] Die Differenzierungen müssen vorliegend allerdings nicht vertieft werden, da im konkreten Fall jedenfalls eine dringende Gefahr für die Gegenstände des X bestand. Denn es war nach dem von den Beamten angenommenen Sachverhalt nahezu sicher, dass die technischen Gegenstände von hohem Wert momentan oder alsbald entwendet werden. Es bestand eine dringende Gefahr für die öffentliche Sicherheit, so dass das Betreten der Wohnung mit Art. 13 VII Var. 3 GG vereinbar ist. Ein Verstoß gegen Art. 13 GG liegt nicht vor. Eine Verletzung anderer Grundrechte ist nicht ersichtlich. Für sonstige Ermessensfehler bestehen keine Anhaltspunkte.

IV. Ergebnis

Das Betreten der Wohnung erfolgte aufgrund einer wirksamen Rechtsgrundlage und ist selbst formell und materiell rechtmäßig. Das Eindringen von A und B in die Wohnung des X ist insgesamt rechtmäßig.

Abwandlung

B. Entschädigungsansprüche des X

I. § 67 PolG NRW, § 39 I lit. a OBG NRW

In der Abwandlung könnte X einen Anspruch auf Entschädigung wegen Beschädigung der Tür durch die Polizisten A und B gem. **§ 67 PolG NRW i. V. m. § 39 I lit. a OBG NRW** haben. Dann müsste es sich bei dem Aufbrechen der Wohnungstür um eine rechtmäßige Maßnahme handeln.

1. Rechtsgrundlage

Rechtsgrundlage sind nach hier vertretener Auffassung **§§ 50 II, 51 I Nr. 1, 52 PolG NRW**.[105] Ein gestrecktes Verfahren kommt aufgrund fehlender Androhung und Festsetzung des Zwangsmittels nicht in Frage.

2. Formelle Rechtmäßigkeit

Die Polizeibeamten A und B sind gem. § 1 I 1, 3 PolG NRW, §§ 7 I 1, 10 S. 1 POG NRW zuständig. Eine Anhörung ist gem. § 28 II Nr. 5 VwVfG

---

[103] *BVerwGE* 47, 31 (40).
[104] *Denninger*, in: Lisken/Denninger, E Rn. 61.
[105] Es ist umstritten, ob die Rechtsgrundlage des Betretens der Wohnung, § 41 I Nr. 4 PolG NRW auch als Ermächtigungsgrundlage für die gewaltsame Öffnung der Tür ausreicht (so: *OLG Köln*, DÖV 1996, 86 ff.; *Tegtmeyer/Vahle*, PolG NRW, § 41 Rn. 3). Auch wenn gute Gründe dafür sprechen, wird der Gegenansicht (vgl. Rn. 170 ff.) gefolgt. Eine Lösung über § 41 I Nr. 4 PolG NRW ist ebenso gut vertretbar.

NRW nicht notwendig. Formvorschriften sind nicht zu beachten. Damit war die Maßnahme formell rechtmäßig.

3. *Materielle Rechtmäßigkeit*

a) Hypothetischer Grundverwaltungsakt
Voraussetzung ist, dass die Polizisten „innerhalb ihrer Befugnisse" handeln, § 50 II PolG NRW. Wenn X anwesend wäre, müssten die Polizeibeamten berechtigt sein, X aufzufordern, das Betreten der Wohnung zu ermöglichen (hypothetischer rechtmäßiger Grundverwaltungsakt).
(1) *Rechtsgrundlage.* Rechtsgrundlage ist § 8 I PolG NRW (s.o.).[106]
(2) *Formelle Rechtmäßigkeit.* An der formellen Rechtmäßigkeit bestehen keine Bedenken.
(3) *Materielle Rechtmäßigkeit.* Der Grundverwaltungsakt ist materiell rechtmäßig, da die tatbestandlichen Voraussetzung des § 8 I PolG NRW zu bejahen sind, eine konkrete Gefahr für das Eigentum des X vorliegt, X als Nichtstörer in Anspruch genommen werden kann und die Polizeibehörde ihr Ermessen auch ordnungsgemäß ausgeübt hat (s. o.).

b) Gegenwärtige Gefahr
Weitere Voraussetzung des Sofortvollzugs ist eine gegenwärtige Gefahr. Eine gegenwärtige Anscheinsgefahr hinsichtlich der Wertgegenstände des X liegt vor (s. o.).

c) Notwendigkeit
Das Vorgehen im Sofortvollzug müsste notwendig sein. Das ist der Fall, wenn der Zeitraum zwischen der Feststellung der Gefahr und dem voraussichtlichen Schadenseintritt so gering ist, dass die Durchführung des gestreckten Verfahrens den Erfolg des Zwangsmittels zumindest wesentlich beeinträchtigen würde.[107] Die Einbrecher hätten in der Zeit von Bekanntgabe eines Verwaltungsakts, Androhung und Festsetzung der Ersatzvornahme weitere Gegenstände von X entwenden können. Die Notwendigkeit des Sofortvollzugs ist zu bejahen.

d) Zwangsmittel
Die Ersatzvornahme ist bei vertretbaren Handlungen wie dem Öffnen einer Tür gem. **§§ 51 I Nr. 1, 52 I 1 PolG NRW** das richtige Zwangsmittel.

e) Verhältnismäßigkeit
Das gewaltsame Öffnen der Tür müsste eine verhältnismäßige Maßnahme sein. Das Ziel, die Entwendung der Wertsachen von X zu verhindern, ist ein legitimer Zweck. Das Aufbrechen der Tür fördert dieses Ziel, da die Beamten nur so die Gegenstände von X vor Diebstahl schützen können. Die Maßnahme müsste auch erforderlich sein. Das ist nicht der Fall, wenn ein

---

[106] Das Betreten der Wohnung kann als Verwaltungsakt oder als Realakt gewertet werden. Folgend wird das Betreten als Realakt qualifiziert, so dass § 8 I PolG NRW Rechtsgrundlage ist (vgl. Rn. 196–200). Bei Einordnung als Verwaltungsakt wäre § 41 I Nr. 4 PolG NRW als Ermächtigungsgrundlage zu wählen.
[107] *OVG NRW*, DVBl. 1964, 684 (685).

ebenso effektives, aber milderes Mittel zur Wahl steht. A und B hätten einen Schlüsseldienst herbeirufen können. Allerdings wäre das mit einer Zeitverzögerung verbunden gewesen, in der die Diebe das Eigentum des X weiterhin gefährdet hätten. Daher stand kein ebenso effektives Mittel zur Verfügung. Das Aufbrechen der Tür war erforderlich. Angesichts des weit höheren Wertes der technischen Geräte gegenüber der Beschädigung der Wohnungstür war die Maßnahme auch angemessen.

4. Kein Ausschluss

Ein Ausschluss des Anspruchs gem. § 39 II Nr. 2 lit. b OBG NRW kommt nicht in Betracht. Zwar handelten A und B in der Vorstellung, das Eigentum des X zu schützen. Da tatsächlich allerdings kein Einbruch vorlag, schützten sie das Eigentum des X nicht. Der Entschädigungsanspruch ist nicht gem. **§ 39 II Nr. 2 lit. b OBG NRW** ausgeschlossen.

5. Umfang

Der Sachverhalt enthält keine näheren Angaben zur Höhe des Schadens. Bei einer konkreten Berechnung ist jedenfalls eine Minderung wegen des möglichen Mitverschuldens des X gem. **§ 40 IV OBG NRW** zu berücksichtigen. Er hat durch das Stapeln der Zeitungen, die Beleuchtung und Geräusche trotz Abwesenheit die Vermutung eines Einbruchs nahegelegt. Er hätte u. U. seinen Vermieter zuvor informieren müssen.[108]

6. Ergebnis

Damit hat A gem. § 67 PolG NRW i. V. m. § 39 I lit. a OBG NRW einen ggf. um den Mitverschuldensanteil zu kürzenden Anspruch auf Entschädigung.
Der Anspruch gegen das Land NRW, **§§ 42 I 1, 45 I 1 PolG NRW, ist gem. § 43 I OBG NRW** vor den ordentlichen Gerichten geltend zu machen.
Ein Anspruch aus **§ 39 I lit. b OBG NRW entfällt**, da es sich bei dem gewaltsamen Öffnen der Wohnungstür nicht um eine rechtswidrige Maßnahme handelt (s. o.).

II. § 839 BGB, Art. 34 GG

X könnte auch einen Anspruch aus Amtshaftung gem. § 839 BGB i. V. m. Art. 34 GG haben. Da die gewaltsame Öffnung der Wohnungstür rechtmäßig war, entfällt ein Anspruch aus Amtspflichtverletzung.

---

[108] An dieser Stelle sind unterschiedliche Auffassungen mit guter Argumentation vertretbar; im Fall einer Zeitschaltuhr, die Licht und Geräusche verursachte, nahm das *OLG Köln* ein Anspruchskürzung um ²/₃ wegen Mitverschuldens an: *OLG Köln*, DÖV 1996, 86.

Fall 6: Der aufmerksame Vermieter 257

III. Enteignungsgleicher/enteignender Eingriff

Ein enteignungsgleicher oder enteignender Eingriff kommt nicht in Betracht, da sie durch den § 39 I lit. a OBG NRW als lex specialis verdrängt werden.

IV. Ergebnis

A steht ein um seinen Mitverschuldensanteil zu kürzender Anspruch auf Entschädigung gem. § 67 PolG NRW i. V. m. § 39 I lit. a OBG NRW zu.

3. Teil – Übersichten

Hinweis zur Benutzung der nachfolgend abgedruckten Übersichten:

Die nachfolgend dargestellten Übersichten setzen grundsätzlich ein fundiertes Grundwissen der dargestellten Rechtsprobleme voraus. Sie dienen – insbesondere durch ihre schnelle, kompakte Wiederholbarkeit – weniger dem Erlernen, als vielmehr dem Wiederholen und Strukturieren von Wissen.

Die Übersichten sollen nicht dazu verleiten, einen zu bearbeitenden Sachverhalt starr in jeweils einschlägige Prüfungsschemata zu pressen. Sie sollen vielmehr die wesentlichen Strukturen vermitteln, die im Rahmen einer Fallbearbeitung zu beachten sein können.

Sofern in den Übersichten auf landesrechtliche Vorschriften Bezug genommen wird, handelt es sich um solche des nordrhein-westfälischen Rechts.

Übersicht 1: Ordnungsbehörden- und Polizeiverfügung zur Gefahrenabwehr

	Ordnungsbehörde handelt	Polizeibehörde handelt
Ermächtigungsgrundlage		
• wenn Spezialgesetz einschlägig	SpezialG prüfen (z. B. BauO, GewO, LWG, LImSchG)	SpezialG prüfen (z. B. VersG, WaffenG)
• ansonsten Ermächtigungsgrundlagen aus dem OBG bzw. dem PolG: • wenn Standardmaßnahme: • ansonsten:	§ 24 Nr. 1–13 (OBG i. V. m. PolG) § 14 I OBG	§§ 9–46 PolG § 8 I PolG
Formelle Rechtmäßigkeit		
• sachliche Zuständigkeit (Aufgabenzuweisung)	➡ grds. Gefahrenabwehr durch die allgemeine Ordnungsbehörde (§ 1 I OBG), soweit nicht SonderordnungsR abweicht ➡ Probleme: – anderer Hoheitsträger ist Störer oder – wird gestört	➡ Gefahrenabwehr durch Polizei (§ 1 I PolG; § 10 POG) ➡ beachte aber Subsidiarität: 1. Eilfall (§ 1 I 3 PolG) 2. Schutz privater Rechte (§ 1 II PolG)
• örtliche Zuständigkeit	§ 4 OBG	§ 7 POG
• instanzielle Zuständigkeit	§§ 5 I, 3 I OBG	§§ 10–14 POG
• Verfahren und Form	➡ grds. Schriftform Ausnahme: Eilfall (vgl. § 20 OBG) ➡ grds. Anhörung (vgl. § 28 VwVfG)	➡ formlos (§ 37 II 1 VwVfG) ➡ grds. Anhörung (vgl. § 28 VwVfG)
• Bekanntgabe	§ 41 VwVfG, §§ 3 ff. VwZG	§ 41 VwVfG, §§ 3 ff. VwZG

Übersichten

Materielle Rechtmäßigkeit		
• Tatbestandsvoraussetzungen der Ermächtigungsgrundlage	➡ bei § 14 I OBG: konkrete Gefahr für die öffentliche Sicherheit oder Ordnung	➡ bei § 8 I PolG: konkrete Gefahr für die öffentliche Sicherheit oder Ordnung
• Pflichtigkeit des Adressaten	➡ Handlungsstörer § 17 OBG ➡ Zustandsstörer § 18 OBG ➡ Nichtverantwortlicher § 19 OBG ➡ Einzelprobleme: Kausalität/ Rechtsnachfolge/ Dereliktion	➡ Handlungsstörer § 4 PolG ➡ Zustandsstörer § 5 PolG ➡ Nichtverantwortlicher § 6 PolG ➡ Einzelprobleme: Kausalität/ Rechtsnachfolge/ Dereliktion
• Richtige Ermessensausübung • Entschließungsermessen • Auswahlermessen • Verhältnismäßigkeit	➡ pflichtgemäße Ausübung (§ 16 OBG i. V. m. § 40 VwVfG) ➡ pflichtgemäße Ausübung (§ 16 OBG i. V. m. § 40 VwVfG) ➡ geeignet/erforderlich/ angemessen (§ 15 I und II OBG)	➡ pflichtgemäße Ausübung (§ 3 I PolG i. V. m. § 40 VwVfG) ➡ pflichtgemäße Ausübung (§ 3 I PolG i. V. m. § 40 VwVfG) ➡ geeignet/erforderlich/ angemessen (§ 2 I und II PolG)
• Sonstiges	➡ keine bloße Aufsichtserleichterung (§ 20 II OBG) ➡ kein Antrag auf Mittelaustausch (§ 21 S. 2 OBG)	➡ kein Antrag auf Mittelaustausch (§ 3 II 2 PolG)

Übersicht 2: Schutzgüter der öffentlichen Sicherheit und Ordnung

Schutzgüter der öffentlichen Sicherheit

Individualrechtsgüter	Inhalt: Leben, Körper, Freiheit, Eigentum, Besitz und vermögenswerte Positionen	Problem: bewusste Selbstgefährdung von Leben und Körper ⬇ str., Schutzpflicht des Staates kollidiert mit dem Freiheitsrecht des Einzelnen aus Art. 2 Abs. 1 GG
Kollektivrechtsgüter	Inhalt Rechtsgüter, die der Allgemeinheit in der staatlich organisierten Gemeinschaft zustehen	Besonderheit: Rechtsgut muss sich aus materieller Grundentscheidung eines Fachgesetzes ergeben
		Beispiele: öffentliche Wasserversorgung/ Grundwasserschutz (LWG, WHG) Natur (NatSchG)
Objektive Rechtsordnung	Inhalt Rechtsvorschriften demokratisch legitimierter Organe	Beispiele: formelle Gesetze, Rechtsverordnungen, Satzungen
Bestand und Funktionsfähigkeit des Staates	Inhalt Rechtssubjekte des öffentlichen Rechts	Beispiele: Bund, Länder, Gemeinden, Behörden, sonstige öffentliche Organe
	ihnen zugeordnete Einrichtungen	Theater, Museen, Dienstgebäude
	staatliche Veranstaltungen	Staatsbesuche, Manöver, Paraden

Schutzgüter der öffentlichen Ordnung

	Inhalt: Gesamtheit ungeschriebener Wertvorstellungen, deren Beachtung nach Ansicht der Bevölkerungsmehrheit eines bestimmten Gebietes unerlässliche Voraussetzung für das Zusammenleben ist	Besonderheit: – verfassungsrechtliche Bedenken wegen Unbestimmtheit – zunehmende Normierung verringert die Relevanz des Schutzgutes

Übersicht 3: Gefahrenbegriffe im Polizei- und allgemeinen Ordnungsrecht

Begriff	Tatbestandsmerkmal in	Voraussetzung	Störerqualität	Kostentragung	Funktion
Ausgangsdefinition					
• Gefahr		ex-ante Sicht: hinreichende Wahscheinlichkeit des Schadens			Grundlage jeder Abwehrmaßnahme
Differenzierung nach Gefahrenstufen					
• gegenwärtige Gefahr	• § 19 OBG • § 6 PolG • §§ 16–20 PolG	zeitlich erhöhte Schadensnähe	Verhaltens- oder Zustandsstörer; auch Nichtstörer	Störer ist kostenpflichtig	Voraussetzung für Standardmaßnahmen sowie Zwangsmittelanwendung im Wege des Sofortvollzugs § 50 II PolG, § 55 II VwVG; Voraussetzung für Inanspruchnahme des Nichtstörers
• Gefahr im Verzug	• § 20 12 OBG • § 11 3 PolG • § 42 I PolG • § 28 II Nr. 1 VwVfG	zeitlich erhöhte Schadensnähe; Abwarten nicht möglich	Verhaltens- oder Zustandsstörer	Störer ist kostenpflichtig	Voraussetzung für Verzicht auf Zuständigkeits-, Form- und Verfahrenserfordernisse

Begriff	Tatbestands-merkmal in	Voraussetzung	Störerqualität	Kostentragung	Funktion
Differenzierung nach Gefahrenstufen					
• erhebliche Gefahr	• § 19 OBG • § 6 PolG	Gefahr für hochrangiges Rechtsgut	Verhaltens- oder Zustandsstörer; auch Nichtstörer	Störer ist kostenpflichtig	Voraussetzung für Inanspruchnahme des Nichtstörers
• dringende Gefahr	• § 41 III PolG	zeitlich erhöhte Schadensnähe und Gefahr für hochrangiges Rechtsgut	Verhaltens- oder Zustandsstörer	Störer ist kostenpflichtig	Voraussetzung für Standardmaßnahme
Differenzierung nach Handlungsformen					
• konkrete Gefahr	• § 14 OBG • § 8, 12 PolG • §§ 16–20 PolG • §§ 34–35 PolG	Einzelsachverhalt begründet Anhaltspunkte für Gefahr	Verhaltens- oder Zustandsstörer	Störer ist kostenpflichtig	Voraussetzung für Erlass eines VA zur Gefahrenabwehr
• abstrakte Gefahr	• § 27 OBG	bestimmte Lebens-situationen begründen generell Anhaltspunkte für Gefahr	abstrakte Verhaltens- oder Zustandsstörer	–	Voraussetzung für Erlass einer ordnungsbehördliche VO (§ 25 S. 1 i.V.m. § 27 I OBG)

Übersichten

Begriff	Tatbestandsmerkmal in	Voraussetzung	Störerqualität	Kostentragung	Funktion
Differenzierung nach Gefahrenlagen					
• **Anscheinsgefahr**	• gesetzlich nicht ausdrücklich geregelt	ex-ante: Schadenseintritt hinreichend wahrscheinlich; ex-post: keine tatsächliche Gefahr	Anscheinsstörer	Anscheinsstörer ist kostenpflichtig, wenn Anschein zurechenbar veranlasst	Voraussetzung für alle Maßnahmen; ggf. jedoch Entschädigungspflicht
• **Putativgefahr**	• gesetzlich nicht ausdrücklich geregelt	ex-ante: Schadenseintritt nicht hinreichend wahrscheinlich; Amtswalter nimmt pflichtwidrig Gefahr an	kein Störer	keine Kostentragung	keine Rechtsgrundlage für Maßnahmen
• **Gefahrenverdacht**	• § 5 LFBRVG NW • § 31 II LAbfG	ex-ante: Schadenseintritt unsicher; Amtswalter weiß um Unsicherheit, hält aber pflichtgemäß Gefahr für möglich	Verdachtsstörer	Verdachtsstörer ist kostenpflichtig, wenn Verdacht zurechenbar veranlasst	– Gefahrerforschungsmaßnahmen – zulässig, wenn hinreichende Wahrscheinlichkeit für Gefahr – ansonsten: wenn nicht belastend oder Spezialermächtigung bei Belastung – Gefahrenabwehrmaßnahmen aufgrund Generalklauseln zulässig, wenn hochrangige Rechtsgüter betroffen

Übersicht 4: Pflichtige

Anwendbare Vorschriften:

- **vorrangig:**
  Spezialvorschriften über Pflichtige (z. B. aus BSeuchenG, AbfG, BauO)
  Befugnisnormen mit eigener Adressatenbestimmung (z. B. § 10 I Nr. 1 PolG)
- **ansonsten:**

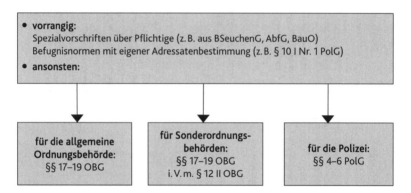

| für die allgemeine Ordnungsbehörde: §§ 17–19 OBG | für Sonderordnungsbehörden: §§ 17–19 OBG i. V. m. § 12 II OBG | für die Polizei: §§ 4–6 PolG |

Pflichtigkeit nach den allgemeinen Vorschriften:

Verhaltensstörer

	Anknüpfungspunkt:	Probleme:
• § 4 PolG • § 17 OBG	gefahrverursachendes positives Tun oder Unterlassen (verschuldensunabhängig)	• Kausalitätstheorien • Unterlassen einer privatrechtlich begründeten Handlungspflicht • Rechtsnachfolge

Zustandsstörer

	Anknüpfung:	Probleme:
• § 5 PolG • § 18 OBG	Eigentümer oder Sachinhaber einer gefahrverursachenden Sache	• Kausalitätstheorien • Sonderopfer (Art. 14 GG) • Rechtsnachfolge

Nichtstörer

	kumulative Voraussetzungen:
• § 6 PolG • § 19 OBG	➡ Inanspruchgenommener ist weder Verhaltens- noch Zustandsstörer ➡ Vorliegen einer gegenwärtigen erheblichen Gefahr ➡ Inanspruchnahme von Störern aussichtslos ➡ Gefahr kann nicht bzw. nicht rechtzeitig durch Behörde oder deren Beauftragte abgewehrt werden ➡ Opfergrenze muss gewahrt bleiben

Übersicht 5: Kausalitätstheorien mehrerer Ursachen für eine Gefahr bzw. Störung der öffentlichen Sicherheit oder Ordnung

Ansatz	Inhalt	Kritik
• Äquivalenztheorie	Kausal ist jede Bedingung, die nicht hinweggedacht werden kann, ohne dass der Erfolg entfiele.	➡ zu weit, anders als z. B. im Strafrecht existiert kein Korrektiv wie Vorsatz oder Schuld
• Adäquanztheorie	Kausal ist jede Bedingung, die nicht hinweggedacht werden kann, ohne dass der Erfolg entfiele. **Keine Kausalität bei atypischen Geschehensabläufen.**	➡ nicht sachgerecht, da atypische Gefahren abgewehrt werden sollen
• Theorie der rechtswidrigen Verursachung	Kausal ist jede Bedingung, die nicht hinweggedacht werden kann, ohne dass der Erfolg entfiele. **Zugerechnet wird jedoch nur rechtswidriges Verhalten.**	➡ Schutzgut der öffentlichen Ordnung wird nicht erfasst
• Lehre von der Sozialadäquanz	Kausal ist jede Bedingung, die nicht hinweggedacht werden kann, ohne dass der Erfolg entfiele. Zugerechnet wird jedoch **nur sozial inadäquates Verhalten** (unabhängig von Rechtswidrigkeit).	➡ Kriterium der Sozialadäquanz ist nicht bestimmbar
• Theorie der unmittelbaren Verursachung	Kausal ist jede Bedingung, die nicht hinweggedacht werden kann, ohne dass der Erfolg entfiele. Zugerechnet wird jedoch nur **die zeitlich letzte Bedingung** in der Kausalkette.	➡ im Einzelfall ist die Abwehr mittelbar verursachter Gefahren erforderlich

• **modifizierte Theorie der unmittelbaren Verursachung**
➡ grundsätzlich ist nur die zeitlich letzte Bedingung zuzurechnen
➡ mittelbare Verursachung führt nur zur Pflichtigkeit, wenn die Gefahr bezweckt ist (sog. Zweckveranlasser)
  1. Ansicht: Verursacher muss die Gefahr beabsichtigen bzw. billigend in Kauf nehmen.
  2. Ansicht: Gefahrenlage ist aus objektiver Sicht typische Folge.

Übersicht 6: Ermessen

Arten der Ermessensentscheidung:

Entschließungsermessen

Inhalt der Ermessensbetätigung:	Probleme:
Entscheidung der Behörde, ob sie zur Gefahrenabwehr tätig wird oder nicht (Entscheidung über das Ob)	• umstritten, ob wegen Aufgabenzuweisungsnorm generelle Pflicht besteht, tätig zu werden ➡ abzulehnen, vom Gesetzgeber nicht gewollt (permanentes Vollzugsdefizit wäre vorprogrammiert)

Auswahlermessen

Inhalt der Ermessensbetätigung:	
Entscheidung der Behörde, über die • Inanspruchnahme eines Adressaten • Art und Weise der konkreten Einzelmaßnahme (Entscheidung über das Wie)	

Grundsatz: Anspruch auf fehlerfreie Ermessensausübung

Arten der Ermessensfehler:

Ermessensnichtgebrauch (Ermessensunterschreitung)

Definition:	Beispiel:
Behörde erkennt das Vorliegen des Ermessensspielraums nicht	• Behörde hält sich irrtümlich für handlungspflichtig • Behörde geht irrtümlich davon aus, dass sie nicht handeln darf

Ermessensfehlgebrauch

Definition:	Beispiel:
Behörde übt das Ermessen nicht entsprechend dem Zweck der Ermächtigung aus (sachfremde Erwägungen werden angestellt)	Beamter schreitet nur aus persönlichen Gründen ein

Ermessensüberschreitung

Definition:	Beispiel:
Behörde überschreitet die gesetzlichen Grenzen des Ermessens	• Behörde trifft eine im Gesetz nicht vorgesehene Maßnahme • Behörde verstößt gegen verfassungsrechtliche Vorgaben (z. B. Grundrechte, Verhältnismäßigkeit)

Ermessensreduzierung auf Null:

Ermessensreduzierung auf Null		
Begriff:	**Voraussetzungen:**	**Besonderheit:**
• Behördliche Pflicht, eine bestimmte Gefahrenabwehrmaßnahme zu ergreifen	• Jede andere der Behörde wäre wegen der sonst drohenden Verletzung hochrangiger Rechtsgüter ermessensfehlerhaft.	• Bei Ermessensreduzierung auf Null auch **Anspruch** auf konkrete Maßnahme, wenn Ermächtigungsgrundlage im konkreten Fall individuellen Interessen dient.

Übersicht 7: Problemkreise zur Rechtsnachfolge in die Ordnungspflicht

Problemkreis 1: Ist für den Übergang verwaltungsrechtlicher Positionen ein Nachfolgetatbestand erforderlich?

Auffassung 1: Nachfolgetatbestand (z. B.: §§ 1922, 1967 BGB bzw. §§ 414, 415 BGB) ist zwingend erforderlich.	**Argument:** Nach dem Prinzip vom Vorbehalt des Gesetzes (Art. 20 III GG) ist zur Begründung einer öffentlich-rechtlichen Pflichtenstellung eine Rechtsgrundlage erforderlich.
Auffassung 2: Bei sachbezogenen Verfügungen, die auf einer Zustandsverantwortlichkeit beruhen, ist wegen der „Dinglichkeit der Verfügung" ein Nachfolgetatbestand entbehrlich.	**Argumente:** Sachbezogenheit der Verfügung; Effektivität der Gefahrenabwehr (sonst Missbrauchsmöglichkeit).

Problemkreis 2: Sind nur (durch Verwaltungsakt) konkretisierte Pflichten übergangsfähig oder kann grundsätzlich auch die „abstrakte Pflichtigkeit" übergehen?

Auffassung 1: Auch die noch nicht durch Verwaltungsakt konkretisierte „abstrakte Pflichtigkeit" ist übergangsfähig.	**Argument:** Das Vorliegen eines Verwaltungsakts kann für den Übergang der Pflichtigkeit keine Rolle spielen.
Auffassung 2: Nur durch Verwaltungsakt konkretisierte Pflichten sind übergangsfähig.	**Argument:** Übergehen können grundsätzlich nur Ver**pflicht**ungen; vor Inanspruchnahme durch Verwaltungsakt stellt die Eigenschaft als Störer noch keine nachfolgefähige **Verpflichtung** dar, sondern eine bloße Eingriffs**befugnis** der Behörde.

Problemkreis 3: Ist auch die Verhaltensverantwortlichkeit übergangsfähig?

Auffassung 1: Die Verhaltensverantwortlichkeit ist übergangsfähig.	**Argument:** Solange die fragliche Pflicht vertretbar ist, d. h. auch von einem anderen erfüllt werden kann, spricht nichts gegen eine Übergangsfähigkeit.
Auffassung 2: Die Verhaltensverantwortlichkeit ist nicht übergangsfähig.	**Argument:** Da die Verhaltensverantwortlichkeit durch persönliches Verhalten begründet wird, ist die daraus resultierende Pflicht auch höchstpersönlich.

Übersicht 8: Rechtmäßigkeit eines auf einer ordnungsbehördlichen Verordnung beruhenden Verwaltungsaktes

Fallkonstellation: Eine ordnungsbehördliche Verordnung gebietet ein bestimmtes Verhalten. Ein Bürger, der sich nicht an das Gebot hält, wird von der Ordnungsbehörde zu verordnungskonformem Verhalten aufgefordert (z. B. Hundehalter nimmt seinen Hund beim Spaziergang auf der Straße nicht an die Leine, obwohl die Verordnung dies vorschreibt).

Rechtmäßigkeit des Verwaltungsaktes

„Der Verwaltungsakt ist rechtmäßig, wenn er auf einer Ermächtigungsgrundlage beruht und weder formell noch materiell zu beanstanden ist."

I) **Ermächtigungsgrundlage des Verwaltungsakt**
  – § 14 I OBG
II) **Formelle Rechtmäßigkeit des Verwaltungsakt**
  – übliche Prüfung (keine Besonderheiten)
III) **Materielle Rechtmäßigkeit des Verwaltungsakt**
  „Eine Gefahr könnte hier in der Störung der öffentlichen Sicherheit in Form einer Verletzung der objektiven Rechtsordnung, hier einer Vorschrift der ordnungsbehördlichen Verordnung zu sehen sein. Voraussetzung ist jedoch, dass die Verordnung überhaupt wirksam ist."

1) Wirksamkeit der ordnungsbehördlichen Verordnung

„Eine Verordnung ist wirksam, wenn sie rechtmäßig ist. Sie ist rechtmäßig, wenn sie auf einer Ermächtigungsgrundlage beruht und weder formell noch materiell zu beanstanden ist."

a) **Ermächtigungsgrundlage der VO**
  – §§ 25–27 OBG (die Vorschriften sind wirksam, da sie die Voraussetzungen des Art. 70 Verf. NRW erfüllen)
b) **Formelle Rechtmäßigkeit der VO**
  aa) **Zuständigkeit** – § 26 oder § 27 OBG
  bb) **Verfahren** – Mitwirkungsrechte, Verkündung usw.
  cc) **Form** – § 30 OBG
c) **Materielle Rechtmäßigkeit der VO**
  – die VO ist materiell rechtmäßig, wenn sie mit der Ermächtigungsgrundlage zu vereinbaren ist
  aa) **Abstrakte Gefahr für die öffentliche Sicherheit oder Ordnung**
    – **abstrakte** Gefahr fallgruppenorientiert darstellen
  bb) **Verpflichtung von Personen i. S. d. §§ 17–19 OBG**
    – durch die VO dürfen nur Personen i. S. d. §§ 17–19 OBG verpflichtet werden
  cc) **Richtige Ermessensausübung**
    – keine **Ermessensfehler,** insbesondere kein Verstoß gegen höherrangiges Recht (§ 28 OBG)

2) **Verstoß gegen die Verordnung**
  – Verstoß stellt Störung der öffentlichen Sicherheit dar.
3) **Störer**
  Der gegen die VO handelnde Bürger ist Verhaltensstörer.
4) **Ermessen beim Erlass des Verwaltungsaktes**
  – übliche Prüfung (keine Besonderheiten).

Übersicht 9: Verwaltungszwang nach §§ 55 ff. VwVG

Rechtmäßigkeit der Vollstreckung im gestreckten Verfahren	Rechtmäßigkeit der Vollstreckung im Sofortvollzug
Ermächtigungsgrundlage	
• §§ 55 I i. V. m. 57 ff. VwVG	• §§ 55 II i. V. m. 57 ff. VwVG
Formelle Rechtmäßigkeit	
1) zuständige Behörde: Vollzugsbehörde ist gem. § 56 I VwVG die, die den durchzusetzenden Verwaltungsakt erlassen hat 2) Verfahren: Anhörung grds. entbehrlich gemäß § 28 II Nr. 5 VwVfG	1) zuständige Behörde: Vollzugsbehörde ist gem. § 56 I VwVG die, die einen Verwaltungsakt mit dem durchzusetzenden Inhalt erlassen dürfte 2) Verfahren: Anhörung grds. entbehrlich gemäß § 28 II Nr. 1 bzw. Nr. 5 VwVfG
Materielle Rechtmäßigkeit	
Zulässigkeit der Vollstreckung im gestreckten Verfahren	Zulässigkeit der Vollstreckung im Sofortvollzug
1) wirksame Verfügung gerichtet auf Handeln, Dulden oder Unterlassen 2) Unanfechtbarkeit bzw. kein Suspensiveffekt eines Rechtsmittels 3) Rechtmäßigkeit des durchzusetzenden Verwaltungsaktes (str.) • nach einer Auffassung ungeschriebene Zulässigkeitsvoraussetzung (sog. Rechtswidrigkeitszusammenhang) • nach einer Ansicht keine Zulässigkeitsvoraussetzung	1) Handeln innerhalb der Befugnisse (Rechtmäßigkeit einer hypothetischen Grundverfügung) 2) Vorliegen einer gegenwärtigen Gefahr (in zeitlicher Hinsicht gesteigerter Gefahrenbegriff) 3) Notwendigkeit des Sofortvollzugs (gestrecktes Verfahren würde im Rahmen effektiver Gefahrenabwehr zu viel Zeit in Anspruch nehmen)

Übersichten

Rechtmäßigkeit der Vollstreckung im gestreckten Verfahren	Rechtmäßigkeit der Vollstreckung im Sofortvollzug
Ordnungsgemäße Art und Weise der Vollstreckung	

1) richtiges Zwangsmittel
§ 57 I VwVG
a) Ersatzvornahme, vertretbare Handlung; § 59 I VwVG
b) Zwangsgeld, Ersatzzwangshaft, i.d.R. bei unvertretbaren (höchstpersönlichen) Handlungen §§ 60, 61 VwVG
c) unmittelbarer Zwang (als ultima ratio, § 58 III 1 VwVG) §§ 62, 66 ff. VwVG
2) rechtmäßige Androhung, § 63 VwVG
a) schriftlich
b) unter Bestimmung einer Frist
c) u. U. verbunden mit Grundverwaltungsakt
d) entbehrlich, wenn Umstände sie nicht zulassen
3) rechtmäßige Festsetzung, § 64 S. 1 VwVG
4) rechtmäßige Anwendung des Zwangsmittels gem. §§ 65, 58 VwVG
a) besondere Tatbestandsvoraussetzungen
b) richtiger Adressat
c) Ermessensfehler
d) Verhältnismäßigkeit
  aa) Geeignetheit des Zwangsmittels
  bb) Erforderlichkeit des Zwangsmittels
  cc) Angemessenheit des Zwangsmittels
	1) richtiges Zwangsmittel
	§ 57 I VwVG
	a) Ersatzvornahme, vertretbare Handlung; § 59 I VwVG
	b) Zwangsgeld, Ersatzzwangshaft, i.d.R. bei unvertretbaren (höchstpersönlichen) Handlungen §§ 60, 61 VwVG
	c) unmittelbarer Zwang (als ultima ratio, § 58 III 1 VwVG) §§ 62, 66 ff. VwVG
	2) Androhung entbehrlich, § 63 I 3 VwVG
	3) Festsetzung entbehrlich, § 64 S. 2 VwVG
	4) rechtmäßige Anwendung des Zwangsmittels gem. §§ 65, 58 VwVG
	a) besondere Tatbestandsvoraussetzungen
	b) richtiger Adressat
	c) Ermessensfehler
	d) Verhältnismäßigkeit
	  aa) Geeignetheit des Zwangsmittels
	  bb) Erforderlichkeit des Zwangsmittels
	  cc) Angemessenheit des Zwangsmittels

**Übersicht 10: Entschädigungsanspruch nach § 39 I a OBG
(ggf. i. V. m. § 67 PolG)**

Entschädigungsanspruch nach § 39 I a OBG (ggf. i. V. m. § 67 PolG)	
Anspruchsbegründende Voraussetzungen	
Handeln einer Gefahrenabwehrbehörde ➡ Ordnungsbehörde, Sonderordnungsbehörde, Polizeibehörde **Rechtmäßige Inanspruchnahme als Nichtstörer** ➡ die zielgerichtete (bewusste) Inanspruchnahme	Problem der anlogen Anwendung: • analog bei unbeteiligtem Dritten • analog bei Anscheinsstörer • analog bei Verdachtsstörer • keine Analogie bei freiwilligem Nothelfer
Kausaler Schaden ➡ nur adäquate Schäden werden zugerechnet	
Rechtsfolge **Entschädigung für typische Vermögensschäden (§ 40 I 1 OBG)**	
Ausschlussgründe **Subsidiarität (§ 39 II a OBG)** ➡ kein Anspruch, wenn Geschädigter auf andere Weise Ersatz erlangt hat **Vorteilsanrechnung (§ 39 II b OBG)** ➡ kein Anspruch, wenn die Maßnahme dem Schutz des Betroffenen diente **Mitverschulden (§ 40 IV OBG)** ➡ ein Anspruch ist um das Mitverschulden des Geschädigten zu kürzen	Problem: • kommt es auf die Intention des Beamten oder auf den objektiven Schutzerfolg an?

Übersicht 11: Entschädigungsanspruch nach § 39 I b OBG (ggf. i. V. m. § 67 PolG)

Entschädigungsanspruch nach § 39 I b OBG (ggf. i. V. m. § 67 PolG)	
Anspruchsbegründende Voraussetzungen	
Handeln einer Gefahrenabwehrbehörde ➡ Ordnungsbehörde, Sonderordnungsbehörde, Polizeibehörde	
Rechtswidrige Maßnahme ➡ unabhängig von Finalität der Maßnahme	
Kausaler Schaden ➡ doppelte Begrenzung: • nur adäquate Schäden werden zugerechnet • der Schaden muss auf der Rechtswidrigkeit beruhen	
Rechtsfolge	
Entschädigung für typische Vermögensschäden (§ 40 I OBG)	
Ausschlussgründe	
Subsidiarität (§ 39 II a OBG) ➡ kein Anspruch, wenn Geschädigter auf andere Weise Ersatz erlangt hat	
Vorteilsanrechnung (§ 39 II b OBG) ➡ kein Anspruch, wenn die Maßnahme dem Schutz des Betroffenen diente	**Problem:** • kommt es auf die Intention des Beamten oder auf den objektiven Schutzerfolg an?
Mitverschulden (§ 40 IV OBG) ➡ ein Anspruch ist um das Mitverschulden des Geschädigten zu kürzen	

Übersicht 12: Der Anspruch auf Kostenersatz der Verwaltung

Anspruch auf Kostenersatz

Anspruchsbegründende Voraussetzungen **Entstehung von Verwaltungskosten** ➡ Die in der Rechtsgrundlage bezeichneten Kosten müssen entstanden sein.	
Vorliegen einer kostenpflichtigen Handlung ➡ Kostenpflicht muss gesetzlich angeordnet sein • Sicherstellung durch Ordnungsbehörde (§ 43 PolG i. V. m. § 24 Nr. 13 OBG, § 77 I VwVG, § 20 II 2 Nr. 8 VO VwVG) • Sicherstellung durch Polizeibehörde (§ 43 PolG, § 77 I VwVG, § 20 II 2 Nr. 8 VO VwVG) • Ersatzvornahme durch Ordnungsbehörde (§§ 55, 59 I, 77 I VwVG, § 20 II 2 Nr. 7 VO VwVG) • Ersatzvornahme durch Polizeibehörde (§§ 50, 52 I PolG, § 77 I VwVG, § 20 II 2 Nr. 7 VO VwVG) • unmittelbarer Zwang durch Ordnungsbehörde (§§ 55, 62 I, 77 I VwVG, § 20 II 2 Nr. 7/Nr. 8 VO VwVG) • unmittelbarer Zwang durch Polizeibehörde (§§ 50, 55 I PolG, § 77 I VwVG, § 20 II 2 Nr. 7/Nr. 8 VO VwVG)	**Problem:** • Ist die Anwendung unmittelbaren Zwangs durch Polizeibehörden eine kostenpflichtige Handlung?
Rechtmäßigkeit der Handlung ➡ inzidente Feststellung der Rechtmäßigkeit der kostenpflichtigen Handlung	**Problem:** • Steht ein bloßer Zuständigkeitsmangel einem Kostenanspruch entgegen?
Passivlegitimation des Pflichtigen ➡ persönlich kostenpflichtig sind nur Verhaltens- und Zustandsstörer	**Problem:** • Kostenpflicht von Anscheinsstörer • Kostenpflicht von Verdachtsstörer
Rechtsfolge Kostenersatzanspruch nach dem Kostendeckungsprinzip	
Durchsetzung **Durchsetzung des Anspruchs durch Leistungsbescheid** ➡ der Anspruch kann durch Leistungsbescheid durchgesetzt werden ➡ die Verwaltungsaktbefugnis ergibt sich aus § 6 I Nr. 1 VwVG NRW und § 77 IV 1 VwVG NRW i. V. m. § 14 I 1 GebG NRW. ➡ das Bestehen eines Anspruchs ist Rechtmäßigkeitsvoraussetzung des Leistungsbescheides (inzidente Prüfung)	

Stichwortverzeichnis

(die angegebenen Ziffern beziehen sich auf die Rn.)

Abgeordnete, Pflichtigkeit 338
Absolutismus 13 ff.
abstrakte Gefahr 48
– Bedeutung 237
– Begriff 235, 481
– und Rechtsverordnung 480 f.
abstrakte Ordnungspflicht
– Begriff 402
– Rechtsnachfolge 402, 411
abstrakte Polizeipflicht
– Begriff 402
– Rechtsnachfolge 402, 411
abstrakte Verantwortlichkeit
– Begriff 402
– Rechtsnachfolge 402, 411
Adressaten von Gefahrenabwehrmaßnahmen 331 ff.
AG, Pflichtigkeit 338
Amtshaftungsanspruch 592 ff.
– Beamtenbegriff 593
– drittschützende Amtspflicht 594 f.
– Grundlage 592
– Kausalität 597
– Rechtsmittel gegen die Maßnahme 598
– Umfang 599
– Verschulden 596
– Verweisungsprivileg 598
– Voraussetzungen 592 ff.
Androhung des Zwangsmittels
– als Verwaltungsakt 548
– im gestreckten Verfahren 521, 533
– im Sofortvollzug 535
Anfechtungsklage
– gegen unselbstständige Verfügungen 486
– gegen Vollstreckungsmaßnahmen 549
Anforderung, Kosten 678
Anscheinsgefahr
– Bedeutung 242 f.
– Begriff 241
Anscheinsstörer
– Entschädigungsanspruch 635 ff.
– Kostentragung 675
– verhaltensverantwortlicher 367
– zustandsverantwortlicher 384 f.

Anspruch auf behördliches Einschreiten 323 ff.
– Folgen 327
– Voraussetzungen 326
Anstalten des öffentlichen Rechts, Pflichtigkeit 339
Anwendung des Zwangsmittels, als Realakt 548
Aufgabenzuweisungsnorm,
– Begriff 46
– Entschließungsermessen 314 f.
aufopferungsgleicher Eingriff
– Anspruchsvoraussetzungen 570
– Begriff 568 f.
– Herleitung 569
– Umfang 570
Auskunftserteilung, als Verwaltungsrealakt 465
Auslagen, Begriff 664
Auswahlermessen
– Begriff 318
– des Verordnungsgebers 482
– Ermessensfehler 319
– Störerauswahl 319 f.
– Verhältnismäßigkeit 321 f.
– Wahl des richtigen Mittels 321

Befragung, Begriff 136
Befugnisnorm, Begriff 33, 46
Behörden
– Pflichtigkeit 339
– Vollstreckung 547
behördliche Genehmigungen
– Legalisierungswirkung 369
– Verhaltensverantwortlichkeit 369
Besitzdiener, als Zustandsstörer 379
Besitzer, als Zustandsstörer 379
Betreute, Pflichtigkeit 338
Beurteilungsspielraum
– Gefahr 92
– Öffentliche Ordnung 92
– Öffentliche Sicherheit 92
Bruchteilseigentümer, als Zustandsstörer 381

Stichwortverzeichnis

Bußgeldbestimmungen, in einer Rechtsverordnung 484
Dieb, als Zustandsstörer 379
dinglich Berechtigter, als Zustandsstörer 383
doppelfunktionale Maßnahme
– Abgrenzung 44 f.
– Alternativprüfung 45
– Begriff 44
– Schwergewichtstheorie 44
dringende Gefahr
– Bedeutung 281
– Begriff 280
Durchsuchung
– Begriff 166
– von Personen 167
– von Sachen 168
Durchsuchung von Personen
– Abgrenzung zur Nachschau 167
– Anwendungsbereich 168
– Begriff 167
Durchsuchung von Sachen, Begriff 168

e. V., Pflichtigkeit 338
Eigentümer, als Zustandsstörer 380 ff.
Eilzuständigkeit der Polizei 28
Einheitssystem, Begriff 27 f.
Einweisung Obdachloser
– Folgenbeseitigungsanspruch 449
– Störerproblematik 449
enteignender Eingriff
– Anspruchsvoraussetzungen 604
– Herleitung 603
– Umfang 604
enteignungsgleicher Eingriff
– Anspruchsvoraussetzungen 567
– Begriff 565 f.
– Herleitung 566
– Umfang 567
Entleiher, als Zustandsstörer 379
Entschädigung
– Ansprüche bei rechtmäßigen Maßnahmen 601 ff.
– Ansprüche bei rechtswidrigen Maßnahmen 562 ff.
– bei Inanspruchnahme als Nichtstörer 622 ff.
– bei rechtswidriger Inanspruchnahme 571 ff.
– besondere Bestimmungen 571 ff., 621 ff.
– des Anscheinsstörers 635 ff.

– des freiwilligen Nothelfers 644
– des Gefahrverdachtstörers 640 f.
– des Nichtstörers 622 ff.
– des unbeteiligten Dritten 642 ff.
Entschädigungsanspruch
– Kostentragung 674
– Nichtstörer 447
Entschließungsermessen 313 ff.
– Begriff 313
– des Verordnungsgebers 482
– Ermessensfehler 316
– Ermessensreduzierung auf Null 317
– und Aufgabenzuweisungsnormen 314 f.
Erbbauberechtigter, als Zustandsstörer 383
erhebliche Gefahr 49
– Bedeutung 274
– Begriff 274, 440
Erhebung, Kosten 678
erkennungsdienstliche Maßnahme, Begriff 139
Ermächtigungsgrundlage, Begriff 33, 46
Ermessen 302 ff.
– Arten des Ermessens 312 ff.
– Auswahlermessen 318
– des Verordnungsgebers 482
– Entschließungsermessen 313 ff.
– Ermessensfehler 303 ff.
– Ermessensfehlgebrauch 305, 311
– Ermessensmangel 304
– Ermessensnichtgebrauch 304, 311
– Ermessensreduzierung auf Null 317
– Ermessensüberschreitung 306 ff.
– Ermessensunterschreitung 304, 311
– Inanspruchnahme von Nichtstörern 444
– verfassungsrechtliche Grenzen 309, 311
– Verhältnismäßigkeit 309
Ermessensarten 312 ff.
Ermessensentscheidung, gerichtliche Überprüfung 310 f.
Ermessensfehler 303 ff.
– Entschließungsermessen 316
Ermessensfehlgebrauch 305, 311
Ermessensmangel 304
Ermessensnichtgebrauch 304, 311
Ermessensreduzierung auf Null
– Anspruch auf behördliches Einschreiten 323 ff.
– Begriff 317
– Schädlichkeitsgrenze 317
– Voraussetzungen 317

Zahlen = Randnummern

Ermessensüberschreitung 306 ff.
Ermessensunterschreitung 304, 311
Ersatzvornahme
– Abgrenzung zum unmittelbaren
  Zwang 515 ff.
– Begriff 506
– Kostenpflicht der 666 ff.
Ersatzzwangshaft
– Bedeutung 511
– Verhältnis zum Zwangsgeld 511
– Zweck 511
Existenzvernichtung, Kostenerhebung
649
Fesseln, als Hilfsmittel unmittelbaren
Zwangs 513
Festsetzung des Zwangsmittels
– als Verwaltungsakt 548
– Begriff 521
– im gestreckten Verfahren 521, 533
– im Sofortvollzug 535
Feststellungsklage
– gegen erledigte Realakte 471
– gegen Vollstreckungsmaßnahmen 549
Folgenbeseitigungsanspruch,
Nichtstörer 448 f.
formelle Bestandskraft, Begriff 528
formelle Pflichtigkeit
– Begriff 340, 343
– von Hoheitsträgern 343 ff.
formeller Polizeibegriff 29, 41
Fortsetzungsfeststellungsklage
– gegen unselbstständige
  Verfügungen 496
– gegen Vollstreckungsmaßnahmen 549
freiwilliger Nothelfer
– Begriff 644
– Entschädigungsanspruch 644
Fremdvornahme
– Begriff 506
– Kostenpflicht 506

Gebühren, Begriff 664
Gefahr
– Abgrenzung zur Störung 89
– abstrakte 48, 235 ff., 480 f.
– Begriff 77
– dringende 276 ff.
– erhebliche 49, 274, 440
– für Leib und Leben 275
– für öffentliche Ordnung 77
– für öffentliche Sicherheit 77
– gegenwärtige 49, 270 ff., 440, 543
– gemeine 282

– konkrete 47, 77, 233 f.
– latente 264 ff.
– unmittelbare 272 ff.
Gefahr im Verzug
– Bedeutung 273
– Begriff 273
Gefahrenabwehr
– geschichtliche Herleitung des Begriffs
  14
– heutiger Begriff 26
– wirtschaftliche Lastenverteilung 661
Gefahrenabwehrmaßnahme
– Realakt 465 ff.
– Rechtsverordnung 462, 472 ff.
– Verwaltungsakt 464
– Verwaltungsrealakt 465 ff.
– Verwaltungsvertrag 462
Gefahrenarten 233 ff.
Gefahrenbegriffe 233 ff.
Gefahrenlagen 239 ff.
– Überblick 268
Gefahrensituation, tatsächliche 240
Gefahrenstufen
– qualifizierte 269 ff.
– Systematisierung 283
Gefahrenverdacht
– Bedeutung 248 ff.
– Begriff 247
– und Generalklausel 248 ff.
– Zulässigkeit von Gefahren-
  abwehrmaßnahmen 248 ff.
– Zulässigkeit von Gefahrerforschungs-
  maßnahmen 253 ff.
Gefahrerforschungsmaßnahme, Begriff
253
Gefahrerforschung
– Begriff 676
– Kostentragung bei 676
– Mitwirkung 262
Gefahrerforschungsmaßnahme, und
Gefahrenverdacht 253 ff.
Gefahrverdachtsstörer
– Entschädigungsanspruch 640 f.
– verhaltensverantwortlicher 367
– zustandsverantwortlicher 384
gegenwärtige Gefahr 49
– als Voraussetzung des Sofortvollzugs
  270 f.
– Bedeutung 270 f.
– Begriff 270
– Begriff 440
gemeine Gefahr
– Bedeutung 282
– Begriff 282

Generalklausel
- Begriff 47 ff
- Rechtsverordnung 478
- Schutzgüter 53 ff.
- Subsidiarität 47
- Verhältnis zu Standardermächtigungen 111 ff.

Gesamthandseigentümer, als Zustandsstörer 381
Gesetzesvorbehalt 33
Gesetzesvorrang 34
Gesetzgebung
- Kompetenz 31, 41 a
- Zuständigkeit 31, 41 a

Gewahrsamsinhaber, als Zustandsstörer 379
Gewehr, als Hilfsmittel unmittelbaren Zwangs 513
GmbH, Pflichtigkeit 338

Handlungsformen, gefahrenabwehrrechtliche 461 ff.
höchstpersönliche Pflichten, Rechtsnachfolge 409 f.

Identitätsabgleich, Begriff 135
Identitätsfeststellung
- Abgrenzung zur Befragung 136 ff.
- Begriff 135
Inanspruchnahme als Nichtstörer, Entschädigungsanspruch 622 ff.
Ingewahrsamnahme, Begriff 153
Inhaber der tatsächlichen Sachgewalt, als Zustandsstörer 379
Institutioneller Polizeibegriff 27

juristische Personen des öffentlichen Rechts, Vollstreckung 547
juristische Personen des Privatrechts, Pflichtigkeit 338

KG, Pflichtigkeit 338
Kinder, Pflichtigkeit 338
konkrete Gefahr 47, 77
- Bedeutung 233
- Begriff 233
konkretisierte Ordnungspflicht
- Begriff 402
- Rechtsnachfolge 402
konkretisierte Polizeipflicht
- Begriff 402
- Rechtsnachfolge 402
konkretisierte Verantwortlichkeit
- Begriff 402
- Rechtsnachfolge 402

Körperschaften des öffentlichen Rechts, Pflichtigkeit 339
Kosten
- Anforderung der 678
- Auslagen 664
- Begriff 664
- bei rechtswidriger Handlung 671
- eigene Aufwendungen der Behörde 664
- Erhebung 678
- Ersatzansprüche 662
- Gebühren 664
- Lastenverteilung 679
- öffentlich-rechtliche GOA 662
- öffentlich-rechtlicher Erstattungsanspruch 662
- Schuldner 674
- Tragung durch Pflichtigen 661
- Vorbehalt des Gesetzes 670
- Vorteilsausgleich 661
Kostenbescheid 671
Kostendeckungsprinzip, Begriff 677
Kostenerhebung
- entgegenstehende Grundrechte 679
- Existenzvernichtung 679
Kostenersatz, Anspruch auf 677
Kostenersatzanspruch
- Durchsetzung 678
- Höhe der Aufwendungen 67
- Leistungsbescheid 678
- Verhältnis zur Polizeipflicht 673
- Verwaltungsverfahren 678
- Vollstreckungskosten 678
- Zugunsten der Verwaltung 677
Kostenfreiheit
- Bei Vollstreckungsmaßnahmen 669
- Grundsatz der 669
- Personal- und Sachkosten 669
Kostenpflicht
- Anscheinsstörer 675
- Ersatzvornahme 666 ff.
- für unmittelbaren Zwang durch Polizei 667 ff.
- Gefahrenverdacht 675
- Gefahrerforschung 675
- Nichtstörer 675
- Primärebene 675
- Sekundärebene 675
- Sicherstellung 666 ff.
- unmittelbarer Zwang 666 ff.
- Verhältnismäßigkeit 675
Kostenpflichtige Handlung, Voraussetzung 665

Zahlen = Randnummern   281

Kostenschuldner
- Begriff 674
- Nichtstörer 675
Kostentragung
- Entschädigungsanspruch 674
- Nichtstörer 674 f.
- Notstandspflichtiger 674
- Pflichtiger 674
- Vorteilsausgleich 674
Kreuzbergurteil 16 ff.

latente Gefahr
- Bedeutung 264 ff.
- Begriff 264 ff.
Legalisierungswirkung, behördliche Genehmigungen 369, 386
Legalitätsprinzip 301
Leistungsbescheid, Kostenerstattung 678
Leistungsklage
- gegen Realakte 471
- gegen Vollstreckungsmaßnahmen 549

Machtmissbrauch 19
Maschinenpistole, als Hilfsmittel unmittelbaren Zwangs 513
materielle Pflichtigkeit
- Begriff 340
- von Hoheitsträgern 341 ff.
materieller Polizeibegriff 13, 26, 41
Mieter, als Zustandsstörer 379, 383
Miteigentümer, als Zustandsstörer 381

Nachfolgefähigkeit einer Position
- Bedeutung 409 ff.
- Begriff 409
- Verhaltensverantwortlichkeit 412
- Zustandsverantwortlichkeit 412
Nachfolgetatbestand
- Bedeutung 404 ff.
- Begriff 408
Nachschau
- Abgrenzung zur Durchsuchung von Personen 167
- Begriff 167
natürliche Personen, Pflichtigkeit 338
nicht rechtsfähiger Verein, Pflichtigkeit 338
Nichtstörer
- bei der Inanspruchnahme 444
- Entschädigungsanspruch 447, 622 ff.
- Folgen der Inanspruchnahme 446 ff.
- Folgen der Pflichtigkeit 336
- Folgenbeseitigungsanspruch 448 f.

- Inanspruchnahme 431 ff.
- Kostenschuldner 675
- Opfergrenze 443
- subsidiäre Inanspruchnahme 441 f.
- unterlassene Hilfeleistung 439, 627
- Voraussetzungen der Inanspruchnahme 435 f.
- zeitliche Grenzen der Inanspruchnahme 445
Nießbraucher, als Zustandsstörer 383
Normenkontrollantrag, zur Überprüfung einer Rechtsverordnung 487
Nothelfer, freiwilliger 644
Notstand, gefahrenabwehrrechtlicher 336, 432 f.
Notstandspflichtiger
- bei der Inanspruchnahme 444
- Entschädigungsanspruch 447
- Folgen der Inanspruchnahme 446 ff.
- Folgenbeseitigungsanspruch 448 f.
- Inanspruchnahme 431 ff.
- Kostentragung 674
- Opfergrenze 443
- subsidiäre Inanspruchnahme 441 f.
- unterlassene Hilfeleistung 439
- Voraussetzungen der Inanspruchnahme 435 f.
- zeitliche Grenzen der Inanspruchnahme 445

öffentliche Ordnung 67 ff.
- gedeihliches menschliches Zusammenleben 71, 76
- Regionaler Bezug 70, 76
- Relevanz des Schutzgutes 72 ff.
- ungeschriebene Wertvorstellungen 69, 76
öffentliche Sicherheit 54 ff.
- Bestand und Funktionsfähigkeit des Staates 63, 66
- Individualrechtsgüter 55 f., 66
- kollektive Rechtsgüter 59, 66
- objektive Rechtsordnung 60, 66
- private Rechtsgüter 56, 66
- Rechte und Rechtsgüter des Einzelnen 55, 66
öffentlich-rechtliche GOA, Kosten 661
öffentlich-rechtlicher Erstattungsanspruch, Kosten 662
OHG, Pflichtigkeit 338
Opportunitätsprinzip 301 f.
Ordnungsbehörde
- Organisation 24

Stichwortverzeichnis

– Sonder- 50
– Zuständigkeit 24
ordnungsbehördliche Verordnung
– abstrakte Gefahr 480 f.
– Adressaten 483
– als Mittel der Gefahrenabwehr 462, 472 ff.
– Begriff 473 f.
– Bußgeldbestimmungen 484
– Ermächtigungsgrundlage 477 ff.
– Ermessen des Verordnungsgebers 482
– Folgen von Rechtsverstößen 486
– formelle Rechtmäßigkeit 479
– materielle Rechtmäßigkeit 480 ff.
– Normenkontrollantrag 487
– Rechtmäßigkeitsvoraussetzungen 476 ff.
– Rechtsschutzmöglichkeiten 487
– und Generalklausel 478
Ordnungspflicht
– Abgeordnete 338
– abstrakte 402, 411
– AG 338
– Anstalten des öffentlichen Rechts 339
– Behörden 339
– Betreute 338
– e. V. 338
– GmbH 338
– Hoheitsträger 339 ff.
– juristische Personen des Privatrechts 338
– KG 338
– Kinder 338
– konkretisierte 402
– Körperschaften des öffentlichen Rechts 339
– mögliche Subjekte 337 ff.
– natürliche Personen 338
– nicht rechtsfähiger Verein 338
– OHG 338
– Personen des Privatrechts 338
– Rechtsnachfolge 400 ff.
– Stiftungen des öffentlichen Rechts 339

Pächter, als Zustandsstörer 379, 383
Personen des Privatrechts, Pflichtigkeit 338
Pflichtiger, Kostentragung 674
Pflichtigkeit
– Abgeordnete 338
– AG 338
– Anstalten des öffentlichen Rechts 339
– Behörden 339
– Betreute 338
– e. V. 338
– GmbH 338
– Hoheitsträger 339 ff.
– juristische Personen des Privatrechts 338
– KG 338
– Kinder 338
– Körperschaften des öffentlichen Rechts 339
– mögliche Subjekte 337 ff.
– natürliche Personen 338
– nicht rechtsfähiger Verein 338
– OHG 338
– Personen des Privatrechts 338
– Stiftungen des öffentlichen Rechts 339
Pistole, als Hilfsmittel unmittelbaren Zwangs 513
Platzverweisung, Begriff 152
– Voraussetzungen 152
Polizei
– Eilzuständigkeit 28
– Geschichtlicher Begriff 11
– Organisation 24
– präventives Handeln 41 ff.
– repressives Handeln 41 ff.
– Zuständigkeit 24
Polizeibegriff
– Einheitssystem 27 f.
– formeller 29, 41
– institutioneller 27 f.
– materieller 13, 26, 41
– Trennungssystem 27 f.
Polizeipflichtige
– Abgeordnete 338
– abstrakte 402, 411
– AG 338
– Anstalten des öffentlichen Rechts 339
– Behörden 339
– Betreute 338
– e. V. 338
– GmbH 338
– Hoheitsträger 339 ff.
– juristische Personen des Privatrechts 338
– KG 338
– Kinder 338
– konkretisierte 402
– Körperschaften des öffentlichen Rechts 339
– mögliche Subjekte 337 ff.
– natürliche Personen 338
– nicht rechtsfähiger Verein 338
– OHG 338
– Personen des Privatrechts 338

- Rechtsnachfolge 400 ff.
- Stiftungen des öffentlichen Rechts 339
- Polizeiverordnung, Existenz in Nordrhein-Westfalen 478
- Präventives Handeln 41 ff.
- Begriff 44
- Präventivgewahrsam, Begriff 153
- Prognose, des Schadens 83
- Putativgefahr
- Bedeutung 245 f.
- Begriff 244
- Rasterfahndung 146 ff.
- Realakt
- als Mittel der Gefahrenabwehr 462, 465 ff.
- als Standardmaßnahme 117, 119 f.
- Anwendung eines Zwangsmittels 548
- Rechtmäßigkeitsvoraussetzungen 469 ff.
- Rechtsschutzmöglichkeiten 471
- Standardmaßnahmen 468
- Vollstreckungsmaßnahmen 468
- Rechtsnachfolge
- bei abstrakter Verhaltensverantwortlichkeit 418 f.
- bei abstrakter Zustandsverantwortlichkeit 425 ff.
- bei grundstücksbezogenen Verfügungen 423
- bei konkretisierter Verhaltensverantwortlichkeit 416 f.
- bei konkretisierter Zustandsverantwortlichkeit 421 ff.
- Gesetzmäßigkeitsprinzip 407, 424
- höchstpersönliche Pflichten 409 f., 419, 421
- Nachfolgefähigkeit einer Position 404, 409 ff.
- Nachfolgetatbestand 404 ff
- Übergang der abstrakten Pflichtigkeit 402, 411
- Übergang der konkretisierten Pflichtigkeit 402
- Verhaltensverantwortlichkeit 401, 415 ff.
- Zustandsverantwortlichkeit 401, 420 ff.
- Rechtsschutz
- gegen Ermessensentscheidungen 310
- gegen Realakte 471
- gegen Rechtsverordnungen 487
- gegen Standardmaßnahmen 201 ff.
- gegen Vollstreckungsmaßnahmen 548 f.

- Rechtsverordnung
- abstrakte Gefahr 480 f.
- Adressaten 483
- als Mittel der Gefahrenabwehr 462, 472 ff.
- Begriff 473 ff.
- Bußgeldbestimmungen 484
- Ermächtigungsgrundlage 477 ff.
- Ermessen des Verordnungsgebers 482
- Folgen von Rechtsverstößen 486
- formelle Rechtmäßigkeit 479
- materielle Rechtmäßigkeit 480 ff.
- Normenkontrollantrag 487
- Rechtmäßigkeitsvoraussetzungen 476 ff.
- Rechtsschutzmöglichkeiten 487
- und Generalklausel 478
- Voraussetzungen zum Erlass einer 48
- Reizmittel, als Hilfsmittel unmittelbaren Zwangs 513
- repressives Handeln 41 ff.
- Begriff 43
- Revolver, als Hilfsmittel unmittelbaren Zwangs 513
- Rückkehrverbot 153
- Schaden
- Abgrenzung zur Belästigung 79
- nicht unerheblicher 78
- Prognose 83
- Schadensersatz
- Amtshaftungsanspruch 592 ff.
- Institut des aufopferungsgleichen Eingriffs 568 ff.
- Institut des enteignenden Eingriffs 602 ff.
- Institut des enteignungsgleichen Eingriffs 565 ff.
- Vorteilsanrechnung 580 ff.
- Schadensprognose
- Beurteilungsspielraum 85
- Einschätzung 83 ff.
- ex ante 87
- kombinierter Begriff 86
- künftiger Geschehensablauf 84
- objektiver Begriff 85, 88
- subjektive Prognoseentscheidung 88
- subjektive Tatsachenwahrnehmung 88
- subjektiver Begriff 84
- Scheingefahr
- Bedeutung 245 f.
- Begriff 244

Schlagstock
- als Hilfsmittel unmittelbaren Zwangs 513

schuldrechtlich Berechtigter, als Zustandsstörer 383

Schutzgewahrsam, Begriff 153

Selbstgefährdung 57

Selbstvornahme
- Abgrenzung vom unmittelbaren Zwang 515 ff.
- Begriff 506
- Kostenpflicht 506

Sicherstellung
- Begriff 181
- Kostenpflicht der 666 ff.
- Standardmaßnahme 181
- Ziel 181

Sicherungseigentümer, als Zustandsstörer 381

Sofortvollzug
- Androhung des Zwangsmittels 535, 545
- Anwendung des Zwangsmittels 545
- bei Vorliegen einer Grundverfügung 536
- Ermächtigungsgrundlage 538
- Ermessen 545
- Festsetzung des Zwangsmittels 535, 545
- gegenwärtige Gefahr 543
- hypothetische Grundverfügung 542
- Notwendigkeit 544
- ordnungsgemäße Art und Weise 545
- Rechtmäßigkeit 535 ff.
- Zulässigkeit der Vollstreckung 540 ff.
- Zuständigkeit 539

Sonderordnungsbehörde 50

Spezialermächtigung, Begriff 50

Staatshaftung 561 ff.
- allgemeine 564 ff, 592 ff, 602 ff.
- Amtshaftungsanspruch 592 ff.
- Ansprüche bei rechtmäßigen Maßnahmen 601 ff.
- Ansprüche bei rechtswidrigen Maßnahmen 562 ff.
- bei Inanspruchnahme als Nichtstörer 622 ff.
- bei Inanspruchnahme des Anscheinsstörers 635 ff.
- bei Inanspruchnahme des Gefahrverdachtsstörers 640 f
- bei rechtswidriger Inanspruchnahme 571 ff
- besondere Bestimmungen 571 ff., 621 ff.
- Entschädigungsanspruch des freiwilligen Nothelfers 644
- Entschädigungsanspruch des unbeteiligten Dritten 642 ff.
- Institut des aufopferungsgleichen Eingriffs 568 ff.
- Institut des enteignenden Eingriffs 602 ff.
- Institut des enteignungsgleichen Eingriffs 565 ff.
- Mitverschulden 587
- verschuldensabhängige Ansprüche 591 ff.
- verschuldensunabhängige Ansprüche 563 ff.
- Vorteilsanrechnung 580 ff.

Standardermächtigung 101 ff.
- Anwendungsvorrang 111 f.
- Ausschlusswirkung 114
- Bedeutung 101 f.
- Begriff 49, 101
- Rückgriff auf die Generalklauseln 112
- Verhältnis zu Generalklauseln 111 ff.
- Wirkung 103

Standardmaßnahme
- Abgrenzung zu Strafverfolgungsmaßnahmen 104 ff.
- als Verwaltungsakt 116, 119 f.
- als Verwaltungsrealakt 117, 119 f.
- als vollstreckbarer Verwaltungsakt 503
- Begriff 101
- Betreten einer Wohnung 169 f.
- doppelfunktionale Maßnahmen 105 ff.
- Durchsetzung 191 ff.
- Durchsuchung 166 ff.
- Durchsuchung einer Wohnung 169 f.
- einzelne 131 ff.
- erkennungsdienstliche Maßnahme 139
- Identitätsabgleich 135
- Identitätsfeststellung 135 ff.
- Ingewahrsamnahme von Personen 153
- Nachschau 167
- Platzverweisung 152
- Präventivgewahrsam 153
- Rechtsnatur 115 ff.
- Rechtsschutzmöglichkeiten 201 ff.
- Schutzgewahrsam 153
- Sicherstellung 181
- Untersuchung einer Person 167
- Vorladung 133 f.
- als Verwaltungsrealakt 468

Stiftungen des öffentlichen Rechts, Pflichtigkeit 339

Zahlen = Randnummern 285

Störer 333 ff.
– Anwendbarkeit der allgemeinen Bestimmungen 450 ff.
– Rechtsnachfolge 400 ff.
– Verhaltensstörer 333
– Zustandsstörer 334
Störerauswahl
– Auswahlermessen 319 f.
– Kriterien 320
Störung
– Realisierung der Gefahr 89
– und Gefahrenabwehr 90
Strafverfolgungsmaßnahmen,
– Abgrenzung zu Standardmaßnahmen 104 ff.
– Strafverfolgungsvorsorge 41 a
Streifenfahrt, als Verwaltungsrealakt 465
Subsidiaritätsklausel 56
Suspensiveffekt
– bei Anfechtung von Vollstreckungsmaßnahmen 549
– Rechtsmittel 528

tatsächliche Gefahrensituation
– Bedeutung 240
– Begriff 240
technische Sperren
– als Hilfsmittel unmittelbaren Zwangs 513
Theorie der unmittelbaren Verursachung
– Verhaltensverantwortlichkeit 359 ff.
– Zustandsverantwortlichkeit 377
Todesschuss, finaler, 518 a
Trennungssystem
– Begriff 27 f.

Übermaßverbot 34
unbeteiligter Dritter, Entschädigungsanspruch 642 ff.
unmittelbare Gefahr
– Bedeutung 272 ff.
– Begriff 272
unmittelbarer Zwang
– Abgrenzung von der Ersatzvornahme 515 ff.
– Arten 513
– Begriff 512
– Fesseln 513
– Gewehr 513
– Hilfsmittel 513
– Kostenpflicht 515, 666 ff.
– Maschinenpistole 513

– Pistole 513
– Reizmittel 513
– Revolver 513
– Schlagstock 513
– technische Sperren 513
– ultima ratio 514
– Verhältnis zum Zwangsgeld 514
– Verhältnis zur Ersatzvornahme 514
– Waffen 513 f.
– Wasserwerfer 513
unselbstständige Verfügung,
Begriff 486
unterlassene Hilfeleistung
– Auswirkung der Hilfeleistungspflicht 439, 627
– Entschädigungsanspruch des Nichtstörers 439, 627
– Störung der öffentlichen Sicherheit 439, 627
Untersuchung einer Person, Begriff 167
Untersuchungsgrundsatz der Behörde,
Gefahrerforschungseingriff 676

Verantwortlichkeit
– abstrakte 402, 411
– konkretisierte 402
– Rechtsnachfolge 400 ff.
Verdachtsstörer
– Entschädigungsanspruch 640 f.
– verhaltensverantwortlicher 367
– zustandsverantwortlicher 384
Verfügung
– unselbstständige 486
Verhaltensstörer
– Anwendbarkeit der allgemeinen Bestimmungen 450 ff.
– Einordnung 333, 335
– Folgen der Störereigenschaft 335
– Geschäftsherr 333, 348
– und Anscheinsgefahr 367 f.
– und Gefahrenverdacht 367
– unterlassene Hilfeleistung 627
– Verursachung 352 ff.
Verhaltensverantwortlichkeit 333, 348 ff.
– aktives Tun 349
– aufsichtspflichtige Person 348
– Grundsatz der unmittelbaren Verursachung 360 ff.
– Legalisierungswirkung behördlicher Genehmigungen 369
– Lehre von der Sozialadäquanz 358
– mittelbare Verursachung 363 ff.
– Rechtsnachfolge 401, 415 ff.

– relevantes Verhalten 349 ff.
– Theorie der rechtswidrigen Verursachung 355 ff.
– und Anscheinsgefahr 367 f.
– und Gefahrenverdacht 367
– unmittelbare Verursachung 360
– Unmittelbarkeitslehre 359 ff.
– Unterlassen 349 f.
– Verletzung einer privatrechtlichen Handlungspflicht 349 f.
– Verursachung 352 ff.
– zuzurechnendes Verhalten 348
– Zweckveranlasser 359, 363 ff.
Verhältnismäßigkeit, Ermessen 308, 321 f.
Verkehrseinrichtungen, als vollstreckbarer Verwaltungsakt 503
Verkehrszeichen, als vollstreckbarer Verwaltungsakt 503
Vernehmung, Begriff 133
Verordnung, Voraussetzungen 237
vertretbare Handlung
– Begriff 505
– Vollstreckung 505 ff., 515 ff.
Verursachung
– Adäquanztheorie 354
– Anscheinsgefahr 367 f.
– Äquivalenztheorie 353
– atypische Kausalverläufe 354
– Gefahrenverdacht 367
– Lehre von der Sozialadäquanz 358
– mittelbare 363 ff.
– rechtswidrige Verursachung 355 ff.
– unmittelbare 359 ff.
– Verhaltensverantwortlichkeit 352 ff.
– Zweckveranlasser 359, 363 ff.
Verwahrer
– als Zustandsstörer 379, 383
Verwaltungsakt
– als Mittel der Gefahrenabwehr 464
– als Standardmaßnahme 116, 119 f.
– Androhung eines Zwangsmittels 548
– Festsetzung eines Zwangsmittels 548
– feststellender 503
– gestaltender 503
– Rechtmäßigkeitsvoraussetzungen 464
– Regelungscharakter 464
– unanfechtbarer 528
– Verkehrseinrichtung 503
– Verkehrszeichen 503
– vollstreckbarer 503, 527
Verwaltungsrealakt
– als Mittel der Gefahrenabwehr 462, 465 ff.

– als Standardmaßnahme 117, 119 f.
– Anwendung eines Zwangsmittels 548
– Rechtmäßigkeitsvoraussetzungen 469 ff.
– Rechtsschutzmöglichkeiten 471
– Standardmaßnahmen 468
– Vollstreckungsmaßnahmen 468
Verwaltungsvertrag, als Mittel der Gefahrenabwehr 462
Verwaltungsvollstreckung 501 ff.
– Ermächtigungsgrundlage 523, 538
– Ermessen 533, 545
– Ersatzvornahme 505 ff.
– Ersatzzwangshaft 511
– Fesseln 513
– Festsetzung des Zwangsmittels 521
– formelle Rechtmäßigkeit 524, 539
– Fremdvornahme 506
– gegen Behörden 547
– gegen juristische Personen des öffentlichen Rechts 547
– Gewehr 513
– im abgekürzten Verfahren 535 ff.
– im gestreckten Verfahren 520 ff.
– im Sofortvollzug 535 ff.
– Kostenpflicht 506
– Maschinenpistole 513
– materielle Rechtmäßigkeit 525 ff., 540 f.
– ordnungsgemäße Art und Weise 533, 545
– Pistole 513
– rechtmäßiger Verwaltungsakte 531
– Rechtmäßigkeit 520
– Rechtsgrundlagen 502
– Rechtsschutzmöglichkeiten 548 f.
– Reizmittel 513
– Revolver 513
– Schlagstock 513
– Selbstvornahme 506
– Standardmaßnahmen 503
– technische Sperren 513
– unmittelbarer Zwang 512 ff.
– Verhältnis der Zwangsmittel zueinander 516
– Verkehrseinrichtung 503
– Verkehrszeichen 503
– vertretbare Handlung 505, 515 ff.
– vollstreckbare Verwaltungsakte 503
– Waffen 513
– Wasserwerfer 513
– Zulässigkeit 526 ff., 541 ff.
– Zuständigkeit 524, 539
– Zwangsgeld 508 ff.
– Zwangsmittel 504 ff.

Zahlen = Randnummern

Verwaltungszwang 501 ff.
- Ermächtigungsgrundlage 523, 538
- Ermessen 533, 545
- Ersatzvornahme 505 ff.
- Ersatzzwangshaft 511
- Fesseln 513
- Festsetzung des Zwangsmittels 521
- formelle Rechtmäßigkeit 524, 539
- Fremdvornahme 506
- gegen Behörden 547
- gegen juristische Personen des öffentlichen Rechts 547
- Gewehr 513
- im abgekürzten Verfahren 535 ff.
- im gestreckten Verfahren 520 ff.
- im Sofortvollzug 535 ff.
- Kostenpflicht 506
- Maschinenpistole 513
- materielle Rechtmäßigkeit 525 ff., 540 ff.
- ordnungsgemäße Art und Weise 533, 545
- Pistole 513
- rechtmäßiger Verwaltungsakte 531
- Rechtmäßigkeit 520
- Rechtsgrundlagen 502
- Rechtsschutzmöglichkeiten 548 f.
- Reizmittel 513
- Revolver 513
- Schlagstock 513
- Selbstvornahme 506
- Standardmaßnahme 191 ff., 503
- technische Sperren 513
- unmittelbarer Zwang 512 ff.
- Verhältnis der Zwangsmittel zueinander 516
- Verkehrseinrichtung 503
- Verkehrszeichen 503
- vertretbare Handlung 505, 515 ff.
- vollstreckbare Verwaltungsakte 503
- Waffen 513
- Wasserwerfer 513
- Zulässigkeit 526 ff., 541 ff.
- Zuständigkeit 524, 539
- Zwangsgeld 508 ff.
- Zwangsmittel 504 ff.

Vollstreckung 501 ff.
- Ermächtigungsgrundlage 523, 538
- Ermessen 533, 545
- Ersatzvornahme 505 ff.
- Ersatzzwangshaft 511
- Fesseln 513
- Festsetzung des Zwangsmittels 521
- formelle Rechtmäßigkeit 524, 539
- Fremdvornahme 506
- gegen Behörden 547
- gegen juristische Personen des öffentlichen Rechts 547
- Gewehr 513
- im abgekürzten Verfahren 535 ff.
- im gestreckten Verfahren 520 ff.
- im Sofortvollzug 535 ff.
- Kostenpflicht 506
- Maschinenpistole 513
- materielle Rechtmäßigkeit 525 ff., 540 ff.
- ordnungsgemäße Art und Weise 533, 545
- Pistole 513
- rechtmäßiger Verwaltungsakte 531
- Rechtmäßigkeit 520
- Rechtsgrundlagen 502
- Rechtsschutzmöglichkeiten 548 f.
- rechtswidriger Verwaltungsakte 531
- Reizmittel 513
- Revolver 513
- Schlagstock 513
- Selbstvornahme 506
- Standardmaßnahme 191 ff., 503
- technische Sperren 513
- unmittelbarer Zwang 512 ff.
- Verhältnis der Zwangsmittel zueinander 516
- Verkehrseinrichtung 503
- Verkehrszeichen 503
- vertretbare Handlung 505, 515 ff.
- vollstreckbare Verwaltungsakte 503
- Waffen 513
- Wasserwerfer 513
- Zulässigkeit 526 ff., 541 ff.
- Zuständigkeit 524, 539
- Zwangsgeld 508 ff.
- Zwangsmittel 504 ff.

Vollstreckung im abgekürzten Verfahren
- Androhung des Zwangsmittels 535, 545
- Anwendung des Zwangsmittels 545
- bei Vorliegen einer Grundverfügung 536
- Ermächtigungsgrundlage 538
- Ermessen 545
- Festsetzung des Zwangsmittels 535, 545
- gegenwärtige Gefahr 543
- hypothetische Grundverfügung 542
- Notwendigkeit 544
- ordnungsgemäße Art und Weise 545

Stichwortverzeichnis

- Rechtmäßigkeit 535 ff.
- Zulässigkeit der Vollstreckung 540 ff.
- Zuständigkeit 539
Vollstreckungsmaßnahmen,
  als Verwaltungsrealakt 468
Vorbehalt des Gesetzes 33
Vorbehaltseigentümer, als
  Zustandsstörer 381
vorbeugende Unterlassungsklage,
  gegen Vollstreckungsmaßnahmen 549
Vorführung, Begriff 133
Vorladung
- als höchstpersönliche Pflicht 505
- Begriff 133
- Freiheit der Person 134
Vorrang des Gesetzes 34
Vorteilsausgleich, Gedanke des 661, 674

Waffen, als Hilfsmittel unmittelbaren Zwangs 513
Wahrscheinlichkeit
- hinreichende 79
- Schadenseintritt 82
- der Gefahr 77
Wahrscheinlichkeitsurteil 82
Wasserwerfer, als Hilfsmittel unmittelbaren Zwangs 513
Widerspruch, gegen Vollstreckungsmaßnahmen 549
Wohnung
- Begriff 169
- betreten 169
Wohnungsverweisung 153

Zustandsstörer
- Anwendbarkeit der allgemeinen Bestimmungen 450 ff.
- Besitzdiener 379
- Besitzer 379
- Bruchteilseigentümer 381
- Dereliktion (Aufgabe des Eigentums) 382
- Dieb 379
- dingliche Berechtigung 383
- Eigentümer 380 ff.
- Einordnung 334 f.
- Entleiher 379
- Erbbauberechtigter 383
- Folgen der Störereigenschaft 335
- Gesamthandseigentümer 381
- Inhaber der tatsächlichen Sachgewalt 379
- Mieter 379, 383
- Miteigentümer 381

- Nießbraucher 383
- Pächter 379, 383
- schuldrechtliche Berechtigung 383
- Sicherungseigentümer 381
- und Anscheinsgefahr 384 f.
- und Gefahrenverdacht 384
- Verlust des Eigentums 382
- Verwahrer 379, 383
- Vorbehaltseigentümer 381
Zustandsverantwortlichkeit 334, 375 ff.
- Begrenzung durch die Eigentumsfreiheit 396 ff.
- Besitzdiener 379
- Besitzer 379
- Bruchteilseigentümer 381
- Dereliktion (Aufgabe des Eigentums) 382
- Dieb 379
- dingliche Berechtigung 383
- Eigentümer 380 ff.
- Entleiher 379
- Erbbauberechtigter 383
- Gefahr verursachender Zustand 376 f.
- Gesamthandseigentümer 381
- Grenzen der Verantwortlichkeit 391 ff.
- Inhaber der tatsächlichen Sachgewalt 379
- Legalisierungswirkung behördlicher Genehmigungen 386
- Mieter 379, 383
- Miteigentümer 381
- Nießbraucher 383
- Pächter 379, 383
- Rechte Dritter 395
- rechtliche Unmöglichkeit der Maßnahme 394 f.
- Rechtsnachfolge 401, 420 ff.
- rechtspolitische Rechtfertigung 375
- schuldrechtliche Berechtigung 383
- Sicherungseigentümer 381
- tatsächliche Unmöglichkeit der Maßnahme 393
- Theorie der unmittelbaren Verursachung 377
- verantwortliche Rechtssubjekte 378 ff.
- verfassungskonforme Auslegung 398
- verfassungsrechtliche Grenzen 398
- Verlust des Eigentums 382
- Verursachungsbegriff 377
- Verwahrer 379, 383
- Vorbehaltseigentümer 381
Zwangsgeld
- Abgrenzung zur Geldbuße 508

Zahlen = Randnummern

- Abgrenzung zur Geldstrafe 508
- Höhe 510
- und Verschulden 508
- Uneinbringlichkeit 511
- Verhältnis zur Ersatzzwangshaft 511
- Zweck 508

Zwangsgeldandrohung, Nachfolgefähigkeit 410

Zwangsmittel 504 ff.
- Androhung 521, 533, 548
- Anwendung 533
- Ersatzvornahme 505 ff.
- Ersatzzwangshaft 511
- Festsetzung 521, 533, 548
- unmittelbarer Zwang 512 ff.
- Zwangsgeld 508 ff.

Zweckveranlasser 359, 363 ff.